Rotfuchs

NINA SCHEWELING

FULL DIVE

GLAUBST
DU WIRKLICH,
ES IST NUR
EIN SPIEL?

ROTFUCHS

MIX
Papier | Fördert gute Waldnutzung
FSC® C014496

Originalausgabe
Erschienen bei Rotfuchs, einem Imprint von Fischer Sauerländer

Lektorat Christiane Steen
Karte Clara Vath
Umschlaggestaltung: Buchgut, Berlin,
unter Verwendung eines mit Midjourney erstellten Motivs
Satz aus der Swift bei CPI books GmbH, Leck
Druck und Bindung GGP Media GmbH, Pößneck
ISBN 978-3-7571-0020-9

TEIL 1

AUFBRUCH

1

Irgendwo über ihm raschelte es. Jess sah nach oben, doch in der Dunkelheit, in der sich die Decke verlor, konnte er nichts erkennen. Sein Herzschlag hallte dumpf in seinen Ohren wider. Worauf hatte er sich bloß eingelassen?

Noch ein Geräusch, dieses Mal hinter ihm. Waren das Schritte? Hektisch riss er den Kopf herum. Der Schwindel ließ kurz seine Sicht verschwimmen. Jess biss die Zähne zusammen und drängte das schwammige Gefühl in seinem Kopf zurück. Die Lagerhalle hinter ihm wirkte verlassen, doch in Wahrheit konnten sie überall sein: zwischen den riesigen Metallfässern, den stapelhohen Paletten, den Rohren, aus denen zischend Dampf entwich. Jess fluchte lautlos. Sie durften ihn nicht erwischen. Er besaß den Schlüssel nach draußen. Wenn er es nicht bis zur Tür am Ende der Halle schaffte, war es aus.

Ein metallisches Klappern erklang, hektische Rufe, Schüsse. Erschrocken sah Jess zu dem Steg, der oberhalb von ihm an der Wand entlanglief. Eine junge Frau in einem ledernen Kampfanzug rannte Richtung Ausgang. Yara. Sie hatte sich für den riskanteren, aber schnelleren Weg entschieden, vorbei an den zwei Söldnern, die auf Höhe der Leiter patrouillierten. Jess war den beiden vorsichtshalber aus dem Weg gegangen, huschte seitdem mühsam von einer Deckung zur nächsten und versuchte, so wenig Aufmerksamkeit wie möglich zu erregen. Denn die Söldner waren nicht die Einzigen, die in den Schatten lauerten.

Wieder polterte es auf dem Steg. Eine massige Gestalt stürmte hinter Yara her, eine Waffe im Anschlag, die beinahe so groß war wie Jess selbst. Entsetzt stellte er fest, dass sie viel zu wenig Vorsprung hatte – ihr Verfolger war in der perfekten Schussposition. Er musste etwas tun, Yara warnen, den Gegner ablenken, irgendwas. Stattdessen kauerte er wie festgefroren hinter der Kiste, unfähig, sich zu rühren.

Ein Schuss peitschte durch die Halle. Jess erkannte das Mündungsfeuer der Waffe, den grellgrünen Strahl, der direkt auf Yaras Rücken zuschoss. Sie warf sich nach vorn, wich in einer eleganten Vorwärtsrolle aus, und noch bevor sie wieder auf den Füßen stand, hatte sie ihre eigene Waffe gezogen und feuerte eine Salve ab, die den Söldner mitten in die Brust traf und seinen massigen Körper nach hinten warf. Die Energieleiste über seinem Kopf wechselte von rot zu schwarz, und in Jess' Blickfeld blinkte kurz die Nachricht *Enemy down* auf. Irgendwo in der Dunkelheit des Stegs musste noch der zweite Söldner sein, aber nun hatte Yara genug Vorsprung, um den Ausgang zu erreichen und von hier zu verschwinden.

Sofern Jess bis dahin die Tür aufgeschlossen hatte.

In dem Moment entdeckte Yara ihn hinter der Kiste. «Was hockst du denn da rum?», rief sie genervt. Ihre Stimme klang verzerrt und blechern in Jess' Ohren. Der Unfall mit der Cola hatte dem Headset offenbar mehr zugesetzt als gedacht. «Beeil dich, sonst schaffen wir es wieder nicht.»

«Ich will nur sichergehen, dass –»

«Sichergehen.» Yara seufzte. «Dafür spielen wir das falsche Spiel, Jess. Beweg deinen Arsch!»

Sie steckte ihre Waffe zurück in den Waffengürtel und lief weiter. Nur Sekunden später tauchte auch der zweite Söldner auf, sprang über den leblosen Körper seines Kollegen, als bemerke er ihn gar nicht, und rannte Yara nach.

Jess schloss die Augen und atmete durch. Es war nur ein Spiel, sagte er sich wieder und wieder. Nur ein Spiel.

Vorsichtig spähte er um die Kiste herum in den Gang, an dessen Ende der Ausgang lag. Er schien verlassen zu sein, doch Jess wusste, dass der erste Eindruck meist trog. In jedem Spalt konnte jemand lauern, jeder Schatten konnte zum Leben erwachen, alles hier in dieser Halle war darauf ausgerichtet, ihn zu töten. Rasch kauerte Jess sich wieder hinter die Kiste. Sein Herz schlug bis zum Hals, und sein Körper war so vollgepumpt mit Adrenalin, dass er anfing zu zittern. Er konnte das nicht. Das war einfach nicht sein Ding. Warum zum Teufel hatte er bloß mitgemacht?

Hör auf mit dem Gejammer, schalt er sich. *In Wahrheit hast du bloß Angst.* Angst vor einem Spiel … So was Bescheuertes!

Beweg deinen Arsch.

Jess drückte den Joystick seines Controllers nach vorn. Seine Spielfigur setzte sich in Bewegung und bog um die Kiste in den Gang. Ein Schatten huschte in eine Lücke zwischen zwei Fässern. Er hörte ein Scharren, dann ein Trippeln. Diese verdammte Dunkelheit! Er konnte so gut wie nichts erkennen.

Sein Herz schlug so schnell, dass er das Gefühl hatte, es würde gleich explodieren. Ihm fiel der Nachtsicht-Modus wieder ein. Hektisch drückte er eine Tastenkombination, doch anstatt seine Umgebung schemenhaft aufleuchten zu sehen, erkannte er nur noch verschwommenes Grau-Braun. Den Zoom. Er hatte aus Versehen den Zoom eingeschaltet. Wieder ein Trippeln, näher diesmal. Rasch schaltete Jess das

Fernglas wieder aus. Warum konnte er sich diese verfluchten Tasten nicht merken?

Er hörte das Fauchen erst, als es schon zu spät war. Sein Körper blinkte auf, und die Energieleiste unten in seinem Sichtfeld begann zu schrumpfen. Jess drehte sich um und sah in die toten Augen eines Zombies, der sich von hinten auf ihn gestürzt hatte. Hektisch wählte Jess eine Waffe aus seinem Inventar, irgendeine, Hauptsache, er bekam das Ding abgeschüttelt, bevor seine Energie endgültig verbraucht war. Unbeholfen schlug er auf den Zombie ein, bis er endlich von ihm abließ und ein paar Schritte zurücktaumelte. Aus seinem Maul troff Blut – *sein* Blut, nahm Jess an, und war heilfroh, dass er die Schmerzen seiner Spielfigur nicht wirklich empfand. Die rote Energieleiste über dem Kopf des Untoten war geschrumpft, Jess musste ihn also getroffen haben. Noch zwei, drei Treffer, und er wäre endgültig erledigt.

Der Zombie fixierte Jess mit starrem, lauerndem Blick. Dann stieß er ein gurgelndes Fauchen aus und sprang auf ihn zu. Jess drehte sich um – und rannte los.

Ich verdammter Idiot! Warum habe ich ihn nicht ausgeschaltet? Jess hätte sich am liebsten geohrfeigt. Aber nun war es zu spät. Seine Deckung war aufgeflogen. Er konnte förmlich spüren, wie sämtliche Gegner bei dem Gepolter seiner Schritte aufhorchten. Er hatte nur noch eine Chance: Er musste den Ausgang erreichen, bevor sie ihn erreichten. Er rannte den Gang entlang auf die Tür zu, die sich als schemenhaftes Rechteck am Ende der Halle abzeichnete. Daneben erkannte er die Umrisse von Yaras Spielfigur.

«Hey, Mann, was machst du denn?», drang ihre blecherne Stimme aus dem Headset.

«Wenn ich schnell genug an der Tür bin, dann …»

Die beiden Zombies kamen wie aus dem Nichts. Aus einem

Gang zwischen aufgestapelten Fässern sprangen sie ihm in den Weg, die Mäuler zu einem triumphierenden Grinsen verzogen.

Jess stoppte abrupt ab, sah sich verzweifelt nach einem Ausweg um. Doch es gab keinen. Nur wenige Meter hinter ihm tauchten vier massige Gestalten auf, Söldner wie der, der Yara verfolgt hatte. Und über ihm in der Luft hörte er das Rauschen von Flügeln, die den Gargoyles gehören mussten, die an der Decke der riesigen Lagerhalle lebten. Die Umgebung begann zu ruckeln, wurde unscharf und verpixelt. Jess stöhnte auf. Das schaffte auch nur er – so viele Gegner auf einmal anzulocken, dass der Prozessor nicht mehr hinterherkam. Gegen diese Übermacht hatte er keine Chance. Er schloss die Augen und biss sich so fest auf die Lippen, dass er Blut schmeckte. Das war's. Jesper Adams hatte wie immer versagt.

«Kämpf, verdammt noch mal!», rief Yara. «Gib nicht einfach auf. Noch bist du nicht tot!»

Jess öffnete die Augen und sah, wie Yara auf ihn zustürmte und bereits die ersten zwei Gegner ausgeschaltet hatte. Hastig griff er nach seiner Waffe, doch es war zu spät. Der giftgrüne Strahl eines Ziellasers war direkt auf sein Herz gerichtet. Bevor er reagieren konnte, sah er die Mündung der Waffe aufblitzen. Der Schuss knallte wie ein Peitschenschlag durch die Halle. Sein Körper blinkte wieder auf, seine Energieleiste leerte sich mit einem Schlag. Dann wurde alles schwarz.

Das rote *Game Over* waberte und pulsierte anklagend vor seinen Augen. Nachdem der deprimierende Jingle verstummt war, der den Tod seiner Spielfigur tragisch untermalte, blieb Jess noch für einen Moment sitzen und lauschte dem Geräusch seines eigenen Atems. Er hatte es mal wieder verbockt.

Seufzend zog er die VR-Brille ab und brauchte zwei, drei Sekunden, um sich zu orientieren – wie immer, wenn er aus einem Spiel kam. Anstatt in der düsteren, riesigen Lagerhalle voller Zombies und Söldner befand er sich auf dem Boden in Yaras abgedunkeltem Zimmer zwischen Umzugskartons und auseinandergebauten Möbeln. Seine beste Freundin saß neben ihm und funkelte ihn genervt an.

«Warum hast du den Typen denn nicht die Rübe abgehauen?», fragte sie. «Das kann doch nicht so schwer sein.»

«Für dich vielleicht», erwiderte Jess und rieb sich über die Druckstellen, die die Brille auf seiner Stirn hinterlassen hatte. «Du weißt genau, wie nervös ich bei diesem Zombie-Shooter-Mist immer werde.»

Yara verdrehte die Augen. «Mein Fehler. Ich gebe einfach die Hoffnung nicht auf, dass etwas von deinem großen Bruder auf dich abfärbt.» Sie seufzte. «Was würde ich dafür geben, einmal zusammen mit dem berühmten Prometheus zu spielen.»

Jess schnaubte. «Mit Jaxon? Vergiss es. Der gibt sich doch nicht mit Gelegenheitsspielern wie uns ab.»

«Ich hab gesehen, dass er vor ein paar Tagen den Online-Highscore von *Zombie Empire* geknackt hat. Du dagegen» – sie betrachtete Jess kopfschüttelnd, bevor sich ihr Gesicht zu einem Grinsen verzog – «bist der schlechteste Spieler, den ich je erlebt habe.»

Jess lächelte gequält. Ja, das war er vermutlich wirklich. Er hatte nichts gegen Videospiele, er spielte selbst manchmal, wenn seine Mutter es nicht mitbekam, aber meist nur Strategie- oder Aufbauspiele. Bei den Ego-Shootern oder Actionspielen, vor allem in der Virtual Reality, hatte er meist zu viel Angst vor den Fights und versuchte, ihnen bestmöglich aus dem Weg zu gehen. Doch als Yara sich – sozusagen als Abschiedsgeschenk – einen Level eines angesagten Multiplayer-Games gewünscht hatte, hatte er schlecht Nein sagen können.

Es klopfte, und Yaras Vater steckte den Kopf zur Tür herein. «Hi, Jess», sagte er, und dann zu Yara: «Wir müssen noch den Keller durchgehen, um zu wissen, was mit soll und was nicht.»

Yara verdrehte die Augen. «Ich hasse packen», murrte sie.

Ihr Vater zuckte mit den Schultern. «Ich kann auch allein aussortieren. Aber dann darfst du dich hinterher nicht beschweren.»

«Schon gut, ich komm ja.»

Yaras Vater lächelte Jess zu, dann schloss er die Tür hinter sich. Für eine Weile saßen sie unschlüssig nebeneinander, und zum ersten Mal, seit Jess denken konnte, wussten sie beide nicht, was sie sagen sollten. Yara und er waren schon seit dem Kindergarten beste Freunde, hatten alles miteinander geteilt und waren immer füreinander da gewesen. Bis Yara ihm vor ein paar Wochen mitgeteilt hatte, dass ihre Mutter einen neuen Job angenommen hatte, fast 800 Kilometer entfernt, also gefühlt am anderen Ende der Welt. Yara war stinksauer gewesen – in zwei Jahren waren sie mit der Schule fertig, so lange hätten sie mit dem Umzug doch noch warten können. Stattdessen fand er bereits in zwei Tagen statt, und Jess hatte sofort einen Kloß im Hals, wenn er daran dachte.

«Ich sollte langsam los», sagte er schließlich und stand auf.

Yara erhob sich ebenfalls. «Also, wenn du mal quatschen willst oder so …», druckste sie herum. Ihr schien die ganze Situation ebenso schwerzufallen wie ihm. «Du kannst mich immer anrufen.»

Jess nickte bloß. Dann ging er hinaus in den Flur, in dem sich ähnlich viele Umzugskartons stapelten wie in Yaras Zimmer. An der Wohnungstür blieb er noch mal stehen, ohne recht zu wissen, was er nun machen sollte. Abschiede waren scheiße.

«Ach, verdammt», platzte es plötzlich aus ihm heraus. «Ich will einfach nicht, dass du gehst. Wenn du weg bist, hab ich hier überhaupt niemanden mehr. Außerhalb meiner verkorksten Familie, meine ich.»

«Dann wird es vielleicht Zeit, dass du mal aus deinem Schneckenhaus rauskommst», erwiderte Yara und boxte ihm spielerisch gegen die Schulter. «Wenn du immer nur mit gesenktem Blick durch die Gegend läufst und dich am liebsten unsichtbar machen würdest, sobald mehr als drei Leute im Raum sind, dann wird nie jemand feststellen, dass du in Wahrheit ein echt cooler Typ bist.»

Jess lächelte verlegen. «Und wie genau hast du das rausgefunden?»

«Weißt du noch, als mir beim Kindergartenausflug das Eis runtergefallen ist?»

«Klar. Du hast total geweint.»

«Und dann hast du mir deins gegeben. Wie kann man so jemanden nicht nett finden?»

«Wenn ich dir jetzt sage, dass ich Erdbeereis noch nie besonders mochte, ändert das dann deine Einschätzung?»

Yara schüttelte den Kopf. «Kein bisschen. Du hast ein goldenes Herz, Jesper Adams. Lass dir von niemandem was anderes einreden!» Sie sah ihn ernst an. «Nur an einer Sache musst du echt arbeiten: Sag Jaxon, er soll dir endlich vernünftiges Gameplay beibringen. Unfassbar, dass ihr miteinander verwandt seid.»

Jess grinste. «Ich fürchte, da ist nichts mehr zu machen.»

Da er nicht wusste, was er noch sagen sollte, öffnete er die Tür.

Yara seufzte ergeben. «Wir bleiben in Kontakt, Ja?»

«Klar.» Jess schlug gegen die Faust, die Yara ihm entgegenstreckte, dann wandte er sich um und lief so lässig wie möglich die Treppen nach unten ins Erdgeschoss.

Als er hörte, wie die Wohnungstür über ihm ins Schloss fiel, biss er sich auf die Lippe, die vom Spiel vorhin nur notdürftig verheilt war. Sofort spürte er wieder das Blut im Mund. Der Schmerz und der metallische Geschmack vertrieben die Tränen, die er nur mühsam hatte zurückhalten können. In letzter Zeit spürte er, wie er immer mehr den Halt verlor. Yaras Umzug war nur ein weiteres Brett, das ihm unter den Füßen weggezogen wurde. Und er fürchtete sich vor dem Zeitpunkt, wenn es keine Bretter mehr gab, auf denen er stehen konnte.

2

Jess trat in die Pedale, schlängelte sich durch den Feierabendverkehr und bog schließlich auf den Weg zur Hochhaussiedlung ein – anonyme, schmucklose Plattenbauten, umgeben von tristen Grünflächen. Seine Mutter, sein älterer Bruder Jaxon und er waren vor einem halben Jahr hierhergezogen, weil sie sich ihre alte Wohnung nicht mehr hatten leisten können, nachdem ihr Vater einfach abgehauen war. Er hatte von Abstand gesprochen, den er unbedingt brauchte, von Träumen, die er sich nicht erfüllen konnte, wenn er nebenher noch eine Familie finanzieren musste. Jaxon und Jess hatten zum Geburtstag eine Karte mit einer schmalzigen Nachricht und einem Geschenk-Gutschein bekommen; aber ansonsten hatten sie kein Wort mehr von ihm gehört, geschweige denn Geld für den Unterhalt gesehen.

Jess verließ den aufgeplatzten Fußgängerweg und fuhr quer über den kargen Rasen. So konnte er den Weg zu seinem Hochhaus abkürzen, das am anderen Ende der Siedlung lag, und den Glasscherben entgehen, die immer wieder auf dem Weg verstreut lagen. Ein Stück vor ihm standen zwei große Betonklötze auf der Grünfläche, in denen sich Lüftungsanlagen befanden. Als er um die Ecke bog, um auf dem Trampelpfad dahinter bis zu «seinem» Hochhaus zu fahren, blieb er ruckartig stehen und zerrte sein Fahrrad wieder in den Schutz der Betonmauern.

Vor einer Bank, halb verborgen von einigen zerrupften Büschen, stand eine Gruppe von vier oder fünf Jungs. Er wusste nicht, wie sie hießen, aber er kannte sie vom Sehen. Sie waren ein bisschen älter als er, wohnten ebenfalls in der Siedlung und hatten irgendwann beschlossen, dass sie hier das Sagen hatten. Diesen Anspruch setzten sie mit allen Mitteln durch, zur Not auch mit Gewalt. So erpressten sie sich Geld, Gefälligkeiten oder auch nur Schweigen, falls man ihnen zufällig bei einem ihrer Deals in die Quere gekommen war.

Jess wollte gerade sein Fahrrad umdrehen und wieder zurück zum Hauptweg fahren, um ihnen so weit wie möglich aus dem Weg zu gehen, als er das Wimmern hörte.

Vorsichtig lugte er um die Ecke der Lüftungsanlage. Zwischen den Typen saß ein kleiner Junge auf der Bank und weinte. Jess runzelte die Stirn. Er kannte den Jungen. Es war Luca, der Sohn von Herrn Bernardi, der den Kiosk an der Ecke zur Straße betrieb. Einer der Jungs hatte seinen Arm um Luca gelegt, doch es sah nicht so aus, als wolle er ihn trösten – eher, als wäre er kurz davor, ihn in den Schwitzkasten zu nehmen. Irgendjemand sagte etwas, das Jess nicht verstand. Die anderen lachten hämisch, während Luca immer heftiger schluchzte und ihm die Tränen die Wangen hinunterliefen.

In Jess brodelte es. Der Junge war höchstens sechs und konnte keiner Fliege was zuleide tun! Er biss sich auf die Lippe. Alles in ihm schrie danach, so schnell wie möglich zu verschwinden, bevor die Typen ihn entdeckten. Er war kein Schlägertyp. Er konnte es nicht mit denen aufnehmen, ganz egal, wie selbstsicher er sich gab. Sie erkannten sofort, wenn sie jemand Schwächeren vor sich hatten. Wenn er jetzt hinter dieser Betonwand hervortrat und sie zur Rede stellte, würde das übel für ihn ausgehen. Andererseits konnte er Luca auch nicht einfach seinem Schicksal überlassen. Wer wusste denn, was die Typen noch alles mit ihm vorhatten?

Wieder sagte einer der Jungs etwas, das wie «Heulsuse» klang, und ein anderer trat mit seinem schweren Stiefel direkt neben Luca gegen die Bank, sodass der Junge noch mehr aufwimmerte und in sich zusammensackte. Verzweifelt sah Jess sich um, aber es war weit und breit niemand zu sehen, den er um Hilfe bitten konnte.

Plötzlich hatte er eine Idee. Hastig zog er sein Handy aus der Hosentasche, öffnete Youtube und gab «Martinshorn» in die Suchleiste ein. Dann klickte er auf den erstbesten Clip und stellte sein Handy auf volle Lautstärke. Die Sirene eines Streifenwagens erklang, die sich dem Filmenden langsam näherte und somit immer lauter wurde.

Es funktionierte. Die Jungs schreckten auf, sahen sich irritiert um, und obwohl sie keine Polizei entdecken konnten, schienen sie das Risiko nicht eingehen zu wollen. Nacheinander liefen sie davon, weg von der Straße und damit auch weg von Jess. Der Typ, der Luca den Arm umgelegt hatte, verpasste ihm eine Kopfnuss, dann sprang er auf und folgte den anderen. Kurz darauf waren sie zwischen zwei der hochaufragenden Plattenbauten verschwunden.

Jess steckte sein Handy wieder ein und trat langsam hinter dem Betonklotz hervor. Luca saß in sich zusammengesunken auf der Bank und schluchzte. Jess setzte sich stumm neben ihn und wartete, bis der Junge sich ein wenig beruhigt hatte.

«Alles in Ordnung?», fragte er dann und schüttelte sofort den Kopf über seine dumme Frage. Natürlich war nichts in Ordnung.

Doch Luca nickte tapfer und wischte sich mit dem Ärmel durchs Gesicht.

«Haben sie dir wehgetan?»

«Ein bisschen. Aber es geht schon wieder.»

«Mistkerle.»

«Papa sagt immer, dass ich mich wehren soll, wenn jemand gemein zu mir ist.»

«Das sagt mein großer Bruder auch immer.»

Luca schniefte und sah betrübt zu Boden. «Ist aber gar nicht so leicht.»

«Finde ich auch», erwiderte Jess mehr zu sich selbst als zu dem Jungen.

Nach einer Weile sah Luca ihn aus den Augenwinkeln an. «Hast du das gemacht? Mit der Sirene?» Als Jess nickte, lächelte er schwach. «Geschieht denen recht.»

«Hoffentlich kriegen sie nie raus, dass ich es war.»

«Von mir erfahren sie nichts.»

Jess lächelte und stand auf. «Komm. Ich bring dich nach Hause.»

Er hob Luca auf seinen Fahrradsattel und schob ihn über das Gras zurück auf den Weg. Die Familie Bernardi wohnte in dem Hochhaus neben dem von Jess. Der Kiosk an der Ecke war eine Institution und verkaufte von Süßigkeiten über frische Brötchen, warme Suppe, ofenfrische Teilchen, Zeitschriften, Rätselhefte, Kleinkram, Tabakwaren und Hygieneartikel so ziemlich alles, was man sich denken konnte. Manchmal war der Andrang so groß, dass Herr Bernardi gar nicht hinterherkam. Er war ein herzlicher, großzügiger Mensch, der einem auch mal 10 Cent erließ, wenn man nicht genug Geld dabeihatte. Jeder mochte ihn. Umso schlimmer fand Jess, dass es diese fiesen Typen nun auf seinen Sohn abgesehen hatten. Wenn Herr Bernardi das erfuhr, würde eine Welt zusammenbrechen. Oder er würde Himmel und Hölle in Bewegung setzen, um es den Typen heimzuzahlen.

Als sie am Eingang des Hochhauses angekommen waren, hob Jess Luca vom Sattel und hielt ihm die Faust hin. «Mach's gut, Kumpel. Und lass dich nicht unterkriegen.»

Luca wischte sich noch einmal mit dem Ärmel durchs Gesicht, dann grinste er und tippte seine Faust gegen die von Jess. «Geht klar. Danke, Jess.» Er drehte sich um und verschwand hüpfend im dunklen Flur. Zum Glück schien er den größten Schreck bereits verwunden zu haben.

Jess fuhr die wenigen Meter bis zum benachbarten Hochhaus, dem letzten in der langen Reihe von Plattenbauten. Dort stellte er sein Fahrrad in den verbogenen Ständer vor dem Eingang und betrat den Flur. Irgendjemand hatte mal wieder den Aufzug geschrottet, also machte er sich zu Fuß auf den Weg nach oben. Graffiti zierte die Wände; es stank nach Urin. Im Flur im achten Stock war schon seit Wochen die Beleuchtung ausgefallen, sodass er im Halbdunkel nach dem Schlüsselloch tasten musste. Als sich die Wohnungstür öffnete, atmete er innerlich auf. So klein ihre Wohnung auch war, sie kam ihm immer vor wie eine rettende Oase in einer Wüste aus versifften Treppen und anonymen Fluren.

Die Wohnung war leer. Seine Mutter würde erst in einer Stunde nach Hause kommen, und Jaxon trieb sich wie üblich bei seinen Freunden herum. Sie spielten Videospiele, meist in der VR, und Jaxon war so gut darin, dass er in der Gamer-Szene unter dem Namen xxPrometheusxx so etwas wie eine Berühmtheit war. Er schaffte es inzwischen sogar, Geld damit zu verdienen, auch wenn Jess vermutete, dass die Einnahmen nicht nur von Youtube und Twitch stammten und nicht zwingend etwas mit dem Knacken von Highscores zu tun hatten. Jaxon war nicht nur leidenschaftlicher Gamer, er besaß auch die äußerst passable Fähigkeit, sich in fremde Computer zu hacken. Als ihre Mutter Wind davon bekommen hatte, hatte sie sämtliche Konsolen und Computer aus der Wohnung verbannt und damit gedroht, ihren eigenen Sohn bei der Polizei zu melden. Seitdem trafen Jaxon und seine Freunde sich irgendwo außerhalb, und Jess bekam ihn kaum noch zu Gesicht. Dass er überhaupt mit ihnen zusammen zu Abend aß, war eines der wenigen Zugeständnisse, die er ihrer Mutter gegenüber gemacht hatte.

Jess betrat das winzige Zimmer, das er sich mit seinem Bruder teilte, legte sich auf sein Bett und holte sein Mathebuch raus. Am Montag schrieben sie Klausur, die letzte vor den Sommerferien in drei Wochen. Als sich nach einer Stunde der Schlüssel in der Wohnungstür drehte, schwirrte ihm der Kopf vor lauter Zahlen. Genervt schlug er das Buch wieder zu und trat in den Flur.

«Hey, mein Schatz», begrüßte seine Mutter ihn müde und streifte sich die Schuhe von den Füßen. «Wie war dein Tag?»

«Okay», sagte Jess nur. Er würde unter keinen Umständen erzählen, was auf dem Nachhauseweg vorgefallen war. Seine

Mutter hatte schon genug Sorgen, da wollte er ihr nicht noch schwarz auf weiß präsentieren, wie mies die Wohngegend war, in der sie lebten. Als seine Mutter ihm im Vorbeigehen einen Kuss auf die Stirn gab und er die dunklen Ringe unter ihren Augen sah, erschrak Jess. Seine Mutter war Verkäuferin in einem Klamottenladen, und nachdem sein Vater abgehauen war, schob sie ununterbrochen Extraschichten, damit sie halbwegs über die Runden kamen. Trotzdem reichte das Geld hinten und vorne nicht, und auch wenn sie versuchte, sich nichts anmerken zu lassen, wusste Jess, wie sehr sie die ständigen Überstunden und die Geldsorgen auszehrten. Heute jedoch schien es besonders schlimm zu sein. Sie benahm sich komisch, wich seinem Blick aus, und Jess bildete sich ein, dass ihre Augen geschwollen waren. Hatte sie geweint?

«Es gibt Nudeln mit Tomatensoße», sagte sie, während sie in die kleine Küche ging. «Mehr ist heute nicht drin.»

Jess folgte ihr. «Alles okay, Mama?»

Seine Mutter stellte mechanisch zwei Töpfe auf den Herd und machte den Wasserkocher an. «Ist Jaxon zu Hause?», fragte sie statt einer Antwort.

«Noch nicht.»

«Hm.»

«Mama?», hakte Jess nach.

«Wir sprechen später darüber, ja?», erwiderte sie, immer noch, ohne ihn anzusehen.

Jess wusste, dass jede Diskussion zwecklos war. Er ging ins Wohnzimmer, setzte sich auf die abgewetzte Couch und schaltete den Fernseher an, ohne wirklich wahrzunehmen, welche Sendung gerade lief. Irgendetwas musste vorgefallen sein. Seine Mutter weinte nie. Elaine Adams war klein und zierlich. Sie wirkte sanft, aber wenn man sie reizte, entfachte das einen Orkan, vor dem man schleunigst in Deckung gehen sollte. Bei der Vorstellung, dass sie geweint hatte, bildete sich ein harter Klumpen in Jess' Magen.

Kurz darauf kam auch Jaxon nach Hause. Er sah aus wie eine zwei Jahre ältere Version von Jess: die gleichen dunkelbraunen Haare, nur länger. Die gleiche schlanke Figur, nur breitere Schultern. Die gleichen dunklen Augen, nur angriffslustiger. Er verschwand wortlos in ihrem Zimmer, und erst, als ihre Mutter zum Essen rief, kam er wieder heraus.

Schweigend saßen sie um den kleinen Tisch im Wohnzimmer und drehten ihre Spaghetti auf. Im Fernseher lief eine Sondersendung über die neu gegründete gesamteuropäische Armee, die heute mit viel Pomp und geladenen Gästen offiziell eingesetzt worden war. Eigentlich interessierte Jess das Thema nicht, aber es war einfacher, der Nachrichtensprecherin zuzuhören als der erdrückenden Stille am Tisch.

«Erster Sprecher bei dem feierlichen Akt war Piedro Canto, der Pressesprecher des Außenministeriums, der einen Überblick über die aktuelle Weltlage gab», sagte die Moderatorin gerade. *«Im letzten Jahr sei die Zahl der gewaltsamen Konflikte erneut angestiegen. Auch die Härte der Auseinandersetzungen nehme stetig zu, und damit auch die Zahl der Opfer und Flüchtlinge. Canto begrüßte die Einsetzung der Europäischen Armee als geeignetes Mittel, um den auch für Europa immer bedrohlicher werdenden Krisen zu begegnen. Im Anschluss an Cantos Rede wurde Drei-Sterne-General William Rogers, der sich in den vergangenen Jahren als strategischer Berater der NATO einen Namen gemacht hatte, offiziell in sein Amt als leitender General eingeführt. Rogers versprach bei seiner Antrittsrede, sämtliche Ressourcen zu nutzen, um die Europäische Armee zur effizientesten und modernsten Angriffstruppe der Welt zu machen.»*

Ein Mann an einem Rednerpult wurde eingeblendet, in einer über und über mit Orden behangenen, dunkelblauen Uniform. Sein Gesicht war von Falten durchzogen, sein

Mund umspielte ein unerbittlicher Zug. Doch am auffälligsten waren die stechend grauen Augen, die jeden zu durchbohren schienen, der ihrem Blick begegnete.

«Wir leben in einem Zeitalter des Krieges», donnerte Rogers ins Mikrofon. Seine Stimme schallte von unzähligen Lautsprechern über die anwesende Menge und schien selbst hier in ihrem schäbigen Wohnzimmer widerzuhallen. *«Antidemokratische Regimes erheben sich gegen liberale Demokratien, und sie werden unaufhaltsam stärker. Weil sie rücksichtsloser sind. Weil sie härter kämpfen. Und weil sie Erfolg damit haben. Die Weltordnung, wie wir sie kennen, ist in Gefahr. Sie wird untergehen, wenn wir nicht alles daransetzen, den Aufstieg der Autokraten und Diktatoren zu unterbinden.»*

«Zu unterbinden.» Ihre Mutter schüttelte traurig den Kopf. «Indem er eine Armee auf die Beine stellt, die *noch* stärker ist als die der anderen. Irgendwann schlagen sich alle nur noch die Köpfe ein, bis es nichts mehr gibt, wofür sie kämpfen könnten.»

Die Moderatorin der Sendung wurde eingeblendet. *«In seiner flammenden Rede erörterte Rogers, wie er sich die künftige Europäische Armee unter seiner Führung vorstellt. Neben den üblichen Boden- und Lufteinheiten treibt Rogers vor allem den Aufbau einer Sondereinheit voran, die eine vollkommen neue Art der Kriegsführung ausüben wird.»*

Das Bild wechselte wieder zu General Rogers, der nun neben einem Soldaten in einem schwarzen Kampfanzug und mit einer merkwürdigen, krallenartigen Kopfbedeckung stand. In den unerbittlichen Zug um seinen Mund mischte sich eine Spur von Stolz. *«Wir leben im 21. Jahrhundert. Kriege werden nicht mehr mit Schwertern oder Pfeil und Bogen geführt. Wir haben gewaltige technische Möglichkeiten – und wir wären dumm, wenn wir sie nicht nutzen würden.»* Er blickte nun direkt in die

Kamera, und seine grauen Augen schienen bis zu ihnen ins Wohnzimmer zu sehen. «*Andere Länder sind längst dabei, den viel beschworenen Supersoldaten zu erschaffen. Wenn wir aus ethischen oder moralischen Bedenken zögern, werden wir unaufhaltsam in Rückstand geraten, und die Europäische Armee wird nicht in der Lage sein, Europa zu beschützen. Denn in unserer Welt gibt es nur ein unumstößliches Gesetz, nach dem sich alle richten: das Recht des Stärkeren.*»

Ihre Mutter griff zur Fernbedienung, doch Jaxon sagte: «Lass an. Ich will das sehen.»

Hinter der Sprecherin wurde das Bild des Helms eingeblendet, den der Soldat auf dem Kopf getragen hatte. Stirnrunzelnd las Jess die dazugehörige Bildunterschrift. «Sondereinheit des Militärs wird mit Datenhelmen ausgestattet», stand dort. «*… wurde unter dem Vorsitz führender Neurochirurgen ein neuartiges BCI in Form eines Datenhelms vorgestellt*», fuhr die Sprecherin fort. «*BCIs, eine Abkürzung für Brain-Computer-Interface oder Gehirn-Computer-Schnittstelle, wurden ursprünglich für medizinische Zwecke entwickelt. Elektroden wandeln die vom Gehirn ausgesendeten elektromagnetischen Impulse in digitale Informationen um, die daraufhin von Computern verarbeitet werden können. Verbesserte Elektroden ermöglichen es inzwischen, mithilfe der Gehirnströme hochkomplexe Befehle an Computer zu senden.*

Laut General Rogers können die Soldaten der Sondereinheit allein durch die ‹Kraft ihrer Gedanken› untereinander kommunizieren, Drohnen steuern oder Waffen bedienen.»

Auf dem Fernsehschirm war eine aufgebrachte Menschenmenge zu sehen. «*Während Rogers' offizieller Amtseinführung kam es vor dem Hauptsitz der EU in Brüssel zu Protesten. Aktivisten kritisierten die zunehmende Digitalisierung menschlicher …*»

Das Bild erlosch. Ihre Mutter legte die Fernbedienung neben ihren Teller, von dem sie kaum etwas gegessen hatte. Dann seufzte sie und sah auf einen Punkt irgendwo zwischen Jess und Jaxon an der Wand.

«Ich muss euch was sagen. Im Geschäft mussten sie Personal abbauen. Ich habe meinen Job verloren.»

Plötzlich schien die Zeit stillzustehen. Niemand sagte ein Wort, und die Stille, die sich zwischen ihnen ausbreitete, war so bleischwer, dass Jess das Blut in seinen Ohren rauschen hörte. Er senkte den Blick, fixierte die abgewetzte Tischplatte und wünschte sich so weit weg, wie es nur ging.

«Und ich bin mit der Miete zwei Monate in Rückstand», fuhr Elaine schließlich fort. «Wenn ich nicht schnell was Neues finde, müssen wir hier raus.»

Das Rauschen in seinen Ohren wurde lauter. Dabei war er nicht mal wirklich überrascht. Er ahnte schon lange, dass sie pleite waren. Er hatte es nur nicht wahrhaben wollen. *Geld*, dachte er bitter. *Es geht immer nur um das verdammte Geld.*

«Vielleicht solltest du von Papa endlich mal Unterhalt einfordern», sagte Jaxon bissig.

«Das steht nicht zur Diskussion, Jaxon», erwiderte Elaine kopfschüttelnd.

«Wieso nicht? Weil du zu stolz bist, ihm hinterherzurennen? Stattdessen nimmst du lieber in Kauf, dass wir bald auf der Straße sitzen.»

«Wir werden nicht auf der Straße sitzen», entgegnete Elaine müde.

«Ach ja? Und wo sollen wir hin?», fragte Jaxon. Alles an seiner Stimme war ein einziger Vorwurf. «Wir leben doch schon jetzt in einer Bruchbude. Wird schwierig, da noch was Billigeres zu finden.»

Ihre Mutter schloss die Augen und presste die Lippen aufeinander. Doch anstatt wütend zu werden, atmete sie nur tief durch. «Es tut mir leid.»

Sie legte ihre Hand auf die von Jess, und er spürte, wie sie zitterte. Er wollte seine Hand wegziehen, wollte seine Mutter nicht so hilflos erleben, aber sein Körper war wie erstarrt, als hätte er verlernt, wie man Arme und Beine bewegt.

«Ich weiß, wie gerne du studieren würdest, Jess», sagte sie sanft. «Aber ich habe keine Ahnung, wie ich das finanzieren soll. Momentan ist das einfach nicht drin. Du musst dir so schnell wie möglich einen Ausbildungsplatz suchen.»

Jaxon schüttelte den Kopf. «Mama, das kann nicht dein Ernst ...»

«Und du», unterbrach Elaine ihn, und ihre Stimme klang nun deutlich härter, «suchst dir gefälligst einen vernünftigen Job.»

«Ich habe einen Job.»

«Computer spielen? Dass ich nicht lache. Und wenn dir langweilig ist, hackst du dich irgendwo ein. Glaubst du, ich wüsste nicht, was du mit deinen Freunden treibst?» Ihre Augen begannen zu funkeln, und Jess spürte, wie sich der typische Orkan zusammenbraute. Fast war er dankbar dafür, denn alles war besser, als seine Mutter so niedergeschlagen zu erleben.

«Guck dir doch an, wohin dieser ganze digitale Mist führt. Jetzt tragen Soldaten schon Datenhelme, um damit Maschinen und Waffen zu steuern. Das ist doch total absurd.»

«Wenigstens verdiene ich mit dem ‹digitalen Mist› Geld», entgegnete Jaxon kühl. «Was dir in deiner analogen Welt offenbar nicht gelingt.»

Ihre Mutter sog scharf die Luft ein. Ihre mühsam aufrechterhaltene Ruhe brach in sich zusammen, und sie starrte Jaxon wutentbrannt an. «Verstehe. Wenn das der Weg ist, den du gehen willst, bitte schön. Nur kann ich es bei dem ganzen Scheiß gerade nicht gebrauchen, dass mein Sohn mit einem

Bein im Knast steht. Entweder, du verdienst dein Geld auf legale Weise, oder du fliegst raus.»

Jaxon sah Elaine ungläubig an. Einen Moment lang glaubte Jess, dass er sie an den Schultern packen und schütteln würde. Doch zu seiner Überraschung begann Jaxon zu lachen. Das Geräusch klang so verächtlich und falsch, dass Jess seinen Bruder beinahe angeschrien hätte, damit aufzuhören. Doch die Worte steckten in seiner Kehle fest.

Jaxon stand so ruckartig auf, dass sein Stuhl nach hinten umkippte. «Ich halte diesen ganzen armseligen Scheiß sowieso nicht mehr aus. Zum Glück bin ich bald hier weg!» Ohne sich noch einmal umzusehen, ging er zur Wohnungstür und knallte sie hinter sich zu.

Ihre Mutter sammelte wortlos die Teller ein und verschwand in der Küche. Jess blieb wie festgefroren am Tisch sitzen. Wieder hörte er das Blut in seinen Ohren. Das Rauschen vermischte sich mit Jaxons Worten, und mitten in diesem Durcheinander formte sich plötzlich ein Gedanke, der ruckartig ein weiteres Brett unter seinen Füßen fortzog.

Erst war sein Vater gegangen, dann Yara. Und jetzt wollte ihn auch sein Bruder verlassen.

3

Jess tippte auf sein Handy. 2 Uhr 14. Seufzend legte er das Telefon wieder zurück. Seit Stunden lag er schon wach, starrte an die Decke und versuchte, seine Gedanken zu sortieren. Immer wieder sah er das gequälte Gesicht seiner Mutter vor sich, die alles tat, um ihre Familie zusammenzuhalten, und trotzdem scheiterte. Ihm fiel auf, dass er keine

Ahnung hatte, wann er sie das letzte Mal hatte lachen sehen, und der Gedanke brach ihm fast das Herz.

Er sah zum leeren Bett seines Bruders. Jaxon war seit seinem Abgang beim Abendessen noch nicht wieder zurückgekommen. Was hatte er damit gemeint, dass er bald hier weg sei? Wo wollte er hin? Und warum? *Ich halte diesen armseligen Scheiß sowieso nicht mehr aus*, hatte er gesagt. Ging er, weil sie kein Geld mehr hatten? War es das, was ihn aus dem Haus trieb? Hatte seine Mutter recht, und Jaxon war auf die schiefe Bahn geraten, weil er dort bessere Chancen sah, schnell an viel Geld zu kommen?

Rastlos drehte Jess sich um und starrte an die Wand. Seine ganze Welt brach auseinander, und er konnte nichts anderes tun, als hilflos dabei zuzuschauen. Seine Mutter hatte ihren Job verloren. Sie würden vermutlich bald auf der Straße sitzen. Papa hatte sie verlassen. Yara ging weg. Und Jaxon schien auch keinen großen Wert mehr auf sie zu legen.

Sein Verhältnis zu seinem Bruder war in letzter Zeit nicht ganz einfach gewesen – Jaxon nahm ihn nicht ernst, behandelte ihn immer, als wäre er zwölf und nicht sechzehn, und winkte grundsätzlich ab, wenn Jess ihn auf seine Freunde ansprach. Aber er war seine Familie, er gehörte zu seinem Leben dazu, und wenn er jetzt auch noch ging, dann hatte Jess bald alles verloren, was sein Leben bisher zusammengehalten hatte.

Das Geräusch der Wohnungstür riss ihn aus seinen Gedanken. Schritte erklangen im Flur, dann das gedämpfte Rauschen von Wasser im Bad. Als Jaxon schließlich ins Zimmer schlich und ins Bett kroch, stellte Jess sich schlafend. Er hatte keine Lust, mit seinem Bruder zu reden. Eigentlich hätte er erleichtert sein sollen, dass Jaxon wieder da war. Stattdessen merkte er, wie Wut in ihm aufstieg. Weil Jaxon ihn alleinließ. Weil er achtzehn war und tun und lassen konnte, was er wollte. Und weil er den Mut hatte, es auch zu tun.

«Jess?», wisperte Jaxon. «Hey, Jess. Ich weiß, dass du nicht schläfst.»

Widerwillig drehte Jess sich zu ihm um. Es war so dunkel im Zimmer, dass er seinen Bruder nur als undeutlichen Umriss vor der Wand erkennen konnte. «Was ist?»

«Tut mir leid wegen heute Abend», begann Jaxon. «Ich ... hab's vielleicht ein bisschen übertrieben.»

«Du hättest Mama nicht so angehen sollen.»

«Ich weiß.»

«Sie will doch nur das Richtige tun.»

Jaxon schnaubte leise. «Ja. Schon klar.»

«Im Ernst, Jax. Hast du dich mal in ihre Situation versetzt? Seit Papa weg ist, ist sie für alles alleine verantwortlich. Sie hat es schon schwer genug.»

«Eben. Sie reißt sich den Arsch auf, schuftet sich zu Tode, und es kommt nichts dabei raus. Ich hab die Möglichkeit, Geld zu verdienen, und sie droht, mich rauszuwerfen.»

«Ich will nicht, dass du gehst», sagte Jess leise.

Jaxon schwieg eine Weile, dann erwiderte er: «Ist erst mal nur für ein paar Wochen. Dann sehen wir weiter. Und wer weiß – vielleicht hat sich das mit dem Geld ja danach von selbst erledigt.» Ohne näher darauf einzugehen, zog Jaxon die Bettdecke hoch und drehte sich zur Wand.

Jess' Herz fing an zu pochen. Jaxons Äußerung schien seine schlimmsten Befürchtungen zu bestätigen. «Wie meinst du das?», fragte er.

«Kann ich nicht sagen. Gute Nacht, Kleiner.»

Jess lauschte Jaxons Atemzügen, die schon bald regelmäßiger und tiefer wurden. Doch in seinem Kopf drehte sich noch immer alles. So würde er unmöglich einschlafen können.

«Jax?»

«Hm?», brummte sein Bruder unwirsch.

«Bitte sag mir, was du vorhast.»

«Vergiss es einfach.»

«Wie soll ich das einfach vergessen? Ich mach mir Sorgen um dich, Jaxon! Was hast du vor?»

Seufzend drehte Jaxon sich wieder zu ihm um. «Ich kann noch nicht darüber reden.»

«Hat es was mit deinen Freunden zu tun? Plant ihr irgendeinen bescheuerten Hack? Oder illegales Bitcoin Mining oder so einen Kram?»

«Ach Quatsch. Du denkst zu viel nach. Und jetzt lass mich schlafen. Ich bin müde.»

«Ich will dich nicht auch noch verlieren, Jax. Nicht wegen einer dämlichen Computersache.»

«Wirst du nicht. Versprochen.»

Kurz darauf verriet leises Schnarchen, dass Jaxon eingeschlafen war. Verärgert zog Jess die Decke bis zur Nasenspitze hoch. Jaxons halbgare Antwort hatte ihn nur noch mehr aufgewühlt. Das Karussell in seinem Kopf setzte sich wieder in Bewegung, und er war beinahe erleichtert, als die Müdigkeit endlich den Kampf gegen seine rotierenden Gedanken gewann und er in einen unruhigen Schlaf fiel.

Der nächste Tag war ein Samstag. Beim Frühstück teilte Jaxon ihnen mit, dass er zum Abendessen nicht nach Hause kommen würde, weil er vorhatte, sich ausgiebig mit «digitalem Mist» zu beschäftigen. Ihre Mutter nahm es mit versteinertem Gesicht zur Kenntnis. Doch Jess ging das Gespräch der vergangenen Nacht nicht aus dem Kopf, und er beschloss, sich nicht länger hinhalten zu lassen. Wenn Jaxon nicht mit der Sprache herausrückte, würde er eben selbst herausfinden, was er mit seinen Andeutungen gemeint hatte. Er erzählte seiner Mutter, dass er Yara beim Packen helfen würde, und ließ sich von ihr das Versprechen abnehmen, dass wenigstens er zum Abendessen nach Hause kam. Kurz nachdem Jaxon die Wohnung verlassen hatte, machte auch er sich auf den Weg und schlich ihm so unauffällig wie möglich hinterher, das schäbige Treppenhaus hinunter, aus dem Hochhaus hinaus und durch die trostlosen Grünflächen der Plattenbausiedlung hindurch Richtung Innenstadt.

Jess achtete darauf, genügend Abstand zu halten, falls sein Bruder sich spontan umsehen sollte. Doch je öfter er in eine Nebenstraße oder eine schmale Gasse einbog, desto verwirrter wurde Jess. Er war davon ausgegangen, dass sein Bruder sich mit seinen Freunden traf, und soweit er wusste, befand sich ihr Quartier in einer alten Garage am anderen Ende der Stadt. Jaxon hingegen arbeitete sich im Zickzackkurs in Gegenden vor, in denen Jess noch nie gewesen war. Der Asphalt auf den Straßen war aufgeplatzt, die Häuser wirkten heruntergekommen und wie ausgestorben. Passanten waren kaum noch unterwegs, und Jess musste immer mehr Abstand halten, damit Jaxon ihn nicht zufällig bemerkte. Doch sein Bruder sah sich nicht ein einziges Mal um. Auch dann nicht, als er sich seitlich durch die Absperrung einer stillgelegten U-Bahn-Station schob und die Treppen hinablief.

Jess duckte sich hinter ein Geländer und spähte vorsichtig nach unten. Der Eingang zur Station war ebenfalls mit einem Gitter versperrt, doch auch hier gab es einen Spalt, durch den Jaxon in diesem Moment hindurchschlüpfte. Jess wartete ein paar Sekunden, dann folgte er ihm.

Sein Bruder war offenbar nicht der Einzige, der von der

Öffnung in der Absperrung wusste. Auf dem Boden lagen Schlafsäcke, Plastiktüten und leere Flaschen herum; Obdachlose schienen den Bahnhof als Nachtlager zu benutzen, doch im Moment war weit und breit nichts von ihnen zu sehen. Ein übler Geruch hatte sich in den Gängen festgesetzt, nach Urin, Schweiß und verbrauchter Luft. Das fahle Licht der Notbeleuchtung unterstrich die deprimierende Szenerie.

Jaxon hatte bereits das Ende der Halle erreicht. Er war nur noch als dunkler Schatten zu erkennen, und beinahe hätte Jess verpasst, wie er die Treppe zu einem der Bahnsteige hinablief. Er beeilte sich, Jaxon zu folgen. Obwohl er so leise wie möglich auftrat, hallten seine Schritte von den gefliesten Wänden wider. Kurzerhand streifte er sich die Schuhe von den Füßen und folgte seinem Bruder auf Socken. Doch als er den Bahnsteig erreichte, war er leer. Verwirrt blickte Jess sich um. Wohin war Jaxon verschwunden?

Vorsichtig schlich Jess den Bahnsteig entlang. Auch hier glomm die Notbeleuchtung, doch kam kaum gegen die Dunkelheit an, die aus den U-Bahn-Schächten sickerte. Falls Jaxon noch irgendwo hier unten war, hatte das Zwielicht ihn erfolgreich verschluckt.

Ein Geräusch am Ende des Bahnsteigs ließ ihn aufhorchen. Es klang wie das Knirschen von Kies, und als Jess die Augen zusammenkniff, erkannte er eine Gestalt, die auf den Schienen in Richtung Tunnelöffnung lief. Kurz darauf war sie mit dem undurchdringlichen Schwarz dahinter verschmolzen. Jess huschte bis zum Ende des Bahnsteigs und kletterte ins Gleisbett hinab. Die groben Kiesel schmerzten unter seinen Füßen. Rasch zog er seine Schuhe wieder an und folgte Jaxon in die Dunkelheit.

Die Luft im Tunnel war abgestanden und warm. Als fünfzig Meter vor ihm ein Lichtschein aufglomm, presste Jess sich erschrocken gegen die Tunnelwand. Doch es war nur Jaxon, der die Taschenlampe an seinem Handy aktiviert hatte und sie auf den Boden vor sich richtete. Jess wagte nicht, sein Handylicht ebenfalls anzuschalten; Jaxon würde ihn sofort bemerken, falls er sich umdrehte. Er musste sich notgedrungen im Dunkeln vortasten und sich am Verlauf der Schienen orientieren.

Bald darauf hatte Jess jegliches Zeitgefühl verloren. Es konnten nicht mehr als zwei oder drei Minuten vergangen sein, aber in der vollkommenen Finsternis kamen sie ihm wie eine Ewigkeit vor. Die Notbeleuchtung des Bahnsteigs, die noch eine Zeit lang hinter ihm das Ende des Tunnels markiert hatte, war längst nicht mehr zu sehen. Jess versuchte, nicht darüber nachzudenken, was alles in der Dunkelheit um ihn herum lauern könnte. Er fühlte sich unangenehm an den Zombie-Shooter erinnert, den er mit Yara gespielt hatte. Wenn sein Bruder nicht gewesen wäre, hätten ihn keine zehn Pferde in diesen Tunnel gekriegt. Was zum Teufel wollte Jaxon bloß hier?

Das Licht vor ihm erlosch. Erschrocken blieb Jess stehen. Hatte Jaxon ihn bemerkt? Dann erschien plötzlich der Umriss einer Tür in der Tunnelwand. Jaxon trat hindurch und schloss die Tür hinter sich. Das Rechteck verschwand, und der Tunnel versank wieder in Dunkelheit.

Langsam tastete Jess sich an der Wand entlang in die Richtung, in der sich die Tür befinden musste. Schon bald spürte er Metall unter den Fingern, und nach kurzem Suchen fand er auch eine Klinke. Er hatte keine Ahnung, was ihn auf der anderen Seite erwartete, und er spürte, wie ihm das Herz bis zum Hals klopfte. Aber er war nicht so weit gekommen, um jetzt einen Rückzieher zu machen.

Vorsichtig öffnete er die Tür und spähte hindurch. Vor

ihm erstreckte sich ein nüchterner Gang aus Betonwänden – ein Notausgang vielleicht oder der Zugang zu einem Wartungsbereich. Auch hier glomm eine schwache Notbeleuchtung. Jess lauschte, doch von Jaxon war weder etwas zu hören noch zu sehen. Also schlüpfte er durch die Tür und folgte dem Gang um eine Ecke und ein paar Stufen hinauf, bis er vor einer weiteren Tür stand. Doch als er den Griff hinunterdrückte, war die Tür verschlossen. Stirnrunzelnd sah er sich um. Jaxon war vor zwei Minuten in genau diesem Gang verschwunden. Hatte er irgendwo eine Tür übersehen? Oder eine Abzweigung? Eher zufällig fiel sein Blick auf einen kleinen Kasten über dem Türrahmen, und als er das rote Lämpchen darin sah, erstarrte er.

Eine Überwachungskamera. Und er blickte genau hinein.

Jess verfluchte sich für seine Dummheit und wandte das Gesicht ab. Wer auch immer am anderen Ende der Kamera saß, wusste nun, wie er aussah. Und ganz egal, was das hier unten war – in stillgelegten U-Bahn-Tunneln herumzulaufen, würde garantiert Ärger geben! Er wollte sich gerade umdrehen und den Gang zurücklaufen, als die Tür mit einem leisen Klicken aufsprang. Jess zuckte zusammen und machte sich darauf gefasst, dass jemand herauskommen und ihn zur Rede stellen würde. Doch nichts geschah.

Vorsichtig öffnete er die Tür einen Spalt. Dahinter befand sich eine Art Vorraum, dessen Wände wie in einer Umkleide mit Bänken und alten Metallspinden gesäumt waren. Gegenüber der Tür war ein Durchgang, der in einen weiteren, deutlich größeren Raum führte. Und was er dort erblickte, war so ziemlich das Letzte, was er in einem Wartungsbereich eines U-Bahn-Tunnels erwartet hätte.

4

Jess huschte in den Vorraum und duckte sich hinter einen Spind. Von dort aus konnte er das Geschehen im Hauptraum beobachten – auch wenn er erst einmal verdauen musste, was er da sah. Der Raum ähnelte einer Studenten-WG: Auf dem Boden lagen ausgelatschte Teppiche; Stehlampen und Lichterketten verbreiteten eine Art Wohnzimmeratmosphäre; in einer Ecke stand sogar eine alte Couch. Doch am auffälligsten waren die riesigen Bildschirme auf den wild zusammengewürfelten Tischen und die dicken Kabelstränge auf dem Boden, die alle auf einen Punkt an der Wand zuliefen, wo sie mit mehreren Routern, Funkverstärkern, externen Firewalls und anderen Zusatzgeräten verbunden waren. Offensichtlich hatten Jaxon und seine Freunde ihren Treffpunkt hier herunterverlegt. Und obwohl Jess kein Experte war, sah das alles für ihn nach mehr aus als das Spielen von Videospielen und ein paar gelegentlichen Hacks.

Auf die Schnelle zählte er fünf Personen, alle etwa in Jaxons Alter. Eine Frau schlief ausgestreckt auf der Couch; ein Junge mit Kopfhörern saß vor einem riesigen Bildschirm und spielte irgendeinen Ego-Shooter. Die anderen standen um einen der Monitore herum. Jaxon war auch dabei; er hatte den Arm um eine Frau mit lilafarbenen Haaren gelegt. Da sie ihm den Rücken zugewandt hatten, wagte Jess es, ein wenig näher heranzugehen. Auf dem Bildschirm schien ein Video zu laufen, doch Jess konnte das Bild nicht erkennen. Er hörte nur, wie jemand schrie. Dann war die Aufnahme zu Ende.

«Das ist alles, was ich letzte Nacht runterladen konnte, bevor sie entdeckt haben, dass jemand in ihren Daten rumspukt», sagte der Mann am Monitor. «Ich hab noch mehrmals probiert, mich wieder ins System zu hacken, aber es ist zu gut gesichert. Und nach gestern sind sie hellhörig geworden.

Wenn wir nicht aufpassen, können sie uns bis zu unserem Standort zurückverfolgen.»

«Obwohl wir die IP-Adressen verschleiert haben?»

«Ja. Da sitzen schließlich keine Anfänger am anderen Ende. Die Sache wird langsam zu groß für uns.»

«Finde ich auch. Besonders nach dem, was wir hier gesehen haben», sagte das Mädchen mit den lila Haaren und deutete auf den Monitor. Jess reckte den Hals, konnte auf dem Standbild aber nur einen kahlen Raum erkennen und einen Mann in einem grauen Overall. «Dieses Video ist irgendwie ... gruselig. Wir sollten die Finger davon lassen.»

«Wie wäre es, wenn wir mit dem Material an die Öffentlichkeit gehen?», schlug der Mann vor. «Anonym natürlich. So wie bei Wikileaks.»

«Und dann?», fragte Jaxon.

«Das Video, die Mitschriften, das Material, das wir von Erik bekommen haben ... das muss doch einen riesigen Aufschrei geben. Wenn die Leute kapieren, was da abgeht, verhindern wir vielleicht, dass der Algorithmus in die falschen Hände gerät.»

Jaxon schüttelte den Kopf. «Habt ihr eine Ahnung, wie viel dieser Algorithmus wert ist? Wir reden hier von Millionen. Wenn wir ihn als Erstes in die Finger kriegen, verkaufen wir ihn. Das ist *die* Chance, richtig Kohle zu machen.»

«Du willst ihn stehlen?»

«Warum denn nicht? Ja, es ist riskant. Aber dafür springt auch ordentlich was dabei raus. Ich habe keine Lust mehr, kleine Brötchen zu backen. Nicht, wenn wir einen so großen Fisch an der Angel haben. Wir müssen eben vorsichtig sein!»

«Du spinnst doch», warf die Frau ein. «Das schaffen wir nie.»

Jaxon hob mahnend den Finger. «Du kennst ja meinen

Leitspruch: Wer kämpft, kann verlieren. Wer nicht kämpft, hat schon verloren.»

«Erik ist deswegen gestorben.»

«Das war ein Unfall.»

«Das ist die offizielle Version. Aber überleg doch mal, was …»

«Jax, was hockst du denn hier hinten rum?»

Jess fuhr herum. Ein rothaariger Mann Anfang zwanzig war durch die Tür in den Vorraum gekommen und sah ihn mit einem schiefen Grinsen an. Jess hätte sich ohrfeigen können. Er war so auf die Unterhaltung konzentriert gewesen, dass er ihn nicht bemerkt hatte.

Fieberhaft suchte er nach einem Ausweg. Solange der Mann ihn für seinen Bruder hielt, hatte er vielleicht noch eine Chance. Doch die Gruppe um Jaxon war längst auf sie aufmerksam geworden. Als sein Bruder sich umdrehte und in ihre Richtung blickte, runzelte der Rothaarige die Stirn.

«Was zum …?» Verdutzt sah er zwischen Jess und Jaxon hin und her. Dann wandelte sich seine Verwirrung in Ärger. Er packte Jess am Kragen und presste ihn so fest gegen die Wand, dass ihm die Luft wegblieb. «Verdammte Scheiße! Was hast du hier zu suchen?»

«Das würde ich auch gern wissen.» Jaxon löste sich von der Gruppe und kam auf sie zu. Seinem Gesichtsausdruck nach zu urteilen, kochte er vor Wut.

«Scheiße, Mann, der sieht genauso aus wie du», sagte der Rothaarige. «Kennst du ihn?»

«Mein Bruder», erwiderte Jaxon knapp.

«Ist er mit dir hier?»

«Nein.»

«Wie ist er dann hier reingekommen?»

«Gute Frage», knurrte Jaxon und sah Jess fragend an.

«Ich … die Tür ist einfach aufgegangen», stammelte Jess.

«Zac!», rief Jaxon in Richtung des Jungen, der immer noch in den Ego-Shooter vertieft war. Als er nicht reagierte, zog Jaxon seinen Schlüsselbund aus der Tasche und warf ihn neben dem Jungen auf den Tisch. «Hey, Zac!»

Der Junge drehte sich um, und als er sah, dass ihn alle anstarrten, riss er sich erschrocken den Kopfhörer ab. «Was ist?»

«Hast du meinen Bruder reingelassen?», fragte Jaxon und deutete auf Jess.

Erst jetzt bemerkte Jess den zweiten Bildschirm auf Zacs Tisch, auf dem der Bereich vor der Tür zu sehen war. Offenbar wurden die Bilder der Überwachungskamera dorthin übertragen.

Zac sah verdutzt von Jaxon zu Jess. «Ich hab gedacht, das wärst du», sagte er schließlich.

«Und dass ich kurz vorher schon mal durch die Tür gegangen bin, hast du verdrängt, oder was?»

Zac zuckte mit den Schultern. «Ich bin gerade ins letzte Level aufgestiegen. Außerdem sieht er genauso aus wie du. Ich dachte, vielleicht hast du was vergessen oder so.»

Jaxon seufzte resigniert. «Lass ihn los, Kev. Ich kümmer mich um ihn.»

Der Rothaarige warf Jess einen zweifelnden Blick zu. «Was ist, wenn er rumerzählt, was er hier gesehen hat?»

«Wird er nicht.»

Kev ließ ihn los. Doch Jess blieb keine Zeit, um durchzuatmen. Sofort packte Jaxon ihn am Kragen und zog ihn in eine Ecke des Vorraums, wo die anderen ihn nicht sehen konnten.

«Was hast du hier zu suchen?», zischte er. «Bist du mir etwa gefolgt?»

Jess wich seinem Blick aus und nickte.

«Verdammt noch mal! Was soll das?»

«Ich hab mir Sorgen gemacht», verteidigte sich Jess. «Du bist in letzter Zeit so komisch. Ich wollte wissen, was los ist.»

«Das gibt dir noch lange nicht das Recht, mir hinterherzuspionieren!»

«Du weichst mir immer aus, ganz egal, wie oft ich dich frage», entgegnete Jess trotzig. «Anders finde ich es ja nicht raus.»

«Ich sage dir nicht, was ich mache, weil es dich nichts angeht. Schon mal darüber nachgedacht?»

«Natürlich geht es mich was an. Du bist mein Bruder!»

Jaxon wollte etwas erwidern, wurde jedoch von der Frau mit den lilafarbenen Haaren unterbrochen, die zu ihnen trat und Jaxon eine Hand auf die Schulter legte.

«Noch fünf Minuten, Jax. Du solltest dich langsam fertig machen.» Dann musterte sie Jess kurz und streckte ihm schließlich eine Hand entgegen. «Ich bin Mia.»

«Jess. Jaxons Bruder.»

Mia lächelte. «Das ist nicht zu übersehen.»

«Was ist in fünf Minuten?», fragte Jess.

«Ich hab einen Termin», brummte Jaxon. Dann fügte er resigniert hinzu: «Wenn du schon mal da bist, kannst du genauso gut zuhören. Früher oder später hättest du es sowieso erfahren.»

Jess folgte den beiden in den Hauptraum. Die anderen hatten sich an ihre Computer zurückgezogen, beobachteten sie aber mit neugierigen Blicken. Als sie an dem Arbeitsplatz vorbeikamen, an dem vorhin das Video gelaufen war, sagte der Mann: «Ich hab die Daten übertragen, Jax.»

«Danke, Karl.» Jaxon ging zu dem einzigen noch freien Computer und setzte sich. Es schien sein angestammter

Platz zu sein, was Jess an den Unmengen verbeulter Energydrink-Dosen erkannte, die zerknautscht in einem Mülleimer darunter lagen. Jaxon holte den Computer aus dem Ruhemodus, und während er darauf wartete, dass sich die Systeme aufbauten, nahm er eine kleine Plastikfigur von der Tischplatte und warf Mia einen vielsagenden Blick zu. «Willst du sie haben?»

Mia schüttelte den Kopf. «Behalt sie. Vielleicht bringt es ja Glück.»

Jaxon ließ die Figur in seine Hosentasche gleiten und klickte ein Icon auf dem Desktop an, woraufhin sich ein Videocall-Programm öffnete.

«Was macht ihr hier eigentlich genau?», fragte Jess. «Und seit wann trefft ihr euch in einem verlassenen U-Bahn-Schacht? Das war doch bestimmt ein Riesenaufwand, das ganze Zeug hier runterzuschaffen. Was ist aus eurem Garagentreffpunkt geworden?»

«Hier sind wir sicherer», erwiderte Jaxon ausweichend.

«Vor wem?»

«Das geht dich nichts an.»

«Aber …»

Sein Bruder schnitt ihm mit einem drohenden Blick das Wort ab. «Wenn du weiterfragst, werfe ich dich eigenhändig raus, klar?»

Zu Jess' Erstaunen kam Mia ihm zu Hilfe. «Warum erzählst du es ihm nicht?»

«Weil ich nicht will, dass er in die Sache mit reingezogen wird. Je weniger er weiß, desto besser.»

Jess wollte protestieren, doch der wütende Blick seines Bruders ließ ihn verstummen. Jaxon klickte in die Kameraeinstellungen des Programms und wählte einen anderen Hintergrund aus, sodass der Kellerraum verschwand und sein Gesicht stattdessen vor einer mit Graffiti besprühten Betonwand zu sehen war.

Mia sah auf ihre Uhr. «Noch zwei Minuten.»

«Okay. Dann geh ich jetzt rein.»

«Wo rein?», fragte Jess.

Mia verdrehte die Augen. «Jetzt sag's ihm schon.»

Jaxon seufzte. «Eine Spielefirma hat mich gefragt, ob ich als einer von zehn Teilnehmern an einem Testlauf für ein neues Spiel mitmachen will. Für das erste TVR-Adventure-Game der Spielegeschichte.»

«TVR?», fragte Jess. Den Ausdruck hatte er noch nie gehört.

«*True Virtual Reality*», erklärte Jaxon ungeduldig. «Die perfekte virtuelle Realität, der *Full Dive*, die vollständige Immersion, ganz ohne VR-Brille, Bodysuit und das ganze Zeug.»

«Und wie soll das gehen?», fragte Jess skeptisch.

Jaxon grinste. «Kannst du dir das nicht denken? Nach allem, was gerade durch die Nachrichten geht?»

Jess stutzte. «Du meinst doch nicht etwa … mit so einem Datenhelm?»

Jaxons Grinsen wurde breiter. «Doch, genau das meine ich.»

5

Fassungslos starrte Jess seinen Bruder an. In seinem Kopf explodierten so viele Fragen, dass er gar nicht wusste, welche er zuerst stellen sollte. «Reden wir hier von dem gleichen Ding, mit dem das Militär seine Soldaten ausstattet?»

«So was in der Art», erwiderte Jaxon. «Der Termin fängt gleich an. Danach reden wir in Ruhe, okay?»

Er warf Mia einen letzten Blick zu, und Jess glaubte, ein nervöses Flackern darin zu erkennen. Dann klickte er auf den runden Button in der Mitte des Bildschirms. Der Videocall baute sich auf und zeigte das Bild eines Mannes und einer Frau. Sie saßen nebeneinander an einem riesigen Tisch aus Chrom und Glas und schienen Jaxon bereits zu erwarten.

Jess sah, dass auch Kev, Karl und die anderen neugierig von ihren Plätzen herübersahen. Selbst Zac hatte seine Kopfhörer abgenommen, um zuhören zu können. Mia beugte sich zu Jess und legte einen Finger auf die Lippen. «Man kann uns nicht sehen», wisperte sie lautlos. «Aber wir müssen leise sein, sonst hört man uns über Jax' Mikro.»

«Jaxon, wie schön, Sie wiederzusehen», begrüßte ihn die Frau.

«Danke», erwiderte Jaxon knapp.

«Mein Name ist Lilian Margulies, zuständige Projektleiterin bei cy.corp. Mich kennen Sie ja bereits von unserem ersten Call.» Sie deutete auf den Mann, der neben ihr saß und Jaxon ausdruckslos musterte. «Außerdem ist heute Lucius Wagner mit dabei, der Inhaber von cy.corp.»

Mia sog leise die Luft zwischen den Zähnen ein. «Wow. Das hohe Tier höchstpersönlich», flüsterte sie.

«Hallo», sagte Jaxon. Falls er über Wagners Anwesenheit genauso überrascht war wie Mia, ließ er es sich nicht anmerken.

«Freut mich, Sie kennenzulernen», erwiderte Wagner. «Wenn Sie nichts dagegen haben, würden wir gleich zum Geschäftlichen kommen.»

Jaxon nickte, und Margulies übernahm wieder das Wort. «Sie hatten eine Woche Zeit, über alles nachzudenken. Wir sind gespannt zu hören, wie Sie sich entschieden haben.»

Ohne zu zögern, antwortete Jaxon: «Ich bin dabei.»

Margulies nickte zufrieden, und Wagners Lippen umspielte ein beinahe triumphierendes Lächeln. «Das freut uns sehr. Die Erfahrung eines Spielers Ihres Formats ist von unschätzbarem Wert für uns.»

Jess horchte auf. Hatte diese Spielefirma etwas damit zu tun, dass Jaxon von zu Hause fortging?

«Bevor wir zu den Unterschriften kommen, würde ich gerne noch einmal die Rahmenbedingungen durchgehen», warf Margulies ein. «Damit es hinterher nicht zu Missverständnissen kommt. Einverstanden?»

Wieder nickte Jaxon.

«Sehr schön.» Margulies nahm ein Blatt Papier aus einer Mappe vor sich und las den Text darauf vor. «Die Firma *cy.corp unlimited* hat ein Spiel zur Marktreife gebracht, das in der *true virtual reality* gespielt wird. Dabei handelt es sich um ein Open-World-Rollenspiel in einer mittelalterlichen Fantasy-Welt. Mithilfe unseres SimCaps, eines speziell für das Spiel entwickelten Datenhelms, kann der Spieler die virtuelle Welt absolut unmittelbar erleben, wodurch eine nicht nur optisch, sondern auch physisch einmalige realistische Erfahrung garantiert wird.

Eine Gruppe von ausgewählten Spielern und Spielerinnen hat die Möglichkeit, das Spiel noch vor der Markteinführung auf Fehler und Verbesserungsmöglichkeiten in der Programmierung, im Spielaufbau und in der Storyline zu testen. Da die Entwicklung unserer TVR-Technologie weltweit einzigartig ist, wird dieser Early Access unter strengster Geheimhaltung stattfinden. Die Spieler willigen ein, sich für insgesamt vier Wochen an einen abgeschirmten Ort innerhalb unseres Firmengeländes zu begeben und keinerlei Kontakt mit der Außenwelt aufzunehmen.

Als Aufwandsentschädigung für die Teilnahme wird jedem Spieler die Summe von 100 000 Euro ausgezahlt. Derjenige, der das Spiel als Erstes beendet, erhält eine weitere Prämie in nicht genannter Höhe.» Margulies sah von dem Text auf und schaute in die Kamera. «Haben Sie bis hierhin Fragen?»

«Können Sie mir mehr über den Inhalt des Spiels erzählen?», fragte Jaxon. Die Informationen schienen nicht neu für ihn zu sein. Jess hingegen bekam Herzklopfen. 100 000 Euro? So viel Geld für den Test an einem Videospiel?

«Nein, tut mir leid. Darüber kann ich an dieser Stelle nichts verraten. Wie bereits gesagt, unterliegt die Entwicklung des Spiels strengster Geheimhaltung. Die Konkurrenz schläft nicht.» Sie lachte. «Möchten Sie sonst noch etwas wissen?»

Jaxon tippte sich mit dem Finger an die Schläfe. «Dieser Datenhelm – wurde der speziell für das Spiel entwickelt?»

«Ja», erwiderte Margulies. «Genau wie die Software, mit der wir die Informationen verarbeiten.»

«Wenn ich das richtig verstanden habe, wandeln diese Datenhelme die Nervenimpulse aus meinem Gehirn in digitale Befehle um. Wenn ich also losgehen will, dann fängt der Datenhelm diesen Nervenimpuls ab und schickt die Information ins Spiel, sodass nicht ich, sondern meine Figur im Spiel losgeht. Richtig?»

Margulies nickte. «Ganz genau.»

«Okay. Aber für eine vollständige Immersion braucht es mehr. Zum Beispiel muss ich spüren können, dass es kalt ist an den Füßen, weil ich vergessen habe, Schuhe anzuziehen. Wie funktioniert das?»

Margulies schmunzelte. «Eine berechtigte Frage. Und genau das ist es, was unsere Technologie so einzigartig macht. Normalerweise verarbeitet ein Datenhelm Informationen aus dem Gehirn und sendet sie an einen Computer. Aber unser Helm kann mehr. Er sendet Informationen von einem Computer an das Gehirn. So ist es dem Spieler möglich, Empfindungen in der virtuellen Welt absolut realitätsgetreu zu spüren, ohne dass er sie erlebt. Obwohl Sie mit geschlossenen Augen daliegen, riechen, schmecken und fühlen Sie die Dinge, denen Sie in der Spielewelt begegnen, als wären sie tatsächlich vorhanden. Diese Technologie ist visionär. Sie wird den Spielemarkt revolutionieren. Vielleicht sogar die ganze Welt!»

Mia schnaubte leise, doch Jaxon schien mit der Antwort zufrieden zu sein. «Okay. Das wär alles.»

«Sehr schön», fuhr Margulies fort. «Dann würde ich Sie bitten, einige Dokumente zu unterschreiben. Zum einen die Verschwiegenheitserklärung, mit der Sie sich verpflichten, bis zur Markteinführung mit niemandem außerhalb von cy.corp über das Projekt zu sprechen.» Sie tippte auf ihrer Tastatur, und kurz darauf poppte ein Dokument auf Jaxons Bildschirm auf. Er überflog den Text, klickte mit der Maus auf die Unterschriftenzeile und versah sie mit seiner digitalen Signatur. Dann schickte er das Dokument an Margulies zurück.

«Vielen Dank», sagte sie. «Außerdem benötigen wir noch einige persönliche Daten von Ihnen sowie eine Einverständniserklärung für einen Ganzkörperscan und dafür, dass sie sich freiwillig für vier Wochen dauerhaft in unsere Firmenräume begeben.» Drei weitere Icons segelten an Jaxons Platz.

Während sein Bruder den Fragebogen zu seiner Person ausfüllte, versuchte Jess, seine wild herumfliegenden Gedanken zu sortieren. In der letzten halben Stunde war so viel geschehen, dass er Mühe hatte hinterherzukommen.

Die perfekte virtuelle Realität ... Er wusste selbst nicht so genau, ob ihn die Vorstellung faszinierte oder erschreckte.

Er war eigentlich kein Fan der VR. Sobald seine Spielfigur ruckartige Bewegungen machte, wurde ihm schwindelig. Er hasste die klobigen Brillen, das Gefummel mit den Handcontrollern, das Gefühl, seine Umgebung nur zur Hälfte wahrzunehmen, weil die andere Hälfte gerade im Wohnzimmer vor der Spielekonsole stand. Seit Jahrzehnten forschte die Spieleindustrie daran, diese Hürden zu beseitigen, doch bisher waren sich alle einig gewesen, dass der Mensch noch lange auf VR-Brillen, Datenhandschuhe und spezielle Haptikanzüge angewiesen sein würde, um die perfekte Illusion einer anderen Welt zu erschaffen. Das schien sich mit der Technologie, die diese Firma entwickelt hatte, geändert zu haben. Sein Bruder würde einer der Ersten sein, der den *Full Dive* erlebte. Und dafür bekam er ganz nebenbei auch noch eine Masse Geld!

Aber warum machte Jaxon so ein Geheimnis daraus? Warum wollte er nicht, dass Jess «da mit reingezogen» wurde? In was? Und von welchem großen Fisch hatte er vorhin gesprochen, den sie angeblich an der Angel hatten? Jess spürte, dass mehr hinter der ganzen Sache steckte, und er nahm sich vor, seinen Bruder nicht ohne eine Antwort davonkommen zu lassen.

Jaxon hatte inzwischen alle Dokumente ausgefüllt und schickte sie mit einem Klick zurück zu Margulies. «Fertig», sagte er. «War es das?»

«Ja, das wäre so weit alles.» Margulies lächelte. «In drei Wochen beginnt die Testphase. Die Details über die Anreise zu unserem Firmensitz schicken wir Ihnen in den nächsten Tagen zu.»

«Schön, Sie an Bord zu haben, Jaxon», warf nun auch Wagner ein. «Ich bin gespannt, welches Feedback wir von dem berühmten Prometheus bekommen.»

«Glauben Sie mir, ich bin mindestens so gespannt wie Sie», erwiderte Jaxon.

Nachdem sich alle verabschiedet hatten, trennte Jaxon die Verbindung des Calls und lehnte sich mit einem Seufzen zurück. «Na bitte. Ich bin drin.»

«Genial, Jax!», rief Karl, und Kev reckte die Faust in die Höhe.

Mia setzte sich auf Jaxons Schoß und küsste ihn. «Wenn du den Algorithmus hast, können wir immer noch entscheiden, was wir damit anstellen. Einverstanden?»

Jaxon grinste. «Einverstanden.»

«Erst mal muss er ihn finden», warf Kev ein. «Bevor die anderen Spieler davon Wind bekommen.»

Jaxon schnaubte. «Die glauben doch, dass sie nur zum Spaß da sind. Im Gegensatz zu mir haben die keine Ahnung, was sich wirklich am Ende des Spiels verbirgt.»

«Es sind Speedrunner dabei. Die sind es gewohnt, schnell zu spielen.»

«Schnell ist nicht immer besser», erwiderte Jaxon grinsend. «Und ich bin der Beste.»

Mia verdrehte die Augen. «Versprich mir, dass du vorsichtig bist. Denk daran, was Erik passiert ist.»

«Das war ein Unfall, Mia. Weiter nichts.»

«Könnte mir mal jemand erklären, was hier eigentlich los ist?» Jess hielt es nicht länger aus. «Von welchem Algorithmus redet ihr die ganze Zeit? Und wer ist Erik?»

«Das ist zu kompliziert», erwiderte Jaxon und winkte ab.

«Aber …»

«Nein, Jess. Vielleicht erkläre ich es dir, wenn ich von cy.corp zurück bin.»

«Du musst vier Wochen in dieser Firma bleiben. Glaubst du ernsthaft, dass Mama damit einverstanden ist?»

«Natürlich nicht. Aber was soll sie schon machen? Ich bin 18. Sie kann es mir nicht verbieten.»

«Was ist cy.corp überhaupt für eine Firma? Habt ihr von denen schon mal gehört?»

«Klar», erwiderte Jaxon. «Die Firma ist sogar ziemlich bekannt in der Szene. Es gibt schon länger Gerüchte, dass sie an einem TVR-Game basteln. Damit sind sie natürlich nicht die Einzigen, aber offenbar haben sie als Erste den Durchbruch geschafft.»

«Ilana Saray, die hauptverantwortliche Programmiererin, ist vor einem halben Jahr an Leukämie gestorben», warf Kev ein. «Sie war ein Genie unter den Spieleentwicklern, hat die coolsten Welten erschaffen, die man sich vorstellen kann. Aber offenbar hat sie sich kurz vor ihrem Tod mit Wagner zerstritten, deswegen ...»

«Nicht, Kev», unterbrach Jaxon ihn. «Es ist besser, wenn er es nicht weiß.»

«*Was* weiß?», fragte Jess ärgerlich.

Jaxons Gesichtsausdruck wurde abweisend. «Irgendwann erklär ich es dir, versprochen. Aber nicht jetzt.»

In Jess kochte langsam die Wut hoch. «Vergiss es, Jax. So leicht lasse ich mich dieses Mal nicht abspeisen. Entweder, du erklärst mir, was hier gespielt wird, oder ...»

Ein lautes Hämmern von Fäusten auf Metall unterbrach ihn. Wie auf Kommando sahen alle zur Tür, und Zac, der ihrer Unterhaltung gefolgt war und dabei die Überwachungskamera aus den Augen gelassen hatte, drehte sich zu dem kleinen Monitor um.

«Oh Shit!» Er sprang auf, und sein Gesicht wurde kreidebleich. «Polizei!»

6

«Aufmachen. Polizei!», ertönte eine gedämpfte, aber fordernde Stimme hinter der Tür.

«Verdammte Scheiße!», keuchte Karl. «Wie haben die uns gefunden?»

«Keine Ahnung. Festplatten löschen! Schnell!», befahl Jaxon.

Die Hacker rannten zu ihren Computern und tippten hastig auf ihren Tastaturen herum. Auch die Frau, die auf dem Sofa geschlafen hatte, war aufgeschreckt und riss nun einige der Router und anderen Geräte von der Wand, um sie zu zerstören.

«Machen Sie die Tür auf! Polizei!!», ertönte es wieder, ungeduldiger diesmal, aggressiver.

Jess wich zur Wand zurück und sah mit großen Augen zu Jaxon. «Was wollen die von euch?»

«Scheiße, Jess, du kannst dir doch denken, dass wir hier nicht nur das Telefonbuch hacken», blaffte Jaxon, während er mit fliegenden Fingern auf die Tastatur einhämmerte.

Jemand trat von außen gegen die Tür, die daraufhin verdächtig in den Angeln knirschte. Jaxon tippte ein letztes Mal auf «Enter» und sah sich hektisch um. «Wir müssen abhauen. Wenn sie uns erwischen, sind wir geliefert.»

«Aber hier drin sitzen wir in der Falle», erwiderte Jess.

«Abwarten.» Mia wühlte durch ihre Schreibtischschublade, holte einen Schraubendreher heraus und lief zu einem Gitter in der Wand, das Jess bisher noch gar nicht aufgefallen war. Es maß etwa einen halben Meter im Durchmesser und schien den Ausgang eines Lüftungsschachts zu verdecken. Während Mia hastig eine Schraube nach der anderen löste, wurde immer wieder mit voller Wucht gegen die Tür getreten. Sie knirschte und ächzte in den Angeln. Es war nur noch eine Frage der Zeit, bis sie nachgeben würde.

Jaxon hatte begriffen, was Mia vorhatte. Er lief zu ihr und zog Jess am Arm hinter sich her. Dann rüttelte er an dem Gitter, doch die Schrauben saßen zu fest. Es wackelte, löste sich aber nicht von der Wand.

«Treten Sie von der Tür weg!», ertönte die Stimme eines Polizisten. «Wir zünden eine Sprengladung. Ich wiederhole: Treten Sie von der Tür weg!»

«Zur Seite», zischte Mia und scheuchte sie vom Gitter weg. Dann drehte sie sich rasend schnell um die eigene Achse und trat mit aller Kraft gegen das Metall. Mit einem Knirschen wurde das Gitter in den dahinterliegenden Schacht katapultiert.

Im gleichen Augenblick ertönte ein dumpfer Knall von der Tür. Rauch stieg auf, und kleine Betonsplitter spritzten in den Vorraum. Die Tür flog auf, und mehrere vermummte Gestalten in Kampfanzügen und mit Waffen im Anschlag stürmten den Kellerraum. Zac, Kev und die anderen führten hastig letzte Befehle an ihren Computern aus, bevor die ersten Polizisten sie erreicht hatten, von der Tastatur wegzerrten und auf den Boden drückten.

«Weg hier, schnell!» Mia kletterte in die dunkle Röhre. Sie war gerade so groß, dass man auf allen vieren hindurchkriechen konnte.

«Los, jetzt du», drängte Jaxon.

«Du zuerst», erwiderte Jess. «Ich gehör ja gar nicht …»

«Mach schon», unterbrach Jaxon ihn unwirsch. Doch dann hielt sein Bruder ihn noch einmal zurück und umarmte ihn. Etwas Hartes drückte gegen seine Hüfte. «Egal, was passiert – pass gut auf sie auf.» Ehe Jess etwas antworten konnte, schob Jaxon ihn in den Schacht. Ein stechender Schmerz flammte in seiner linken Handfläche auf, als er in eine abgebrochene Schraube griff. Jess biss die Zähne zusammen und krabbelte tiefer in den Schacht, um Jaxon Platz zu machen. Doch als er sich nach ihm umsah, stellte er entsetzt fest, dass sein Bruder keine Anstalten machte, ihnen zu folgen. Er hatte sich genau vor der Öffnung des Schachts postiert und sah die beiden Polizisten an, die auf ihn zuliefen.

Als Jess klar wurde, was sein Bruder vorhatte, breitete sich das Entsetzen wie Säure in seinem Magen aus. Er versuchte, sich in der engen Röhre umzudrehen und zurückzukriechen. «Nein!», rief er. «Das kannst du nicht …»

«Verschwinde endlich!», schrie Jaxon. Die Polizisten hatten ihn fast erreicht.

Verzweifelt schüttelte Jess den Kopf. Wie erstarrt hockte er in dem engen Schacht, hin- und hergerissen zwischen dem Drang zu fliehen und dem Wunsch, seinem Bruder zu helfen.

«Er hat recht», rief Mia. «Wir müssen weg!»

Jess sah noch, wie einer der Polizisten Jaxon brutal zu Boden stieß. Dann kroch er los.

«Stehen bleiben», befahl eine Stimme hinter ihm. «Bleib stehen, verdammt noch mal!»

Ein Rumpeln und Schleifen verrieten Jess, dass der Polizist ihnen folgte. Wie von Sinnen krabbelte er Mia hinterher in die Dunkelheit. An einer Biegung sah er sich ein letztes Mal um, erkannte nur trügerisches Schwarz, hörte aber das schwere Atmen und das Schleifen von Kleidung auf Metall.

Eine halbe Ewigkeit schien zu vergehen. Dunkelheit, Enge, Staub, der Schmerz in seiner Hand, der von Minute zu Minute schlimmer wurde. Irgendwann fanden sie einen Ausgang aus dem Schacht. Offenbar waren sie geradewegs in der Kanalisation gelandet, liefen durch katakombenartige Gänge und an schrecklich stinkenden Abwasserkanälen entlang. Ihren Verfolger schienen sie abgeschüttelt zu haben, trotzdem rannten sie, so schnell sie konnten, machten sich mit den Handys Licht, prallten trotzdem immer wieder gegen Steine oder stolperten über Dreck und Rattennester. Jess' Herz hämmerte in seiner Brust, seine Lunge brannte, und er merkte, dass ihm allmählich die Beine nachgaben.

Dann, endlich, erschien Tageslicht am Ende einer Röhre. Sie rannten darauf zu, stolperten beinahe in den seichten Fluss, in den die Röhre mündete, und wateten ans Ufer. Dort brachen sie zusammen und starrten keuchend in den bleigrauen Himmel hinauf, bis sie schließlich wieder zu Atem gekommen waren.

Mia erholte sich als Erste. Sie richtete sich auf und lehnte sich mit dem Rücken an eine alte Plastiktonne, die am Flussufer entsorgt worden war. Als Jess sich ebenfalls aufsetzte, sah er, dass sie weinte. Sie bemerkte seinen Blick und wischte sich rasch mit dem Ärmel über das Gesicht.

«Was ... was passiert jetzt mit Jaxon?», fragte Jess leise. «Und mit den anderen?»

Mia schniefte. «Vermutlich werden sie angeklagt.»

«Du meinst ... er könnte ins Gefängnis kommen?»

Mia nickte stumm.

Da war sie wieder, die Säure, die sich langsam in seine Eingeweide fraß. «Warum ist die Polizei direkt zu euch gekommen? Was habt ihr herausgefunden?»

Mia schloss die Augen und schüttelte dann den Kopf. «Jaxon wollte nicht, dass du es erfährst. Und vielleicht ist es auch besser so. Es gibt ohnehin keine Beweise mehr. Sie werden unsere Computer mitnehmen und die Daten darauf zerstören.»

«Zerstören?» Jess war verwirrt. «Aber – das war doch die Polizei. Die zerstören doch keine Daten. Sie sichern sie und werten sie aus.»

Mia presste die Lippen aufeinander. «In einer idealen Welt würde es so laufen. Aber die Sache ist größer, als du glaubst, Jess. Die Mächtigen gewinnen immer. Ganz egal, wie viel du gegen sie in der Hand hast. Am Ende kommen sie immer damit durch.»

Jess starrte sie an. Mia sprach genauso in Rätseln wie sein Bruder. Was zum Teufel ging hier eigentlich vor? Doch bevor er sie fragen konnte, stand sie auf und lächelte ihm zu. «Pass auf dich auf, Jess.» Dann ging sie los in Richtung der Straße, die in einiger Entfernung zu hören war, und kurz darauf war sie hinter der Böschung verschwunden.

Jess sah ihr nach, unfähig, sich zu rühren. Irgendwann begann er zu zittern, obwohl ihm gar nicht kalt war, und mit einem Mal wurde ihm bewusst, dass er seit Stunden hier sein musste. Steif vom langen Sitzen rappelte er sich auf. Ein Schmerz durchzuckte seine linke Handfläche, und er erinnerte sich wieder an die Schraube, die ihm die Haut aufgerissen hatte. Er betrachtete den zwei Zentimeter langen Schnitt. Dann drückte er mit dem Daumen so lange darauf, bis Blut hervorquoll. Es tat weh. Doch anstatt aufzuhören, drückte er noch fester zu.

Jess wusste nicht, wie er nach Hause gekommen war. Er war der Straße so lange gefolgt, bis er eine grobe Ahnung hatte, wo er sich befand, und hatte sich dann in die Stadt hineingeschlängelt wie ein Tier, das sich den Weg zurück in sein Nest sucht. Wie durch Watte sah er sich schließlich seiner Mutter gegenübersitzen, hörte sich erzählen, was geschehen war, biss die Tränen zurück bei jeder sorgenvollen Frage, die sie ihm stellte und die er nicht beantworten konnte. Er wusste nicht, was Jaxon und seine Freunde genau getan hatten. Er wusste nicht, warum die Polizei so brutal vorgegangen war. Er wusste nicht, wo Jaxon jetzt war. Er wusste gar nichts.

Wie in Trance stand er auf, ging in sein Zimmer und zog sich die dreckigen Sachen aus. Als er die Hose abstreifte, fiel etwas zu Boden. Jess hob den Gegenstand auf und betrachtete ihn stirnrunzelnd. Es war die kleine Plastikfigur von Jaxons Schreibtisch, ein schwarz gekleideter Mann mit langem Mantel und dunkler Sonnenbrille – Neo, der Rebell aus den Matrix-Filmen. Die Figur wirkte überzeichnet, wie aus einem Comic und mit viel zu großem Kopf. Jaxon musste sie ihm in die Tasche gesteckt haben, als er ihn zum Abschied umarmte. *Egal, was passiert – pass gut auf sie auf.* Jess war davon ausgegangen, dass er damit Mia gemeint hatte.

Während Jess die Figur anstarrte, spürte er, wie sich durch all die Watte ein Gefühl in sein Bewusstsein kämpfte, erst schwach, dann immer stärker, bis es seinen ganzen Körper ausfüllte. Wut. Wut auf Jaxon, der wegen irgendeines dämlichen Hacks verhaftet worden war und vielleicht ins Gefängnis gehen musste. Wut auf seinen Vater, der seinen «Freiraum» brauchte und dafür einen Scherbenhaufen zurückgelassen hatte. Wut auf Yara, die irgendwo ohne ihn ein neues Leben anfing. Wut auf seine Mutter, die ihren Job verloren hatte. Wut auf diese Bruchbude, in der sie lebten. Und Wut auf sich selbst, weil er nichts gegen all die Probleme tun konnte und diese verdammte Hilflosigkeit nicht mehr ertrug.

Er schleuderte die Figur in eine Ecke. Dann legte er sich bäuchlings aufs Bett, drückte das Gesicht in sein Kissen und schrie, schlug mit den Fäusten auf die Matratze neben seinem Kopf, wieder und wieder, so fest er konnte, bis er keine Kraft mehr hatte. Dann blieb er liegen, stumm und erschöpft. Die Watte war verschwunden. Die Wut auch. In ihm war nur noch Leere.

Während ihm die Augen zufielen, wurde ihm bewusst, dass er seiner Mutter überhaupt nichts von der Sache mit cy.corp erzählt hatte. Als er am nächsten Morgen aufwachte, war dieser Gedanke immer noch da. Ganz langsam formte sich aus dem Gedanken eine Idee, und nach ein paar Tagen war die Idee zu einem Plan herangereift. Ein Plan, der so eindeutig zum Scheitern verurteilt war, dass er eigentlich nur noch funktionieren konnte.

7

Ein durchdringender Warnton heulte auf, dann öffnete sich die Stahltür. Jess und die anderen Besucher folgten dem Wachmann einen unscheinbaren Flur entlang, bis sie durch eine weitere Tür in einen kleinen, schmucklosen Raum traten. Etwa ein Dutzend Tische standen dort in Zweierreihen, und Jess war erleichtert, dass er nicht durch eine Glasscheibe mit Jaxon sprechen musste. Trotzdem verunsicherte ihn der Raum mit seiner bedrückenden, sterilen Atmosphäre. Ein weiterer Wachmann forderte ihn ein wenig ungeduldig auf, sich zu setzen, also suchte er sich einen der letzten freien Tische und wartete.

Am Tag zuvor war offiziell Anklage gegen Jaxon und drei seiner Freunde erhoben worden. Der Haftrichter hatte eine absurd hohe Kaution festgelegt, die sie unmöglich aufbringen konnten. Also musste Jaxon bis Prozessbeginn in Untersuchungshaft bleiben, und weil das ortsansässige Gefängnis keine gesonderte Abteilung dafür besaß, wurde Jaxon heute Nachmittag in eine Untersuchungshaftanstalt mehrere Hundert Kilometer von ihnen entfernt verlegt.

Jess war allein gekommen, um sich von seinem Bruder zu verabschieden. Ihre Mutter war nach der Anklageerhebung so wütend auf Jaxon gewesen, dass sie sich geweigert hatte, ihn zu sehen. Um ehrlich zu sein, war es Jess sogar ganz recht, denn er wollte etwas mit seinem Bruder besprechen. Allein.

Eine Tür am anderen Ende des Raums öffnete sich, und eine Reihe Gefangener kam herein. Als Jaxon sich ihm mit hängenden Schultern gegenübersetzte, erschrak Jess. Es schien fast, als hätte er einen anderen Menschen vor sich. Jaxons Entschlossenheit war verschwunden, genauso wie die Herausforderung in seinem Blick.

«Hey», murmelte sein Bruder.

«Hey», erwiderte Jess und streckte Jaxon die Faust hin.

Jaxon lächelte müde und erwiderte die Geste kurz, dann ließ er die Hand wieder sinken. «Du hättest nicht extra herkommen müssen.»

«Doch, musste ich», entgegnete Jess.

Jaxon schüttelte den Kopf. «Das macht es mir nicht leichter, weißt du?»

«Schon klar. Aber ich muss dir was sagen.»

«Und das konntest du nicht im Gerichtssaal gestern?»

«Nein. Nicht vor Mama.»

Jaxon seufzte. «Also schön. Was ist los?»

«Ich habe beschlossen, an dem Testlauf von cy.corp teilzunehmen. Unter deinem Namen.»

Jaxon starrte ihn einige Sekunden lang an. Dann blitzte es in seinen Augen auf. «Ganz sicher nicht!», sagte er mit schneidender Stimme.

«Warum nicht?»

«Das ist viel zu gefährlich.»

«Weil ich mich für dich ausgebe?», fragte Jess. «Das fällt keinem auf. Wir sehen uns zum Verwechseln ähnlich.»

«Mag sein. Ich will trotzdem nicht, dass du zu cy.corp fährst.» Jaxon hatte seine alte Entschlossenheit wiedergefunden und starrte ihn finster an.

Jess hielt seinem Blick stand und spürte, wie Ärger in ihm aufstieg. Dass Jaxon nicht vor Begeisterung ausflippen würde, war ihm klar gewesen, aber dass er kategorisch dagegen war, ohne auch nur darüber nachzudenken, machte ihn wütend. «Warum denn nicht? Wir reden hier über 100 000 Euro. Von der Sonderprämie ganz zu schweigen. Mit dem Geld könnten wir alle unsere Probleme lösen. Mama kann sich in Ruhe einen Job suchen. Wir können die Miete zahlen. Vielleicht kriegen wir dich sogar hier raus, weil wir uns einen guten Anwalt leisten können. Wir können wieder eine ganz normale Familie sein.»

Jaxon funkelte ihn an, und Jess konnte förmlich sehen, wie es in seinem Kopf arbeitete. «Du hast keine Ahnung, worauf du dich einlässt.»

«Dann sag's mir. Ich verstehe nämlich nicht, wo das Problem ist.»

«Erst mal wärst du vier Wochen von zu Hause weg.»

«Ich weiß.»

«Du müsstest einen Datenhelm tragen.»

«Na und?»

Eine Weile lang blickte Jaxon ihn nur stumm an. Dann tat er etwas, das er noch nie getan hatte. Er wich seinem Blick aus. «Vielleicht ... ist das alles nicht ganz so ungefährlich, wie wir geglaubt haben.»

Jess schüttelte verwirrt den Kopf. «Häh? Ich kapier gar nichts mehr. Warum sagst du mir nicht endlich, worum es hier geht!»

Jaxon schüttelte den Kopf. «Das kann ich nicht.»

«Kannst du nicht, oder *willst* du nicht?»

«Jess, bitte glaub mir. Das Risiko ist einfach zu groß.»

Jess spürte, wie sich die Wut in seinem Bauch ausdehnte wie ein Ballon kurz vor dem Platzen. «Aber für dich wäre es nicht zu groß gewesen, oder was?»

«Ich habe gewusst, worauf ich mich einlasse. Und ich hätte das Risiko in Kauf genommen.»

«Dann sag mir, worauf ich mich einlasse! Vielleicht bin ich ja auch bereit, es in Kauf zu nehmen.»

«VERDAMMT, JESS!!» Jaxon schlug mit der Faust auf den Tisch, und in seinem Gesicht spiegelte sich eine Mischung aus Zorn und … Angst.

«Hey!» Der Wachmann neben der Tür trat einen Schritt vor und sah Jaxon streng an. «Beruhigen Sie sich! Sonst wandern Sie zurück in die Zelle.»

Jaxon hob beruhigend die Hand, atmete tief durch und fuhr dann etwas gefasster fort: «Kannst du mir nicht einfach vertrauen? Ich will dich beschützen, Jess. Und je weniger du weißt, desto besser.»

«Verstehe.» Jess lehnte sich in seinem Stuhl zurück und verschränkte die Arme vor der Brust. «Du bist der große Bruder, der den totalen Durchblick hat. Aber das kannst du vergessen. Mit diesem ‹Dafür bist du noch zu klein›-Gelaber kommst du bei mir nicht mehr durch.»

«So war das nicht gemeint.» Jaxon war förmlich anzusehen, wie er einen inneren Kampf ausfocht. «Wir … haben Dinge herausgefunden, die … ach, verdammt. Bei der Sache geht es um viel mehr, als du denkst.»

«Und um was?»

Jaxon schüttelte den Kopf und deutete unmerklich auf den Wachmann hinter ihm. «Nicht hier drin.»

Jess war es leid. Er hatte geahnt, dass Jaxon ihm ausweichen würde, aber dieses Mal würde er es sich nicht gefallen lassen. «Zu dumm, dass du noch eine ganze Weile *hier drin* sitzen wirst und mir *leider* nichts darüber verraten kannst.» Jess beugte sich wieder nach vorn und starrte Jaxon herausfordernd an. «Mein Entschluss steht fest, Jax. 100 000 Euro sind eine Menge Geld. Zu viel, um diese Chance einfach verstreichen zu lassen. Ich werde an dem Test teilnehmen. Und da du währenddessen in einem Hunderte Kilometer entfernten Gefängnis sitzt, wirst du rein gar nichts dagegen unternehmen können.»

Jaxons Kiefermuskeln arbeiteten, und Jess erwartete einen weiteren Wutausbruch. Doch zu seiner Überraschung seufzte sein Bruder bloß. «Sieht ganz so aus, als könnte ich dich nicht mehr umstimmen, was?»

Jess schüttelte den Kopf. «Nein. Kannst du nicht.»

«Und was erzählst du Mama, wo du vier Wochen lang bist?»

«Erinnerst du dich an das Feriencamp von der Kirchengemeinde? Mama hat mal einen Flyer mitgebracht. Kanufahren irgendwo in der Wildnis von Schweden.»

«Tu ich. Du wolltest nicht hin.»

«Tja, jetzt will ich wohl doch. Denn zufällig findet das Camp genau in der gleichen Zeit statt wie der Testlauf von cy.corp. Ich hab die Anmeldebestätigung gefälscht.»

Jaxon hob überrascht die Augenbrauen. «Nicht schlecht. So viel kriminelle Energie hätte ich dir gar nicht zugetraut.» Er legte den Kopf schief und musterte Jess durchdringend. «Es gibt da nur noch ein Problem: Du bist einer der miesesten Gamer, die mir je begegnet sind.»

Jess lächelte. «Ich hab da mal einen sehr weisen Spruch gehört: Wer kämpft, kann verlieren. Wer nicht kämpft, hat schon verloren.»

Jaxon schnaubte. «In diesem Fall wohl eher: Auch ein blindes Huhn findet mal ein Korn.»

«Oder eine Menge Geld.»

«Und wer weiß, was noch», fügte Jaxon leise hinzu.

In diesem Moment meldete sich der Wachmann zu Wort. «Die Besuchszeit ist vorbei. Bitte verabschieden Sie sich.»

Jess seufzte enttäuscht. «Das war's dann wohl.»

Jaxon griff nach seinem Arm und beugte sich zu ihm. «Tust du mir einen Gefallen? Wenn dir bei cy.corp irgendetwas komisch vorkommt, dann steig aus dem Test aus, ja?» Als Jess etwas erwidern wollte, fügte Jaxon rasch hinzu: «Versprich es mir einfach.»

Jess verdrehte die Augen. «Okay.»

Jaxon ließ seinen Arm los und erhob sich. «Ach, und Jess?», fügte er hinzu. «Hast du Neo noch?»

Jess runzelte die Stirn. Er hatte die Figur ganz vergessen, nachdem er sie wütend in eine Ecke geschleudert hatte. Doch das verschwieg er Jaxon lieber. «Ja», erwiderte er stattdessen.

«Du musst unbedingt gut –»

«– darauf aufpassen», fiel Jess ihm ins Wort. «Ich weiß.»

Jaxon warf ihm einen schwer zu deutenden Blick zu, als wolle er noch etwas hinzufügen. Doch dann nickte er Jess zu und ging zur Tür. Bevor er den Raum verließ, wandte er sich ein letztes Mal um. «Sei vorsichtig, ja?» Er verzog gequält das Gesicht. «Und bitte sorg dafür, dass Prometheus nicht zum Gespött der ganzen Szene wird.»

Jess sah seinem Bruder hinterher, bis die Tür mit einem metallischen Klicken hinter ihm ins Schloss fiel. Dann verließ er den Besuchsraum, wurde von einem Wachmann durch den kahlen Flur hinausbegleitet, und kurz darauf trat er durch das Tor des Gefängnisses nach draußen. Es regnete. Jess blieb stehen und sah hinauf in den Himmel. Die kalten Tropfen fielen auf sein Gesicht, rannen am Hals hinab und liefen in sein T-Shirt. Es fühlte sich gut an nach der beengten Atmosphäre im Gefängnis. Befreiend. Lebendig. Echt. Ob cy.corp das genau so hinbekam?

Die Idee, sich als Jaxon auszugeben und an seiner Stelle an dem Early Access teilzunehmen, hatte ihn selber überrascht, genauso wie die Entschlossenheit, mit der er seinen Plan verfolgte. Mit jedem Tag, den die Abfahrt zu cy.corp näher rückte, wuchs die Vorfreude darauf, endlich etwas unternehmen zu können. Es tat so gut, nicht mehr hilflos zuzusehen, wie sein Leben langsam auseinanderbrach. Mit den 100 000 Euro konnten sie die dringlichsten Probleme aus der Welt schaffen. Und wenn er es wie durch ein Wunder schaffen sollte, das Spiel zu gewinnen, hatten sie vielleicht genug Geld, um endlich wieder so etwas wie ein normales Familienleben zu führen – sofern Jaxon irgendwie den Fängen der Justiz entkam.

Jess schüttelte die Regentropfen aus den Haaren und machte sich auf den Weg nach Hause. Dass er seine Mutter angelogen hatte, tat ihm zwar leid, aber ihm blieb keine Wahl. Sie würde niemals erlauben, dass er an diesem Spieletest teilnahm. Er konnte nur hoffen, dass sie ihm nicht auf die Schliche kam. Und cy.corp besser auch nicht. Man musste garantiert über 18 sein, um an dem Test teilzunehmen, und wenn er aufflog, würden sie ihn vor die Tür setzen – ohne Prämie. Warum Jaxon derart abweisend reagiert hatte, wusste er nicht, aber er schob es auf den Beschützerinstinkt seines Bruders. Schließlich handelte es sich hier lediglich um den Testlauf eines Videospiels. Was sollte daran schon gefährlich sein?

TEIL 2

SCHÖNE NEUE WELT

8

Jess wusste nicht, wie lange er schon in die Landschaft hinausstarrte. Vor dem Fenster flogen Gebäude vorbei, Fabriken, Häuser und Straßen, wechselten sich ab mit plattem Land und bewaldeten Hügeln am Horizont. Der Zug fuhr so schnell, dass alles zu konturlosen, blassen Farben verschwamm. Es passte zu dem Chaos, das in seinem Kopf herrschte – genauso wenig, wie er es schaffte, einen Punkt in der vorbeirauschenden Landschaft zu fixieren, genauso wenig schaffte er es, einen seiner Gedanken festzuhalten.

Von der Zuversicht, die Jess nach dem Besuch im Gefängnis verspürt hatte, war nichts mehr übrig. Ganz im Gegenteil: Mit jedem Kilometer, dem sie sich dem Zielbahnhof näherten, stieg seine Beklommenheit. Warum hatte er das bloß getan? Er hatte seine Mutter belogen! Hatte ihr eine Riesenlüge aufgetischt, irgendwas von schlechtem Empfang genuschelt, als sie ihn gebeten hatte, dass er sich zwischendurch meldete, hatte genau gespürt, wie sehr sie ihm das angebliche Feriencamp gönnte und dass sie sich gleichzeitig Sorgen machte.

Und was würde passieren, wenn cy.corp die Lüge durchschaute? Wenn ihnen auffiel, dass er ein Betrüger war, der sich in einen streng geheimen Early Access eingeschlichen hatte? Wie würden seine Mitspieler reagieren, wenn ihnen auffiel, dass er nicht der geniale Jaxon war, sondern in Wahrheit eine absolute Niete namens Jess? Anstatt sich einen Plan zu überlegen, wie er sich an Jaxons Stelle bei cy.corp einschleusen konnte, hätte er sich lieber an dessen Stelle ins Gefängnis stecken lassen sollen, damit Jaxon bei dem Early Access mitmachen konnte. Das wäre die viel vernünftigere Variante gewesen.

Je näher er seinem Ziel kam, desto öfter hielt der Zug an einem Bahnhof. Reisende, Pendler und Ausflügler stiegen zu, füllten den Zug mit ihren warmen Körpern, ihrem Geruch, ihren Worten, und Jess hatte das Gefühl, als würde jeder Fahrgast, der dazukam, ihm ein Stück mehr die Luft abschnüren. Er hoffte, dass die Fahrt nicht mehr allzu lange dauern würde, damit er nicht vollkommen durchdrehte; gleichzeitig hoffte er, dass sie noch ewig weiterführen.

Doch den Gefallen tat ihm der Zug nicht. Am Zielort angekommen, wurde Jess in einer Traube aus Mitfahrenden aus dem Zug gespuckt. Die Menge zog ihn noch ein Stück mit, zerstreute sich dann und ließ Jess allein auf dem Bahnsteig zurück. Ein wenig unsicher sah er sich um. Im Informationsschreiben hatte gestanden, dass man ihn vom Bahnhof abholen würde. Er schulterte seinen Rucksack und schlenderte in die Bahnhofshalle.

«Jaxon Adams?»

Als Jess den Namen seines Bruders hörte, zuckte er erschrocken zusammen und drehte sich um. Vor ihm stand ein kleiner, ganz in Schwarz gekleideter Mann, der ihn mit unbeteiligtem Gesichtsausdruck ansah. Als Jess nicht gleich antwortete, hakte er mit leicht ungeduldigem Unterton nach: «Sind Sie Jaxon Adams?»

Jess schluckte. An den Namen würde er sich in den nächsten Wochen gewöhnen müssen. «Ja, bin ich», erwiderte er schließlich.

«Ich soll Sie zu cy.corp bringen.» Der Mann sah ihn fragend an. «Irgendwelches Gepäck?»

«Nein, nur den Rucksack.»

«Schön. Kommen Sie mit.»

Jess folgte dem Mann auf den Parkplatz vor dem Bahnhofsgebäude, wo sie vor einer schwarzen Limousine mit getönten Scheiben stehen blieben. Der Mann öffnete die hintere Tür und bedeutete ihm einzusteigen. Jess senkte den Blick und drückte sich an ihm vorbei in den Fond. Es war ihm unangenehm, derart hofiert zu werden, schließlich galt das alles nicht ihm, sondern seinem Bruder. Er fühlte sich bereits wie ein Hochstapler, noch bevor er einen Fuß in das Firmengebäude von cy.corp gesetzt hatte.

Sein Chauffeur schien sich zum Glück nicht weiter für ihn zu interessieren. Ohne sich zu ihm umzublicken, startete er den Motor und fädelte sich in den dichten Feierabendverkehr ein. Kurz darauf hatten sie die Innenstadt hinter sich gelassen und kamen in eine Gegend, die von Hochhäusern und Sozialbauten bestimmt wurde. Mit der Zeit mischten sich immer mehr Firmengebäude darunter, bis sie schließlich durch ein reines Industriegebiet fuhren. Die getönten Scheiben der Limousine kamen Jess vor wie ein Filter, der zwischen ihm und der Welt lag, als würde er gar nicht wirklich durch eine fremde Stadt fahren, sondern in einem Simulator sitzen, bei dem ein Film vor den Fensterscheiben ablief. Er lehnte den Kopf zurück und lauschte dem leisen Summen der Limousine, die beinahe lautlos über die Straßen glitt.

Als der Wagen langsamer wurde, schreckte Jess auf und sah sich um. Rechts von ihnen am Straßenrand befanden sich mehrere kleine Gebäude, an denen verrostete Schilder mit kaum zu entziffernden Firmenlogos hingen. Links erstreckte sich eine schier endlose Mauer aus roten Backsteinen. Dieser Teil des Industriegebiets hatte eindeutig schon bessere Tage gesehen.

Der Fahrer hielt an einem Metalltor, das in der Mauer eingelassen war, und wartete mit laufendem Motor. Jess spähte aus dem Fenster. Überwachungskameras ragten zwischen dem Stacheldraht auf der Mauer hervor, und mit einem Mal kam eine Drohne über das Tor geschwebt, flog einmal um den Wagen herum und verharrte auf Höhe des Fahrerfensters. Der Chauffeur hielt einen Ausweis hoch, und nachdem die Kamera der Drohne die Daten erfasst hatte, drehte sie ab und verschwand wieder hinter der Mauer. Kurz darauf glitt das schwere Metalltor wie von Geisterhand zur Seite und gab den Blick auf ein großes Fabrikgelände frei.

Wieder kam Jess die Szenerie merkwürdig surreal vor. Das Gelände wirkte wie ausgestorben. Der Asphalt auf dem riesigen Vorplatz war voller Schlaglöcher, und in den Rissen hatten sich Löwenzahn und andere Pflanzen eingenistet. Was auch immer einst in der Fabrik hergestellt worden war, nun stand sie leer. Jess spürte ein ungutes Gefühl in der Magengegend. Wo brachte der Fahrer ihn hin?

Der Wagen rollte an einem Pförtnerhäuschen und mehreren kleinen Gebäuden vorbei, bis er vor einer riesigen Fabrikhalle zum Stehen kam. Noch ehe Jess es ganz begriffen hatte, war der Fahrer bereits ausgestiegen und hielt ihm die Tür auf. «Wir sind da», sagte er, als wolle er jegliche Zweifel bei seinem Fahrgast von vornherein beseitigen.

Jess wusste nicht genau, was er erwartet hatte, aber der Anblick, der sich ihm bot, war es ganz sicher nicht. Das Fabrikgebäude aus fleckigem rotem Backstein erstreckte sich über die gesamte Länge des Geländes und war mehrere

Stockwerke hoch. Die meisten Scheiben der riesigen Industriefenster waren zerbrochen, und anstelle des Glases klafften scharfkantige, schwarze Löcher. Jess' ungutes Gefühl verstärkte sich noch. Diese Bruchbude sollte der Firmensitz einer hochmodernen Videospiel-Firma sein?

Der Fahrer ging auf ein Tor zu, das einmal die Zufahrt für große Fahrzeuge und Maschinen gewesen sein musste. Auf dem abgewetzten Holz war ein Firmenschild angebracht, mit der Aufschrift «cy.corp. Wir erschaffen Realität». Jess folgte dem Fahrer misstrauisch in das Gebäude hinein. Und was er dort sah, verschlug ihm endgültig die Sprache.

Die Halle, in die sie traten, war riesig. Die Decke war nur schemenhaft auszumachen, genau wie die Wände, an denen immer noch alte Leitungen und Rohre entlangführten. Doch das war es nicht, was Jess so überwältigte. Die Halle diente in Wahrheit als eine Art Hülle für das eigentliche Firmengebäude, das vollständig aus Glas bestand. cy.corp hatte seine Büros und Besprechungsräume in die ehemalige Fabrik hineingebaut, ein Gebäude innerhalb eines Gebäudes, und Jess war sich nicht sicher, ob das vornehme Zurückhaltung widerspiegeln sollte oder einfach nur genial war.

Der Fahrer trat an den Empfang und sprach leise ein paar Worte mit dem Mann dahinter. Der Mann nickte, griff zum Telefon und sagte: «Jaxon Adams ist da.» Dann legte er auf und lächelt Jess freundlich zu. «Herzlich willkommen bei cy.corp. Bitte warte kurz hier, es kommt jemand, um dich abzuholen.»

Jess zwang sich, das Lächeln zu erwidern. Das flaue Gefühl in seiner Magengegend hatte sich nicht gelegt – im Gegenteil, es wurde von Minute zu Minute stärker.

Ein Flackern der gläsernen Wände um ihn herum ließ ihn zusammenzucken. Stirnrunzelnd sah er sich im Empfangsbereich um, doch weder der Fahrer noch der Mann hinter dem Empfang schienen etwas bemerkt zu haben. Er glaubte schon, sich das Flackern nur eingebildet zu haben, als erneut etwas über die Glaswände flirrte. Jess blinzelte. War das Glas dunkler als vorhin? Ein Schatten tauchte hinter einer der Scheiben auf und verschwand wieder. Jess ging näher an das Glas heran und schaute in den leer stehenden Teil der Halle hinaus, der sich jenseits der gläsernen Büros befand. Auf einmal schwamm ein leuchtend gelber Fisch auf Höhe seines Gesichts vorbei und glitt durch eines der zerbrochenen Fenster nach draußen.

Jess stolperte zurück. Das war doch unmöglich! Genau wie der Schwarm silbriger, kleiner Fische, der in einiger Entfernung vorbeizog, und das Seegras, das sich in einer unsichtbaren Strömung sanft hin und her wog. Mit offenem Mund starrte er in Halle hinaus, die sich vor seinen Augen in eine Unterwasserlandschaft verwandelte. Eine Nixe schwamm zwischen den langen Halmen des Grases hervor. Als sie Jess sah, hielt sie inne und kam näher. Ihr schuppiger Schwanz schimmerte silbrig-grün, und lange, blonde Haarsträhnen umflossen ihr Gesicht. Jess schloss die Augen und atmete tief durch. Offenbar hatte er endgültig den Verstand verloren.

«Beeindruckend, nicht wahr?», erklang eine Stimme hinter ihm.

Rasch öffnete Jess die Augen wieder. Die Nixe winkte ihm schüchtern zu und verschwand mit einigen eleganten Schlägen ihrer Schwanzflosse in einem der Lüftungsrohre, die aus dem Fabrikboden ragten.

«Sie merkt, das heute ein besonderer Tag ist. Normalerweise zeigt sie sich Besuchern nur selten.»

Jess drehte sich um. Hinter ihm stand die Frau aus Jaxons Videocall – Lilian Margulies, die Projektleiterin von cy.corp.

«Schön, dass du da bist, Jaxon», sagte sie mit einem strahlenden Lächeln. «Ich darf doch Jaxon sagen? Das ist nicht so förmlich.»

Jess nickte stumm. Sein Mund war trocken, dafür waren seine Handflächen umso feuchter. Doch Lilian schob sein Schweigen offenbar auf die Begegnung mit der Nixe.

«Es freut mich, dass wir uns endlich persönlich kennenlernen», fuhr sie fort und deutete dann auf die Unterwasserwelt auf der anderen Seite der Scheibe. «Die perfekte Illusion, nicht wahr?» Als sie seinen verwirrten Gesichtsausdruck sah, lachte sie auf. «Du hast doch hoffentlich nicht geglaubt, dass wir die Fabrik wirklich zu einem riesigen Aquarium geflutet haben und uns echte Nixen als Haustiere halten, oder?»

Jess lächelte verlegen. «Nein, natürlich nicht.» Wieder wurden die Scheiben von einem riesigen Schatten verdunkelt. Ein Wal zog anmutig an der Scheibe entlang, schwamm nach oben Richtung Decke und über die gläsernen Büros hinweg, wobei sein massiger Körper die Räume unter ihm verdunkelte wie eine Wolke, die sich vor die Sonne schob.

«Wir nutzen eine Projektionstechnik, die es uns erlaubt, jede beliebige Umgebung als optische Illusion zu erschaffen», fuhr Lilian fort. «Wüsten, Dschungel, das ewige Eis. Besonders beliebt ist die Weltall-Projektion, allerdings ist währenddessen die Produktivität der Mitarbeiter stark gesunken, weil alle stundenlang ins All hinausgestarrt haben. Das Unterwasserszenario hat sich am besten bewährt – es wirkt beruhigend und fördert die Kreativität.» Sie zwinkerte Jess zu.

Jess war dem Wal mit dem Blick gefolgt. Er hatte das Ende der Büros erreicht und verschwand langsam in den Tiefen der Fabrikhalle. «Warum … warum machen Sie das?»

Lilian lächelte. «Weil wir es können. Die Projektion ist optisch und technisch das Beste, was man derzeit in der *Aug-*

mented Reality kreieren kann, aber unterm Strich bleibt es eine gigantische Spielerei.» In ihr Lächeln mischte sich ein Hauch Wehmut. «Ilana hat diese Art der Illusion geliebt.»

«Ilana Saray?», fragte Jess. Er erinnerte sich, dass Jaxon und Mia den Namen erwähnt hatten.

«Genau», erwiderte Lilian. «Es war ihre große Leidenschaft, fremde Welten zu erschaffen. Sie war vielleicht die visionärste Entwicklerin unserer Zeit. Und ein großartiger Mensch dazu.» Für einen kurzen Augenblick sah Lilian gedankenverloren in das nicht existierende Wasser hinaus. Dann wandte sich wieder Jess zu. «Ich bringe dich zu den anderen ins Konferenzzimmer. Du bist als Letzter angekommen, wir können also gleich loslegen.»

Jess folgte Lilian am Empfang vorbei und einen Flur entlang. Durch offen stehende Türen erhielt er einen Einblick in die angrenzenden Büros, in denen Mitarbeiter vor riesigen Rechnern saßen und über Programmiersoftware oder bildschirmfüllenden Tabellen brüteten. Einige sahen neugierig auf, als Lilian und er an ihrem Büro vorbeikamen, wandten sich jedoch rasch wieder ihrer Arbeit zu.

Am Ende des Ganges erhaschte Jess einen Blick auf ein Büro, das größer und üppiger ausgestattet war als die anderen. Hinter dem breiten Schreibtisch saß Lucius Wagner. Er telefonierte, sah aber auf, als sie an seinem Büro vorbeigingen. Lilian hob grüßend die Hand, und er nickte, bevor er sich wieder dem Telefongespräch zuwandte. Sie bogen in einen Gang ab und steuerten eine Tür an, hinter der sich der Konferenzraum aus Chrom und Glas befand, den Jess aus dem Videocall erinnerte. An dem großen Tisch in der Mitte saßen mehrere Personen, die auf ihre Handys starrten oder Musik hörten.

Als Jess den Raum betrat, wandten sich ihm sämtliche Blicke zu. Nein, nicht ihm, korrigierte er sich. Seinem Bruder. Prometheus. Vermutlich war der Name jedem hier ein Begriff, bestimmt hatten einige sogar schon gegen ihn gespielt. Jess schluckte und versuchte, sich unauffällig die verschwitzten Hände an der Hose abzuwischen. Jetzt gab es kein Zurück mehr.

Für die meisten würde das Spiel erst morgen losgehen. Für ihn hatte es bereits begonnen.

9

Jess setzte sich an einen freien Platz am Tisch und vermied es, zu irgendjemandem Blickkontakt aufzunehmen. *Du willst dich immer unsichtbar machen, wenn mehr als drei Leute im Raum sind*, hörte er Yaras Stimme in seinem Kopf. Was würde er dafür geben, wenn er genau das jetzt tun könnte.

Lucius Wagner und ein weiterer Mann betraten den Konferenzraum und setzten sich neben Lilian Margulies. Die Projektleiterin begrüßte die Teilnehmer offiziell und hielt eine kurze, flammende Rede darüber, wie stolz sie bei cy.corp über die Entwicklung der *true virtual reality* waren und wie viele Jahre sie bereits in die Arbeit am Spiel investiert hatten. Außerdem schwärmte sie von der Ehre, mit so hochklassigen Spielern zusammenarbeiten zu dürfen. Sie hätten bewusst ganz unterschiedliche Spielertypen mit unterschiedlichen Kompetenzen zusammengestellt, um bei der Erprobung des Spiels möglichst viele Aspekte berücksichtigen zu können.

Jess hörte ihr nur mit halbem Ohr zu. Verstohlen betrachtete er die anderen Spieler. Mit ihm zusammen waren sie zu zehnt, und Lilian hatte recht – sie hätten unterschiedlicher nicht sein können. Soweit Jess das auf die Schnelle erkennen konnte, waren sie alle ungefähr in Jaxons Alter und eine bunte Mischung aus Nerd und Normalo, schwarz und weiß, nervös und cool.

Sein Blick blieb an einem muskulösen, breitschultrigen Jungen hängen, der ihm direkt gegenübersaß. Er wippte ungeduldig mit dem Fuß, als könne er es kaum erwarten, endlich anzufangen, und hatte einen derart triumphierenden Gesichtsausdruck, als gäbe es für ihn gar keine Diskussion, wer das Spiel gewinnen würde. Jess war er auf Anhieb unsympathisch, und er nahm sich jetzt schon vor, ihm so gut wie möglich aus dem Weg zu gehen.

Neben dem Jungen saß ein Mädchen mit bernsteinfarbener Haut und schwarzen, zu einem langen Zopf geflochtenen Haaren. Jess dachte gerade, dass er sie im Gegensatz zu Mr. Siegessicher sehr nett fand, als sie den Kopf in seine Richtung drehte und ihn anlächelte. Schnell wandte Jess den Blick ab, und zu seinem Leidwesen merkte er, dass er rot wurde.

«Zu eurer eigenen Sicherheit haben wir Videokameras installiert, mit denen wir die Räume überwachen», sagte Lilian gerade. «Außerdem ist jeder Spieler verpflichtet, bis zum Ende des Early Access im Spielerbereich zu bleiben, selbst wenn er aussteigen sollte. Natürlich werden wir es euch während eures Aufenthaltes so angenehm wie möglich machen. Falls es sich trotzdem jemand anders überlegt hat, wäre jetzt der letztmögliche Zeitpunkt, aus dem Projekt auszusteigen.» Lilian sah in die Runde. «Sind alle nach wie vor bereit, den Early Access zu den genannten Bedingungen anzutreten?»

Jess sah sich um, doch niemand sagte etwas. Nur der breitschultrige Junge ihm gegenüber wippte immer ungeduldiger mit dem Fuß.

«Sehr schön, es bleiben also alle an Bord. Ich lasse eine Kiste herumgehen, in die ihr bitte sämtliche Handys und anderen Kommunikations- oder Aufzeichnungsgeräte legt, die ihr bei euch habt. Wir verwahren sie für die Dauer des Spiels. Am Ende der vier Wochen bekommt ihr sie selbstverständlich zurück.» Sie reichte die Kiste an den Spieler, der ihr am nächsten saß, ein dunkelhäutiger Junge mit Rastalocken, der sein Handy aus der Hosentasche nahm, es ausschaltete und in die Kiste legte. Dann gab er die Kiste an den nächsten weiter, bis sie irgendwann bei Jess ankam. Er schaute auf das Handy in seiner Hand und zögerte. Natürlich hatte er gewusst, dass er es abgeben musste, und er hatte seine Mutter bereits darauf vorbereitet, dass sie kaum Kontakt haben würden. Aber erst in diesem Moment wurde ihm so richtig bewusst, dass er nun vier Wochen lang von der Außenwelt abgeschnitten sein würde, dass er für niemanden erreichbar war und auch niemanden einfach anrufen konnte, weder Yara noch seine Mutter noch sonst jemanden. Vier Wochen waren eine verdammt lange Zeit. Was, wenn es ihm mal nicht gut ging? Wenn er jemanden zum Reden brauchte?

Als ihn das Mädchen neben ihm fragend ansah, gab er sich einen Ruck und legte das Handy zu den anderen in die Kiste. Er war schließlich kein Baby mehr. Er würde das schon hinkriegen. Und was sollte schon passieren?

Er gab die Kiste weiter, und während auch alle anderen ihre Handys abgaben, deutete Lilian auf den Mann neben ihr. «Darf ich euch Stephen Miller vorstellen? Er ist der technische Leiter des Early Access und erklärt euch, wie es jetzt weitergeht.»

Miller, um die vierzig und mit blondem Kurzhaarschnitt, trat vor. «Hallo, alle zusammen. Schön, dass ihr hier seid. Zum weiteren Ablauf: Heute habt ihr den Rest des Tages frei, es ist schon spät, und eure Anreise war sicher anstrengend. Die Zeit könnt ihr nutzen, um euch einzurichten und euch miteinander bekannt zu machen. Morgen starten wir mit ein paar technischen Vorbereitungen, dann macht ihr euren ersten *Full Dive* in einer Trainingssoftware. Übermorgen geht es richtig los, und ihr werdet zum ersten Mal die Welt von Cal'Anthor betreten.»

Ein Raunen ging durch den Raum. In den Gesichtern der anderen blitzte es erwartungsvoll auf, und auch Jess spürte ein Kribbeln in der Magengegend. Cal'Anthor. Es klang geheimnisvoll, verlockend, auf abenteuerliche Weise fremd.

«Wenn es keine weiteren Fragen mehr gibt, bringt Stephen euch nun in den Spielerbereich», sagte Lilian Margulies wieder. «Ich verabschiede mich an dieser Stelle. Ab hier ist Stephen für euch zuständig. Ich wünsche euch viel Erfolg und vor allem: Viel Spaß.»

Lautes Stühlerücken folgte ihren Worten. Jess stand auf und angelte nach seinem Rucksack. Als er aufsah, spürte er plötzlich Wagners Blick auf sich. Der Firmenchef hatte sich die ganze Zeit über schweigend im Hintergrund gehalten. Nun fixierte er Jess mit unverhohlener Neugier, und Jess wurde überdeutlich bewusst, dass er der Einzige war, den Wagner so ansah. Jess wusste nur zu gut, dass dieser Blick nicht ihm, sondern seinem Bruder galt, doch das machte die Sache nur noch schlimmer. Er spürte, wie die Nervosität in ihm aufstieg wie Kohlensäure in einem Wasserglas. Rasch wandte er den Blick ab und folgte den anderen hinaus in den Flur.

Miller führte sie quer durch die gläserne Firma, die dank der Unterwasserwelt-Projektion wie ein riesiges Aquarium wirkte. Jess sah sich noch einmal nach dem Wal oder der Nixe um, doch außer einigen Clownfischen, die sich in einem Korallenriff nahe der Scheibe aufhielten, erkannte er nichts jenseits der Glaswände.

Schließlich erreichten sie einen Lastenaufzug am gegenüberliegenden Ende der Halle, der noch zu der alten Substanz der Fabrik gehörte und so groß war, dass sie alle darin Platz fanden. Sie fuhren ein Stockwerk nach unten, und als sich die Türen wieder öffneten, bot sich ihnen ein vollkommen anderes Bild als in der Halle, in der Industrieromantik, Glas und Hightech vorgeherrscht hatten.

Vor ihnen erstreckte sich ein langer, weißer Gang, von dem elektronisch gesicherte Türen mit der Aufschrift «Serverraum 1», «Technik» und «Security» abgingen. Jess glaubte, ein leises Brummen zu hören, und die Luft schien zu vibrieren, als wäre sie mit zu viel Energie aufgeladen. Die gläserne Halle oben war das Aushängeschild von cy.corp. Aber hier unten, eine Etage tiefer, zwischen massiven Wänden, kaltem Licht und gesicherten Türen, schlug das Herz der Firma.

Miller öffnete eine Tür am Ende des Ganges, und dahinter erstreckte sich ein weiterer Gang, der im Prinzip genauso aussah wie der, durch den sie gerade gekommen waren.

«Alle mal herhören», sagte Miller. «Ab hier befinden wir uns im Spielerbereich, in dem ihr euch während der nächsten Wochen frei bewegen könnt. Es stehen euch sämtliche Türen offen – außer die, durch die wir gerade gekommen sind. Natürlich sperren wir euch nicht ein. Aber sobald ihr die Tür öffnet, geht in dem Überwachungsraum eine Tür weiter ein stiller Alarm los, und die netten Herren dort werden euch wieder zurückbegleiten, sofern kein Notfall vorliegt.» Einige aus der Gruppe murrten leise, doch Miller ignorierte es und deutete auf die Türen, die auch hier rechts und links des Ganges abgingen. «Hier unten befinden sich der Gamingraum, ein kleiner Aufenthaltsraum und ein Fitnessraum, falls ihr zwischendurch mal das Bedürfnis habt, ein bisschen Sport zu machen. Ich bringe euch jetzt aber erst mal nach oben, dort sind eure Zimmer und die Gemeinschaftsräume.»

Als die ersten Spieler an der Tür mit der Aufschrift «Gamingraum» vorbeikamen, zögerten sie. Auch Jess hätte zu gern einen Blick in den Raum geworfen, doch Miller trieb sie weiter auf den Aufzug zu, der sich wie bei einem Spiegelbild auch an diesem Ende des Ganges befand.

Sie fuhren nach oben, und Jess vermutete, dass sie sich nun irgendwo hinter der großen Fabrikhalle in einem Anbau befanden, der offenbar auch früher schon der Unterbringung der Arbeiter gedient hatte. Die rohen Backsteinwände und offenen Rohre an der Decke versprühten den rustikalen Charme des Industriezeitalters, doch Miller versicherte ihnen, dass sie keine Kosten und Mühen gescheut hatten, die Räume mit modernem Komfort auszustatten.

Er zeigte ihnen den Aufenthaltsraum, das Bistro und den von hohen Mauern umgebenen Innenhof, der Jess stark an das Gefängnis erinnerte, in dem Jaxon einsaß, auch wenn man versucht hatte, die Atmosphäre mit ein paar Topfpflanzen aufzulockern. Die Tour endete bei den Schlafzimmern, die sich wie in einem Hotel in einem langen Flur aneinanderreihten und auf deren Türen Namensschilder angebracht waren. Der Name «Jaxon Adams» stand an der zweiten Tür von rechts.

«Ich hoffe, dass ihr hier alles zu eurer Zufriedenheit vorfindet. Es ist kein Palast, aber für vier Wochen sollte es gehen», sagte Miller. «Morgen früh wird ein Mitarbeiter einen Ganzkörperscan mit euch machen. Um zehn Uhr sehen wir uns dann im Gamingraum.»

Miller verabschiedete sich, und Jess ging als Erstes in sein

Zimmer. Der Raum war mit einem Bett, einem Tisch und einem Schrank eher zweckmäßig eingerichtet. Nur der riesige Bildschirm am Fußende des Bettes, auf dem eine schier endlose Auswahl an Musik und Filmen bereitstand, versprach ein wenig Abwechslung. Eine zweite Tür führte zu einem kleinen Badezimmer. Sonst gab es nicht viel zu entdecken.

Nachdem er seine Sachen eingeräumt hatte, beschloss Jess, etwas zu essen. Er hatte seit dem Frühstück kaum etwas in den Magen bekommen. Das Bistro befand sich nur wenige Meter den Gang hinunter, und das Klappern von Geschirr und Besteck verriet ihm, dass er nicht der Einzige war, den es dorthin zog.

Als er den Raum betrat, streifte sein Blick kurz über die Spieler, die bereits an dem langen Esstisch in der Mitte saßen: ein dunkelhäutiges Mädchen mit kurzen schwarzen Haaren; ein blonder Junge mit schmuddeligem Pulli, an dem alles aussah, als wäre es schon länger nicht mehr gewaschen worden; ein junger Mann mit Brille und Karohemd, der aussah, als käme er frisch von der Uni; ein Junge mit asiatischen Gesichtszügen und Baseballcap; und ein Mädchen, das so bleich war, dass sie Jess unwillkürlich an einen Vampir erinnerte. Sie alle hatten kurz aufgesehen, als er den Raum betreten hatte, sich dann aber gleich wieder ihrem Essen zugewandt.

Jess trat an das Buffet, das an einer Wand aufgebaut war. Als ihm der Duft von Gemüse, Reis, Nudeln und Fleisch in die Nase stieg, lief ihm buchstäblich das Wasser im Mund zusammen, und er lud sich seinen Teller so voll, dass es ihm fast schon unangenehm war. Dann setzte er sich an einen Platz ganz außen am Tisch, weit weg von den anderen. Er wusste, dass es unhöflich wirkte, aber er wollte sich lieber schweigsam und unnahbar geben, als sich von irgendjemandem in ein Gespräch über Prometheus' jüngste Erfolge in *Zombie Empire* oder irgendwelchen anderen Spielen verwickeln zu lassen. Doch seine Sorge war unbegründet. Auch die anderen schienen keine Lust zu haben, sich zu unterhalten.

Eine weitere Person erschien in der Tür zum Bistro. Jess sah auf und erkannte den Jungen mit den breiten Schultern. Er stapfte zum Buffet, lud sich seinen Teller randvoll und setzte sich zu Jess' Leidwesen genau ihm gegenüber. Nachdem er einige Bissen heruntergeschlungen hatte, fragte er mit vollem Mund: «Und wer bist du?»

«Je … Jaxon», erwiderte Jess. «Oder einfach Jax.»

«Hmm», brummte der Junge. «Warum bist du hier? Es hieß, sie hätten nur die Besten genommen.»

«Ich …» Jess zögerte. Aber es nutzte nichts – früher oder später würden es doch alle erfahren. «Mein Spielername ist Prometheus.»

Die Augen des Jungen blitzten auf. «Verstehe.» Zu Jess' Überraschung ließ er es dabei bewenden und stopfte sich eine riesige Ladung Nudeln in den Mund.

«Und wie heißt du?», fragte Jess, weil er nicht unhöflich sein wollte.

«TJ», erwiderte der Junge. «Ich zocke auch ab und zu, aber meine Eintrittskarte hab ich mit Lasertag gewonnen. Bin letzten Monat zweiter bei den European Championships geworden. Wahrscheinlich brauchen sie hier nicht nur Jump-'n'-Run-Typen, sondern auch welche, die mit 'ner Waffe umgehen können.»

«Okay. Cool.» Etwas Geistreicheres fiel Jess nicht ein. Die Selbstgefälligkeit, die dieser TJ ausstrahlte, war ihm unangenehm, genauso wie die Tatsache, dass die anderen inzwischen alle zu ihnen herübersahen. Es wurde Zeit, von hier zu verschwinden. Er aß rasch die letzten Bissen auf, dann nickte er TJ zu, räumte seinen Teller weg und beeilte sich, in sein Zimmer zurückzukommen. Dabei starrte er so angestrengt zu Boden, dass er im Durchgang zum Flur mit jemandem zusammenstieß. Das Bernsteinmädchen.

«Hoppla», sagte sie lachend. Grübchen zeigten sich in ihren Wangen. «Ist das Essen so schlecht, dass du die Flucht ergreifst?»

«Sorry», murmelte Jess und merkte, dass er schon wieder rot wurde. «Ich … nee, ist echt lecker.» Er drückte sich an ihr vorbei und lief beinahe zurück auf sein Zimmer. Als die Tür hinter ihm ins Schloss gefallen war, lehnte er sich mit dem Rücken dagegen und vergrub das Gesicht in den Händen. *Ist echt lecker.* So was Bescheuertes. Damit hatte er eindeutig den Höhepunkt an Schlagfertigkeit erreicht.

Er ließ sich auf das Bett fallen und sah durch die hoch gelegenen, vergitterten Fenster in den Himmel hinaus, der sich bereits dunkel verfärbte. Er gehörte einfach nicht hierher. Er war nicht so cool wie Jaxon, war eine Niete im Gaming, war schrecklich unsicher, wenn er neuen Leuten begegnete. Was hatte er sich bloß bei der ganzen Aktion gedacht?

Aber vielleicht musste er das Ganze aus einem anderen Blickwinkel betrachten. Vielleicht hatte es auch etwas Gutes, eine Zeit lang jemand anderes zu sein. Vier Wochen, in denen er nicht der Schüchterne, Stille war, dem langsam sein Leben zwischen den Fingern hindurchglitt, sondern der Held, den alle bewunderten und respektierten. Vier Wochen, in denen er nicht nur in einer künstlich erschaffenen Realität unterwegs war, sondern sich auch seine eigene erschuf. Er musste schmunzeln, als er daran dachte, was auf dem Schild am Eingang zur Fabrik gestanden hatte. *cy.corp. Wir erschaffen Realität.*

Er griff nach der Fernbedienung, schaltete den Fernseher

ein und suchte nach einem Film, den er vor dem Einschlafen gucken konnte – ein Luxus, den ihm seine Mutter zu Hause niemals erlaubt hätte. Noch ein Vorteil, den die vier Wochen hier mit sich brachten. Vielleicht war es an der Zeit, auch mal das Gute an der ganzen Sache zu betrachten.

10

Ein Klopfen an der Zimmertür riss ihn aus dem Schlaf. Verwirrt setzte Jess sich auf und brauchte eine Weile, um sich zu orientieren. Graues Licht fiel durch die Fenster, und der Wecker neben dem Bett zeigte sieben Uhr morgens.

Wieder klopfte es, energisch und ein wenig lauter als zuvor, dann öffnete sich die Tür, und ein Mann streckte den Kopf herein. «Jaxon Adams?»

Erschrocken zog sich Jess die Bettdecke bis zum Kinn und nickte.

«Hi, ich bin Tom. Ich will dich eigentlich abholen, für den Ganzkörperscan. Man hat dir doch gesagt, dass du um sieben dran bist, oder?»

Jess erinnerte sich dumpf an den Zeitplan, den Miller ihm gestern in die Hand gedrückt und den er vor lauter neuen Eindrücken vollkommen vergessen hatte. Schnell sprang er aus dem Bett und zog sich an. Dann folgte er Tom zum Aufzug, mit dem sie in die untere Etage fuhren und in eine Tür einige Meter vor dem Gamingraum abbogen. Der Raum war nüchtern eingerichtet; das einzig Auffällige war eine futuristisch aussehende Kabine an einer Wand, die Jess an eine Raumkapsel erinnerte. Eine Frau saß an einem Schreibtisch, auf dem mehrere große Monitore nebeneinanderstanden. Als sie eintraten, sah sie auf. «Guten Morgen. Name?»

«Jaxon Adams», erwiderte Jess.

Die Frau tippte auf der Tastatur. Jess erkannte, wie sich auf einem der Bildschirme ein neues Fenster öffnete und das dreidimensionale, unspezifische Abbild eines menschlichen Körpers zeigte.

«Wir werden heute einen Ganzkörperscan von dir anfertigen, damit dein Avatar in der TVR genauso aussieht wie du», erklärte Tom und deutete auf eine kleine Umkleidekabine in der Ecke. «Um das bestmögliche Ergebnis zu erzielen, solltest du deine Anziehsachen ausziehen.»

Jess trat hinter den Vorhang und zog sich Jeans und T-Shirt aus. Als er die Kabine nur in Boxershorts wieder verließ, war er sich unangenehm deutlich seines schlaksigen, ungelenken Körpers bewusst. Unsicher schlang er die Arme um den Oberkörper und versuchte, ein Zittern zu unterdrücken.

Tom überging sein Unwohlsein und schob ihn lächelnd Richtung Kabine. «Der Scan dauert nur ein paar Sekunden, und du wirst auch überhaupt nichts spüren. Ist im Grunde wie Fotos machen. Einfach kurz ruhig stehen bleiben, dann ist alles vorbei.»

Jess betrat die weiße, hell erleuchtete Kapsel, die gerade groß genug für eine Person war. Tom schloss die Tür, und bevor er sich ernsthaft Gedanken darüber machen konnte, was auf ihn zukam, hörte er schon ein feines Surren. Ein Ring aus grünem Licht umschloss seinen Körper, wanderte von seinen Füßen über seine Beine und seinen Oberkörper bis zu seinem Kopf und zurück zu seinen Füßen. Dann erlosch das Surren, und die Tür öffnete sich wieder.

«Das war's schon», sagte Tom. «Kannst dich wieder anziehen. Ich lade die Daten in der Zeit auf deine Speichereinheit.»

Erleichtert verschwand Jess in der Umkleidekabine und zog sich seine Sachen wieder an. Als er zu Tom zurückging, hielt der ihm ein schmales, schwarzes Armband entgegen. «Hier drin ist ein Chip, auf dem deine Zugangsdaten und Spielstände gespeichert werden, sodass du jederzeit von jedem Port aus ins Spiel kannst. Du solltest das Armband für die Dauer des Early Access anbehalten.» Er legte Jess das Band an und zog es so fest, dass es zwar nicht einschnürte, aber auch nicht einfach abgestreift werden konnte.

Jess' Blick fiel auf den Bildschirm auf dem Tisch der Frau. Aus dem unspezifischen menschlichen Körper war eine perfekte Abbildung von ihm selbst geworden, inklusive der verstrubbelten Haare, die er sich aufgrund des überstürzten Aufbruchs heute Morgen nicht gekämmt hatte. Über der Abbildung stand der Name Jaxon Adams, und darunter einige personenbezogene Daten, die Jax vermutlich im Vorfeld bereits angegeben hatte.

Unsicher sah Jess vom Bildschirm auf das Armband an seinem Handgelenk hinab. «Okay», sagte er. «Und jetzt?»

Tom lächelte. «Jetzt gehst du frühstücken. Wir sehen uns um zehn Uhr im Gamingraum.»

«Du bist auch dabei?», fragte Jess überrascht.

«Klar», erwiderte Tom grinsend. «Einer muss ja auf eure Körper aufpassen, während euer Geist in anderen Welten herumstapft.»

Während Jess eine Riesenportion Pfannkuchen verdrückte, kamen nach und nach auch die anderen zum Frühstück und verteilten sich um den großen Tisch. Zwei oder drei unterhielten sich leise miteinander, doch Jess starrte wie am Abend zuvor angestrengt auf seinen Teller, um nicht in ein Gespräch verwickelt zu werden.

«Hi.» Das Bernsteinmädchen ließ sich auf den Stuhl neben ihm plumpsen und machte sich über ihre Schüssel mit Müsli her.

«Hi», nuschelte Jess, ohne aufzublicken.

«Ich bin Rumi», sagte sie mit vollem Mund.

«Jax.»

Rumis Augen blitzten auf. «Jax, wie in Jaxon Adams?»

Jess nickte ergeben.

«Hm.» Rumi betrachtete ihn nachdenklich, als überlege sie, ob sie etwas sagen sollte. Jess spürte, wie ihm erneut die Hitze ins Gesicht stieg. Doch dann wandte sie den Blick ab und sah sich stattdessen im Raum um. «Kennst du einen von den anderen?»

«Nein.»

«Ich auch nicht. Vielleicht sollten wir das mal ändern.» Dann rief sie in die Runde: «Hey, Leute! Wie wär's, wenn wir uns kurz vorstellen? Immerhin hocken wir die nächsten vier Wochen in diesem Bunker aufeinander. Wäre doch gut, wenn wir zumindest unsere Namen kennen würden, oder?»

«Du meinst, du willst wissen, gegen wen du verlierst?», fragte der Junge mit dem Baseballcap grinsend.

«Abwarten», erwiderte Rumi, ohne eine Miene zu verziehen.

«War doch nur Spaß.» Der Junge lachte. «Find ich 'ne gute Idee. Theoretisch sind wir zwar Konkurrenten, aber deswegen müssen wir uns ja nicht wie welche benehmen.»

«Hört, hört», brummte der breitschultrige Junge, der sich Jess gestern als TJ vorgestellt hatte.

«Dann mach ich mal den Anfang», fuhr der Baseballcap-Junge fort. «Ich heiße Akio, bin Spieletester für ein Gaming-Magazin und kann es kaum erwarten, endlich meinen ersten *Full Dive* zu machen.»

Ein zustimmendes Gemurmel erklang, und dann begann eine allgemeine Vorstellungsrunde. Das Vampir-Mädchen, dessen Gesichtsfarbe an diesem Morgen noch blasser war als gestern, hieß Liv und war eine bekannte Speedrunnerin auf Youtube; der Junge, der frisch von der Uni zu kommen schien, hieß Chris und war Programmierer, hatte sich aber vor allem als Modder bekannter Games in der Szene einen Namen gemacht; das dunkelhäutige Mädchen hieß Sasha und war Spieleentwicklerin; der schmuddelig wirkende Junge mit den blonden Haaren hieß Milo und war ebenfalls ein Speedrunner. Außerdem gab es noch Dinesh, der vor allem Open-World-Spiele spielte, Kaya, eine Expertin in Strategie- und Aufbauspielen, die bei einem schweren Unfall ein Bein verloren hatte und eine Prothese trug, sowie Rumi und TJ. Wie sich herausstellte, erkannten sich zwar einige an ihren Spielernamen, aber niemand hatte schon einmal mit- oder gegeneinander gespielt. cy.corp schien tatsächlich darauf geachtet zu haben, möglichst unterschiedliche Spielertypen für den Early Access auszuwählen.

Nach der Vorstellungsrunde hatte sich die Stimmung grundlegend geändert. Das abweisende, belauernde Schweigen war in aufgeregte Gespräche umgeschlagen, und bald schien der Raum vor fiebriger Energie förmlich zu vibrieren. Jess selbst gab sich weiter wortkarg, bis Rumi ihn mit dem Ellbogen in die Seite stieß und ihm zuzwinkerte. «Nervös?», fragte sie.

Jess zuckte mit den Schultern. «Ein bisschen schon, denke ich.»

Rumi lachte. «Der große Prometheus? Hätte ich nicht gedacht.»

Jess überging die Bemerkung und wechselte das Thema. «Warum bist du eigentlich hier? Vorhin hast du nur gesagt, dass du viel Erfahrung mit VR-Games hast und dich total auf den *Full Dive* freust. Aber du hast nicht gesagt, warum cy.corp gerade dich ausgesucht hat.»

«Ich ...» Sie wich seinem Blick aus und sah zu einem kleinen Kasten in der Ecke, der Jess vorher nicht aufgefallen war. Das musste eine der Kameras sein, mit denen cy.corp die Gemeinschaftsräume überwachte.

«Hey Leute, es ist fast zehn!», rief Akio in diesem Moment. «Wir sollten langsam los.»

Vielleicht bildete Jess es sich nur ein, aber Rumi schien beinahe erleichtert, als wäre sie einem unangenehmen Verhör entgangen. Sie lächelte ihm entschuldigend zu und schloss sich den anderen an, die bereits zur Tür hinaus und in Richtung Aufzug strömten.

Jess war der Letzte, der den Gamingraum betrat – und was er dort sah, übertraf seine kühnsten Erwartungen. Wieder fühlte er sich an die Matrix-Filme erinnert oder besser an das Innere der *Nebuchadnezzar*, des Schiffs von Morpheus und den Rebellen, nur dass hier bei cy.corp alles komfortabler und teurer wirkte. In der Mitte des Raumes standen ein Dutzend gepolsterte Liegesessel in einem Kreis, und seitlich an jeder Liege hing ein metallisch glänzender, krallenartiger Helm, aus dem mehrere dicke Kabel liefen. Das mussten die Sim-Caps sein, die den Eintritt in die virtuelle Realität ermöglichten. Tom, Miller und Wagner standen an der rückwärtigen Wand, die von riesigen, schwarzen Bildschirmen gesäumt wurde, und warteten bereits auf sie. Mit seltsam unbewegtem Gesicht ließ der Firmenchef den Blick über alle Anwesenden schweifen, dann nickte er Miller stumm zu, woraufhin der technische Leiter einen Schritt vortrat.

«Herzlich willkommen im Herzen von cy.corp!», rief er. «Ihr befindet euch in dem Raum, der alles vereint, woran wir jahrelang getüftelt haben. Von hier aus werdet ihr in den nächsten vier Wochen in eine andere Welt reisen, werdet Abenteuer erleben, Schlachten kämpfen, euch Feinde machen und Verbündete finden.» Er deutete auf die Sessel. «Sucht euch einen Platz aus. Es gibt keine feste Zuordnung. Der Chip in eurem Armband sendet ein codiertes, auf euch personalisiertes Funksignal, das euch automatisch in das System einloggt – ihr könnt also von jedem beliebigen Platz aus spielen.»

Die Spieler verteilten sich auf die Sessel, und Jess bemerkte erst, als er bereits saß, dass er ausgerechnet den Platz neben TJ erwischt hatte. Die Position in den Sesseln war eine Mischung aus Sitzen und Liegen, und kaum hatte Jess sich zurückgelehnt, als ein kleines Bedienfeld in der rechten Armlehne aufleuchtete.

«Das Wichtigste, das ihr für den Eintritt in die TVR benötigt, ist euer SimCap», sagte Miller und bedeutete ihnen, den Datenhelm in die Hand zu nehmen. Überrascht stellte Jess fest, dass er viel leichter und biegsamer war, als er auf den ersten Blick aussah. Anstatt aus massivem Metall bestand er aus einer Art Draht, und an der Unterseite der Streben befanden sich Noppen aus einem kühlen, seltsam weichen Material, das Jess nicht zuordnen konnte.

«Sobald ihr den Helm aufsetzt, aktiviert er sich. Hochsensible Elektroden fangen über eure Kopfhaut eure Gehirnströme auf und leiten sie an unseren Server weiter. Gleichzeitig werden Informationen aus dem Spiel an euer Gehirn übermittelt. Ihr werdet euch in einer virtuellen Realität befinden, ohne den geringsten Unterschied zu unserer Welt zu bemerken – ihr bewegt euch genauso fort wie sonst, seht, schmeckt und fühlt das Gleiche. Ein *Full Dive* eben, die vollständige Immersion.»

Miller warf einen Blick in die Runde und fuhr dann feierlich fort: «Und um euch nicht länger auf die Folter zu spannen, schlage ich vor, dass ihr endlich selbst erfahrt, wovon wir die ganze Zeit reden.» Er ging zu dem einzigen noch freien Sessel und setzte sich darauf. «Wir werden heute Vormittag zunächst eine Trainingssoftware einsetzen, damit ihr euch an die TVR gewöhnen könnt. Vielleicht halten das einige für überflüssig, aber glaubt mir, ihr werdet dankbar sein für die Einführung. Nach einer Mittagspause steht euch der gesamte Nachmittag zur Verfügung, um euren Avatar zu konfigurieren. Und morgen geht es dann richtig los.»

Er nahm den Datenhelm aus seiner Halterung und setzte ihn auf. Ein leises Piepsen ertönte. Dann flammten rote Leuchtdioden entlang der Streben auf und begannen, sanft zu pulsieren.

Nach und nach setzten nun auch die Spieler ihre SimCaps auf, und überall im Raum leuchteten die roten Dioden auf. Als die Streben Jess' Kopf berührten, schmiegten sie sich wie eine zweite Haut an seinen Schädel. Die Noppen lagen fest auf seiner Kopfhaut auf, fühlten sich dabei aber kühl und durchaus angenehm an. Jess stellte fest, dass das Piepsen, das er bei Miller gehört hatte, gar nicht vom Helm, sondern von dem Bedienfeld in der Armlehne gekommen war, in dem nun zwei Worte standen: *signal found.*

«Euer SimCap stellt automatisch eine Verbindung zum Spieleserver her», erklärte Miller. «Sobald Tom den Zugang freischaltet, könnt ihr euch über das Panel an eurer Armlehne einloggen. Tom, bitte.»

Tom trat an einen Monitor an der Wand, klappte eine Tastatur aus und gab einen Befehl ein. Die Worte auf dem Bedienfeld wechselten von *signal found* zu *connect.*

«Also dann», sagte Miller grinsend. «Wir sehen uns auf der

anderen Seite.» Er tippte auf das Panel. Im gleichen Moment flammten die Dioden seines Helms grün auf. Miller sank mit geschlossenen Augen in den Sessel zurück und regte sich nicht mehr, fast so, als wäre er ohnmächtig geworden. Jess sah zu Tom und Wagner, die jedoch keinerlei Anzeichen von Besorgnis zeigten.

Eine Welle der Erregung schwappte durch den Raum. Ein Spieler nach dem anderen loggte sich in die TVR ein. Ihre Helme leuchteten grün auf, und im gleichen Moment schienen sie das Bewusstsein zu verlieren. Jess wischte sich die feuchten Hände an seiner Hose ab und hoffte inständig, dass niemand merkte, wie nervös er war. Er sah zu Rumi, die ihm gegenübersaß. Ihre Blicke trafen sich, und sie zwinkerte ihm zu, bevor auch sie auf das Panel tippte und im gleichen Moment wie ausgeknipst in sich zusammensackte.

Komm schon, sagte Jess zu sich selbst, *so schlimm wird's schon nicht werden.* Er streckte den Zeigefinger aus, zögerte noch ein letztes Mal – und tippte auf *connect.* Sofort wurde ihm schwarz vor Augen. Er spürte einen Sog, als würde sein Inneres aus dem Sessel gezerrt, während sein Körper darauf zurückblieb. Jess schloss instinktiv die Augen. Und als er sie wieder öffnete, war alles anders.

11

Jess blinzelte. Er stand in einem riesigen, vollkommen weißen Raum, wenn man diesen Ort überhaupt als Raum bezeichnen konnte. Es gab keine Wände, keine Decke – im Grunde befand er sich in einem unendlichen, weißen Nichts, das ihn von allen Seiten zu umgeben schien.

Es hatte überhaupt keinen Übergang gegeben, keine Ladezeit, nichts, was ihn auf das hier vorbereitet hätte. Gerade noch hatte er bei cy.corp auf einem Hightech-Liegesessel gelegen, und nur einen Wimpernschlag später war er hier. Unsicher sah er sich um. Ein paar Schritte entfernt standen die anderen Spieler, ähnlich verwirrt wie er, aber auch fasziniert, begeistert, beinahe aufgekratzt. Sie sahen genauso aus, wie er sie in Erinnerung hatte, nur dass sie alle komplett in Schwarz gekleidet waren.

Jess sah an sich hinunter, und auch er trug statt Jeans und T-Shirt nun schlichte, schwarze Sachen und eine lederne Umhängetasche. Er hob seine Hand, betrachtete die kleinen Härchen und Adern, fand sogar die Narbe, die von seiner Begegnung mit der Schraube zurückgeblieben war. Prüfend strich er über das weiche Leder der Tasche, den rauen Stoff der Hose, fuhr sich durchs Haar. Alles fühlte sich echt an, sah echt aus. Wie war das möglich?

Er drehte sich im Kreis und ging ein paar Schritte, eine alltägliche Bewegung, über die man nie groß nachdachte. Doch als er sich bewusst machte, dass er in Wahrheit reglos auf einer Liege lag, wurde ihm kurz schwindelig. Zum Glück fing er sich wieder, bevor es irgendjemandem auffiel.

Miller trat zwischen den Spielern hervor, und genau wie sie war er ganz in Schwarz gekleidet. «Herzlich willkommen in unserem virtuellen Nichts. Denn wo nichts ist, kann alles entstehen. Unserer Fantasie sind keine Grenzen gesetzt – und eurer auch nicht.» Er breitete die Arme aus und machte eine Geste, die alles um sie herum einschloss. Sein Gesichtsausdruck spiegelte beinahe kindliche Freude wider.

«Sobald das Spiel offiziell auf den Markt kommt, wird

es eine standardisierte Einführung geben, aber in der Testphase übernehme ich das persönlich», fuhr er fort. «Kommen wir direkt zu einem der wichtigsten Dinge, die ihr beherrschen solltet: die Menüs. Es gibt zwei unterschiedliche Arten – das Hauptmenü und das Schnellwahlmenü. Öffnet ihr das Hauptmenü, friert euer Avatar ein, während das Spiel um euch herum weiterläuft. Damit ihr dem Spielgeschehen nicht schutzlos ausgeliefert seid – vielleicht wollt ihr während eines Kampfes die Waffe wechseln oder einen Heiltrank zu euch nehmen –, bildet sich für eine Minute ein Schutzwall um euren Avatar, sodass er bei Angriffen keinen Schaden nimmt. Nach dieser Minute verschwindet der Schutzwall jedoch, also haltet euch nicht zu lange im Menü auf.

Das Schnellwahlmenü wiederum öffnet ihr aus dem Spielfluss. Kein Schutzwall, kein Einfrieren; ihr könntet theoretisch im Laufen die Waffen wechseln. Dafür hat es aber nur begrenzte Funktionen.»

«Und wie öffnen wir die Menüs?», fragte Akio, hob seine Hände und drehte sie fragend hin und her. «Schließlich haben wir keine Tasten oder Joysticks.»

Miller nickte. «Um in die Menüs zu gelangen, benötigt ihr eine Geste, die euch im Laufe des Spiels in Fleisch und Blut übergehen wird.» Er hob die Hände auf Höhe seines Gesichts und zog sie dann rasch auseinander. «Handflächen nach innen öffnet das Hauptmenü, Handflächen nach außen das Schnellwahlmenü.» Er sah aufmunternd in die Runde. «Nur zu, probiert es aus und seht euch ein bisschen um. Zur Übung solltet ihr euch etwas anderes anziehen und euch mit einer Waffe ausrüsten. In ein paar Minuten treffen wir uns wieder hier.»

TJ, der neben Jess stand, wiederholte Millers Geste. Sein

Körper erstarrte, und eine durchsichtige, bläulich schimmernde Sphäre bildete sich um ihn herum. Das musste der Schutzwall sein, von dem Miller gesprochen hatte. Immer mehr Spieler vollführten die Geste. Zögerlich hob auch Jess die Hände, hielt sie sich vors Gesicht und zog sie auseinander.

Von einer Sekunde auf die andere befand er sich in einem kleinen Raum. Er schwankte kurz, fand nichts zum Festhalten und wäre beinahe hingefallen. An diesen abrupten Szenenwechsel musste er sich erst noch gewöhnen.

Außer ihm war niemand hier. Der weiße Raum wirkte minimalistisch und modern. An den Wänden reihten sich, von unsichtbaren Spots angestrahlt, Regale und Halterungen, an denen sich unzählige Waffen, Kleidung, Schmuck und andere Gegenstände befanden. Es waren so viele, dass Jess Stunden gebraucht hätte, um sich alles in Ruhe anzusehen, aber allein auf den ersten Blick erkannte er Handfeuerwaffen, Maschinenpistolen, Armbrüste und Wurfspeere. Jess blieb vor einem juwelenbesetzten Schwert stehen, ließ bewundernd seine Finger darübergleiten und versuchte schließlich, es in die Hand zu nehmen, doch es war so schwer, dass er es nicht aus der Halterung heben konnte. Jess schluckte. Das Gewicht einer Waffe war in sämtlichen Spielen, zu denen Yara ihn bisher überredet hatte, nie ein Faktor gewesen. Er betrachtete die Gewehre und Pistolen, und ohne sagen zu können, warum, war es ihm unheimlich, so eine Waffe in die Hand zu nehmen. Doch für irgendetwas musste er sich entscheiden. Miller hatte sie ausdrücklich gebeten, eine Waffe auszusuchen. Schließlich fiel sein Blick auf eine Steinschleuder, die beinahe achtlos in der Ecke eines Regals lag, als wäre sie dort vergessen worden. Rasch steckte er sie in den Bund seiner Hose. Besser als nichts.

An der gegenüberliegenden Wand befanden sich die Kleidungsstücke. An einer Kleiderstange hingen schlichte, funktionale Hosen und Oberteile, an Kleiderpuppen daneben waren prachtvolle Rüstungen, Lederwamse, Beinschutze und Tuniken ausgestellt. Jess ließ die Finger über ein enorm großes, schimmerndes Kettenhemd gleiten, und mit einem Mal spürte er dort, wo gerade noch die harten Eisenglieder unter seinen Fingern gewesen waren, die blanke Oberfläche der Kleiderpuppe. Verwundert sah Jess an sich herab und stellte fest, dass er anstelle des schwarzen T-Shirts nun das Kettenhemd trug. Obwohl es kurz zuvor noch riesig gewirkt hatte, schmiegte es sich perfekt an seinen Körper. Die Kleidung schien sich automatisch an die Größe ihres Trägers anzupassen.

Er drehte sich einmal im Kreis und ging ein paar Schritte. Die Eisenglieder klirrten bei jeder Bewegung. Eigentlich ganz cool, fand er, aber irgendwie passte es nicht zu ihm. Er berührte noch einige andere Kleidungsstücke und entschied sich schließlich für ein schlichtes grünes Hemd und eine praktische Cargohose. Dann sah er sich erneut im Raum um. Viel mehr gab es nicht zu entdecken, außer einem Terminal, das genau in der Mitte stand. Auf dem Bildschirm gab es nur zwei Kacheln, auf denen *Ausloggen* und *Menü verlassen* stand. Jess tippte auf *Menü verlassen*.

Der Raum um ihn herum verschwand, und er befand sich wieder in dem unendlichen Nichts. Jess fiel sofort auf, dass die meisten anderen Spieler nicht so zurückhaltend gewesen waren wie er. TJ trug ein prunkvolles Lederwams und hielt – wie auch immer er das anstellte – ein riesiges Schwert in den Händen. Akio fuchtelte mit einem Laserschwert herum, und Rumi hatte sich in eine etwas zierlichere Version von Lara Croft verwandelt, mit einem breiten Waffengürtel voller Pistolen und Messer.

Einige Spieler befanden sich immer noch im Menü. Ihre Avatare standen reglos da, nur die bläulich schimmernde Sphäre um sie herum war verschwunden. Jess ging ein paar Schritte auf Kaya zu, das Mädchen mit der Beinprothese, die hier in der virtuellen Realität zwei normale Beine hatte. Ihr Avatar glich einer Wachsfigur, die mit toten Augen vor sich hinstarrte. Ihr Anblick ließ Jess schaudern.

«Cool, oder?», erklang Rumis Stimme neben ihm.

Jess nickte. «Aber irgendwie auch unheimlich.»

Plötzlich flackerte Kayas Avatar auf, und dann erwachten ihre Augen wieder zum Leben. Sie trug nun hautenge Lederleggins und eine Tunika darüber. Als sie Jess und Rumi bemerkte, strahlte sie übers ganze Gesicht. «Das ist völlig irre, Leute», sagte sie. «Findet ihr nicht?»

«Wie ich sehe, habt ihr alle verstanden, wie das Menü funktioniert», rief Miller, als auch die letzten Spieler zurückgekehrt waren. «Nun würde ich euch bitten, die Waffen wieder ins Menü zu legen. Dazu müsst ihr sie einfach nur in eure Tasche stecken.»

TJ sah stirnrunzelnd von seinem riesigen Schwert zu seiner kleinen Umhängetasche. «Wie soll das denn da reinpassen?»

Miller grinste und machte eine auffordernde Geste. «Probier es aus.»

TJ hob das Schwert und steckte es mit der Spitze voran in die Tasche, und tatsächlich verschwand es vollständig darin, als sei die Tasche unendlich groß.

«Vergesst nicht, dass wir uns in einer virtuellen Realität befinden», sagte Miller. «Hier sind die Dinge oft nicht so, wie sie scheinen.»

Jess nahm seine Steinschleuder aus dem Hosenbund und steckte sie in den Lederbeutel. Nur Sekunden später war die

Schleuder verschwunden und der Beutel erschien wieder leer. Rumi neben ihm brauchte eine Weile, bis sie sämtliche Messer und Pistolen in die Tasche gestopft hatte. Aber auch bei ihr beulte sich die Tasche nicht aus, sondern blieb so leicht und flach, als wäre gar nichts darin.

«Hoffen wir, dass sich die Dinger auch wieder von selbst in die Regale sortieren», sagte sie. «Ich hab keine Lust, jedes Mal aufzuräumen, wenn ich die Waffen wechsle.»

Nachdem alle fertig waren, forderte Miller sie auf, ihm zu folgen. Sie schritten eine Weile durch den unendlichen Raum, und Jess hatte keine Ahnung, ob Miller überhaupt irgendein Ziel ansteuerte. Falls ja, war es ihm unbegreiflich, wie er sich in diesem nach allen Seiten gleich aussehenden Raum orientieren konnte. Doch dann schälte sich ein Umriss aus dem ewigen Weiß. Ein Symbol schwebte vor ihnen in der Luft, ein Kreis mit ineinander verschlungenen Buchstaben, die ein S und ein H darstellen sollten. Miller steuerte darauf zu und blieb stehen.

«Wie ihr vielleicht gesehen habt, könnt ihr euch über das Menü ausloggen», erklärte er. «Aber bedenkt, dass das Spiel um euch herum weiterläuft und euer Avatar dem Ganzen schutzlos ausgeliefert ist. Um das zu vermeiden, wird es verschiedene Schutzräume geben, sogenannte SafeHouses, die ihr an diesem Symbol erkennen könnt.» Er deutete auf den Kreis mit den beiden Buchstaben. «Wenn ihr dieses Zeichen seht, könnt ihr euren Avatar zurücklassen, ohne dass ihm jemand Schaden zufügen kann.»

«Was meinen Sie damit genau?», meldete sich Sasha zu Wort. «Dass *wer* uns Schaden zufügen kann?»

«Das kommt darauf an, wo ihr euch gerade befindet», erwiderte Miller. «Aber mir fallen auf Anhieb eine ganze Menge ein: Wegelagerer, wilde Tiere, Monster.»

«Oder deine Mitspieler», ergänzte TJ grinsend.

Miller hob beschwichtigend die Hände. «Es sollte zwar nicht euer vorrangiges Ziel sein, eure Mitspieler auszuschalten, aber ja, man kann nie vorsichtig genug sein.»

Jess warf TJ einen verstohlenen Blick zu. Der unsympathische Eindruck, den er von Anfang an von ihm gehabt hatte, verstärkte sich mehr und mehr. Würde er wirklich so weit gehen, seine Mitspieler umzubringen? Was auch immer sie in dem Spiel erwartete, Jess nahm sich vor, einen großen Bogen um TJ zu machen.

«Können wir eigentlich so lange spielen, wie wir wollen?», fragte Chris.

«Nein», erwiderte Miller sofort. «Das würde euer Körper auf die Dauer nicht aushalten. Schließlich müsst ihr essen, trinken, schlafen, auf die Toilette gehen. Deswegen haben wir Zeiten festgelegt, in denen das Spiel freigeschaltet ist. Morgens um neun geht es los, abends um 19 Uhr ist Schluss. Wer bis dahin nicht von selbst das Spiel verlassen hat, wird automatisch ausgeloggt, ganz egal, wo er sich gerade befindet. Zwischen 19 Uhr und neun Uhr morgens ist das Einloggen nicht möglich.»

Milo nuschelte irgendetwas Unverständliches von «Schon 12 Stunden am Stück gespielt», ansonsten protestierte niemand. Miller setzte sich wieder in Bewegung, und sie folgten ihm zu einer schlichten, weißen Tür, die scheinbar schwerelos im Raum stand, ohne irgendwo hinzuführen.

«Das Menü zu kennen, ist die eine Sache», sagte Miller. «Aber nun wird es Zeit, herauszufinden, was unsere Software *wirklich* kann.» Er drückte die Klinke herunter, und die Tür schwang auf. Dahinter lag ein Flur, von dem links und rechts unzählige weitere Türen abgingen, die alle unterschiedliche Farben und Formen hatten. «Es gibt keine Regeln. Erkundet, worauf ihr Lust habt. Wenn sich eine Tür öffnet, geht hindurch. Wenn sich eine schließt, nehmt einfach eine andere. Wenn ihr genug habt, loggt euch aus. In spätestens einer Stunde werdet ihr automatisch ausgeloggt. Viel Spaß.» Mit diesen Worten trat er zur Seite und gab den Weg frei.

12

Akio betrat den Gang als Erstes, und nach und nach gingen auch die anderen durch die Tür, die unter normalen Umständen nirgendwo hätte hinführen dürfen. Aber natürlich war in dieser Welt nichts normal.

Als der letzte Spieler durch die Tür getreten war, verschwand sie, als wäre sie nie dagewesen, und gab den Blick auf den Gang frei, der sich nun in beide Richtungen erstreckte und von weiteren Türen gesäumt wurde. Es mussten Hunderte sein, und sie sahen alle unterschiedlich aus. Es gab schlichte Holztüren, Türen mit aufwendigen Schnitzereien, riesige Portale mit Rundbögen, vergitterte Türen oder Türen aus Metall.

Zögernd schritten sie den Gang entlang, doch zunächst wagte niemand, eine Tür zu öffnen – bis TJ schließlich den Anfang machte. Er blieb vor einer grob zusammengezimmerten Holztür stehen, drehte den rostigen Schlüssel im Schloss und stieß sie auf. Dahinter kam die mit Fackeln beleuchtete Eingangshalle einer Burg in Sicht. «Genau mein Ding!», sagte er zufrieden und trat durch die Tür. Er sah sich kurz nach allen Seiten um, dann lief er los und war bald darauf um eine Ecke verschwunden.

TJs Vorstoß schien einen Bann zu brechen. Jeder Spieler

suchte sich eine Tür und öffnete sie, und bald war der Gang von begeisterten Ausrufen erfüllt, vermischt mit dem ein oder anderen Schreckensruf. Sasha hatte sich für eine Tür entschieden, die aus schwarz schimmerndem Glas bestand, das sämtliches Licht zu schlucken schien. Als sie sie öffnete, drang ein ohrenbetäubendes Brüllen heraus, zusammen mit einem widerlichen Gestank. Hastig schlug sie die Tür wieder zu. «Nö, lieber nicht», sagte sie trocken und öffnete die Tür daneben. Jess erhaschte einen Blick auf eine riesige Villa, die sich bedrohlich gegen den regenverhangenen Himmel abhob. Sasha nickte zufrieden und trat hindurch. Binnen Sekunden war sie vollkommen durchnässt.

Ein paar Meter weiter machte Akio sich an einer Tür zu schaffen, die an eine U-Boot-Schleuse erinnerte. Anstatt einer Türklinke hatte die Tür einen Drehhebel, und als sie sich nach mehreren Umdrehungen endlich öffnen ließ, ergoss sich ein riesiger Schwall Wasser in den Gang. Akio sprang erschrocken zur Seite. Als nur noch ein dünnes Rinnsal aus der Tür sickerte, lugte er vorsichtig durch die Öffnung. «Irre, Leute. Das ist ein echtes U-Boot. Will jemand mit?»

«Klar, Mann. U-Boot wollte ich immer schon mal fahren», sagte Chris grinsend. Gemeinsam betraten sie die Schleuse und schlossen die Tür hinter sich.

Jess sah sich um. Jede Tür führte in eine andere Welt, und er merkte, wie sehr es ihn verunsicherte, nicht zu wissen, was ihn erwartete. *Es ist nur ein Spiel*, sagte er sich immer wieder. *Du wirst es überleben.* Trotzdem fehlte ihm die Begeisterung, mit der sich die anderen auf dieses Abenteuer einließen.

Milo öffnete gerade eine Tür, auf der eine schwarz-weißkarierte Zielflagge prangte und die wenig überraschend in ein Motodrom mit heulenden Motoren und dem Geruch nach verbranntem Gummi führte. Liv stand mit leuchtenden Augen vor einer Tür aus rotbraunen Quadern und einem Türrahmen aus grünen Röhren. Als sie sie öffnete, erklang die Titelmelodie von Super Mario, und als sie hindurchtrat, flackerte ihr Avatar kurz auf und verwandelte sich in eine verpixelte Videospielversion ihrer selbst. Es war das erste Mal, dass er das blasse, schweigsame Mädchen lachen hörte. Dann rannte sie los und sprang mit Anlauf einem herannahenden Pilzgegner auf den Kopf.

«Megacool!» Rumi trat neben Jess und sah Liv ein wenig neidisch hinterher. «Das erste Super Mario von 1985. Das hätte ich auch gern ausprobiert. Aber das gab es leider nur im Ein-Player-Modus.» Sie sah zu ihm. «Was ist mit dir? Kannst du dich nicht entscheiden?»

«Ist ja auch nicht so einfach», erwiderte Jess. «Es fühlt sich alles so echt an.»

«Das ist doch gerade das Coole», sagte Rumi. «Es fühlt sich echt an – ist es aber nicht. Du kannst ausprobieren, was du willst, sein, wer du willst.» Sie stieß ihn in die Seite. «So zögerlich hätte ich den großen Prometheus gar nicht eingeschätzt. Komm schon.»

Sie gingen ein Stück den Gang entlang und blieben vor einer massiven Metalltür stehen, die mit mehreren schweren Eisenriegeln verschlossen war. Dahinter glaubte Jess, ein tiefes Grollen zu hören.

«Wie wäre es mit der hier?», fragte Rumi.

Jess schüttelte den Kopf. «Nein. Lieber nicht.»

Sie deutete auf die Tür daneben. «Oder die hier, die sieht interessant aus.» Die Schiebetür aus glatt poliertem Edelstahl besaß keine Klinke, sondern war mit einem elektronischen Code gesichert. Rumi tippte auf dem Zahlenfeld herum, woraufhin ein grünes Lämpchen aufblinkte und sich die Tür zischend öffnete. Weißer Dampf quoll ihnen entgegen. Als er sich gelegt hatte, gab er den Blick in ein Labyrinth frei, aus dem in einiger Entfernung das Geräusch von Maschinenpistolen zu hören war.

«Woher kanntest du den Code?», fragte Jess verblüfft.

«Kannte ich nicht», erwiderte Rumi grinsend. «Aber der ist doch meistens 0000.» Sie deutete in das Labyrinth. «Kommst du mit?» Als Jess abwinkte, zuckte sie mit den Schultern. «Wie du willst.» Sie zog die Hände vor dem Gesicht auseinander, wählte etwas aus ihrem Schnellwahlmenü, und kurz darauf hielt sie eine riesige, futuristisch aussehende Waffe in Händen. «Bis später!», rief sie und trat mit entschlossener Miene durch die Tür.

Nun war Jess allein; alle anderen Spieler waren in den Welten jenseits der Türen verschwunden. Es nutzte nichts – er würde sich ebenfalls für eine Tür entscheiden müssen, wenn er nicht den Rest der Zeit in diesem Gang verbringen wollte. Schließlich blieb er vor einer schlichten Holztür stehen. Als er die Klinke hinunterdrückte und die Tür aufschwang, bot sich ihm eine friedliche, fast schon kitschige Szenerie: ein sanft abfallender Hügel, blauer Himmel, Gras, das sich im Wind wiegte. Das sah doch ganz vielversprechend aus.

Das Erste, was ihm auffiel, nachdem er die Welt betreten hatte, war die Sonne. Sie war ungewöhnlich heiß und hell, und als Jess sich nach ihr umsah, stellte er fest, dass nicht ein, sondern zwei gleißend helle Kugeln am Himmel standen, die zusammen eine unheimliche Kraft besaßen. Nicht weit entfernt entdeckte Jess einen Wald, und er beschloss, dort erst einmal Schutz vor den sengenden Sonnen zu suchen.

Tatsächlich war es im Schatten der Bäume angenehm kühl. Das Blätterdach hoch über ihm ließ kaum Licht hindurch und tauchte alles in dämmriges Halbdunkel. Dornen und Ranken wucherten überall, und schon nach wenigen Schritten waren Jess' Arme und Gesicht zerkratzt.

Nach ein paar Minuten lichtete sich das Unterholz etwas, und er kam besser voran. Ihm fiel auf, wie durstig er war, und so folgte er dem Geräusch von leisem Plätschern bis zu einem kleinen Bach. Mit der hohlen Hand schöpfte er das klare Wasser. Es schmeckte frisch und leicht süßlich, und gierig trank er mehr.

Plötzlich erklang ein brummendes Geräusch über ihm, und noch ehe Jess sich danach umsehen konnte, spürte er einen Stich an seinem Oberschenkel. Erschrocken fuhr er hoch und sah ein tennisballgroßes Insekt dort sitzen, das sich mit seinem langen Saugrüssel durch den Stoff seiner Hose gebohrt hatte. Hastig schlug er es weg, doch erneutes Brummen kündigte an, dass noch mehr dieser Viecher um ihn herumschwirrten. Der Stich begann bereits heftig zu jucken, und er wollte gar nicht erst wissen, was geschah, wenn er noch mehr davon abbekam. Als hätten die Insekten seine Gedanken gehört, stürzte sich der gesamte Schwarm auf ihn. Jess schrie auf und fuchtelte mit den Händen über dem Kopf herum, doch immer wieder spürte er, wie der Rüssel eines Riesenmoskitos durch seine Haut stach.

Ein Schrei ertönte, weit entfernt, aber so laut und durchdringend, dass Jess erschrocken zusammenfuhr. Wie von einer unsichtbaren Macht abkommandiert, sirrte der Moskitoschwarm davon, nach oben in die dichten Baumkronen, und die plötzlich einsetzende Stille jagte Jess einen kalten Schauer den Rücken hinunter. Ein dumpfer Schlag ließ die Erde erbeben. Jess verlor das Gleichgewicht und stolperte haltlos nach vorn. Wieder ein Schlag, und noch einer. Immer schneller folgten die Schläge aufeinander, bis Jess endlich begriff, dass es keine Schläge waren – sondern Schritte. Stampfende

Schritte von einem Tier, dessen Größe er sich gar nicht ausmalen wollte. Das Krachen und Splittern von Holz mischte sich in das Poltern. Jess kauerte sich zusammen, verbarg den Kopf in den Händen und hoffte, dass das Vieh einfach an ihm vorbeilaufen würde. Vögel stoben aus dem Unterholz; abgebrochene Äste prasselten auf ihn nieder.

Und dann hörte das Beben plötzlich auf. Jess wagte nicht, sich zu bewegen. Er spürte, dass das Tier direkt neben ihm stand. Vorsichtig hob er den Kopf, und als er sah, um was es sich handelte, hätte er beinahe angefangen zu lachen – eine absurde Reaktion angesichts der Angst, die in ihm aufstieg. So musste es sich anfühlen, wenn man dem sicheren Tod ins Auge sah.

Das Tier war riesig. Seine Beine waren so dick wie die Baumstämme um sie herum, und sein von roter, ledriger Haut bedeckter Körper ragte hoch über ihm auf. Jess' Herz schlug so heftig, dass es schmerzhaft gegen seine Brust drückte. Er wusste nicht, welche Art von Urzeitvieh er hier vor sich hatte, doch im Grunde war es ihm auch egal. Es würde ihn fressen, wenn er hier sitzen blieb, daran bestand kein Zweifel, aber seine Angst lähmte ihn so sehr, dass er sich keinen Millimeter bewegen konnte.

Das Tier senkte den Kopf, schob ihn in Jess' Richtung und blähte die Nüstern. Er starrte wie paralysiert auf das riesige Maul, aus dem plötzlich ein tiefes Brummen erklang. Jess stutzte. Es hatte nicht bedrohlich geklungen, sondern freundlich. Auffordernd. Drängend. Das Tier drehte den Kopf nach hinten, und als Jess der Bewegung folgte, erkannte er eine Leiter, die an der Seite des Tieres baumelte und zu einem prächtig geschmückten Sattel hinaufführte. Wieder brummte das Tier und wackelte ungeduldig mit dem Kopf. Wollte es, dass Jess auf ihm ritt?!

Noch bevor Jess den Gedanken zu Ende denken konnte, ruckte der Schädel des Tiers nach oben, als hätte es etwas gehört. Der riesige Körper schien sich zu versteifen, und schlagartig begriff Jess, welchen Fehler er begangen hatte. Es war nicht dieses Tier, vor dem er Angst haben musste. Es war noch etwas in diesem Wald. Und es kam aus den Bäumen über ihnen.

Wieder erklang der Schrei, der bereits die Moskitos vertrieben hatte. Der Laut war grauenvoll; hoch und spitz und so durchdringend, dass Jess sich am liebsten die Ohren zugehalten hätte. Blindlings rannte er los, stolperte durch das Unterholz, fiel immer wieder hin, rappelte sich auf, rannte weiter. Als er sich umsah, erkannte er eine riesige Spinne, die sich von oben auf das Reittier stürzte und mit einem schwarz glänzenden Stachel auf es einstach. Das Tier brüllte gequält auf, dann sackte es leblos in sich zusammen.

Die Spinne ließ von ihm ab, hob den Kopf, entdeckte Jess und setzte sich in Bewegung, direkt auf ihn zu. Panik schoss in alle Poren seines Körpers und ertränkte jeden vernünftigen Gedanken. Er rannte los, immer weiter in den Wald hinein, spürte das Tier im Nacken, hörte seinen Atem, roch den Gestank nach verfaultem Fleisch. Sein Herz klopfte so schnell, dass es zu zerspringen drohte. Seine Lunge schmerzte; Schweiß lief ihm in die Augen, sodass er nur noch verschwommen sah. Er hörte das Rascheln der vielen Beine hinter sich, spürte, wie sich die Luft um ihn herum verdichtete, als würde sie sich elektrisch aufladen. Er hatte keine Chance zu entkommen. Es gab nichts, wohin er hätte fliehen können. Er würde sterben.

Plötzlich schien er den Boden unter den Füßen zu verlieren. Doch diesmal kam es nicht aus dieser Welt. Es glich einer Art Sog, der ihn fortzureißen drohte, als würde aus allen

Richtungen gleichzeitig an ihm gezogen werden. Der Wald um ihn herum verblasste, und für eine Sekunde wurde alles schwarz. Als er die Augen wieder aufschlug, starrte er an die glatte, weiße Decke des Gamingraums.

Nur ein Spiel, dachte er. *Es ist nur ein Spiel.*

13

Der Aufzug kam mit einem Ruck zum Stehen. Die Türen öffneten sich, und Jess schlurfte auf wackeligen Knien in den Gang hinaus. Tom hatte ihn noch eine Weile zur Beobachtung dabehalten wollen – oder zumindest so lange, bis sein Puls auch in seinem echten Körper wieder zur Ruhe gekommen war. Deswegen waren die anderen Spieler bereits vor ihm in die Mittagspause gegangen. Jess hatte versucht zu protestieren, weil es ihm peinlich war, wie sehr ihn dieser erste *Dive* mitgenommen hatte. Doch Tom hatte keinen Widerspruch geduldet.

Jess sah auf seine Hände hinunter, die in der TVR vollkommen zerschrammt gewesen waren, jetzt jedoch keinen einzigen Kratzer mehr aufwiesen. Es war alles so echt gewesen, so real, dass er vergessen hatte, sich wie in einem Spiel zu verhalten. Das Menü öffnen, eine andere Ausrüstung anlegen, eine Waffe auswählen – irgendwas tun, anstatt blindlings wegzurennen. Jess ärgerte sich über sich selbst. Jaxon wäre das sicher nicht passiert.

Jess beschloss, das Mittagessen zu verschieben und an die frische Luft zu gehen. Als er die Tür zum Innenhof öffnete, stellte er fest, dass es regnete, doch das schreckte ihn nicht ab. Er trat in den Regen hinaus und atmete tief durch. Dann reckte er das Gesicht in den Himmel und schloss die Augen. Er erinnerte sich, wie er sich nach dem Besuch bei Jaxon im Gefängnis gefragt hatte, ob cy.corp das Gefühl der kühlen Tropfen auf seiner Haut ebenso realistisch hinbekam. Heute hatte er seine Antwort erhalten. Sie konnten. Besser, als er jemals für möglich gehalten hätte. Er hatte Durst gehabt! Hatte das Wasser geschmeckt, die sengende Hitze der Sonnen gespürt, den Geruch des Monsters in seinem Nacken gerochen. Das war erschreckend gewesen. Und irgendwie, dachte er, auch verdammt cool.

Nur auf mörderische Riesenspinnen konnte er in Zukunft verzichten.

«Abgefahren, Leute. Einfach nur abgefahren», sagte Dinesh zum wiederholten Male. «So was hab ich noch nie erlebt. Es hat sich wirklich angefühlt, als würde ich fliegen.»

Das Mittagessen war vorbei, und alle zehn Spieler lümmelten auf den Sofas im Aufenthaltsraum und erzählten, was sie in ihrer Welt erlebt hatten, während sie darauf warteten, dass die nächste Gaming-Einheit startete. Alle waren vollkommen aus dem Häuschen darüber, wie realistisch die Erfahrung gewesen war, und alle konnten es kaum erwarten, wieder in die TVR zurückzukehren.

Die U-Boot-Mission von Akio und Chris war friedlich verlaufen und hatte zwischen Pflanzen und Korallenriffen hindurch zu den Ruinen einer versunkenen Stadt geführt, von der beide steif und fest behaupteten, dass es sich um Atlantis handelte. Milo und Liv, die nicht zu den gesprächigsten Zeitgenossen zu gehören schienen, murmelten bloß etwas von *echt krass*, und auch TJ hielt sich bedeckt, grinste jedoch so selbstgefällig, dass Jess vermutete, dass auch er Spaß gehabt hatte – was auch immer das bei TJ bedeutete.

Jess saß zusammen mit Kaya und Rumi auf einem Sofa. Während die anderen darüber diskutierten, was für eine unfassbare Rechenleistung hinter so vielen gleichzeitig betretbaren Welten stecken musste, unterhielten sich die beiden Mädchen über ihre eigenen Erlebnisse.

«Ich hatte beinahe alle Gegner in dem Labyrinth ausgeschaltet, bis mich jemand frontal erwischt hat», sagte Rumi gerade. «Zum Glück hatte ich so einen megagepanzerten Anzug an, aber ich bin bestimmt drei Meter durch die Luft geflogen. Ich sage nur: Autsch.» Sie rieb sich über die linke Schulter, als spüre sie den Schmerz noch immer.

«Immerhin hast du es überlebt», erwiderte Kaya. «Ich bin an einer Felswand hochgeklettert und hab den Halt verloren. Das ging bestimmt dreißig Meter runter.»

«Und?», hakte Rumi nach.

Kaya zuckte mit den Schultern. «Klassisches *Game Over*. Hab zum Glück nichts gespürt, aber ich wurde ausgeloggt. Und danach hat Tom mich nicht mehr reingelassen. Er meinte, das wär erst mal genug für den Anfang.»

Rumi legte den Kopf schief und sah Kaya nachdenklich an. «Darf ich dich was Persönliches fragen?»

«Klar. Ob ich antworte, überlege ich mir dann noch.»

Rumi deutete auf Kayas Prothese. «Unsere Avatare sind alles detailgetreue Scans von uns selbst. Aber dein Avatar hat zwei normale Beine. Wolltest du das so?»

Kaya sah Rumi mit großen Augen an. «Würdest du das nicht wollen?»

«Vermutlich schon.» Rumi kratzte sich verlegen am Kopf. «Fühlt es sich anders an? Wieder zwei Beine zu haben?»

Kaya lächelte. «Es fühlt sich normal an. Als wäre es nie anders gewesen.»

Rumi erwiderte Kayas Lächeln. «Das ist ziemlich cool.»

Dann wandte sie sich plötzlich zu Jess um. «Was war eigentlich hinter deiner Tür? Hat sich das lange Überlegen gelohnt?»

«Ja, war cool.» Jess versuchte es wieder mit der Strategie der einsilbigen Antworten, doch dieses Mal ließ Rumi ihn nicht so schnell vom Haken.

«Jetzt komm schon», drängte sie.

Jess schluckte. «Ich …», stammelte er und wurde rot. «Also … ich war in einer Welt mit zwei Sonnen. Weil es so heiß war, bin ich in einen Wald gegangen, und da bin ich dann einem riesigen Reittier begegnet, das von einer Spinne getötet wurde. Danach hatte sie es dann auf mich abgesehen.»

«Und?», hakte Rumi nach. «Hast du die Spinne gekillt?»

«Ähm … ich … wusste nicht, wie. Es sah alles so echt aus, da bin ich in Panik geraten und weggelaufen. Offenbar … bin ich ohne meine Controller aufgeschmissen», versuchte er zu retten, was nicht mehr zu retten war.

Kaya und Rumi musterten ihn stirnrunzelnd, als könnten sie nicht glauben, dass ausgerechnet Prometheus sich so dämlich angestellt hatte. Jess spürte, wie sein Gesicht zu glühen begann. Gleichzeitig ärgerte er sich über sich selbst. Wenn er unter Stress stand, traf er grundsätzlich die falschen Entscheidungen, und anstatt einen kühlen Kopf zu bewahren, setzte der Fluchtinstinkt ein. Das nervte ihn schon lange – und es würde ihn in diesem Spiel vermutlich auch nicht weit bringen.

«Ich schätze, wir müssen uns alle erst mal an den *Full Dive* gewöhnen», sagte Rumi in betont beiläufigem Tonfall.

«Total», stimmte Kaya ihr zu. «Ich hab mich ja auch nicht gerade mit Ruhm bekleckert.»

Zu Jess' Erleichterung verfolgten sie das Thema nicht weiter, sondern wandten ihre Aufmerksamkeit den anderen zu, die sich immer noch über den Early Access im Allgemeinen unterhielten.

«Können Miller und die anderen eigentlich sehen, was uns in der TVR passiert?», fragte Sasha gerade.

«Zum Teil», sagte Chris. «Ich hab Tom nach dem Ausloggen dasselbe gefragt. Es gibt einen Kontrollraum, von dem aus man jeden *Dive* mitverfolgen kann, genau wie auf Toms Monitor im Gamingraum. Dort kann man anhand von Charts und Protokollen sehen, wo sich die einzelnen Spieler aufhalten, welchen Spielfortschritt sie haben, welche Items im Menü liegen und so weiter.»

«Heißt das, sie beobachten uns die ganze Zeit?», fragte Akio.

Chris zuckte mit den Schultern. «Klar. Schließlich wollen sie mitkriegen, was wir in ihrem Spiel anstellen. Aber wie gesagt, das ist alles in Code und Tabellenform, sie sehen es nicht wie an einem Fernseher oder so.»

«Ist euch eigentlich aufgefallen, wie unbeteiligt Lucius Wagner heute ausgesehen hat?», fragte Sasha. «Fast so, als interessiere ihn das Ganze gar nicht.»

«Tut es vermutlich auch nicht», entgegnete Chris.

«Warum? Es geht doch um seine eigene Entwicklung.»

«Ich glaube, dass Wagner diesen Early Access nur als notwendiges Übel betrachtet, damit das Spiel nicht mit irgendwelchen fetten Bugs auf den Markt kommt. Ich hab ein bisschen über cy.corp recherchiert. Wagner ist in der Spielebranche, weil er das große Geld wittert, nicht, weil er eine besondere Leidenschaft dafür hat. Alles Kreative stammt von Ilana Saray. Sie war eine geniale Entwicklerin und Programmiererin. Was wir heute erlebt haben, ist ihr Werk.»

«Ist sie nicht vor einem halben Jahr an Leukämie gestorben?», fragte Kaya.

«Ja», bestätigte Chris. «Sie wusste, dass sie stirbt, hat aber trotzdem bis zum Schluss weiter an dem Spiel gearbeitet. Es war ihr Baby, sozusagen. Wagner dagegen hat mal in einem Interview zugegeben, dass er mit virtuellen Realitäten nicht viel anfangen kann, sondern lieber in der echten Welt lebt. Er sieht das Ganze bloß als gute Geschäftsidee.»

«Ich hab mal eine Demo von Saray gespielt, von einem Open-World-Game, das sie für eine Convention entwickelt hatte», warf Dinesh ein. «Damals kannte sie noch kaum jemand. Aber es war so dermaßen genial, was sie da abgeliefert hat. Als ich hörte, dass sie die Entwicklerin hinter cy.corp ist, habe ich mich derbe gefreut. Und der *Dive* heute hat meine Erwartungen noch um ein Vielfaches übertroffen. Das wird der Hammer, Leute. Ich schwör's euch.»

Um Punkt drei Uhr sollte der nächste *Dive* für sie freigeschaltet werden, und bereits fünf Minuten vor drei fanden sich alle im Gamingraum ein. Obwohl es keine festen Plätze gab, legten sich alle wieder auf die Sessel, die sie auch am Morgen eingenommen hatten, setzten ihre Datenhelme auf und warteten darauf, dass die Anzeige im Panel ihrer Armlehne von *signal found* zu *connect* wechselte.

Stephen Miller war dieses Mal allein da. «Heute Nachmittag werdet ihr euren Avatar erstellen», sagte er. «Lasst euch ruhig Zeit damit – es gibt eine Menge Entscheidungen zu treffen, die ihr später nicht mehr rückgängig machen könnt. Im Laufe des Spiels werdet ihr natürlich weitere Fähigkeiten erwerben, aber die Eigenschaften, mit denen ihr startet, bestimmen ganz wesentlich, wie euer individueller Spielverlauf aussieht.» Er gab Tom ein Zeichen, bevor er sich wieder den Spielern zuwandte. «Ihr werdet gleich bereits einen Teil des Hauptmenüs zu sehen bekommen. Das eigentliche Spiel könnt ihr allerdings noch nicht betreten. Und jetzt – viel Spaß.»

Auf den Bedienfeldern erschien das Wort *connect*, und es dauerte keine drei Sekunden, bis alle zehn Spieler eingeloggt waren.

14

Jess sah sich um. Er befand sich in einem Raum, der eine entfernte Ähnlichkeit mit dem Menü von heute Vormittag besaß. Doch statt des modernen, schlichten Designs bestand dieses hier aus grob gehauenen Steinwänden, abgewetzten Holzregalen und einem Tisch, die allesamt leer waren. Fackeln tauchten den Raum in ein gemütliches Licht. Jess trat an die hüfthohe Steinsäule in der Mitte des Raumes, und auch hier waren die Entwickler dem neuen Motto treu geblieben. Wo sich in dem Menü am Vormittag moderne Touchscreens befunden hatten, gab es hier zwei Steinquader, in die die Worte *Menü verlassen* und *Ausloggen* geritzt waren. Probeweise drückte er auf den Quader *Menü verlassen*, um vielleicht doch schon einen ersten Blick auf die Spielewelt zu erhaschen, doch wie von Miller angekündigt tat sich nichts.

Ein wenig ratlos blickte Jess sich um. Der Raum war vollkommen leer, und er hatte keine Ahnung, was er nun tun sollte. Plötzlich entdeckte er eine Falltür im Boden, die ihm vorher noch nicht aufgefallen war. Sie bestand aus dicken, grob zusammengezimmerten Holzbalken und sah aus, als wöge sie mindestens eine Tonne. Jess zog an dem eisernen Ring, der an einem Ende befestigt war, und mit einem Ächzen und Quietschen öffnete sich die Klappe. Eine Leiter führte hinab in die Finsternis, und Jess glaubte, ein schwaches, orangefarbenes Flackern in der Tiefe auszumachen. Seufzend machte er sich an den Abstieg.

Die Leiter endete in einem gewölbeartigen Gang. Auch hier hingen unzählige, flackernde Fackeln an den Wänden und ließen seinen Schatten über die Steinwände zucken. Langsam schritt Jess den Gang entlang, bis er eine schwere, eisenbeschlagene Holztür erreichte. Er lauschte, ob auf der anderen Seite irgendwelche Geräusche zu hören waren, doch es blieb alles still. Vorsichtig schob er den verrosteten Riegel zur Seite und öffnete die Tür.

Er blickte in eine runde, fensterlose Halle. Am gegenüberliegenden Ende befand sich ein Kamin, in dem ein munteres Feuer prasselte; davor standen ein mit rotem Samt bezogener Sessel und ein Stehpult. Ansonsten war die Halle leer. Zögernd trat er über die Schwelle.

«Da seid Ihr ja endlich!» Jess zuckte zusammen und sah sich suchend nach der Stimme um. Ein Wandbehang neben dem Kamin wölbte sich zur Seite; ein Wesen tauchte dahinter auf und wuselte auf ihn zu. Es war höchstens halb so groß wie Jess. Seine Haut war grau und voller ledriger Falten, seine Ohren lang und spitz, die grünen Augen kugelrund. Es musste sich um einen Gnom oder etwas in der Art handeln. Umso deplatzierter wirkte der schwarze Anzug, den das Wesen trug.

«Ich warte hier schon seit einer Ewigkeit auf Euch», beschwerte sich der Gnom. Er kam vor Jess zum Stehen und machte eine hastige Verbeugung, bevor er fortfuhr. «Binx, zu Euren Diensten. Herzlich willkommen in der Halle der Verwandlung. Wo wart Ihr denn so lange?» Ohne eine Antwort abzuwarten, schob er Jess in Richtung Kamin. «Wir haben eine Menge Arbeit vor uns. Trödeln ist wirklich das Letzte, was wir jetzt gebrauchen können. Setzt Euch, setzt Euch. Tee?»

Jess setzte sich auf den Sessel, der wider Erwarten schrecklich unbequem war. Dann sah er den Gnom verwirrt an. «Tee?», fragte er wenig geistreich.

Binx verdrehte die Augen. «Tee. Heißes Wasser, Kräuter, schmeckt scheußlich, wenn Ihr mich fragt. Ich biete es nur aus reiner Höflichkeit an.» Er sah ihn auffordernd an. «Na?»

Jess zögerte kurz. Ob es für das Spiel irgendwie relevant war, den Tee zu trinken? Vielleicht löste es irgendeine Reaktion des Gnoms aus, wenn er ablehnte; vielleicht stärkte oder schwächte es seine Spielfigur. Vielleicht machte er sich aber auch nur zu viele Gedanken. Er schüttelte den Kopf. «Nein dan...»

«Schön, schön, dann können wir ja anfangen.» Binx wuselte zu einem weiteren Wandbehang, schob ihn achtlos zur Seite und zog einen Bollerwagen daraus hervor, der über und über mit Pergamentrollen beladen war. Mit eiernden Rädern kam der Wagen neben Jess zum Stehen.

«Ähm ... womit anfangen?», fragte Jess zaghaft.

«Mit dem Erstellen Eurer Spielfigur natürlich», rief der Gnom und deutete theatralisch auf Jess. «So, wie Ihr ausseht, kommt Ihr ja keine zehn Meter weit.»

Er begann, in den Pergamentrollen zu wühlen, und Jess nutzte die Gelegenheit, um unauffällig an sich herabzusehen. Er hatte wieder die gleichen, schlichten schwarzen Klamotten an wie am Vormittag. Etwas unspektakulär, keine Frage, aber *so* schrecklich nun auch wieder nicht. «Also suche ich mir neue Kleider aus?», fragte er. «Und ... eine Waffe?»

Der Gnom war inzwischen mit dem gesamten Oberkörper in den Rollen verschwunden. Ruckartig tauchte er nun daraus hervor, wobei einige der Rollen zu Boden fielen. «Waffe?!», fragte er und schnaubte verächtlich. «Typisch. Immer das Gleiche. Alle denken nur an die Waffen. Wollen aufs Pferd aufsteigen, wenn es noch nicht mal geputzt ist.» Er sah sich nach den herabgefallenen Rollen um und rang die Hände. «Herrje, so ein Schlamassel. Es sind einfach zu viele. Das sage ich jedes Mal. Aber auf mich hört ja keiner.» Mit ärgerlichem Gebrummel sammelte er die Rollen wieder ein und warf sie achtlos zurück auf den Wagen. Dann zog er an verschiedenen Stellen andere Rollen heraus und drückte sie Jess in die Hand.

«Fangen wir mit den Grundlagen an. Dem Volk.»

«Dem Volk?» Jess sah den Gnom verwirrt an.

«Volk, Ethnie, Geschlecht, nennt es, wie Ihr wollt», entgegnete Binx und deutete ungeduldig auf die Rollen. «Da drin steht alles, was Ihr über die verschiedenen Völker wissen müsst. Genug auf jeden Fall, um eine vernünftige Entscheidung zu treffen. Los, los, nun fangt schon an. Wir haben noch eine Menge Arbeit vor uns.»

Jess entrollte das erste Pergament, das buchstäblich mehrere Meter lang war. «Bergvolk», las er die Überschrift laut vor. «Ein Volk, das einst in den Bergen von Col'Valar beheimatet war. Das raue Klima und die spärlichen Nahrungsvorkommen haben die Angehörigen des Bergvolks zu zähen Überlebenskünstlern gemacht. Gestählt von Jahrhunderten in kargen …»

«Hähäm.»

Jess wurde von dem aufdringlichen Räuspern des Gnoms unterbrochen und schaute von dem Pergament auf.

«Würde es Euch etwas ausmachen, leise zu lesen?», fragte Binx mit sauertöpfischer Miene. «Ich habe keine Lust, mir das ganze Zeug jedes Mal aufs Neue anzuhören.»

«Jedes Mal?», fragte Jess. «Soweit ich weiß, bin ich der Erste, der …»

Binx winkte ärgerlich ab. «Ja, ja, schon gut. Lest einfach leise, okay? Geht auch schneller, als wenn Ihr alles laut vor Euch hinbrabbelt.»

Jess verzog das Gesicht. Er war sich noch nicht ganz sicher, ob er die Art des Gnoms witzig oder unverschämt finden sollte. Aber er beschloss, sich nicht zu beschweren, und las stumm weiter. In den folgenden Absätzen lernte er die Eigenschaften des Bergvolks kennen: Aufgrund ihres gedrungenen, muskulösen Körperbaus waren sie nicht besonders schnell, verfügten aber über eine hervorragende Ausdauer. Sie scheuten keine Auseinandersetzung und hatten eine überdurchschnittlich hohe Widerstandskraft bei gegnerischen Treffern. Besonders gut konnten sie mit Schlagwaffen wie Schwertern oder Lanzen umgehen, und zu ihrer hervorstechendsten Eigenschaft gehörte ihr aufbrausendes Temperament.

Das Pergament erörterte im Folgenden detailliert die historische und geografische Entwicklung des Volkes und listete den Werdegang einiger hochrangiger Familien auf. Jess überflog ein paar Absätze, konnte jedoch irgendwann nicht mehr folgen, so viele Informationen prasselten auf ihn ein. Und angesichts des Gnoms, der neben dem Wagen mit den Pergamentrollen stand und unruhig mit dem Fuß auf den Boden tippte, verzichtete er schließlich darauf, sich alles bis ins Detail durchzulesen. Das Nötigste wusste er. Nun war er gespannt, welche Völker es noch zur Auswahl gab.

Er entrollte das nächste Pergament. «Waldläufer», murmelte er vor sich hin, was bei Binx ein nervöses Zucken des linken Ohrs zur Folge hatte. Stumm las er weiter. Die Waldläufer waren etwas größer als das Bergvolk und deutlich schneller und wendiger. Sie konnten gut mit Tieren umgehen und waren hervorragende Fährtenleser. Auch sie gingen keinem Kampf aus dem Weg, nutzten dafür jedoch lieber Schusswaffen wie Pfeil und Bogen oder Schleudern. Im Gegensatz zum Bergvolk waren sie weniger impulsiv, dafür aber ausgesprochen hartnäckig, wenn sie sich etwas in den Kopf gesetzt hatten.

Als Jess die Überschrift auf der nächsten Rolle las, kribbelte es plötzlich in seinem Magen. *Lichtelf* stand dort in geschwungener Schrift. Es gab also Magie in diesem Spiel. Zu seiner eigenen Überraschung merkte er, wie ihn die Vorstellung elektrisierte. Und es war schon nach ein paar Sätzen klar, dass es ein vollkommen anderes Erlebnis sein würde, einen Elfen zu spielen als einen Menschen.

Die Lichtelfen waren hochgewachsen, schlank und hatten schlitzförmige, goldfarbene Augen. Ihre Magie benutzten sie meist zur Verteidigung oder Entwaffnung der Gegner. Sie besaßen eine hervorragende Regeneration und ein beinahe fotografisches Gedächtnis. Sie versuchten, Kämpfe so weit wie möglich zu vermeiden, und setzten ihre Magie meist dazu ein, den Gegner zu entwaffnen. Darüber hinaus genossen sie jede Art von Aufmerksamkeit, die sie aufgrund ihrer außergewöhnlichen Fähigkeiten und ihres ätherischen Aussehens bekamen, und standen gern im Mittelpunkt des Geschehens.

Die letzte Pergamentrolle beschrieb das Volk der Schattenelfen. Sie waren etwas kleiner und nicht so feingliedrig wie die Lichtelfen, aber immer noch schlank; ihre Augen waren größer als normal, rund und ausnahmslos von dunklem Grün. Ihre Magie diente vornehmlich dem Angriff. Sie besaßen sehr gute Reflexe und konnten im Dunkeln sehen. Und als ob sie ihrem Namen zusätzlich Ehre machen wollten, hielten sie sich lieber in den Schatten auf, machten sich unsichtbar, blieben im Hintergrund.

Jess ließ das Pergament sinken. Mit welchem Volk kam man in einer mittelalterlichen Welt am besten zurecht? Wofür hätte sich Prometheus entschieden? Für den aufbrausenden Kämpfer? Den geschickten Waldläufer? Den ätherischen Lichtelf? Jess wusste es nicht. Aber darauf kam es ja auch gar nicht an, oder? Sein Bruder war nicht hier. Vielleicht wurde es Zeit, dass Jess seine eigenen Entscheidungen traf.

«Ich habe mich entschieden», sagte er laut.

Binx schreckte auf, als wäre er kurz eingenickt. «Wie …? Oh ja, natürlich. Bitte lass es kein Lichtelf sein. Jeder nimmt einen Lichtelf. Dabei sind die immer so schrecklich hochnäsig.» Er trippelte zu Jess und streckte auffordernd die Hand aus.

Jess sah ihn verwirrt an. «Äh … nein. Ich würde gerne einen Schattenelf spielen.»

«Schön, schön, warum nicht.» Binx legte den Kopf schief und musterte ihn, als sähe er ihn gerade zum ersten Mal. «Ja wirklich. Gar nicht schlecht. Passt zu dir. Würdest du mir dann jetzt endlich die Rolle geben?»

«Vom Schattenelf?»

«Natürlich vom Schattenelf, wovon denn sonst?» Binx verdrehte genervt die Augen, und Jess legte rasch die Pergamentrolle in seine immer noch ausgestreckte Hand. Der Gnom nahm sie entgegen, warf sie achtlos ein Stück neben dem Sessel auf den Boden und stopfte die übrigen Rollen wieder in den Wagen zurück.

Jess beobachtete ihn kopfschüttelnd. Er hatte keine Ahnung, was der Gnom da trieb, hielt es aber für ratsam, ihn gar nicht erst danach zu fragen. Außerdem war ihm aufgefallen, dass Binx inzwischen zum *Du* übergegangen war, doch darauf bildete er sich lieber nichts ein. Vermutlich hatte der Gnom einfach keine Lust mehr, jemanden respektvoll zu behandeln, den er in Wahrheit für dumm wie Brot hielt.

Erneut zog Binx zwei Rollen aus dem Wagen hervor. Eine überreichte er Jess, die andere entrollte er auf dem Stehpult. Dann setzte er sich einen Zwickel auf die Nase, tunkte eine Gänsefeder in ein Tintenfass und sah zu Jess. «Ich warte.»

«Worauf denn?»

Wieder verdrehte Binx die Augen. «Fünf Eigenschaften. Du suchst aus, ich schreib auf. Wir können auch gern tauschen, wenn dir das lieber ist.»

«Nein, nein, schon gut», entgegnete Jess hastig und entrollte das Pergament. Es war ähnlich lang wie die Rollen davor und enthielt eine Auflistung unzähliger Fähigkeiten, die von Waffenschmieden und dem Beherrschen der Tiersprache über Pflanzenkunde und Mineralogie bis hin zu Orientierungssinn und Überredungskunst reichten. Jess wusste schon nach wenigen Minuten, dass er es niemals schaffen würde, sich alles durchzulesen. Besonders, da Binx zu einer neuen Strategie übergegangen war und ihn nun unablässig anstarrte, als könne er ihn dadurch zur Eile antreiben.

«Die Fähigkeiten, die ich mir aussuche – die beherrscht meine Spielfigur dann besonders gut?», fragte Jess trotzdem. Immerhin musste er mit dieser Figur die nächsten vier Wochen über klarkommen, da wollte er schon sichergehen, dass … Ruckartig setzte Jess sich auf. Moment mal. Er spielte doch gar keine Figur. Er *war* diese Figur. Bedeutete das, dass er, wenn er sich die Gabe der Astronomie aussuchte, plötzlich sämtliche Sternbilder auswendig kannte?

«Nicht deine Spielfigur, du Dummerchen», sagte Binx seufzend, als hätte er Jess' Gedanken gelesen. «*Du* beherrschst diese Dinge dann. Allerdings darfst du nur fünf Stück auswählen. Also wähle weise. Aber wähle endlich!»

Jess starrte auf das Pergament, und je mehr Fähigkeiten er las, desto mehr schwirrte ihm der Kopf. Wie zum Teufel sollte er sich für nur fünf entscheiden? Die Vorstellung, auf einen Schlag Dinge zu beherrschen, von denen er bisher nicht einmal zu träumen gewagt hatte, war einfach atemberaubend. Plötzlich kam ihm noch ein weiterer Gedanke.

«Beherrsche ich das dann nur hier im Spiel? Oder auch im echten Leben?», fragte er den Gnom.

Binx schnaubte. «Du machst mir Spaß. Woher soll ich denn das wissen?» Dann fügte er etwas weniger schroff hinzu: «Aber ich würde mich nicht allzu sehr darauf verlassen.»

Jess atmete durch. Vielleicht sollte er sich bei seiner Auswahl darauf konzentrieren, was für das Spiel wichtig war und nicht, was er in seinem echten Leben gerne beherrschen würde. So verlockend *Weissagung* oder *Schlagfertigkeit* auch klangen, für das Spiel waren vermutlich andere Eigenschaften geeigneter.

«Heilkunde», sagte er schließlich laut. Die Fähigkeit, Wunden zu heilen, konnte nie schaden, sowohl bei anderen als auch bei sich selbst. «Und Reitkunst.» Er hatte noch nie in seinem Leben auf einem Pferd gesessen und ging davon aus, dass die Tiere zu den üblichen Fortbewegungsmitteln im Mittelalter gehörten.

Die Feder kratzte über das Pergament, während Binx die Begriffe aufschrieb. Jess erwartete, dass der Gnom seine Entscheidungen kommentieren würde, doch erstaunlicherweise schwieg er.

«Dann noch Reaktionsvermögen und … hmm … Treffsicherheit.»

«Nur noch eine», quäkte der Gnom.

Jess ließ den Blick über die unzähligen Wörter schweifen, ohne sich entscheiden zu können. Reparaturkunst? Damit er seine Ausrüstung reparieren konnte, wenn sie mal kaputtging. Oder Pflanzenkunde? Damit er wusste, welche Pflanzen essbar waren, wenn nichts anderes zur Hand war. Oder die Fähigkeit der Überzeugung? Vielleicht konnte er so dem ein oder anderen Zweikampf aus dem Weg gehen. Doch dann fiel sein Blick auf einen weiteren Begriff, und er spürte sofort, dass dies die richtige Entscheidung war.

«Als Letztes nehme ich Menschenkenntnis», sagte er. Für den Bruchteil einer Sekunde bildete er sich ein, so etwas wie Anerkennung auf dem Gesicht des Gnoms aufblitzen zu sehen.

«Gar nicht so dumm, wie er aussieht», murmelte Binx. Dann legte er die Feder beiseite, rollte das Pergament zusammen und warf es zu der anderen Rolle, die bereits auf dem Boden lag.

Als Nächstes drückte Binx ihm ein Pergament in die Hand, das Jess entfernt an einen Modekatalog erinnerte. Verschiedene Hosen, Hemden, Tuniken und Wamse aus Leder, Fell oder Stoff waren darauf aufgezeichnet, aus denen er sich eine Garnitur für den Anfang zusammenstellen sollte. Es handelte sich um schlichte, alltägliche Kleidung, die keinerlei Ähnlichkeit mit Rüstungen oder Kampfanzügen hatte.

«Was glaubst du denn?», brauste Binx auf, als er ihn darauf ansprach. «Dass du die königliche Garderüstung gleich am Anfang bekommst? Nein, nein, mein Freund, bessere Kleidung musst du dir verdienen.»

Jess suchte sich eine schlichte Hose, ein Baumwollhemd und ein ledernes Wams aus, dazu einen Lederbeutel, in dem er seine Items sammeln konnte. Binx beförderte die Rolle zu den anderen auf den Boden, und dann wiederholte sich die Prozedur mit der Auswahl der Waffen. Auch hier gab es nichts wirklich Spektakuläres. Jess entschied sich für einen Dolch und, in einem Anflug von Heiterkeit, erneut für eine Steinschleuder, und wieder landete das Pergament bei den anderen Rollen auf dem Boden.

«So», seufzte Binx und wischte sich über die Stirn, als sei er derjenige, der über den Pergamenten brütete. «Fast geschafft.» Er rollte erneut ein Pergament auf dem Stehpult aus und tauchte die Feder in das Tintenfass. Dann sah er Jess auffordernd an. «Name?»

«Meiner?» Wieder rollte Binx mit den Augen, und Jess konnte es ihm nicht verdenken. Andererseits wäre es durchaus hilfreich, wenn der Gnom ihn mit ein bisschen mehr Informationen versorgen würde. «Jes ... äh, Jax.»

Binx musterte ihn interessiert. «Wie schreibt man das? Mit Bindestrich?»

«Warte», sagte Jess. «Meinst du jetzt meinen echten Namen? Oder den meiner Spielfigur?»

Binx starrte ihn einen Moment lang ausdruckslos an. Dann haute er plötzlich so fest mit der Faust auf das Stehpult, das Tinte aus dem Fass spritzte. «Natürlich meine ich deinen Spielernamen!», brüllte er, und in sein graues Gesicht mischte sich eine Spur Rot. «Wenn du allen Ernstes glaubst, dass ich auch nur eine goldene Pesete auf deinen echten Namen gebe, habe ich in der letzten Stunde eindeutig was falsch gemacht.» Er atmete tief durch, dann murmelte er leise, aber immer noch hörbar zu sich selbst: «Ganz ruhig, mein Lieber, ganz ruhig. Bald bist du den Tölpel los.»

Diesmal musste Jess nicht lange überlegen. Als Name für seine Spielfigur kam eigentlich nur einer infrage. «Prometheus», sagte er, und mit einem erleichterten Seufzer kratzte Binx den Namen auf das Pergament.

«Es ist vollbracht.» Der Gnom warf auch die letzte Rolle auf den Boden, dann trippelte er zu einer Fackel an der Wand, nahm sie aus der Halterung und kehrte zu dem Pergamenthaufen zurück. Als er die Flamme daran hielt, sprang Jess auf. «Was ... was tust du da? Das brennt doch sofort.»

Binx ignorierte ihn und beobachtete, wie das Feuer an den Rollen leckte. Sekunden später loderten helle Flammen auf. Der Gnom nickte zufrieden und brachte die Fackel zurück. Jess starrte währenddessen auf das Feuer am Boden, das sich durch die Pergamentrollen fraß, doch je länger er hineinsah, desto überzeugter war er, dass er es hier nicht mit einem normalen Feuer zu tun hatte. Die Rollen lösten sich in knisternden, goldenen Funken auf, und selbst nachdem sie vollständig verschwunden waren, erlosch das Feuer nicht, sondern prasselte weiter munter vor sich hin.

Binx deutete auf die Flammen. «Stell dich rein», befahl er. Als er Jess' ungläubige Miene sah, fügte er hinzu: «Es tut fast gar nicht weh. Versprochen.»

Jess zögerte. Binx konnte ihn nicht ausstehen. Aber würde er ihm allen Ernstes Höllenqualen zufügen, indem er ihn zum Spaß in ein loderndes Feuer schickte? *Es ist bloß ein Spiel*, ermahnte Jess sich zum wiederholten Male. *Jetzt mach schon.* Er atmete noch einmal tief ein, dann ging er die wenigen Schritte bis zum Feuer und stellte sich mitten hinein.

Die Flammen loderten hell auf, aber sie waren nicht heiß, sondern überraschend kühl auf der Haut. Goldene Funken stoben auf, wirbelten um ihn herum und hüllten ihn bald so vollständig ein, dass die Halle dahinter verschwand. Immer schneller drehten sie sich, und überall dort, wo sie ihn berührten, kribbelten es auf der Haut. Er merkte, wie ihm schwindelig wurde, wie es an ihm zerrte und zog, wie sich seine Haut spannte und seine Eingeweide ein Eigenleben zu entwickeln schienen. Und gerade, als er dachte, dass er auf diese dämliche Show verzichten konnte und endlich von hier wegwollte, erlosch das Feuer.

Binx kam herangetrippelt, baute sich mit in die Hüften gestemmten Händen vor ihm auf und musterte ihn. Dann nickte er zufrieden. «Na bitte. Gar nicht schlecht geworden, muss ich sagen.»

Jess sah an sich herab. Anstatt der schwarzen Hose und dem T-Shirt trug er nun die Kleidung, die er sich vorhin ausgesucht hatte. Doch das war noch nicht alles. Fasziniert betrachtete er seine Hände, die um einiges feingliedriger und dunkler waren als sonst. Er befühlte sein Gesicht, fuhr sich durchs Haar, ging ein paar Schritte. «Abgefahren», hauchte er. Alles fühlte sich ungewohnt an, anders.

Er war wirklich zu jemand anderem geworden. Er war nicht mehr Jess Adams, der Normalo, der nichts auf die Reihe kriegte. Jetzt war er Prometheus, der Schattenelf, der alles daransetzen würde, dieses Spiel zu gewinnen.

15

Ja, ja, ja, du siehst toll aus. Wirklich ganz fantastisch. Und das Laufen klappt jetzt auch viel besser. Aber jetzt ist mal langsam Feierabend hier. Das hat alles wieder schrecklich lange gedauert. Ich verstehe nicht, warum man überhaupt so viele Auswahlmöglichkeiten bekommt. Zwei oder drei Rollen würden doch auch reichen. Aber nein, aber nein, es lebe die Vielfalt oder so. Und ich bin hinterher der Dumme, der alles wieder aufräumen muss.»

Binx brachte den großen, goldgerahmten Spiegel weg, den er hinter einem Wandbehang hervorgefischt und Jess hingehalten hatte. Tatsächlich hatte der Gnom eine erstaunliche Geduld bewiesen, während Jess mehrere Minuten lang ungläubig vor dem Spiegel auf und ab gegangen war. Er sah immer noch aus wie er selbst. Und doch ganz anders. Seine Augen waren runder und dunkelgrün, seine Haare widerspenstiger, und seine Haut hatte einen olivfarbenen Teint angenommen. Er spürte Muskeln unter dem Hemd, wo vorher keine gewesen waren. Alles fühlte sich fremd und gleichzeitig merkwürdig vertraut an.

Immer wieder hatte Jess seinen Körper abgetastet, war erst nah an den Spiegel herangegangen und dann ein paar Schritte weiter weg. Nach einer Weile hatte das linke Ohr des Gnoms wieder zu zucken begonnen, und schließlich war ihm komplett der Kragen geplatzt. Nachdem er nun den Spiegel wieder verstaut hatte, schnappte er sich Jess und schob ihn kurzerhand in Richtung Ausgang.

«So, hier geht's raus», sagte Binx überflüssigerweise und hielt Jess die Tür auf. «Alles Gute, Hals und Beinbruch, so sagt man doch, nicht wahr? Ach ja, ein Danke wäre übrigens nett. Immerhin habe ich mir äußerste Mühe gegeben.»

Jess trat in den Gang hinter der Tür und drehte sich noch einmal um. «Dan...», begann er, doch das Ende des Wortes ging in dem Knall unter, mit dem die Tür von innen zugeschlagen wurde. Jess musste grinsen. Ein höchst seltsamer Bursche, dieser Binx. Aber vielleicht waren Gnome immer so. Schließlich war Binx der erste, dem er persönlich begegnet war.

Er ging den fackelbeschienenen Gang zurück und freute

sich dabei über die ungewohnte Kraft, die in seinen Schritten lag. Dann kletterte er die Leiter hinauf ins Menü und schloss die Falltür hinter sich. Im gleichen Augenblick leuchtete die Klappe auf – und verschwand. Jess sah verwirrt auf den kahlen Boden, dann zuckte er die Achseln und blickte sich um. Die Steinschleuder und der Dolch lagen in einem Regal, ansonsten war der Raum genauso leer wie am Anfang.

Da ihm nichts mehr einfiel, was er noch hätte tun können, ging er zu der Steinsäule in der Mitte. Probehalber berührte er den Quader mit den Worten *Menü verlassen*, doch der Einstieg ins Spiel war immer noch gesperrt. Also wanderten seine Finger zum Quader daneben, der sich tatsächlich mit sanftem Druck ein Stück in die Säule hineindrücken ließ. Eine Sekunde später schlug er im Gamingraum die Augen auf.

Ein wenig benommen nahm Jess den Helm ab und sah sich um. Einige Spieler, darunter Rumi und TJ, hatten den Gamingraum bereits verlassen, andere bastelten offenbar noch länger an ihrem Avatar herum als er.

Tom kam auf ihn zu, doch dieses Mal wirkte er nicht besorgt wie am Vormittag, sondern lächelte ihm zu. «Alles in Ordnung?»

Jess nickte nur und sah dann hinab auf seine Hände, spreizte die Finger, drehte sie hin und her. Sie sahen aus wie immer. Er war wieder er selbst.

«Lass dir Zeit», sagte Tom. «Der Übergang von der virtuellen in die reale Welt ist nicht immer ganz einfach. Besonders am Anfang. Keine Schande, noch ein bisschen liegen zu bleiben.»

«Danke, aber es geht schon», sagte Jess und schwang die Beine vom Sessel. Den kurzen Schwindel, der ihn dabei erfasste, versuchte er, so gut es ging, zu überspielen.

«Wie du willst», meinte Tom achselzuckend. «Falls du Hunger hast – das Abendessen müsste bereits fertig sein.» Dann ging er wieder zurück zu dem Monitor an der Wand, auf dem verschiedene Tabellen und Steckbriefe zu erkennen waren. Das mussten die Informationen über die anderen Spieler sein, die noch in der virtuellen Welt steckten.

Als Jess das Bistro betrat, sah Rumi von ihrem Teller mit dampfenden Spaghetti auf und winkte ihm zu. Er holte sich ebenfalls eine Portion und setzte sich zu ihr.

«Hey», begrüßte sie ihn. «Wie ist es gelaufen?»

«Gut», erwiderte er. «Und bei dir?»

«Gut?» Sie sah ihn belustigt an. «Reden gehört eindeutig nicht zu deinen Stärken, was?»

Jess lächelte. «Es war absolut unglaublich! Besser?»

«Viel besser!»

«Nur der Gnom hätte etwas netter sein können.»

«Binx?» Rumi lachte. «Ja, der war ganz schön unverschämt. Bis ich ihm gedroht habe, ihn bei den Entwicklern zu melden und ihn umprogrammieren zu lassen, bevor das Spiel auf den Markt kommt. Danach war er handzahm.»

«Clever.» Jess nickte beeindruckt. «Und, was hast du genommen?»

Rumi zögerte. «Hmm. Das klingt jetzt bescheuert, weil du es vermutlich ohnehin morgen erfährst, aber – lass dich überraschen.»

«Schon okay.»

Sie unterhielten sich noch eine Weile über dies und das, doch nachdem sie ihre Spaghetti verputzt hatten, verabschiedeten sie sich und verzogen sich auf ihre Zimmer. Jess war trotz der frühen Uhrzeit hundemüde, und Rumi ging es nicht anders.

Jess hatte sich eigentlich vorgenommen, noch einen Film zu gucken, doch als er sich durch die riesige Auswahl klickte, fand er nichts, worauf er wirklich Lust hatte. Er schaltete den Fernseher wieder aus und blickte gedankenversunken an die Decke. Wie gern hätte er mit irgendjemandem über diesen krassen ersten Tag geredet. Mit Yara zum Beispiel. Der Gedanke an seine beste Freundin versetzte ihm einen Stich. Es wäre so cool, sie hier zu haben, alles mit ihr zu bereden, Strategien durchzusprechen, Erfahrungen auszutauschen – genau das, was Yara immer mit ihm hatte machen wollen und wogegen er sich meist erfolgreich gewehrt hatte, weil er ihre Begeisterung für Videospiele schlicht nicht teilte.

Sein Blick fiel auf den kleinen Plastik-Neo, den er auf den Nachttisch gestellt hatte. Er nahm ihn in die Hand und fuhr mit den Fingern über die glatte Oberfläche. Keine Ahnung, warum seinem Bruder diese alberne Figur so wichtig war. Beinahe hätte er sie auch gar nicht mitgenommen, weil sie ihn zu sehr an die Ereignisse im U-Bahn-Tunnel erinnerte. Doch am Abend vor seiner Abfahrt war er unter seinen Schreibtisch gekrabbelt und hatte sie aufgesammelt, als eine Art Zugeständnis an Jaxon.

Wie es seinem Bruder wohl gerade ging? Und was hätte er von all dem gehalten? Welches Volk hätte er gewählt? Welche Fähigkeiten? Wäre er genauso beeindruckt von der *true virtual reality* gewesen, oder hätte er es mit seinem üblichen coolen Lächeln abgetan, frei nach dem Motto: War ja klar, dass es was Großes wird, was regt ihr euch alle so auf?

Jess merkte, wie sich die Wut auf seinen Bruder wieder bemerkbar machte. Das hier war eigentlich Jaxons Revier, seine Bühne, die er sich mit unzähligen Highscores und Let's Plays in der Gamingwelt erarbeitet hatte. Stattdessen hatte er lieber mit einem Haufen anderer Idioten in fremden Computern herumschnüffeln müssen und sich selbst hinter Gitter gebracht. Jess biss sich auf die Lippe, um die Tränen zurückzuhalten. Er wollte nicht weinen. Nicht wegen seines bescheuerten Bruders. Jaxon war nicht hier. Er aber schon. Und er würde einen Weg finden, das Beste daraus zu machen.

Jess stellte Neo zurück auf den Nachttisch und löschte das Licht. Morgen ging es also los. Und auch, wenn ihn dieser Gedanke selbst vermutlich am meisten überraschte: Er freute sich darauf!

TEIL 3

DAS SPIEL BEGINNT

16

Beim Frühstück lag eine Spannung in der Luft, die man beinahe schmecken konnte. Niemand schien wirklich gut geschlafen zu haben, und obwohl Miller sie darauf hingewiesen hatte, ausreichend zu essen, bekam kaum jemand etwas runter. Um kurz vor neun machten sie sich geschlossen auf den Weg zum Gamingraum, wo Tom und Miller sie bereits erwarteten. Jess setzte sich notgedrungen wieder auf den Sessel zwischen TJ und Liv, denn zu seinem Bedauern behielten alle die ursprüngliche Sitzordnung bei.

Als sie ihre Plätze eingenommen hatten, trat Miller in die Mitte. «Bevor wir anfangen, gebe ich euch ein paar letzte Infos zum Spiel. Wie ich gestern bereits sagte, darf nur zwischen 9 und 19 Uhr gespielt werden. Das geschieht zu eurem Schutz – zehn Stunden ohne Essen und Trinken bei ununterbrochener Gehirnaktivität sind eine lange Zeit.» Er deutete auf eine Tür in der Wand hinter ihm, von der Jess sich dunkel erinnerte, dass sie in einen kleinen Aufenthaltsraum führte. «Während der Spielzeiten könnt ihr euch so oft aus- und wieder einloggen, wie ihr wollt. Wer also eine Pause braucht, sich ein bisschen bewegen will oder etwas essen oder trinken möchte, kann sich nebenan einen Snack oder eine Erfrischung holen. Jeder, der sich bis 19 Uhr nicht selbstständig ausgeloggt hat, wird vom Spiel automatisch ausgeloggt, und zwar unabhängig davon, wo er sich gerade befindet. Also behaltet die Zeit im Blick und vergesst nicht, eurem Avatar einen sicheren Platz für die Nacht zu suchen.»

«Bedeutet das, dass es in der Spielwelt immer nur Tag sein wird?», fragte Dinesh.

«Nein.» Miller schüttelte den Kopf. «Das Spiel läuft nicht in Echtzeit ab, sondern etwas schneller. Wenn ihr euch einloggt, ist es 7 Uhr morgens, und wenn ihr euch ausloggt, ein Uhr nachts. So habt ihr genug Gelegenheit, auch bei Nacht zu spielen.»

«Woher wissen wir, wie viel Uhr es ist?», fragte Kaya.

«In eurem Menü befindet sich eine Uhr mit der Echtzeit. Daran könnt ihr euch orientieren.»

«Und was passiert, wenn wir sterben?», fragte Milo.

Miller schmunzelte. «Sterben ist keine schöne Erfahrung. Auch in unserem Spiel nicht. Falls es euch erwischt, werdet ihr ausgeloggt und für 24 Stunden gesperrt. Danach könnt ihr euer Glück noch mal versuchen – vom Anfang des Spiels. Ihr solltet es also besser nicht darauf ankommen lassen.» Miller warf einen Blick in die Runde. «Gibt es sonst noch Fragen?» Als alle den Kopf schüttelten, nickte er zufrieden. «Schön. Eine letzte Sache. Natürlich soll euch das Spiel Spaß machen. Aber vier Wochen sind knapp bemessen für ein Spiel dieser Größenordnung, und wir wollen, dass so viele wie möglich bis ans Ende der Story kommen. Also: Probiert so viel aus, wie ihr wollt. Aber so verlockend es auch manchmal sein mag – verliert nicht zu viel Zeit. Und», fügte er mit einem Zwinkern hinzu, «bleibt am Leben.»

Er trat aus dem Kreis heraus. Alle zogen ihre Datenhelme auf, und obwohl Jess das erst zum dritten Mal machte, kam es ihm fast wie Routine vor. Die krallenartigen Streben schmiegten sich an seinen Kopf, die Noppen drückten kühl auf seine Haut, und er glaubte beinahe zu spüren, wie das ganze Gebilde erwartungsvoll zu summen begann und nur darauf wartete, ihn in eine andere Welt zu katapultieren. Mit einem Mal erwachten die Monitore an den Wänden zum Leben. Sie zeigten alle das gleiche Bild: die Ziffern einer digitalen Uhr. 8:59 Uhr und 02 Sekunden. Jess sah zu, wie die Sekunden beinahe aufreizend langsam verstrichen. 8:59 Uhr und 37 Sekunden. Irgendwann waren es nur noch zehn Sekunden. Noch fünf. Noch eine.

Jetzt.

Jess tippte auf *connect* und schloss instinktiv die Augen. Das sanfte Summen des Helms verwandelte sich in einen Sog, der ihn aus dem Sessel hinaus in eine andere Welt hineinzog. Doch etwas war anders als am Tag zuvor: Sein Körper wurde leicht, fast schwerelos, und als er die Augen öffnete, sah er weiterhin nur undurchdringliches Schwarz. Ein Symbol erschien in der Dunkelheit vor ihm, ein rundes, silbrig schimmerndes Wappen, das sich langsam um sich selbst drehte. Es zeigte zwei gekreuzte Schwerter, und davor den Kopf eines feuerspeienden Drachen. Wie hypnotisiert starrte Jess darauf, verfolgte seine um sich selbst kreisenden Bewegungen, bis es von einem Windhauch erfasst und, zu Staub zerfallend, davongeweht wurde. Die Dunkelheit hob sich wie ein Vorhang und gab den Blick auf weite Wiesen und Felder frei; in der Ferne erhob sich eine schneebedeckte Bergkette. Dann wechselte die Ansicht, zeigte dunkle Wälder, glitzernde Seen, kleine Dörfer, geschäftige Städte und schließlich prächtige Burgen und Schlösser. Jess sah all dies aus der Vogelperspektive, schwebte seltsam körperlos über der Landschaft und folgte den wechselnden Bildern wie in einem Film. Im Hintergrund erklang die Stimme einer Frau.

Cal'Anthor galt einst als das gelobte Land. Es teilte sich in fünf Königreiche, die in Wohlstand und Frieden miteinander lebten. Jedes dieser Reiche wurde von einer Tugend geprägt. Die Weisheit des Wassers im Osten; die Wärme der Sonne im Süden; die Beständigkeit der Sümpfe im Westen; die Kraft der Berge im Norden; und das Reich der Mitte, in dem das Herz von Cal'Anthor schlug: der Quell des Lichts, der das Land vor der Finsternis bewahrte.

Doch wo Licht ist, ist auch Schatten. Einige wenige glaubten, mehr zu verdienen; ihre unbändige Gier nach Reichtum und Macht führte zu einem Krieg, der alles verändern sollte. Leid und Schrecken fielen über das ganze Land. Verrat wurde betrieben, Allianzen wurden geschmiedet, und am Ende verbündeten sich vier Königreiche gegen eines. Das Reich der Mitte war dem Untergang geweiht.

Abrupt wechselten die Bilder. Die Kamera zeigte ein Schlachtfeld, flog mitten hinein, schlängelte sich durch die Reihen der Angreifer, wich Schwerthieben aus, drang tiefer und tiefer in das Kampfgeschehen vor. Jess hörte das Klirren der Waffen; sah in die zu allem entschlossenen Gesichter der Kämpfer; roch den Rauch der abgefeuerten Kanonen.

Dann ein Cut. Plötzlich befanden sie sich in einem Gewölbe tief unter der Erde. Es war von hellem bläulichem Licht erfüllt, und ohne dass Jess hätte sagen können, warum, spürte er, dass dieser Ort heilig war. Mehrere Gestalten in weiten Kutten standen um einen Altar, von dem das Licht auszugehen schien. Sie hatten die Hände erhoben und murmelten fremdländische Worte, die die Luft zum Flimmern brachten.

In ihrer Verzweiflung begingen die Weisen des Reiches ein Sakrileg. Sie missbrauchten den Quell des Lichts und sprachen Worte, die nicht gesprochen werden durften. Sie beschworen die Drachen – und die Drachen kamen, erbarmungslose Kreaturen, die die Armeen der Gegner vernichteten und alles andere dazu.

Wieder flog die Kamera über das Land, doch dieses Mal

zeigte sie keine fruchtbare Idylle, sondern Tod und Zerstörung: brennende Dörfer; ein zersplitterter Wald; halb eingefallene Burgen; und überall Menschen, verletzt, blutverschmiert, mit fassungslosen, von stummem Leid geprägten Gesichtern.

Das Reich der Mitte hatte den Krieg gewonnen; zugleich hatte es alles verloren. Die Drachen ließen sich nicht mehr verbannen. Sie nisteten sich in den verlassenen Burgen und Schlössern ein und töteten jeden, der es wagte, sie zu betreten. Doch das reichte ihnen nicht.

Die Drachen waren Kreaturen der Finsternis. Und so begannen sie, Cal'Anthor zu ihrem Reich zu machen. Sie bannten den Quell des Lichts hinter ein Siegel, und die Macht, die das Königreich erhellt hatte, versiegte. Seitdem zieht sich die Finsternis wie eine dunkle Wolke um das Land zusammen, und alles, was sie bedeckt, verdorrt in den Schatten.

Wieder wechselten die Bilder, dieses Mal zu dem Gewölbe vom Anfang. Das ätherische, blaue Licht war erloschen, und an der Stelle, an der zuvor der Altar gewesen war, befand sich nun eine goldschimmernde Kuppel. Dann zoomte die Kamera aus dem Gewölbe heraus, aus dem Schloss, unter dem es sich befand, aus der Stadt, flog immer höher, bis die Felder und Wiesen und Wälder zu bunten Flecken verschwommen. Bald war ganz Cal'Anthor zu sehen, als würde man von oben auf eine Landkarte blicken. Um die Karte herum war es schwarz, und ganz langsam begann die Dunkelheit, sich von den Rändern in das Innere des Landes hineinzufressen.

Das Bild der immer kleiner werdenden Karte verblasste nach und nach, und erneut senkte sich der dunkle Vorhang über ihn. Ein letztes Mal hörte Jess die Stimme der Erzählerin, und sie war so eindringlich, dass sie in seinem gesamten Körper widerhallte.

Unzählige Helden haben versucht, das Siegel der Drachen zu brechen und Cal'Anthor das Licht zurückzubringen. Niemandem ist es gelungen. Es ist ein gefahrvolles Unterfangen, das Stärke, Mut und Weisheit erfordert. Aber es ist möglich.

Rette Cal'Anthor vor dem Untergang.

Öffne das Siegel der Drachen.

17

Die letzten Worte der Erzählerin waren noch nicht ganz verklungen, als Jess sich plötzlich in einem kleinen, spartanisch eingerichteten Raum wiederfand. Vollkommen erfüllt von der Geschichte, die er gerade gehört hatte, sah er sich um. Ein schmales Bett, ein einfacher Tisch, auf dem eine Schüssel mit Wasser bereitstand, ein Stuhl, unverkleidete Wände aus Holz. Er war allein. Sein Blick fiel auf ein Zeichen oberhalb der Tür: ein Kreis mit einem ineinander verschlungenen S und H. Das Symbol für ein SafeHouse. Offenbar gehörte dieser Raum zu den sicheren Orten, an denen die Avatare gefahrlos die Nacht verbringen konnten. Jess sah an sich herab. Er trug die Kleidung, die er sich am Vortag ausgesucht hatte, und als er einen Blick in die spiegelnde Oberfläche der Waschschüssel warf, blickte ihm das Gesicht eines Schattenelfs entgegen.

Schritte erklangen vor der Tür, gingen an seinem Zimmer vorbei und entfernten sich wieder. Jess trat an das vom Staub ergraute Fenster und sah hinaus. Er befand sich im ersten Stock eines größeren Hauses. Unter ihm erkannte er einen kleinen Stall und einige Reisende, die gerade aufbrachen. Offenbar befand er sich in einer Art Gasthaus.

Wieder ging jemand an seiner Tür vorbei. Jess ging zur Tür

und horchte, bis die Schritte verklungen waren. Dann entriegelte er die Tür und spähte auf einen Flur hinaus. Am Ende des Ganges führte eine Treppe nach unten, wo Geräusche eines Schankraumes zu hören waren. Noch während Jess überlegte, ob er direkt nach unten gehen oder zuvor einen Blick in die anderen Zimmer werfen sollte, die von dem Flur abgingen – schließlich machte man das so in einem Videospiel, hatte Yara ihm einmal erklärt –, öffnete sich die Tür ihm gegenüber, und eine junge Frau trat heraus. Sie hatte die Statur einer Waldläuferin und trug die langen, dunklen Haare zu einem Zopf geflochten, der ihr über die Schulter fiel. Es dauerte einen Moment, bis Jess kapierte, wen er vor sich hatte.

«Oh, hi», sagte er ein wenig befangen.

Rumi lächelte. «Ein Schattenelf also.»

Jess nickte. «Das mit der Magie finde ich spannend. Du nicht?»

«Nee, das ist mir zu abgefahren. Ich mag es lieber bodenständig.» Sie deutete auf die Türen. «Offenbar sind wir alle hier in dem Gasthaus aufgewacht. Hast du die anderen schon gesehen?»

«Nein», erwiderte Jess. «Sind vielleicht schon unten.»

«Dann los.»

Zusammen liefen sie die Treppe hinab, die direkt in den Schankraum mündete. Er war ebenso einfach gehalten wie die Zimmer. An einigen der rustikalen Holztische saßen Gäste, die ihnen jedoch kaum Beachtung schenkten, und hinter einer Theke spülte eine junge Frau Krüge aus. Jess musterte sie verstohlen. Ihm war klar, dass es sich um NPCs handelte, also *non-playable characters*, vom Spiel generierte Figuren. Trotzdem unterschieden sie sich äußerlich in keiner Weise von Rumi oder ihm und sahen vollkommen echt aus.

Eine Tür hinter der Theke öffnete sich, und ein Mann mit

fleckiger Schürze trat daraus hervor, in den Händen zwei Teller mit Eiern und Speck. Als er Rumi und Jess am Fuß der Treppe stehen sah, runzelte er die Stirn.

«Wenn ihr noch Frühstück wollt, setzt euch hin», raunzte er sie an. Dann brachte er die Teller an einen Tisch, an dem sich eine größere Gruppe zusammengefunden hatte. Einer der Gäste sah auf und winkte Rumi und Jess zu.

«Hey, da sind ja die anderen», sagte Rumi und zog Jess mit sich.

«Eine Waldläuferin und ein Schattenelf», begrüßte Akio sie grinsend. «Das wird interessant.» Er rückte ein Stück zur Seite, und Jess und Rumi setzten sich zu ihm auf die Bank.

Wie es schien, war jedes Volk vertreten. Liv und Kaya hatten die hochgewachsene, zarte Gestalt von Lichtelfen angenommen; Akio, Sasha, Chris und Dinesh waren Schattenelfen wie er selbst, und Milo war zu einem Waldläufer geworden. Einzig TJ hatte sich für das Bergvolk entschieden, was seine ohnehin schon kräftige Gestalt noch massiger und grobschlächtiger wirken ließ.

Die anderen waren gerade dabei, sich über das üppige Frühstück herzumachen, und kurz darauf tauchte der Wirt wieder auf und knallte auch vor Rumi und Jess einen Teller mit Eiern, Speck und einer dicken Scheibe Bauernbrot auf den Tisch. Dann eilte er wortlos zur Theke zurück.

Jess sah die anderen unsicher an. «Müssen wir das bezahlen? Ich hab nämlich kein Geld.»

«Keine Sorge», sagte Kaya. «Hier bezahlt man Übernachtung und Frühstück im Voraus. Das haben wir offensichtlich gestern Abend schon gemacht. Also – haut rein.»

Jess war fest davon überzeugt, keinen Hunger zu haben. Doch als ihm der Geruch des knusprig gebratenen Specks und des frischen Brotes in die Nase stieg, hatte er plötzlich das Gefühl, seit Tagen nichts gegessen zu haben. Also machte er sich über den Teller her, und es schmeckte fantastisch.

Die junge Frau, die bisher hinter der Theke die Krüge gespült hatte, kam zu ihnen an den Tisch, um abzuräumen. Neugierig musterte sie die Gruppe. «Seid ihr neu hier?», fragte sie schließlich. «Ich habe euch hier in der Gegend noch nie gesehen.»

«Ja», erwiderte Sasha, die ihr am nächsten saß, grinsend. «Kann man so sagen.»

«Ich bin Rina, die Tochter des Wirtes. Herzlich willkommen im *Goldenen Drachen*. Und wenn ihr noch nie hier wart, dann solltet ihr unbedingt die Spezialität unseres Hauses probieren: Kribbelwasser, aus eigener Herstellung.»

«Kribbelwasser?» Sasha blickte sie ungläubig an. «Was ist das?»

«Wasser, das kribbelt, was denn sonst?», erwiderte Rina. «Ein besseres als unseres findet ihr garantiert nirgendwo.»

Sasha zuckte sie mit den Schultern. «Warum nicht? Ich nehm eins.»

«Kommt sofort.»

Kurz darauf kehrte Rina mit einem Steingutbecher wieder, der bis zum Rand mit einer blauen Flüssigkeit gefüllt war. Lächelnd stellte sie es vor Sasha ab. «Bitte schön. Viel Spaß.»

Sasha nahm den Becher in die Hand und schnupperte an seinem Inhalt. Vorsichtig nippte sie daran. Ihre Augen weiteten sich, und sie trank erneut, dieses Mal einen größeren Schluck. Dann lachte sie laut auf.

«Leute, das ist absolut irre. Das müsst ihr unbedingt auch probieren.»

Der Becher machte die Runde, und jeder, der davon trank, schüttelte erst ungläubig den Kopf und fing dann an zu lachen. Auch Jess nahm einen Schluck, und kaum hatte die leicht süßlich schmeckende Flüssigkeit seinen Magen erreicht, begann sein ganzer Körper angenehm zu prickeln.

Als Rina sie darauf hinwies, dass sie noch viele andere Wassersorten im Angebot hatten und die erste Runde ausnahmsweise aufs Haus ging, waren alle sofort Feuer und Flamme. Sie probierten sich durch die verschiedensten Getränke, testeten Eiswasser, das kühlte, und Feuerwasser, das einem den Schweiß auf die Stirn trieb. Kaya trank einen ganzen Becher Kicherwasser auf einmal und musste daraufhin so lachen, dass sie kaum noch Luft bekam. Chris flößte ihr rasch einen Schluck Entspannungswasser ein, was die Wirkung tatsächlich abzumildern schien.

Währenddessen war in dem Gasthaus eine Menge Betrieb. Fast alle Tische waren besetzt, und soweit Jess das aus dem Stimmengewirr heraushören konnte, drehten sich die meisten Gespräche um Feuerwölfe, die in der Nähe gesichtet worden waren und deren Angriff man fürchtete. Reisende kamen und gingen, baten um zusätzlichen Proviant oder suchten nach Weggefährten für die Weiterreise. Kinder und Hunde sprangen zwischen den Tischen herum, und mehr als einmal war das genervte Raunzen des Wirts zu hören, der sich über irgendetwas aufregte. Auch Jess und die anderen bekamen seine schlechte Laune zu spüren, als er sie lautstark dazu aufforderte, den Tisch für zahlende Gäste zu räumen, wenn sie weiterhin nur Wasser bestellten. Kurz darauf erschien Rina wieder an ihrem Tisch, um die leeren Becher einzusammeln.

«Bitte entschuldigt meinen Vater», sagte sie. «Er ist immer ziemlich gestresst, wenn viel los ist. Keine gute Eigenschaft für einen Wirt, wenn ihr mich fragt.»

«Ist hier immer so viel Betrieb?», fragte Rumi. «Oder gibt es irgendetwas Besonderes?»

Rina sah sie erstaunt an. «Ihr seid wirklich nicht von hier, oder? In zwei Wochen findet die Krönung von Prinzessin Thiana statt, und es wird ein großes Fest geben. Sämtliche Händler und Schausteller Cal'Anthors sind auf dem Weg nach Valón, die Hauptstadt und Sitz der Königsfamilie.»

«Ist die Stadt weit von hier?», fragte Dinesh.

«Zu Fuß etwa eine Tagesreise.» Rina hielt kurz inne, dann sah sie sie verschwörerisch an. «Falls ihr ebenfalls nach Valón wollt, wäre es toll, wenn ihr etwas für meinen Onkel mitnehmen könntet. Er fertigt Landkarten an und benötigt dringend neue Pigmente für seine Tinte. Ich stelle sie selbst her, aus Quarzolith, aber ich komme hier nicht weg, um sie ihm zu bringen. Vater hält Zeichnen für Unfug, deswegen würde er mir in einer Zeit wie dieser niemals freigeben, um meinen Onkel zu besuchen.»

Während Rina mit dem vollen Tablett zur Theke zurückging, sah Dinesh die anderen vielsagend an. «Ich glaube, wir haben soeben unsere erste Nebenquest bekommen.»

«Du meinst, wir sollen Boten für die Tussi spielen?» TJ schnaubte. «Sicher nicht.»

«Das ist ja das Schöne an Nebenquests», erwiderte Dinesh achselzuckend. «Man kann sie machen. Muss man aber nicht, um mit der eigentlichen Story voranzukommen.»

«Aber was ist die Story überhaupt?», fragte Sasha. «Welche Aufgabe haben wir? *Öffnet das Siegel der Drachen.* Das ist ziemlich schwammig, findet ihr nicht auch? Was ist das Siegel der Drachen genau? Wo befindet es sich? Und wie genau öffnen wir es?»

«Das finden wir sicher noch heraus», erwiderte Dinesh, und Jess erinnerte sich, dass er Experte für Open-World-Rollenspiele war. «Wir müssen auf entsprechende Hinweise achten, mit den richtigen Leuten sprechen … das ergibt sich dann schon.»

«Und woran erkennen wir die richtigen Leute?», fragte Chris und sah sich vielsagend in dem voll besetzten Raum um.

Ein Knall ließ sie zusammenfahren. Die Tür des Gasthauses flog auf, und im Rahmen erschien eine riesige, breitschultrige Gestalt. Sämtliche Gespräche an den Tischen versiegten.

«Daran», murmelte Dinesh leise, bevor auch er verstummte.

Der Mann betrat den Schankraum mit einer Selbstverständlichkeit, als gehöre der *Goldene Drache* ihm. Er ging zu einem Tisch am Fenster direkt neben ihrem eigenen, an dem bereits ein junges Waldläufer-Pärchen saß, und baute sich vor ihnen auf. «Weg da», herrschte er sie mit tiefer Stimme an, und tatsächlich sprangen die beiden auf, griffen hastig nach ihren Krügen und suchten das Weite. Der Mann setzte sich an den nun freien Tisch und bellte in Richtung Theke: «Ein Bier. Das Gute, nicht die übliche Plörre, die du sonst servierst!»

Langsam kehrten die Gespräche im Raum zurück, aber die ungezwungene Atmosphäre war verschwunden. Verstohlen musterte Jess den Mann. Er war auch unabhängig von seinem herrischen Auftreten eine beeindruckende Erscheinung. Er trug eine schwarze Wildlederhose, schwarze Stiefel, und darüber einen ledernen Harnisch, auf den ein silberner Drache geprägt worden war. Sein Gesicht war von Narben durchzogen, und sein Blick wanderte unentwegt durch den Raum, als wartete er nur darauf, dass jemand Streit mit ihm anfing. Als er den Kopf in Jess' Richtung drehte, wandte er rasch den Blick ab.

Rina servierte dem Mann einen Krug voll schäumendem Bier, und als sie auf dem Rückweg an ihrem Tisch vorbeikam, hielt Rumi sie auf.

«Wer ist das?», flüsterte sie und deutete unauffällig auf den Mann.

«Das ist ein Mitglied der Drachengilde», erwiderte Rina. «Von denen haltet ihr euch besser fern.»

«Drachengilde?» Dinesh horchte auf. «Was ist das?»

Rina schien einen Augenblick zu überlegen, dann sagte sie: «Von denen haltet ihr euch besser fern.»

Rumi runzelte die Stirn. «Aber warum?»

Wieder hielt Rina kurz inne. «Das ist ein Mitglied der Drachengilde.»

Rumi verdrehte die Augen. «Ich verstehe überhaupt nichts mehr. Was ist denn auf einmal los?»

Rinas Gesicht hellte sich auf. «Was hier los ist? Ihr seid wohl nicht von hier. In zwei Wochen findet die Krönung von Prinzessin Thiana statt, und es wird ein großes Fest geben. Sämtliche Händler und Schausteller Cal'Anthors sind auf dem Weg nach Valón, die Hauptstadt und Sitz der Königsfamilie.»

Alle am Tisch starrten Rina an. «Äh …», sagte Sasha, «das sagtest du schon.»

«Ach, wirklich?», erwiderte Rina ungerührt. «Falls ihr ebenfalls nach Valón wollt, wäre es toll, wenn ihr ein Päckchen für meinen Onkel mitnehmen könntet. Er wartet dringend auf neue Pigmente für seine Landkarten. Ich habe sie für ihn hergestellt, aber ich komme hier einfach nicht weg.» Ein Gast rief nach ihr, und Rina wandte sich zum Gehen. «Sagt Bescheid, wenn ihr noch etwas möchtet. Ich muss weiter.»

«Spinn ich?», raunte Chris. «Das ist doch genau der gleiche Text von vorhin, oder?»

«Ich vermute, dass die NPCs nur eine begrenzte Dialogfähigkeit haben», erwiderte Dinesh. «Rinas Aufgabe ist es, auf das Kribbelwasser, die Krönung und die Nebenquest aufmerksam zu machen. Zu allem anderen kann sie nichts sagen, weil es nicht programmiert wurde.»

Jess erschauerte. Dineshs Erklärung ergab Sinn, trotzdem fühlte es sich komisch an, von Rina als einer programmierten Figur zu sprechen.

«Dämliche Tussi», murrte TJ und wandte sich zu dem Mann am Fenster. «Hey», rief er. «Kannst du uns was über die Drachengilde erzählen?»

Der Kopf des Mannes ruckte herum. Seine stechenden Augen hefteten sich auf TJ, und Jess bewunderte TJ insgeheim dafür, dass er unter dem Blick nicht mal zusammenzuckte. «Hast du vor, uns beizutreten?», schnarrte der Mann.

«Das kommt darauf an.»

Der Mann zögerte kurz, dann nickte er. «Wer in die Drachengilde aufgenommen werden will, verpflichtet sich einer ehrenvollen Aufgabe. Wir haben uns geschworen, den Bestien, die unser Reich als Geisel genommen haben, keine Zugeständnisse mehr zu machen. Im Gegenteil – wir suchen nach einer Möglichkeit, die Stärke der Drachen für unsere eigenen Zwecke zu nutzen.»

«Ich wollt sie zähmen?», fragte Akio ungläubig.

Der Mann schnaubte. «Zähmen? Einen Drachen? Du hast wohl nicht verstanden, mit welcher Urgewalt du es hier zu tun hast. Einen Drachen kann man nicht zähmen. Aber wir suchen nach Wegen, sie uns zu unterwerfen, sodass sie unseren Befehlen gehorchen müssen.»

«Aber warum?», fragte Kaya. «Warum sollte jemand, der bei klarem Verstand ist, Drachen in seine Gewalt bringen wollen, die in der Lage sind, ganze Königreiche dem Erdboden gleichzumachen?»

Der Mann lachte, doch es war ein solch kaltes Lachen, dass Jess erneut erschauderte. «Kannst du dir das nicht denken, Kleine? Uns geht es um die Macht, die wir damit in den Händen halten. Der König ist tot, die Prinzessin schwach. Noch steht ganz Cal'Anthor hinter ihr, aber wenn die Finsternis sich wie ein Ring um das Reich gelegt hat und es zu ersticken droht, wird es Aufstände geben. Diese Aufstände gewinnt, wer die stärksten Waffen hat. Und die Drachen sind eine Waffe, der niemand etwas entgegensetzen kann.»

Er nahm einen Schluck von seinem Bier, und als er fortfuhr, troffen seine Worte vor Verachtung und Überheblichkeit. «Die Drachengilde wird die Macht im Reich übernehmen, sobald die Zeit dafür gekommen ist. Das ist nichts für dahergelaufene Abenteurer. Wenn ihr auf billigen Nervenkitzel aus seid, solltet ihr lieber Trolle jagen gehen.»

«Mich interessieren keine Trolle», erwiderte TJ. «Ich will wissen, wie man das Siegel der Drachen brechen kann.»

Der Mann hob erstaunt die Augenbrauen. «Das Siegel der Drachen. Interessant. Wenn es dir ernst ist damit, dann komm nach Dromar. Das ist die Festung unserer Gilde, in der wir uns auf die Unterwerfung der Drachen vorbereiten. Dort werden wir herausfinden, ob du würdig bist, mehr darüber zu erfahren.» Er hob seinen Bierkrug und leerte ihn in einem Zug. Dann warf er ein paar Münzen auf den Tisch und stand auf. Sofort wurden die Gespräche im Raum wieder leiser, auch wenn sie dieses Mal nicht ganz verstummten. Der Mann ging mit schweren Schritten zur Tür, und als sie hinter ihm ins Schloss fiel, schien der gesamte Raum aufzuatmen.

Als TJ sich erhob, blitzten seine Augen vor Erregung. «Also wenn ihr mich fragt, ist klar, was zu tun ist.»

«Wenn du damit die Festung der Drachengilde meinst, dann komme ich mit», sagte Chris.

Zu Jess' Überraschung erhob sich auch Milo, der bisher schweigend am Ende des Tisches gesessen hatte. «Ich auch.»

Sasha, Liv und Dinesh schlossen sich ihnen an. «Die Frage ist nur, wie wir dorthin kommen», warf Sasha ein. «Wir haben keinen Plan, wo sich diese Festung befindet, geschweige denn irgendein Fortbewegungsmittel.»

«Ich habe draußen einen Stall gesehen», sagte Dinesh. «Vielleicht kann man da Pferde kaufen.»

Plötzlich konnte es den meisten nicht mehr schnell genug gehen. Hastig erhoben sie sich und liefen nach draußen, und auch Jess schloss sich der Gruppe an, obwohl ihm die Vorstellung, zur Drachengilde zu reiten, nicht sonderlich behagte.

Auf dem Platz vor dem Gasthaus herrschte genauso viel Betrieb wie im Schankraum. Reisende kurz vor dem Aufbruch mischten sich mit Wanderern und Händlern, die in den frühen Morgenstunden bereits die erste Etappe hinter sich gebracht hatten und nun im *Goldenen Drachen* Rast machten. Einige Kinder liefen zwischen den Reisenden herum und boten Tannenzapfen, getrocknete Kräuter und andere Dinge zum Kauf an, die sie in der Umgebung gesammelt hatten, und ein Stück abseits stand ein Wanderprediger, der den Reisenden den Segen irgendeiner Göttin mit auf den Weg gab, deren Namen Jess nicht verstand. Dinesh entdeckte einen fahrenden Händler, der gerade dabei war, seine Waren auszulegen, und fragte ihn nach einer Karte.

«Eine Karte von ganz Cal'Anthor? Die gibt es nur bei den Kartenmachern in der Stadt», erwiderte der Mann bedauernd. «Manchmal hat der alte Jeldrik auch ein paar im Angebot. Er ist ein fahrender Händler wie ich, aber sein Gebiet ist der Norden. Oder ihr geht zu den Kopisten in den Akademien. Im Austausch gegen ein paar Münzen kopieren sie euch eine Karte. Aber seit sich die Dunkelheit zusammenzieht, ist es schwierig geworden, in die Akademien zu gelangen.»

«Was sind das für Akademien?», fragte Kaya.

«Im Norden liegt die Akademie der Magie», sagte der Händler. «Im Westen befindet sich die Akademie des Kampfes. Und im Osten ist die Akademie des Wissens. Im Austausch gegen ein paar Münzen kopieren sie euch eine Karte. Aber seit sich die Dunkelheit zusammenzieht –»

«Schon gut», unterbrach Sasha ihn. «Können Sie uns vielleicht sagen, wie wir zur Festung der Drachengilde kommen?»

Der Händler zog die Augenbrauen in die Höhe. «Dromar? Die Festung liegt an den Klippen von Sul'Golân, etwa einen Tagesritt von hier entfernt. Aber …» Er sah sich zögernd um, dann beugte er sich vor und fuhr leise fort: «Seid ihr sicher, dass ihr dorthin wollt? Die Drachengilde ist nicht unbedingt … gastfreundlich.»

«Aber sie wissen eine Menge über Drachen, oder?», fragte TJ ungeduldig.

«O ja, wenn es um Drachen geht, findet ihr kaum jemand Besseres.»

«Dann quatsch nicht, Alter. Wo geht es lang?»

Der Händler überging TJs aggressiven Tonfall und deutete auf den Weg, der am Gasthaus vorbeiführte. «Immer dort entlang, in Richtung Westen. Nach etwa drei Stunden passiert ihr eine große Brücke. Dahinter haltet ihr euch links, bis ihr das Meer seht. Dann könnt ihr es eigentlich nicht mehr verfehlen.»

«Na also, geht doch», brummte TJ zufrieden. «Jetzt brauchen wir nur noch ein Pferd.»

Gemeinsam gingen sie zu dem Stall, der sich an der Seite des Gasthauses befand. Wie sich herausstellte, gab es tatsächlich die Möglichkeit, dort Pferde zu kaufen. Doch der Stallmeister stellte direkt klar, dass das keine ganz billige Angelegenheit werden würde.

«Ich habe unterschiedlich schnelle Pferde. Je schneller, desto teurer.» Er deutete in den Stall hinein, in dem sich mehrere Boxen nebeneinander befanden. Ganz links stand ein magerer, struppiger Gaul, und man musste kein Experte sein, um zu erkennen, dass dieses Pferd vermutlich schon mit dem Tragen einer gefüllten Satteltasche an seine Grenzen kam. In der Box daneben stand eine braune Stute, die deutlich besser genährt aussah und gutmütig schnaubte, als sie die vielen Blicke auf sich gerichtet sah. Doch der schwarze Hengst in der Box ganz außen verschlug ihnen allen den Atem. Er hatte glänzendes Fell, trug seinen Kopf stolz erhoben, und unter seiner Flanke spannten sich prächtige Muskeln.

«Für den Hengst bekomme ich 1000 Gulden, für die Stute noch 100.»

«Und für den Klepper ganz links?», fragte Milo.

Der Stallmeister grinste. «Verhandlungssache.»

Milo führte die Geste aus, die das Schnellwahlmenü aufrief. Als er es wieder schloss, hatte er einen Dolch mit hübsch verziertem Griff in der Hand.

«Wie wäre es damit?», fragte er und hielt sie dem Stallmeister hin.

Der Mann nahm den Dolch entgegen, wog ihn in der Hand und fuhr dann prüfend mit dem Daumen über die Klinge. «Einverstanden», sagte er schließlich und streckte Milo die Hand hin, um den Kauf zu besiegeln.

Milo verlor keine Zeit. Er öffnete die Boxentür und zog das Pferd hinaus. «Was ist mit Zaumzeug?», fragte er.

«Kostet extra», erwiderte der Stallmeister.

Milo zuckte nur mit den Schultern und schwang sich auf das ungesattelte Pferd. Dann trabte er an, und ohne einen weiteren Gruß bog er auf den Weg nach Westen ein und war schon bald darauf verschwunden.

«Typisch Speedrunner», murmelte jemand. «Fackelt nicht lang.»

«Ja, und wir stehen jetzt ohne bezahlbares Pferd da», murrte ein anderer.

Der Stallmeister hatte Milos Dolch eingesteckt und sah nun auffordernd in die Runde. «Möchte noch jemand?»

Die Spieler sahen sich unsicher an, aber im Grunde waren sich alle einig, dass sie lieber ihre Waffen behielten, als sie gegen ein altersschwaches Pferd einzutauschen.

«So wie es aussieht, werden wir uns irgendwie Geld besorgen müssen», sagte Dinesh.

TJ lachte auf. «Und auf ein Pferd sparen? Das dauert doch ewig!» Er ging zu einem Balken neben dem Stall, an dem mehrere Pferde von Reisenden festgebunden waren und auf ihre Besitzer warteten. TJ sah sich kurz um, dann trat er zu dem größten und kräftigsten, band es los und schwang sich in den Sattel. «Adios, ihr Waschlappen», rief er ihnen zu und riss sein Pferd herum. «Bis ihr bei der Drachengilde seid, haben sie mich schon längst zu ihrem Anführer gemacht.» Er trat dem Besitzer, der aus dem *Goldenen Drachen* gestürzt kam und TJ aus dem Sattel ziehen wollte, brutal gegen die Brust. Dann rammte er dem Pferd die Absätze in die Flanken und galoppierte davon.

«Hat TJ gerade ein Pferd geklaut?», fragte Chris ungläubig. «Seit wann ist das in Rollenspielen möglich?»

«Ich habe das Gefühl, dass in diesem Spiel *alles* möglich ist», entgegnete Dinesh.

Chris musterte die anderen Pferde, die noch am Balken angebunden waren, und schüttelte den Kopf. «Klauen ist nicht mein Ding. Am Ende hackt mir noch jemand die Hand ab. Ich gehe lieber zu Fuß. Auf dem Weg wird sich schon irgendwas ergeben.»

«Was ist mit dir, Jax?», fragte Sasha unvermittelt. «Kommst du mit zur Drachengilde?»

«Ich … weiß nicht genau», erwiderte Jess. Jaxon hätte bestimmt keine Sekunde gezögert, ebenfalls nach Dromar zu reisen. Vermutlich wäre er TJ sogar zuvorgekommen und hätte selbst das Pferd geklaut. Jess hingegen war der Mann in Schwarz unheimlich gewesen. Irgendetwas sagte ihm, dass es keine gute Idee war, ihm blindlings hinterherzurennen. Und die Vorstellung, sich einer Aufnahmeprüfung zu unterziehen, die von Männern wie ihm geleitet wurde, gefiel ihm noch viel weniger. «Ich glaube», fuhr er schließlich fort, «dass ich nach Valón gehe und das Paket für Rinas Onkel abgebe. Es war die erste Aufgabe, die uns gestellt wurde, und, na ja … es fühlt sich irgendwie richtig an.»

Sasha runzelte die Stirn. «Interessant. Darüber hab ich noch gar nicht nachgedacht.» Sie überlegte kurz, doch dann schüttelte sie den Kopf. «Nein, ich bleib dabei. Ich glaube, dass die Drachengilde momentan unser bester Hinweis ist.»

«Ich komme auch mit», sagte Akio. «Vielleicht ist es am Anfang gar nicht schlecht, wenn wir zusammenbleiben. Nach ein paar Tagen können wir immer noch getrennte Wege gehen.»

Zu dritt machte sich die kleine Gruppe auf den Weg. Liv deutete wortkarg an, dass sie ebenfalls zur Drachengilde wollte, aber lieber alleine unterwegs war. Dinesh und Kaya hingegen beschlossen, nach Osten zu gehen und der Akademie des Wissens einen Besuch abzustatten in der Hoffnung, dort nicht nur eine Karte zu bekommen, sondern auch mehr über die Drachen und das Siegel zu erfahren. Sie verabschiedeten sich voneinander, und Jess sah zu, wie sich die beiden Grüppchen in verschiedene Richtungen auf den Weg machten.

«Ich komme mit dir mit, wenn du nichts dagegen hast.»

Jess drehte sich um. Rumi stand neben ihm und sah ihn lächelnd an.

«Wirklich?»

«Ja. Wir brauchen dringend eine Karte, und Rinas Onkel ist Kartenmacher. Ich finde, das klingt nach einem ziemlich vielversprechenden Hinweis. Außerdem bin ich neugierig darauf, wie es in der Hauptstadt aussieht.»

«Cool.» Mehr fiel Jess nicht ein, aber in Wahrheit freute er sich darüber, dass Rumi ihn begleitete. Zusammen gingen sie zurück in die Schankstube und winkten Rina zu, die gerade mit einem Arm voll leerer Krüge an die Theke zurückkehrte. Als sie ihr mitteilten, dass sie die Farbpigmente bei ihrem Onkel abliefern würden, freute sie sich.

«Das würdet ihr wirklich tun?» Sie stellte die Krüge ab und wischte sich eine Strähne aus dem Gesicht. Dann griff sie in die Tasche ihrer Schürze und zog ein kleines, in braunes Papier eingewickeltes Päckchen hervor. «Das ist wahnsinnig nett von euch, vielen Dank. Mein Onkel hat einen Laden in der Galgengasse. Fragt einfach nach Olias, dann wird man euch den Weg zeigen. Und bitte grüßt ihn ganz herzlich von mir.»

Jess nahm das Päckchen entgegen und steckte es in seinen Lederbeutel, in der Hoffnung, dass es in irgendeinem Regal in seinem Menü wiederauftauchte. Dann verabschiedeten sie sich von Rina und gingen nach draußen. Die Betriebsamkeit hatte sich in den letzten Minuten ein wenig gelegt; die meisten Reisenden waren fort, und auch die fahrenden Händler und die Kinder waren weitergezogen. Nur ein Eselkarren stand noch neben einem Schuppen, in dem Heu und Stroh gelagert wurden. Als Jess hinübersah, versuchte gerade ein alter Mann unter lautem Stöhnen, einen Ballen Heu auf die Ladefläche zu hieven.

«Warten Sie, ich helfe Ihnen», rief Jess.

«Jax … es ist nur ein Spiel», sagte Rumi grinsend. «Und dass da ist kein alter Mann, der Hilfe braucht, sondern ein NPC, programmiert für ein bisschen Hintergrundgeschehen. Wenn du jedem NPC hilfst, dem du begegnest, bist du in drei Jahren noch nicht mit dem Spiel fertig.»

Jess stutzte. Tatsächlich hatte er für einen Moment vergessen, dass er in einem Spiel war. Er wollte sich schon abwenden, als der alte Mann ihn ansprach: «Ich wäre dir wirklich dankbar für deine Hilfe, Junge. Meine alten Knochen schaffen es einfach nicht mehr allein.»

Jess sah Rumi an und grinste. «Du willst doch einen alten NPC nicht seinem Schicksal überlassen, oder? Komm schon, geht auch ganz schnell.»

Rumi verdrehte die Augen, musste dann aber lachen. Gemeinsam gingen sie zu dem alten Mann hinüber, der sich ihnen als Elwin vorstellte, und halfen ihm, den Heuballen auf den Karren zu heben. Am Ende war es doch nicht so einfach, wie Jess geglaubt hatte, und er fragte sich, wie der Alte dies jemals ohne Hilfe hätte schaffen sollen. Aber vielleicht sollte er das auch gar nicht, denn als sie Elwin fragten, ob er ihnen den Weg in die Stadt erklären könnte, deutete er auf die Ladefläche voller Heu und sagte: «Springt auf. Ich muss in die gleiche Richtung. Weil ihr mir geholfen habt, nehme ich euch ein Stück mit.»

Jess sah Rumi vielsagend an, und Rumi hob abwehrend die Hände. «Schon gut. Ich nehme alles zurück. War vielleicht doch keine so dumme Idee, ihm zu helfen.»

Sie kletterten auf den Wagen und machten es sich zwischen dem Heu gemütlich. Elwin schnalzte mit den Zügeln, und mit einem Ruck setzte sich der Karren in Bewegung.

18

Der Eselkarren rumpelte gemächlich über die staubige Straße. Ab und zu kam ihnen jemand entgegen, oder sie wurden von Reisenden zu Pferd überholt, ansonsten zockelten sie allein an friedlich daliegenden Wiesen und Feldern entlang. Jess und Rumi sogen den Duft nach frisch gemähtem Heu ein und sahen hinauf in den blauen Himmel. Es war ein perfekter Sommertag, doch nach wenigen Minuten merkte Jess, dass seine Haut anfing zu spannen und ihm das grelle Licht der Sonne selbst durch seine geschlossenen Lider schmerzhaft in die Augen stach. Das Schicksal eines Schattenelfs, dachte er und zog sich in den Schatten zurück, den die Heuballen warfen.

«Wie funktioniert eigentlich deine Magie?», fragte Rumi nach einer Weile. «Hast du sie schon ausprobiert?»

Ruckartig setzte Jess sich wieder auf. An die Magie hatte er noch gar nicht gedacht. *Die Schattenelfen nutzen ihre Energie hauptsächlich für den Angriff*, hatte auf dem Pergament von Binx gestanden. Schön und gut, aber wie?

«Ähm …», machte er unsicher, «um ehrlich zu sein, habe ich keine Ahnung, was ich tun soll.»

«Hast du bei der Avatar-Erstellung keine Einführung gekriegt? Einen kleinen Exkurs in Magieausübung?»

«Von Binx? Du machst Witze. Der wollte mich so schnell wie möglich wieder loswerden.»

Rumi grinste. «Das wird schon nicht so schwer sein. Probier doch einfach ein bisschen rum.»

Hilflos schaute Jess auf seine Hände. Irgendwie erinnerte ihn die Situation an früher, als er der festen Überzeugung war, einen Bleistift mit der Kraft seiner Gedanken über den Tisch rollen lassen zu können. Er hatte so lange auf den Stift gestarrt, bis ihm die Augen tränten, doch natürlich hatte er sich keinen Millimeter vom Fleck bewegt.

Jess' Blick fiel auf ein Buchenblatt, das von einem der Bäume ins Heu gefallen war. Ein Versuch konnte nicht schaden. Er starrte das gelblich-grüne Blatt an und stellte sich vor, wie irgendein unsichtbarer Magiestrom es in die Luft steigen ließ. Plötzlich fühlte er ein Ziehen in seiner Körpermitte, ganz leicht nur und ungewohnt, aber nicht unangenehm. Er runzelte kurz die Stirn und versuchte, das Gefühl einzuordnen. War das seine Magie? Er starrte wieder auf das Blatt und stellte sich vor, wie es in die Luft schwebte. Das Ziehen in seinem Innern begann zu pulsieren, wurde stärker, flaute wieder ab. Und dann stieg das Blatt tatsächlich in die Luft.

«Wow», rief Rumi begeistert. «Es funktioniert! Wobei ich mir ehrlich gesagt etwas Spektakuläreres erhofft hatte – goldene Funken, ein bisschen Rauch oder so.»

Jess lächelte kurz, dann spürte er wieder dem Ziehen in seinem Innern nach. Je mehr er sich darauf konzentrierte, desto stärker wurde es und desto mehr hatte er das Gefühl, es kontrollieren zu können. Plötzlich dehnte sich das Ziehen aus, strömte in seine Beine und seine Arme, bis es seinen gesamten Körper erfüllte. Schweiß trat ihm auf die Stirn, doch er wollte noch nicht aufhören. Nicht jetzt. Dafür fühlte es sich viel zu gut an.

Intuitiv begann Jess, die Kraft auf das Blatt zu lenken, das nun munter in der Luft auf und ab tanzte. Das Ziehen wurde immer stärker, stemmte sich gegen einen unsichtbaren Widerstand, bis es plötzlich mit voller Wucht aus ihm herausbrach. Das Blatt wirbelte wie von einer Faust getroffen durch die Luft und zerfiel in kleinste Einzelteile, die sich mit dem Staub auf der Straße vermischten.

«Oh.» Rumi sah den Blattkrümeln mit großen Augen hinterher. «Das war schon besser.»

Mit einem erschöpften Seufzen lehnte Jess sich an den

Heuballen. «Wow», hauchte er. «Das war … einfach unglaublich.»

«Wenn du das mit einem Gegner machst anstatt mit einem Blatt, dann ja.»

Mit einem Ruck kam der Wagen zum Stehen. Elwin, der von Jess' Magieversuchen nichts mitbekommen zu haben schien – oder sich zumindest nicht viel daraus machte –, wandte sich zu ihnen um. «Ich muss hier abbiegen. Mein Hof ist nicht weit von hier entfernt.» Er deutete auf einen Seitenweg, der von der Hauptstraße abzweigte. «Um ehrlich zu sein, könnte ich eure Hilfe noch einmal gebrauchen. Beim letzten Sturm ist ein Baum auf den Hühnerstall gefallen und hat ihn komplett zerstört. Seitdem laufen die Hühner frei herum, und wenn ich sie nicht bald einfange, wird der Fuchs sie alle holen. Aber ich bin einfach nicht mehr schnell genug. Natürlich würde ich mich auch erkenntlich zeigen.»

Rumi sah Jess warnend an, und Jess winkte lachend ab. «Keine Angst. Diesmal beiße ich nicht an.»

Sie lehnten Elwins Hühner-Nebenquest höflich ab und bedankten sich noch einmal dafür, dass er sie bis hierhin mitgenommen hatte. Der Alte reagierte gelassen auf ihre Absage. «Wie ihr wollt. Diese Straße führt direkt nach Valón. Aber seht zu, dass ihr auf dem Weg bleibt. Abseits wimmelt es nur so von Banditen, Wegelagerern und anderen Kreaturen.» Er schnalzte wieder mit den Zügeln, woraufhin sich der Esel brav in Bewegung setzte. Kurz darauf war der Karren holpernd hinter einer Biegung verschwunden.

Jess und Rumi machten sich auf den Weg. Die Straße führte schier endlos zwischen fruchtbaren Wiesen und Feldern hindurch. Immer wieder mischte sich auch ein kleines Wäldchen dazwischen, und nach einer Weile sahen sie zwischen den Bäumen eines Tannenhains einen Fluss aufblitzen.

«Lass uns was trinken gehen», sagte Rumi und deutete auf den Fluss. «Wer weiß, wann wir das nächste Mal die Gelegenheit dazu haben.»

Jess nickte. «Gute Idee.»

Sie bogen vom Weg ab und hielten auf den Fluss zu. Im Schatten der Bäume atmete Jess förmlich auf. Seine Haut war gerötet von der Sonne, und er merkte erst jetzt so richtig, wie grell ihm das helle Licht vorgekommen war. Ein Schattenelf war offenbar nicht für Sommertage gemacht.

Das Ufer des Flusses war flach, mit breiten Steinen, die bis weit in die Flussmitte hineinragten. Jess und Rumi knieten sich hin und schöpften das Wasser mit der hohlen Hand, um ihren Durst zu stillen.

«Wir sollten uns möglichst bald eine Flasche oder ein anderes Gefäß besorgen, in dem wir Wasser aufbewahren können», sagte Rumi. «Sonst sind wir immer auf Gasthäuser oder einen Fluss angewiesen, um etwas zu trinken, und wer weiß, wie viele es davon gibt.»

«Die Frage ist nur, wo wir das herbekommen», sagte Jess.

«Vielleicht kann man in der Stadt etwas kaufen.»

«Dafür bräuchten wir erst einmal Geld.»

Plötzlich hörten sie ein Geräusch am gegenüberliegenden Flussufer. Ein Knacken im Unterholz, einige derbe Rufe, das Klirren von Metall.

«Runter», zischte Rumi. Sie gingen hinter einem großen Stein in Deckung und spähten vorsichtig dahinter hervor. Eine Gruppe von acht oder neun Männern in Fellen und zerschlissenen Umhängen brach aus dem Unterholz hervor. Sie trugen Waffen und schwere Säcke mit sich, die sie nun krachend zu Boden fallen ließen. Alle hatten vernarbte, dreckige Gesichter, und selbst auf die Entfernung bestand kein Zweifel, dass man dieser Gruppe besser aus dem Weg ging.

Der schmächtigste von ihnen, den sie sich offenbar als Sklaven hielten, sammelte rasch ein wenig Holz zusammen und entfachte ein Feuer. Der Rest der Bande setzte sich darum. Unter lautem Grölen leerten sie ihre Säcke aus, in denen sich silberne Schalen, Teller, Becher, aber auch kleinere Waffen und erlegte Hasen und Vögel befanden. Offenbar war die Bande gerade von einem Streifzug gekommen und begutachtete nun ihre Beute.

Rumi sah zu Jess und zwinkerte ihm zu. «Na los. Das ist doch wie gemacht für Prometheus, oder?»

Jess sah sie verständnislos an. Dann begriff er. «Du … meinst, wir sollen sie überfallen?»

«Klar. Die haben Essen, Waffen, Gold. Eine bessere Gelegenheit kriegen wir so schnell nicht wieder.»

«Aber … wie sollen wir das denn machen? Wir sind nur zu zweit. Und wir haben keine Waffen. Zumindest keine vernünftigen.»

Rumi verdrehte so kunstvoll die Augen, dass Binx vor Neid erblasst wäre. «Jetzt stell dich nicht so an. Das wird Prometheus ja wohl hinkriegen, oder? Ablenken, weglocken, auseinandertreiben, damit wir nicht gegen alle gleichzeitig kämpfen müssen. Uns fällt schon was ein.» Sie spähte ein Stück den Fluss hinunter und deutete zu einer Stelle, wo sich mehrere flache Steine aneinanderreihten. «Sieh mal, da können wir auf die andere Seite.»

Bevor Jess darüber nachdenken konnte, war Rumi aufgestanden und huschte geduckt davon. Wenn er nicht wie ein totaler Versager dastehen wollte, musste er wohl oder übel hinterher. Er folgte Rumi zu der Stelle, an der die Steine über den Fluss führten. Die Männer waren so in das Aufteilen ihrer Beute versunken, dass sie nicht auf ihre Umgebung achteten, und so kamen sie unbemerkt auf der anderen Seite an. Dann schlichen sie, von Bäumen und Unterholz verborgen, zurück in Richtung Lager. Hinter einem Baumstamm, der breit genug für sie beide war, gingen sie in Deckung.

«Okay», sagte Rumi geschäftsmäßig. «Ich schaue, dass ich unbemerkt auf die andere Seite des Lagers komme. Dann überlege ich mir irgendwas, um sie abzulenken, und du kannst in der Zeit ...»

«Wen haben wir denn da?»

Etwas Spitzes bohrte sich in Jess' Rücken. Sein Herz setzte für einen Schlag aus, bevor es doppelt so schnell weiterschlug. Langsam drehten Rumi und er sich um. Hinter ihnen stand noch ein Wegelagerer, groß, stinkend und mit einem hässlichen Grinsen im Gesicht, das eine Reihe verfaulter Zähne zeigte. Er hielt ein rostiges Schwert auf sie gerichtet, das schon bessere Tage gesehen hatte, doch Jess zweifelte nicht daran, dass es immer noch scharf genug war, um ihm die Kehle durchzuschneiden.

«Ein Schattenelf und eine Waldläuferin», sagte der Mann und lachte gehässig. «Sehr gut. Wir können zwei frische Sklaven gebrauchen.»

Der Gestank, der aus seinem Mund kam, war überwältigend. Während Jess gleichzeitig gegen seine Panik und gegen seine aufkommende Übelkeit ankämpfte, hob Rumi die Hände, um die Menügeste auszuführen. Vermutlich wollte sie eine Waffe auswählen. Doch der Mann kam ihr zuvor. Mit einer blitzschnellen Bewegung führte er das Schwert von Jess' zu Rumis Kehle. «Keine Bewegung», knurrte er. «Oder es war deine letzte.»

Rumi starrte den Mann herausfordernd an, die Hände immer noch erhoben. Die Augen des Mannes blitzten drohend auf, und er verstärkte den Druck auf das Schwert. Die Spitze der Waffe durchdrang die weiche Haut an Rumis Hals, und ein Tropfen Blut quoll heraus.

«Rumi», rief Jess erschrocken. «Bitte!»

«Schon gut.» Rumi ließ die Hände sinken, aber Jess sah ihr an, dass sie darüber alles andere als begeistert war.

Der Mann hingegen nickte zufrieden und deutete mit dem Kopf Richtung Lager. «Los, vorwärts.»

Sie traten hinter dem Baumstamm hervor. Doch kaum hatten sie ein paar Schritte auf das Lager zu gemacht, als plötzlich ein tiefes, lang gezogenes Grollen aus dem Wald erklang. Sie erstarrten mitten in der Bewegung, und auch die Männer am Lagerfeuer hielten im Verteilen ihrer Beute inne. Die Erde erzitterte wie unter dem Schlag eines riesigen Hammers. Noch ein Schlag. Noch einer. Immer schneller folgten die Schläge aufeinander, vermischten sich mit dem Splittern von Holz und einem grauenerregenden Gebrüll.

«Was zum Teufel ist das?», rief Rumi und starrte auf den Waldrand hinter den Männern.

Jess schwante Übles. Ihn erinnerte die Szene an sein erstes Mal in der TVR, und tatsächlich brach kurz darauf eine riesige Kreatur aus dem Wald hervor, nur wenige Meter hinter dem Lager der Männer. Sie war etwa drei Meter groß, so grau wie Stein und das Hässlichste, was Jess je gesehen hatte. Der Kopf war ein unförmiger Klumpen, in dem man nur schwer ausmachen konnte, was Augen, Nase und Mund war. Die Hände waren schaufelartige Pranken, und unter der harten Haut spannten sich dicke Muskelstränge. Dieses Mal zweifelte Jess nicht daran, dass er hier eine echte Bedrohung vor sich hatte.

«Ein Troll!» Der Wegelagerer starrte leichenblass auf das Ungetüm, das auf seine Mitstreiter zustampfte. Mit einem Klirren fiel das rostige Schwert zu Boden, dann drehte sich der Mann auf dem Absatz um und rannte davon.

Die Männer waren aufgesprungen und hatten ihre Waffen gezogen, doch kaum einer kam dazu, sie einzusetzen. Mit einer erstaunlichen Geschwindigkeit packte der Troll einen nach dem anderen und zerquetschte ihn in seiner riesigen Pranke. Anstatt leblos zu Boden zu fallen, verpufften die Männer in einer kleinen Rauchwolke.

Rumi und Jess beobachteten mit einer Mischung aus Faszination und Entsetzen, was sich vor ihren Augen abspielte. Viel zu spät erkannten sie den Fehler, den sie gemacht hatten. Nachdem der Letzte Wegelagerer unter dem Fuß des Ungetüms zerquetscht worden und in Rauch aufgegangen war, sah sich der Troll suchend um. Als sein Blick auf Rumi und Jess fiel, verzog sich sein Mund – oder das, was Jess dafür hielt – zu einem schiefen Lächeln, das zwei Reihen furchterregender Zähne entblößte.

«Oh shit.» Jess erwachte aus seiner Starre und lief zurück in den Wald. Doch nach ein paar Schritten merkte er, dass Rumi ihm nicht folgte, und sah sich gehetzt um. Sie hatte sich in eine Art Angriffsstellung gebracht und musterte den Troll abschätzend.

«Rumi, komm schon. Der ist viel zu stark für uns.»

«Stell dich nicht so an, Jax», erwiderte sie, ohne den Troll aus den Augen zu lassen. «Zu zweit kriegen wie den erledigt.»

Ohne auf seine Reaktion zu warten, lief Rumi los. Dabei bewegte sie sich mit einer Geschmeidigkeit, die Jess noch nie an ihr aufgefallen war. Sie schlug einen Bogen um den Troll, der verwirrt von ihr zu Jess sah und offenbar überlegte, wen von ihnen beiden er zuerst zerquetschen sollte. Als sie das gegenüberliegende Ende des Lagers erreicht hatte, sammelte sie einen Bogen auf, den die Männer erbeutet hatten, spannte einen Pfeil hinein und zielte.

Der Schuss war gut. Der Pfeil schnellte von der Sehne und

traf den Troll dort, wo nach aller Logik das Herz hätte sein müssen. Doch der Pfeil prallte von der Haut ab, als sei sie aus Stein. Rumi zielte abermals, dieses Mal auf den Kopf. Wieder schoss der Pfeil davon und blieb genau zwischen den Augen stecken. Mit einem ärgerlichen Brummen zog der Troll ihn wieder heraus, betrachtete ihn stirnrunzelnd und warf ihn dann achtlos davon.

«Shitshitshit», murmelte Jess und schloss die Augen, als könne er dadurch alles verschwinden lassen. Er spürte, wie Panik in ihm aufstieg. Panik vor dem Troll. Panik vor einem schmerzhaften Tod. Und Panik davor, wie üblich die falsche Entscheidung zu treffen. Er wollte Rumi nicht alleinlassen; aber wenn er sich diesem übermächtigen Gegner stellte, ging er vermutlich schon am ersten Tag *Game Over*. Und danach nahm ihn beim besten Willen niemand mehr ernst. Am wenigsten er selbst.

«Jax!», rief Rumi. Sie versuchte, betont lässig zu klingen, aber in ihre Stimme hatte sich ein angespannter Unterton gemischt. «Ich könnte hier ein bisschen Hilfe gebrauchen.»

Jess öffnete die Augen wieder. Er sah, wie Rumi hektisch nach einer anderen Waffe suchte, ohne dabei den Troll aus den Augen zu lassen, der mit lautem Gestampfe auf sie zukam. Doch dann wurde seine Aufmerksamkeit von etwas anderem abgelenkt. Nur wenige Meter neben ihm befand sich ein Baumstumpf. Er war hohl, und aus seinem Inneren drang ein sanfter, rötlicher Schein. Jess wusste selbst nicht, warum, aber irgendetwas an diesem Leuchten übte eine beinahe magische Anziehungskraft auf ihn aus. Vorsichtig schlich er zu dem Baumstumpf hinüber.

«Jax!!» Diesmal war die Anspannung in Rumis Stimme deutlicher zu hören, gepaart mit einer ordentlichen Portion Ärger. «Jax, verdammt noch mal, was machst du denn da?»

Jess hörte dumpfe Schläge wie von Metall auf Stein, dann ein tiefes Grollen und Rumis Ächzen. Doch er konnte den Blick nicht von dem abwenden, was er im Innern des hohlen Baumes sah. Rot leuchtende Nebelschwaden drehten sich ineinander und um sich selbst und bildeten eine Art Wirbel. Wie von einer unsichtbaren Kraft gesteuert, streckte Jess eine Hand danach aus. Seine Finger berührten die Schwaden, die sich kühl auf seiner Haut anfühlten und gleichzeitig ein seltsames Prickeln auslösten. Plötzlich schossen sie aus dem Baumstumpf hervor, dehnten sich aus, hüllten ihn ein und wirbelten um ihn herum. Dann zogen sie sich wieder zusammen – und drangen in ihn ein, durch die Kleidung, durch jede Pore seiner Haut, bis sein Körper den Nebel vollständig aufgesogen hatte. Das Prickeln, das er gerade an den Fingerspitzen gefühlt hatte, füllte seinen gesamten Körper aus und zog sich dann in seiner Körpermitte zusammen. Jess erinnerte das Gefühl an das Ziehen, mit dem er seine Magie aktiviert hatte, nur war dieses hier um ein Vielfaches stärker. Und mit einem Mal wusste er, was der Wirbel für eine Wirkung hatte. Jetzt musste er es nur noch kontrollieren können.

Er wandte sich um und lief Richtung Lager. Rumi hatte einen Stock gefunden, an den ein Messer gebunden worden war, und hatte es damit irgendwie geschafft, den Beinen des Trolls einige Wunden zuzufügen, was den Troll hingegen nicht groß zu interessieren schien. Er stampfte so fest auf den Boden, dass die bebte und Rumi von den Füßen gerissen wurde. Langsam hob der Troll einen Fuß, um sie darunter zu zerquetschen.

«Jax!!!», rief sie noch einmal, und nun lag pure Verzweiflung in ihrer Stimme.

Jess lief auf die beiden zu. Er spürte, wie das Ziehen und Prickeln stärker wurde und ungeduldig hervorzubrechen versuchte, wie ein Rennpferd kurz vor dem Start. Als er Rumi und den Troll fast erreicht hatte, blieb er stehen und winkte mit beiden Armen. «Hey, du da! Hier drüben!»

Der Troll hielt inne und schaute irritiert zwischen Jess und Rumi hin und her. Das Zögern war alles, was Jess gebraucht hatte. Er wusste immer noch nicht, wie das mit der Magie genau funktionierte, aber sie zog und zerrte inzwischen so heftig an ihm, dass er sie nicht länger zurückhalten konnte. Er versuchte, das Gefühl irgendwie in Richtung Troll zu lenken. Dann ließ er los.

Der Troll explodierte mit einem ohrenbetäubenden Knall. Grüner Schleim spritzte durch die Luft, bevor eine Rauchwolke das unwiederbringliche Ende des Ungetüms verkündete. Einen Augenblick starrten Rumi und Jess entgeistert auf die Stelle, wo der Troll gerade noch gestanden hatte. Dann rappelte Rumi sich auf.

«Was zum Teufel …?», fragte sie und wischte sich Schleim aus dem Gesicht. «Und wie eklig ist bitte *das* hier?»

Auch Jess hatte eine ordentliche Ladung Schleim abbekommen, der nun auf seinen Klamotten klebte. Während er versuchte, sich die zähe, stinkende Masse abzuwischen, spürte er der Magie in seinem Inneren nach. Sie war noch da, pulsierte aber nur noch schwach. «Ich befürchte, das war ich», sagte er entschuldigend. «Aber frag mich bloß nicht, wie ich das gemacht habe. Ich hab da drüben im Baumstamm so eine Art Wirbel gefunden und …» Erst jetzt bemerkte er den entsetzten Blick, den Rumi ihm zuwarf. «Was ist?» Hastig strich er sich einen Schleimpfropfen aus den Haaren. «Ich weiß wirklich nicht, wie …»

«Deine Augen.»

«Was ist mit meinen Augen?»

«Sie sind rot. Deine gesamte Iris hat sich verfärbt.»

Jess runzelte die Stirn. «Rot? Aber …» Er betastete seine Augen, fühlte aber nichts Ungewöhnliches. Dann kam ihm eine Idee. «Der Wirbel war auch rot. Nachdem ich ihn berührt habe, habe ich meine Magie plötzlich viel stärker gespürt als sonst.»

«Ein Wirbel, der die Magie verstärkt?» Rumi trat vorsichtig näher, als befürchtete sie, dass Jess sich doch noch in ein blutrünstiges Monster verwandeln könnte. «Und der einem die Augen rot färbt?»

Jess zuckte mit den Schultern. «Warum nicht?»

«Hm», machte Rumi nachdenklich. Dann sah sie seufzend an ihrer schleimverklebten Kleidung hinab. «Wie auch immer. Danke, dass du diesen Ekeltroll hast platzen lassen. Jetzt müssen wir das Zeug nur irgendwie wieder abbekommen. Ich bezweifle nämlich, dass es hier irgendwo Waschmaschinen gibt.»

Nachdem sie eine Zeit lang vergeblich versucht hatten, sich den Schleim abzuwischen, sprangen sie notgedrungen in voller Montur in den Fluss. Das Wasser war schrecklich kalt, aber es tat seine Wirkung. Als sie zurück ans Ufer kletterten, waren sie zwar tropfnass, aber sauber. Dann sahen sie sich im Lager um und sammelten alles ein, was die Banditen zurückgelassen hatten. Die Ausbeute war so üppig, dass sie sie gut untereinander aufteilen konnten. Sie waren nun im Besitz von Bechern und Tellern, Brot und gegrilltem Fleisch, warmen Fellen, Lederbeuteln voller Münzen und einigen Waffen, die zwar nicht spektakulär waren, aber allemal besser als die, mit denen sie das Spiel begonnen hatten. An der Stelle, an der der Troll zerplatzt war, fanden sie außerdem noch einen Bogen aus elegant geschwungenem, dunkel glänzendem Holz, einen Köcher mit silbernen Pfeilen sowie einen mit Rubinen besetzten Dolch.

«Das sind vermutlich die Belohnungsitems, wenn man den Troll besiegt.» Rumi nahm die Pfeile und den Bogen an sich und schob sie in ihre Tasche; den Dolch gab sie Jess.

Jess zögerte, bevor er ihn einsteckte. «Hättest du … hättest du die Männer wirklich getötet? Ich meine, klar, wir sind in einem Spiel und das sind keine richtigen Banditen, sondern nur irgendein Code auf irgendeinem Server, aber …»

«Ich weiß, was du meinst.» Rumi sah ihn ernst an. «Sie sehen nicht aus wie Computerprogramme. Sondern echt.»

«Ja. Auch, wenn ich es besser weiß – es fühlt sich so an, als würde man wirklich Menschen töten.»

Rumi ließ sich Zeit, bevor sie antwortete. «In einem normalen Videospiel hätte ich vermutlich keine Skrupel. Aber hier … Ehrlich gesagt war ich ziemlich froh darüber, dass der Troll aufgetaucht ist. Auch wenn ich kurz dachte, dass du kalte Füße kriegst und mich im Stich lässt.»

«Ehrlich gesagt, habe ich darüber auch kurz nachgedacht.» Eigentlich hatte es lustig sein sollen, aber selbst in Jess' Ohren klang es erschreckend ernst.

Rumi musterte ihn mit unergründlicher Miene. «Wieder etwas, dass Prometheus nicht besonders ähnlich sieht.»

Jess wandte den Blick ab. «Vielleicht solltest du aufhören, in mir immer nur Prometheus zu sehen», murmelte er.

Rumi schwieg einen Augenblick, dann nickte sie. «Du hast recht. Obwohl wir zu Elfen und Waldläufern geworden sind, können wir uns nicht hinter unseren Spielfiguren verstecken. Vermutlich sind wir in diesem Spiel viel mehr wir selbst als in jedem anderen.» Sie warf einen letzten prüfenden Blick auf die Lagerstätte, dann wandte sie sich um. «Kommst du?»

19

Sie überquerten den Fluss an der gleichen Stelle wie zuvor und gingen nach Süden in Richtung Hauptstadt. Das Rot in Jess' Augen verblasste langsam, gleichzeitig spürte er, wie seine Magie nachließ. Trotzdem versuchte er ab und zu, kleine Stöcke, Blätter oder Steinchen zu bewegen, und mit der Zeit merkte er, wie er diese neue Kraft immer besser kontrollieren konnte.

Entgegen dem Rat von Elwin hielten sie sich ein Stück abseits des Weges, denn sie hatten schnell herausgefunden, dass es dort viel mehr zu entdecken gab. In hohlen Baumstümpfen, unter Steinen und zwischen hohem Gras fanden sie nützliche Items wie kleinere Waffen oder Münzen. In etwas besser getarnten Verstecken stießen sie sogar auf eine Schatztruhe, die ein Paar gefütterter Lederstiefel enthielt. Und in einer Höhle, die sie zufällig entdeckten, weil Jess mit dem Fuß in einer Felsspalte stecken blieb, fanden sie einen weiteren Wirbel, diesmal einen grünen. Nachdem Rumi ihn berührt hatte und er, genau wie bei Jess, vollständig in ihrem Körper verschwunden war, färbten sich ihre Augen grün, und auf einmal hörte und sah sie Dinge, die meilenweit entfernt sein mussten.

«Scheint die Sinne zu verstärken», meinte Rumi und schnüffelte. «Irgendwo kocht jemand Kohl.»

Einmal wurden sie von einem Rudel wolfsähnlicher Wesen mit zwei Köpfen angegriffen, die jedoch das Weite suchten, als Jess eines von ihnen mit einer Lanze erledigte (das mit der Treffsicherheit schien wirklich zu funktionieren), und als sie ein kleines Wäldchen durchquerten, stürzte sich ein Schwarm angriffslustiger Vögel auf sie, die Rumi mit einigen gezielten Treffern vom Himmel holte.

Sie konnten bereits die Dächer von Valón am Horizont erkennen, als sie auf eine kleine Holzhütte stießen. Auf den ersten Blick schien sie nichts Besonderes zu sein, doch dann entdeckte Jess das Zeichen, das über der Tür angebracht worden war.

«Sieh mal. Das Symbol für ein SafeHouse», sagte er und deutete auf den Kreis mit dem geschwungenen S und H. «Lass uns mal reinschauen.»

Sie öffneten die Tür. Das Innere der Hütte war genauso schlicht wie ihr Äußeres: Es gab einen Kamin, zwei Betten, einen Tisch und ein Regal mit einigen Essensvorräten. Alles war sauber, aber sehr einfach.

«Na ja», meinte Rumi. «Ist ja bloß zum Schlafen.»

Sie legten eine kurze Essenspause ein, für die sie sich an den Vorräten im Regal bedienten, dann gingen sie weiter. Da es bereits früher Nachmittag war, beschlossen sie, wieder die Straße zu benutzen, auf der inzwischen deutlich mehr los war als noch am Morgen. Händler, Kaufleute und Bauern strömten in Richtung Stadt, die sich mit ihrer gewaltigen Stadtmauer, den Kirchtürmen und den hohen Zinnen des Schlosses immer deutlicher vor ihnen abzeichnete. Am frühen Abend schließlich erreichten sie die Brücke, hinter der sich das Stadttor befand. Zu beiden Seiten standen Wachen, die die Menschenmenge aufmerksam musterten, doch insgesamt herrschte eine friedliche Atmosphäre.

Rumi wollte gerade die Brücke betreten, als Jess sie zurückhielt. «Schau mal, da drüben.» Er deutete auf eine steinerne Ruine, die ein Stück abseits stand und einst ein Wachhäuschen oder Ähnliches gewesen sein musste. Über dem halb eingefallenen Türbogen prangte ein Symbol, das Jess bekannt vorkam. «Ist das nicht der Drachenkopf, den wir ganz am Anfang des Spiels gesehen haben?»

Rumi runzelte die Stirn. «Stimmt. Das ist bestimmt nicht zufällig dort.»

Sie betraten die Ruine, von der nur noch zwei Wände standen. Selbst das Dach war eingestürzt. Zuerst fiel ihnen nichts Interessanteres auf, bis Jess ein Mosaik im steinernen Boden bemerkte. Es war rund, etwa einen Meter im Durchmesser, und mit Runen und verschlungenen Linien verziert.

«Was ist das?», fragte Rumi und kniete sich daneben. Staub und Erde verdeckten einen Teil der Zeichen, und Rumi wischte darüber, um sie vollständig freizulegen. Als ihre Hand die Runen berührte, leuchteten sie silbrig auf. «Woah», machte Rumi und zog die Hand zurück. «Was war denn das?»

«Das sah aus wie Magie», meinte Jess.

«Aber … ich bin eine Waldläuferin. Ich besitze keine Magie.»

Jess sah auf das Symbol hinab, das aufgehört hatte zu leuchten, kaum dass Rumi die Hand weggezogen hatte. «Vielleicht keine von der Sorte, die man lenken kann.»

Vorsichtig berührte Rumi das Symbol erneut, erst mit den Fingerspitzen, dann mit der ganzen Hand. Wieder glommen die Zeichen auf. Das Leuchten schien aus Rumis Hand in den Stein zu fließen und sich über das gesamte Mosaik auszubreiten, bis es alle Linien ausfüllte. Dann leuchtete das Symbol noch einmal hell auf, bevor es erlosch.

«Okay», machte Rumi und sah Jess fragend an. «Und jetzt?»

«Keine Ahnung.» Jess blickte sich in der Ruine um. «Sah ein bisschen so aus, als hättest du irgendwas aktiviert. Aber frag mich nicht, was.»

Rumi betrachtete das Symbol nachdenklich und fuhr noch einmal über die Runen im Stein, ohne dass etwas geschah. «Aktiviert …», murmelte Rumi. «Vielleicht ist das eine Art Portal? Ein Schnellreiseziel? Damit man jederzeit wieder zur Hauptstadt zurückkehren kann, ohne tagelang das Land durchqueren zu müssen?»

«Möglich.» Jess kniete sich neben Rumi und berührte das Mosaik. Auch aus seiner Hand floss silbriges Licht, das bald das gesamte Symbol ausfüllte, aufleuchtete und wieder erlosch.

Rumi stand auf. «Ich nehme an, dass wir den Zweck im Laufe des Spiels herausfinden. Jetzt sollten wir zusehen, dass wir Rinas Onkel finden. Bevor es dunkel wird.»

Sie verließen die Ruine und reihten sich in den Strom aus Menschen ein, der unablässig durch das Stadttor floss. Der mittelalterliche Eindruck, den Valón von außen machte, bestätigte sich auch innen. Sie befanden sich auf einer breiten, mit Kopfsteinpflaster befestigten Straße, von der enge Gässchen abgingen. Die Häuser waren schmal und niedrig und manche so windschief, dass sie vermutlich umgestürzt wären, wenn sie nicht so dicht nebeneinandergestanden hätten. Jess und Rumi ließen sich von der Menge treiben, vorbei an Gasthäusern, Wäschereien und kleinen Läden, bis sie einen Marktplatz erreichten, auf dem Händler Waren, Vieh und verschiedene Speisen anboten.

Mit großen Augen sahen Jess und Rumi sich um. Sie bestaunten die unbekannten Tiere, die in Käfigen zum Verkauf angeboten wurden, bewunderten einen Stand mit kunstvollen Steinmetzarbeiten, die von Medaillons bis zu steinernen Dolchen reichten, und waren so überwältigt von dem Duft gerösteter Zuckerfichtenzapfen, dass sie eine ihrer erbeuteten Münzen opferten und zwei Portionen kauften – und keinen Bissen davon bereuten.

Sie hatten gerade beschlossen, sich nun endlich auf die Suche nach dem Laden von Rinas Onkel zu machen, als Jess von einer aufgeregten Frau aufgehalten wurde. «Habt ihr ein kleines Mädchen gesehen?», fragte sie verzweifelt. Sie klang vollkommen aufgelöst, und ihre rot geränderten Augen ließen darauf schließen, dass sie geweint hatte. «Meine Tochter, Mella. Vier Jahre, braunes Kleid, zwei blonde Zöpfe.»

«Nein», entgegnete Jess bedauernd, «tut mir leid.»

«O nein.» Die Frau schluchzte auf. «Ich habe sie aus den Augen verloren. Sie liebt es, zwischen den Marktständen herumzulaufen und mir zu entwischen. Normalerweise finde ich sie immer wieder, aber heute ist so viel los … Und niemand hat sie gesehen. Ich weiß gar nicht, was ich tun soll.» Sie sah Jess und Rumi flehend an. «Würdet ihr mir suchen helfen? Ich komme fast um vor Sorge!»

Bevor Jess etwas erwidern konnte, erwiderte Rumi: «Nein, tut uns leid. Wir haben noch etwas Wichtiges zu erledigen.»

Die Frau schluckte schwer, nickte dann aber. «Natürlich. Aber wenn ihr sie sehen solltet, bringt sie in die Münzgasse, das dritte Haus auf der linken Seite. Dort wohnen wir. Ich kann euch gar nicht sagen, wie dankbar ich euch wäre.»

Die Frau warf ihnen noch einen letzten, flehenden Blick zu, dann zwängte sie sich durch die Menge und war kurz darauf verschwunden.

«Ich habe nur ein Wort für dich», sagte Jess, während sie sich nach der Gasse umsahen, in der Rinas Onkel seinen Laden hatte. «Herzlos.»

Rumi grinste. «Ich hab auch eins für dich: Videospiel.»

Vom Marktplatz gingen ein halbes Dutzend kleinerer und größerer Straßen ab, trotzdem hätten sie die Galgengasse beinahe übersehen. Sie war eng, dunkel und menschenleer, als hielte eine unsichtbare Barriere die Marktbesucher davon ab, sie zu betreten. Ihre Schritte hallten von den schmutzigen Wänden wider, und egal, wohin sie sich wandten, roch es feucht und nach Exkrementen. Rina hatten ihnen nicht genau gesagt, in welchem Haus sich der Laden befand, trotzdem erkannten sie ihn auf Anhieb. Über der Tür prangte das Drachensymbol, das sie auch auf der Ruine vor dem Stadttor gesehen hatten.

«Das muss der Laden sein», sagte Rumi und drückte die Klinke hinunter. Doch sie ließ sich nicht öffnen.

«Was wollt ihr hier?», rief eine unfreundliche Stimme von irgendwo über ihnen. Jess und Rumi blickten hoch und sahen eine alte Frau, die aus einem Fenster des gegenüberliegenden Hauses schaute.

«Ist das der Laden von Olias?», fragte Rumi.

«Wenn ihr zu dem wollt, seid ihr zu spät. Kommt morgen wieder.» Die Frau verschwand kurz außer Sicht, tauchte dann mit einem Eimer in den Händen wieder auf und entleerte seinen Inhalt ohne Vorwarnung in die Gasse. Rumi und Jess sprangen erschrocken zur Seite und rümpften die Nase angesichts der bräunlichen Flüssigkeit, die nur langsam im festgestampften Boden versickerte. Mit einem Knall schloss sich das Fenster, und die Frau war verschwunden.

«Nett», kommentierte Rumi. «Ich kann es kaum erwarten, morgen wieder hierherzukommen.»

«Apropos», wandte Jess ein. «Vielleicht sollten wir langsam nach einem Gasthaus suchen? Oder irgendeinem anderen Ort, an dem wir die Nacht verbringen können?»

«Du hast recht. Aber bitte in einer etwas freundlicheren Umgebung. Ich will meinen wundervollen Avatarkörper nicht schon in der ersten Nacht in der übelriechendsten Gasse zurücklassen, die Valón zu bieten hat.»

Jess grinste. «Bitte halte mich nicht für pessimistisch, aber ich befürchte, dass es noch schlimmere Ecken geben wird.»

«Trotzdem», sagte Rumi und wandte sich zum Gehen. «Weg hier.»

Als sie zurück auf dem Marktplatz standen, sahen sie sich

suchend um. «Keine Ahnung, wo wir hier ein SafeHouse finden sollen», sagte Rumi. «Am besten fangen wir in der Gasse links von uns an und arbeiten uns dann systematisch durch.»

«Warte mal», hielt Jess sie auf. «Das Mädchen da, bei dem Stand mit den Kräutern.» Er deutete auf ein kleines Mädchen in einem braunen Kleid, das hinter dem Stand einer alten Kräuterfrau auf einem Hocker saß. Seine beiden blonden Zöpfe wippten bei jeder Bewegung auf und ab. «Sie sieht genauso aus wie das Mädchen, das die Frau gesucht hat.»

Rumi seufzte. «Ach Jax. Du willst doch nicht ernsthaft –»

«Jetzt komm schon», unterbrach Jess sie. «Das dauert garantiert nicht lang.»

Rumi verdrehte die Augen. «Hoffentlich», murrte sie. «Ich habe nämlich keine Lust, wegen dir auf der Straße zu schlafen.»

Sie gingen zu dem Stand der alten Frau, an dem büschelweise getrocknete Kräuter und kleine Leinensäckchen auslagen, die mit duftenden Kräutermischungen gefüllt waren. Rumi nahm eines in die Hand und roch daran.

«Eine Mischung aus Arnika, Beinwell und Ringelblume», sagte die alte Frau. «Eine sehr gute Wahl.»

Rumi runzelte die Stirn. «Wieso?»

«Vermischt mit einem Tropfen Öl oder Wasser ergibt das eine hervorragende Heilpaste», sagte Jess.

«Ähm ...» Rumi sah ihn erstaunt an. «Woher ...?»

Jess war ebenso überrascht wie sie, doch dann fiel es ihm wieder ein. «Heilkunde», erwiderte er. «Eine der Fähigkeiten, die ich ausgewählt habe.»

Rumi wog das Säckchen in der Hand und streckte es dann der alten Frau entgegen. «Wie viel kostet es?»

«Acht Schilling», erwiderte die Verkäuferin. Rumi nickte

zufrieden, erstarrte kurz und hielt gleich darauf die entsprechenden Münzen in der Hand.

Während die beiden Frauen den Kauf abwickelten, wandte sich Jess an das kleine Mädchen, das mit leeren Leinensäckchen spielte. «Hi. Bist du Mella?»

Das Mädchen sah auf. «Ja. Und wer bist du?»

«Ich heiße Prometheus. Deine Mama sucht dich überall.»

«Bist du ein Schattenelf?», fragte Mella ungerührt.

«Ja, bin ich.»

«Ich mag Lichtelfen lieber als Schattenelfen», fuhr Mella fort. «Sie sind wunderschön. So wie die Prinzessin.»

«Magst du die Prinzessin?»

«Natürlich. Alle mögen die Prinzessin.»

«Deine Mama macht sich große Sorgen um dich, weißt du», versuchte Jess es wieder. «Was hältst du davon, wenn wir dich nach Hause bringen?»

«Mama macht sich immer Sorgen», erwiderte Mella. «Dabei kann ich sehr gut auf mich aufpassen.»

«Das glaube ich. Schließlich bist du schon groß.»

«Genau», sagte Mella und grinste. Doch dann zog sie nachdenklich die Augenbrauen zusammen. «Ist Mama böse auf mich?»

«Nein. Nur traurig, weil sie dich nicht wiederfindet.»

«Ich will nicht, dass Mama wegen mir traurig ist.» Seufzend legte sie die leeren Kräutersäckchen zur Seite und hüpfte vom Stuhl. «Also gut. Dann gehe ich eben nach Hause. Kommst du mit? Ich finde den Weg zwar allein, aber du bist nett. Obwohl du ein Schattenelf bist.»

«Gern», sagte Jess und deutete auf Rumi. «Wenn meine Freundin auch mitkommen darf. Und wenn du mir noch etwas über die Prinzessin erzählst.»

Sie folgten Mella über den Marktplatz, der sich inzwischen

deutlich geleert hatte. Die Tavernen, die sich rund um den Platz befanden, waren dafür umso voller. Aus den offenen Türen drang Stimmengewirr und lautes Gläserklirren, und in den meisten Fenstern brannte nun Licht. Doch über keiner Tür entdeckten sie das Zeichen für einen sicheren Ort.

Schon bald hatten sie die Münzgasse erreicht, die einen deutlich freundlicheren Eindruck machte als die Gasse, in der Rinas Onkel seinen Laden hatte. Mella steuerte auf ein großes, hell gestrichenes Fachwerkhaus zu. Sie hatte die Tür noch nicht ganz erreicht, als sie von innen aufgerissen wurde und ihre Mutter hinausstürzte.

«Mella!», rief sie und nahm ihre Tochter in die Arme. «Ich habe mir solche Sorgen um dich gemacht!»

«Das musst du nicht, Mama. Ich kenn mich doch hier aus.»

«Dann solltest du auch wissen, dass es nach Einbruch der Dunkelheit gefährlich ist. Ich will nicht, dass du so spät noch allein unterwegs bist, hörst du?»

«Ich war ja gar nicht allein. Der Schattenelf hat mich begleitet.»

Erst jetzt schien die Frau Jess und Rumi zu bemerken. Sie ließ Mella los, lief auf Jess zu, und kurz befürchtete er, dass sie auch ihn in die Arme nehmen würde. «Ich kann gar nicht sagen, wie dankbar ich euch bin», rief sie und sah mit Tränen in den Augen zwischen Rumi und ihm hin und her. «Bitte sagt mir, wie ich mich erkenntlich zeigen kann.»

«Vielleicht können Sie uns ein Gasthaus für die Nacht empfehlen?», fragte Jess. «Möglichst hier in der Nähe, damit wir noch vor Einbruch der Nacht dort sind.»

«Das kommt überhaupt nicht infrage», rief die Frau. «Ihr könnt selbstverständlich bei uns übernachten.» Sie deutete auf ihr Haus, und in dem Moment sah Jess die ineinander verschlungenen Buchstaben über der Tür: ein S und ein H.

«Okay», murmelte Rumi so leise, dass nur er es hören konnte, «eins zu null für dich.»

«Zwei zu null», erwiderte Jess ebenso leise. «Du vergisst die Sache mit Elwin und dem Esel.»

Sie folgten Mellas Mutter, die sich als Alena vorstellte, ins Haus. Dort wurden sie mit Getränken bewirtet, und kurz darauf stellte Alena einen herrlich duftenden Braten auf den Tisch, der genauso gut schmeckte, wie er roch. Mella plapperte noch eine Weile über ihre Schwärmerei für Prinzessin Thiana und erzählte von einem Loch in der Mauer des Palastes, durch das sie die Prinzessin manchmal bei ihren Spaziergängen durch den königlichen Obstgarten beobachtete. Als sie sich jedoch immer öfter die Augen rieb und schließlich herzhaft gähnte, schickte ihre Mutter sie ins Bett. Auch Jess und Rumi sagten, dass sie gerne schlafen gehen würden, woraufhin Alena sie in ein kleines Gästezimmer unter dem Dach führte, in dem zwei einzelne Betten standen.

«Es ist sehr einfach», sagte Alena entschuldigend, «aber bisher hat hier noch jeder gut geschlafen.»

Nachdem sie das Zimmer verlassen hatte, ließen Jess und Rumi sich auf die Betten sinken.

«Puh», machte Rumi und streckte die Beine aus. «Was für ein erster Tag.»

«Und jetzt loggen wir uns einfach aus?», fragte Jess.

Noch ehe Rumi ihm antworten konnte, spürte er plötzlich einen Sog, der ihn an seinen ersten Testlauf in der TVR erinnerte. Wieder war es, als würde aus allen Richtungen gleichzeitig an ihm gezogen, als würde eine unsichtbare Kraft ihn mit sich reißen wollen. So wie es aussah, hatten sie den Schlafplatz keine Sekunde zu früh erreicht. Der erste Tag war offiziell vorbei, und das Spiel loggte sie automatisch aus.

Als Jess im Gamingraum die Augen aufschlug, musste er sich erst orientieren. Das kaltweiße Licht und die moderne Einrichtung kamen ihm beinahe unwirklich vor, was beachtlich war, da er sich jetzt wieder in der Realität befand. Die Uhren auf den Bildschirmen an der Wand zeigten ein paar Sekunden nach 19 Uhr. Auch alle anderen Spieler waren noch da – jeder schien bis zum letzten Moment eingeloggt geblieben zu sein.

Vorsichtig richtete er sich auf. Sein Körper fühlte sich steif an. Kein Wunder, dachte Jess, schließlich hatte er die letzten zehn Stunden auf dieser Liege verbracht, obwohl er in seinem Kopf beinahe ununterbrochen auf den Beinen gewesen war. Als Nächstes fiel ihm auf, wie durstig er war. Er hatte einen ganz trockenen Mund, und fast im gleichen Augenblick begann sein Magen zu knurren. Sein Avatar hatte zwar fürstlich zu Abend gegessen, er selbst hingehen hatte seit dem Frühstück nichts mehr zu sich genommen.

«Macht langsam, Leute», rief Tom ihnen zu. «Die Umgewöhnung von der TVR dauert am Anfang immer ein bisschen.»

Jess blieb wirklich noch eine Weile auf der Liege sitzen, bis er sich in seinem Körper wieder zu Hause fühlte. Die meisten anderen waren bereits nach oben gegangen. Doch irgendwann wurden sein Hunger und Durst so groß, dass auch er den Weg ins Bistro antrat. Nachdem er zwei Gläser Wasser auf ex getrunken hatte, schaufelte er sich eine Riesenportion Lasagne auf den Teller und sah sich nach Rumi um. Sie saß bei Chris, Kaya, Dinesh und Sasha, die sich angeregt unterhielten. Er setzte sich neben sie.

«Hey», sagte er.

«Hey.» Rumis Stimme klang merkwürdig reserviert.

«Hi, Jax», sagte Dinesh. «Rumi hat gerade erzählt, dass der Laden von Rinas Onkel schon geschlossen hatte. Echt blöd, Mann.»

«Ja», erwiderte Jess, «wir waren ein bisschen spät dran. Wir versuchen es morgen noch mal.»

«Was ist mit euch?», fragte Rumi. «Habt ihr die Akademie gefunden?»

Dinesh seufzte. «Nein. Die ist viel weiter im Osten, als wir gedacht haben. Aber wir sind auf dem Weg an einem Dorf vorbeigekommen, das von ein paar fiesen Typen besetzt war. Die Dorfbewohner haben sich alle in einem unterirdischen Erdkeller versteckt. Kaya und ich haben die Angreifer vertrieben, und zum Dank haben uns die Bewohner zwei richtig gute Pferde geschenkt und eine Menge Proviant und anderes nützliches Zeug mit auf den Weg gegeben. Und», er lächelte Kaya zu, «einen Tipp, was das Siegel der Drachen anbelangt, aber den behalten wir natürlich für uns. Morgen müssten wir die Akademie erreichen, und dann sehen wir, ob es stimmt.»

«Wir haben heute auch einen Hinweis bekommen», sagte Sasha. «Von einem Einsiedler, der in einer Hütte am Fuß der Berge wohnt. Klingt ganz vielversprechend, aber wenn ihr euren nicht verratet, verraten wir unseren auch nicht», sagte sie augenzwinkernd.

«Es lohnt sich, mit ein paar Leuten zu sprechen, selbst wenn manche immer nur das Gleiche sagen», warf Chris ein. «So haben wir auch Jeldrik gefunden, den fahrenden Händler, von dem der Typ am Gasthaus gesprochen hat. Er hat uns tatsächlich Karten verkauft – haben uns beinahe unser letztes Hemd gekostet. Und ich sag euch: Diese Welt ist riesig! Ohne Pferde oder irgendein anderes Fortbewegungsmittel hat man keine Chance.»

«Zum Glück gibt's die Portale», fügte Sasha hinzu und wandte sich an Rumi und Jess. «Habt ihr auch schon welche entdeckt?»

«Meinst du dieses runde Symbol im Boden?», fragte Rumi.

«Kurz vor Valón war eins, in einer Ruine. Aber wir wussten nicht, wozu es gut ist.»

«Am Gasthaus gibt es auch eins», warf Chris ein. «Hinter dem Schweinestall, der an der Straße Richtung Westen steht.»

«Verflixt, das haben wir übersehen.» Rumi seufzte. «Wir sind ja nach Süden gegangen. Und dann kann man die Portale als Schnellreiseziele benutzen?»

«Genau. Funktioniert über die Karte im Menü. Du stellst deine Spielfigur auf ein Portal, und wenn du dich ausloggst, bist du an der Stelle, die du ausgewählt hast.»

«Okay, cool», erwiderte Rumi bloß. Dann aß sie schweigend ihre Lasagne weiter.

«Hey, TJ», rief Dinesh zum anderen Ende des Tisches hinüber, wo TJ alleine saß. «Bist du bis Dromar gekommen?»

«Klar bin ich das», sagte TJ.

«Und? Haben sie dich aufgenommen?»

«Was denkst du denn.» Er grinste. «Wenn ihr weiter so larifari spielt, habt ihr bei der Drachengilde keine Chance. Soll mir recht sein. Je weniger Konkurrenz, desto besser.»

Mit einem Ruck schob Rumi ihren Stuhl zurück und stand auf.

«Wo gehst du hin?», fragte Jess leise.

«Nur ein bisschen frische Luft schnappen», murmelte sie und verließ den Raum.

Jess blieb noch eine Weile bei den anderen sitzen, doch dann beschloss er, Rumi zu folgen. Sie war ziemlich wortkarg gewesen, und er fragte sich, was mit ihr los war.

Als er den Innenhof betrat, sah er als Erstes hinauf in den blauen Himmel. Schäfchenwolken, genau wie am Himmel in Cal'Anthor. Er atmete tief ein. Die «echte» frische Luft war so ziemlich das Einzige, was cy.corp nicht so gut hinbekam wie die Natur. Es war angenehm warm, obwohl die Sonne bereits hinter den hohen Mauern verschwunden war. Rumi saß auf einer Bank neben einem Olivenbaum, den man in den Hof gestellt hatte, um ihn ein bisschen freundlicher zu gestalten.

«Alles gut?», fragte er und setzte sich neben sie.

«Ja, alles gut.» Rumi rang sich ein Lächeln ab. «Nur ziemlich müde.»

«Das bin ich auch», erwiderte Jess und musste prompt ein Gähnen unterdrücken. «Kein Wunder nach allem, was heute passiert ist.»

«Ja, es war okay. Es ist nur … Wir haben nichts über das Siegel der Drachen herausgefunden. Oder Pferde bekommen wie Akio und Kaya. Oder eine Karte wie Sasha und die anderen. Oder sind in einer mächtigen Gilde aufgenommen worden wie TJ.» Sie seufzte. «Stattdessen haben wir einen Troll explodieren lassen und ein Mädchen zu seiner Mutter zurückgebracht.»

Jess sah sie erstaunt an. «Es war eben Pech, dass der Laden von Rinas Onkel schon geschlossen war.»

«Ja, weil wir so lange gebraucht haben, um in die Stadt zu kommen.»

«Ich hatte nicht den Eindruck, dass dir das was ausgemacht hat.»

«Hat es auch nicht. Bis ich gehört habe, was die anderen alles an nur einem Tag erreicht haben. Ich weiß ja nicht, wie es dir geht, aber ich habe vor, die Challenge zu gewinnen.»

Jess sah sie aus großen Augen an. «Das habe ich auch. Aber … wir müssen uns doch erst mal in dem Spiel zurechtfinden. Kapieren, wie alles funktioniert. Das kommt schon noch alles, meinst du nicht?»

«Ach, ich weiß auch nicht. Ich denke nur … na ja, vielleicht war es doch nicht die richtige Entscheidung, in die Stadt zu gehen.»

Oder zusammen zu gehen, dachte Jess. Das sprach Rumi zwar nicht aus, aber die Worte hingen deutlich hörbar in der Luft, und sie verschwanden auch nicht, als Rumi sich erhob und mit einem «Ich bin hundemüde, ich geh ins Bett» verabschiedete.

Jess sah noch eine Weile in den dunkler werdenden Himmel hinauf. Er wusste genau, was sein Problem war – immer schon gewesen war. Er hatte solche Angst davor, zu versagen oder irgendetwas falsch zu machen, dass er lieber gar nichts tat. Aber so würde er nicht weiterkommen. Vielleicht hatte Rumi recht. Vielleicht musste er endlich aufhören, schwierigen Situationen aus dem Weg zu gehen, und anfangen, mehr zu riskieren. Sonst hatte er gegen die anderen Spieler keine Chance – ob mit oder ohne Rumi an seiner Seite.

Wieder gähnte er, und obwohl es noch nicht mal neun Uhr war, beschloss er, ebenfalls schlafen zu gehen. Er wollte ausgeruht sein für morgen. Er würde Rumi beweisen, dass er mehr konnte, als ein paar Nebenquests zu lösen. Sie würden Rinas Onkel das Päckchen geben, und dann würden sie alles daransetzen, das Siegel der Drachen zu brechen. Was auch immer das bedeutete.

20

Rumi kam so spät zum Frühstück, dass Jess kaum Gelegenheit hatte, mit ihr zu sprechen. Und eigentlich war er sogar ganz froh darüber. Was hätte er auch sagen sollen? *Tut mir leid, dass ich deine Erwartungen an Prometheus nicht erfüllt habe?*

Rumi ließ sich nicht anmerken, ob sie das Gespräch vom

Abend zuvor noch weiter beschäftigte, und Jess kannte sie nicht gut genug, um ihre undurchdringliche Miene deuten zu können. Im Aufzug unterhielt sie sich mit Kaya, doch bevor sie den Gamingraum betraten, wandte sie sich noch einmal zu ihm um. «Bis gleich», sagte sie, dann ging sie zu ihrem Sessel, setzte sich den Datenhelm auf und wartete wie alle anderen darauf, dass die Uhren auf den Monitoren 9:00 Uhr anzeigten und sie sich ins Spiel einloggen konnten.

Als der Sog in seinem Kopf, der ihn in die virtuelle Welt von Cal'Anthor hineinzog, nachließ und er die Augen aufschlug, fand Jess sich an der gleichen Stelle wieder, an der er seinen Avatar gestern zurückgelassen hatte: auf dem Bett in der kleinen Dachkammer bei Alena. Auf dem Bett ihm gegenüber erwachte Rumis Waldläufer-Avatar gerade zum Leben.

«Hi», begrüßte er sie.

«Hey.» Rumi sah an ihrem Körper hinab, dann öffnete sie das Menü, fror kurz ein, kehrte aber schon wenige Sekunden später wieder zurück. «Alles noch da.»

Jess lächelte. «Hattest du Sorge?»

«Sicher ist sicher. Gehen wir?»

«Kommst du wirklich mit?»

«Zu Rinas Onkel? Ja, klar.»

«Ich hatte gestern Abend den Eindruck, dass du … na ja, dass du es bereust, mit in die Stadt gekommen zu sein.»

Rumi zuckte mit den Schultern. «Schon möglich, dass es geschicktere Wege gegeben hätte. Aber wenn ich schon mal hier bin, will ich auch sehen, ob etwas Brauchbares bei der Quest herauskommt.»

Gemeinsam gingen sie die Treppe nach unten in die Wohnstube, wo Alena bereits das Frühstück zubereitete. Nachdem sie ihre Avatare rasch mit ein paar Scheiben Brot und Käse gefüttert hatten und von Alena eingeladen worden waren, jederzeit wieder hier zu übernachten, machten sie sich auf den Weg. Die Galgengasse war immer noch genauso düster und verlassen wie am Tag zuvor, doch als sie die Ladentür erreichten und Rumi die Klinke hinunterdrückte, öffnete sie sich.

Der Raum dahinter war so dunkel, dass Jess sich im ersten Moment fragte, warum er überhaupt etwas erkannte – bis ihm einfiel, dass es zu den Vorzügen eines Schattenelfs gehörte, auch bei Dunkelheit sehen zu können. «Wow», entfuhr es ihm, während er die Regale betrachtete, die sich bis unter die Decke türmten. Sie waren zum Überquellen vollgestopft mit Skulpturen, Schmuck, Ausrüstungsgegenständen und Kleidung aller Art. In einem Regal entdeckte Jess eine Sammlung verschiedener Messer und Dolche, in einem anderen Tinkturen und Salben, und wieder in einem anderen Messgeräte, die an eine Mischung aus Kompass und Sanduhr erinnerten und Jess keinen blassen Schimmer hatte, was genau man damit messen sollte.

«Igitt.» Rumi, deren Augen sich nur langsam an das Zwielicht gewöhnt hatten, stand vor einem Regal mit Flaschen und Glasbehältern, in denen tote Frösche in einer durchsichtigen Flüssigkeit schwammen. «Was zum Teufel ist das hier für ein Laden?», raunte sie ihm zu.

«Vor allem: Was macht man damit?» Jess deutete auf weitere Gläser, in denen sich getrocknete Rattenschwänze, Rabenkrallen und Giftzähne von Schlangen befanden.

«Banausen!», erklang plötzlich eine brüchige Stimme. Erschrocken fuhren Jess und Rumi herum. Hinter einem Vorhang an der Wand trat ein Mann hervor. Er war klein und dürr, und sein Gesicht war von tiefen, ledrigen Falten durchzogen. Seine Augen jedoch glitzerten aufmerksam, als er Jess und Rumi musterte. Von einer Sekunde auf die andere verschwand er und tauchte neben dem Regal mit den eingelegten Fröschen wieder auf.

«Liebestränke, Schlafttränke, Verwandlungstränke, Todestränke», zählte er auf und deutete dabei auf die verschiedenen Zutaten. «Würdet ihr euch in den Künsten der Zaubertrankherstellung verstehen, würdet ihr eine solch erbärmliche Frage nicht stellen.» Wieder verschwand er und erschien hinter Jess und Rumi, die erschrocken herumfuhren. «Aber wie mir scheint, habt ihr noch nie etwas von Druiden gehört, wie?»

«Ähm … nein», gab Jess zu und blinzelte, als der alte Mann schon wieder verschwand und auf einem Fass zum Vorschein kam, auf dem er nun mit überschlagenen Beinen saß. Jeder seiner plötzlichen Standortwechsel wurde von einem leisen *Puff* und einer hauchfeinen Rauchwolke begleitet, die leicht nach Tabak und Asche roch.

«Druiden sind in der Lage, die außergewöhnlichsten Tränke und Wirksäfte herzustellen. Leider gibt es nicht mehr viele von ihnen, weil die meisten die lange Ausbildung an der Akademie der Magie scheuen. Oder» – er zuckte bedauernd mit den Schultern – «sie nicht überleben.» Wieder ein *Puff*, und diesmal stand der alte Mann so nah vor ihnen, dass Jess und Rumi erschrocken zurückwichen.

«Aber warum erzähle ich euch das überhaupt? Deswegen seid ihr schließlich nicht hier, oder?»

«Ähh … nein», sagte Jess, der von dem ständigen Verschwinden des Mannes ganz verwirrt war.

«Ein Ausbund an Gesprächigkeit», spottete der Mann. «Aber was will man von einem Schattenelf auch anderes erwarten.»

«Sind Sie Olias?», fragte Jess, ohne auf den Kommentar des Alten einzugehen.

«Natürlich bin ich das. Wer soll ich denn sonst sein?»

«Ihre Nichte Rina schickt uns», sagte Jess. «Sie hat neue Farbpigmente für Sie angefertigt.» Er hob die Hände, drehte die Handflächen nach außen und zog sie auseinander. Einen Sekundenbruchteil später stand er in seinem Menü. Der Raum hatte sich nicht groß verändert seit dem ersten Tag. Die Falltür, die zu Binx hinabgeführt hatte, war verschwunden, und in den Regalen lagen die wenigen Habseligkeiten, die er am vergangenen Tag gesammelt hatte. Rasch nahm er das Päckchen von Rina an sich, dann ging er zurück zur Säule in der Mitte und drückte die Kachel mit der Aufschrift *Menü verlassen* in den Stein. Im gleichen Moment stand er wieder neben Rumi und hielt Olias das Päckchen hin.

Ohne darauf einzugehen, dass Jess für mehrere Sekunden zu Eis erstarrt zu sein schien, schnappte sich Olias das Päckchen, verschwand mit einem Puff und tauchte hinter der Verkaufstheke wieder auf. Als er das Päckchen auswickelte, kam ein Holzkasten zum Vorschein, der leuchtend saphirblaues Pulver enthielt. Olias kicherte vergnügt. «Wundervoll, ganz wundervoll.» Versonnen betrachtete er das Pulver, dann schloss er das Kästchen und blickte auf. «Ihr seid noch da?», fragte er erstaunt. «Was wollt ihr denn noch?»

Rumi runzelte die Stirn. «Wie wäre es mit einem Dankeschön? Eine Karte von Cal'Anthor zum Beispiel?»

«Eine Karte? Für einen läppischen Botendienst?» Olias schüttelte den Kopf. «Was ist bloß aus der Hilfsbereitschaft der Menschen geworden? Jeder verlangt ständig eine Gegenleistung. Nun gut.» Er griff unter die Theke, zog einen Lederbeutel hervor und nahm zwei Münzen heraus, die er Jess und Rumi nachlässig zuwarf. «Zufrieden? Wenn ihr noch etwas kaufen wollt, nur zu. In meinem Laden gibt es nichts, was es nicht gibt, von alltäglichen Dingen bis hin zu» – seine Augen blitzten amüsiert auf – «etwas spezielleren Dingen, wenn ihr versteht, was ich meine.» Sein Gesicht wurde wieder ernst. «Eine Karte habe ich auch. Aber die kostet 50 Gulden. Wenn ihr den Preis aufbringen könnt, gern. Wenn nicht, dann geht. Ich habe zu tun.»

Jess schluckte. 50 Gulden waren eine Menge Geld. Selbst wenn Rumi und er zusammenlegten, würden sie die Summe nicht aufbringen können.

Rumi schnaubte verärgert und steckte die Münze in ihre Tasche. «Diese Nebenquest war reine Zeitverschwendung», murrte sie. «Ich hau ab.»

«Warte.» Jess hielt Rumi zurück. Der Krämer war ein merkwürdiger Kauz, keine Frage, aber irgendetwas sagte ihm, dass sich hinter seiner Kauzigkeit noch etwas anderes verbarg. Er wusste selbst nicht, warum. Ob das mit der Menschenkenntnis zu tun hatte, die er als Fähigkeit ausgewählt hatte?

Er wandte sich wieder Olias zu. «Können Sie uns etwas über das Siegel der Drachen erzählen?»

Der Kopf des Krämers schnellte nach oben. «Was hast du gesagt?»

«Das Siegel der Drachen», wiederholte Jess. «Über Ihrer Ladentür ist ein Drachensymbol. Deswegen hatte ich gehofft, dass Sie uns etwas über das Siegel erzählen können.»

Olias musterte Jess nachdenklich. «Ein Schattenelf und eine Waldläuferin … wer hätte das gedacht», murmelte er. Dann nickte er und ging zum Vorhang an der Wand. «Kommt mit.»

Sie folgten Olias in ein Hinterzimmer, das ebenso vollgestopft war wie der Laden, nur dass sich hier Bücher in den Regalen türmten. Wo keine Regale standen, war jeder freie Zentimeter von Ölgemälden und Kupferstichen bedeckt, und auf dem Boden lagen stapelweise Pergamentrollen herum.

Olias machte sich gar nicht erst die Mühe, sich einen Weg durch das Chaos zu bahnen. Mit einem *Puff* erschien er hinter einem Schreibtisch, der fast vollständig unter Papieren verschwunden war, und setzte sich auf den Stuhl dahinter. Jess und Rumi schlängelten sich mühsam zwischen Kisten und Pergamentrollen hindurch und sahen sich dabei staunend um. Alles in diesem Raum, die Bücher in den Regalen, die Gemälde an der Wand, selbst die Ornamente und Wachssiegel auf den Pergamentrollen, drehten sich um ein Thema: Drachen.

«Sind Sie eine Art Experte für Drachen oder so?», fragte Rumi.

Olias kicherte. «Könnte man so sagen. Die Drachen sind meine geheime Leidenschaft. Ich sammle alles über sie, was ich finden kann: Informationen, Geschichten, Legenden, Artefakte.» Er öffnete eine Schublade und holte eine Karaffe mit einer dunkelroten Flüssigkeit und drei Gläser heraus. «Wein?»

Jess und Rumi sahen sich an. «Lieber nicht, danke», erwiderte Rumi.

Olias zuckte mit den Schultern, schenkte sich selbst ein Glas ein und trank einen Schluck. Seine Pupillen weiteten sich kurz, und plötzlich schien er eine tiefe Ruhe und Gelassenheit auszustrahlen. Jess hoffte, dass der Wein dabei half, dass der Krämer länger als zwei Minuten an einem Ort blieb, ohne in einer Rauchwolke zu verpuffen. Wie zum Henker *machte* er das überhaupt? Sein Blick fiel auf eine Reihe von Ölgemälden an der Wand, und schlagartig war jeder Gedanke an Olias' sprunghafte Ortswechsel vergessen. Die Bilder schienen alle vom selben Künstler gemalt worden zu sein, in leuchtenden, lebhaften Farben, und jedes zeigte einen gigantischen Drachen.

«Sind das die Drachen, die von den Weisen herbeigerufen wurden?», fragte Jess.

Olias, der seine Füße auf den übervollen Schreibtisch gelegt hatte, nickte. «In der Tat.»

Jess schob einen Stapel Pergamentrollen aus dem Weg und ging näher an die Bilder heran. Jeder der vier Drachen sah anders aus. Der erste war über und über mit rot glühenden Schuppen bedeckt. Seine Augen glommen rot, und in seinem halb geöffneten Maul konnte man das Feuer erkennen, das in seinem Inneren loderte. Ein anderer war von undefinierbar bräunlich-grüner Farbe und erstaunlich klein. Dafür hatte er drei Köpfe an langen, biegsamen Hälsen, und aus den Nüstern strömten grellgrüne Schwaden, die ziemlich giftig aussahen. Der dritte Drache hatte sich zu seiner vollen Größe aufgerichtet und die Flügel ausgebreitet, mit denen er einen wahren Sturm entfachte, unter dem Bäume und Häuser zusammenbrachen.

Am faszinierendsten jedoch fand Jess den vierten Drachen – oder zumindest das, was er von ihm zu sehen bekam. Denn außer den weiß glühenden Augen war kaum etwas von ihm zu erkennen, nur schimmernde Umrisse, die die Landschaft dahinter verschwimmen ließen. Jess zeigte auf das Bild und wandte sich zu Olias um. «Ist der Drache … durchsichtig?»

«Beeindruckend, nicht wahr?» Olias kicherte und trank einen weiteren Schluck Wein. «Sein Körper besteht aus Glas. Aber nicht von der zerbrechlichen Sorte. Im Gegenteil – es ist hart wie Stahl, was es so gut wie unmöglich macht, ihn zu vernichten.»

«Hat man es denn versucht?», fragte Rumi.

«Unzählige Male», erwiderte Olias, «genau wie bei den anderen Drachen. Doch stets vergeblich. Es haben schon viele ihr Leben gelassen bei dem Versuch, Cal'Anthor von der Herrschaft der Drachen zu befreien. Der Kämpfer, der es mit allen vieren aufnehmen will, wird überirdische Kräfte aufbringen müssen.» Er kicherte erneut und warf Jess und Rumi einen amüsierten Blick zu. «Falls ihr vorhabt, gegen die Drachen anzutreten – viel Vergnügen.»

Jess sah rasch wieder zu den Gemälden, damit Olias nicht merkte, wie nervös ihn seine Worte gemacht hatten. Je länger er sie betrachtete, desto mehr Einzelheiten erkannte er. Menschen mit angstverzerrten Gesichtern im Hintergrund. Skelette und Totenschädel derer, die sich zu nahe an die Untiere herangetraut hatten. Ritter mit erhobenen Schwertern, die vor den riesigen Drachen wie Spielzeugfiguren wirkten. Und eine schwarze Gestalt, die ... Jess sah genauer hin. Ja, kein Zweifel. Auf jedem Bild stand der gleiche Mann im Hintergrund, die Hände erhoben, als wolle er die Drachen durch eine bloße Geste abwehren. Er trug einen schwarzen Umhang und hatte schulterlange, schwarze Haare. Sein Gesicht war seltsam verschwommen, genau wie die Farben um seine Gestalt herum, als hätte der Maler eine Art Aura darstellen wollen, die den Mann umgab.

Ein Puff ertönte, und plötzlich stand Olias direkt neben ihm. «Astaroth», sagte er beiläufig.

Jess sah ihn verwirrt an. «Was?»

«Der Mann auf den Bildern», erwiderte Olias. «Das ist Astaroth, der vermutlich mächtigste Magier in ganz Cal'Anthor. Niemand weiß, wo genau er herkam, aber kurz nach der Drachenbeschwörung tauchte er wie aus dem Nichts auf und schaffte es, die Drachen zu besänftigen. Nur dank ihm liegen sie in einem unruhigen Schlaf – wer weiß, wie viel Zerstörung sie wohl sonst noch angestellt hätten.»

«Aber das Siegel konnte auch er nicht brechen?»

«Nein», entgegnete Olias knapp.

«Und was hat es nun mit dem Siegel der Drachen auf sich?», fragte Rumi.

Olias verschwand mit einem Puff, und Jess musste husten, als er den Tabakrauch einatmete. Kurz darauf tauchte der Krämer hinter seinem Schreibtisch auf und schwang sein Weinglas durch die Luft, das er zwischenzeitlich wieder gefüllt hatte. «Das Siegel der Drachen also», sagte er feierlich. «Was wollt ihr denn genau wissen?»

«Alles», erwiderte Rumi schlicht. «Was ist das Siegel genau? Wie sieht es aus? Und wie kann man es öffnen?»

Olias kicherte vergnügt. «Alles also, ja? Dann lasst mich am Anfang beginnen.» Er nahm die Füße vom Tisch und beugte sich zu ihnen vor. «Was wisst ihr über den Quell des Lichts?»

«Wenn ich das richtig verstanden habe, ist es eine Art magische Quelle», sagte Rumi. «Sie hält die Dunkelheit zurück, die Cal'Anthor umgibt. Und sie wurde benutzt, um die Drachen heraufzubeschwören.»

«So ist es. Die Weisen haben die Macht des Quells missbraucht, und sie haben dafür gebüßt. Die Drachen ließen sich nicht wieder verbannen, nachdem sie ihre Aufgabe erfüllt hatten. Stattdessen versiegelten sie den Quell und bannten so das Licht. Seitdem ist Cal'Anthor hilflos der Dunkelheit ausgesetzt, die sich Tag für Tag ein Stück mehr in unsere Welt hineinfrisst.»

«Wie haben sie das gemacht?», fragte Rumi stirnrunzelnd.

Olias zuckte mit den Schultern. «Das wissen nur die Götter.»

«Und was geschieht, wenn die Dunkelheit ganz Cal'Anthor befallen hat?»

«Dann wird sich unser fruchtbares, friedliches Reich in ein

Reich aus Schatten verwandeln», sagte Olias ungerührt. «Der perfekte Nährboden für Aufstände, Krieg und böse Mächte, die sich bisher im Verborgenen gehalten haben.»

«Das scheint Ihnen ja nicht viel auszumachen», bemerkte Rumi trocken.

Der Krämer zuckte mit den Schultern. «Alles eine Frage der Anpassung.»

«Und wie wird das Siegel nun gebrochen?»

Olias' Mundwinkel verzogen sich zu einem Grinsen, bevor er so schnell in einer Rauchwolke verpuffte, dass ein Schwall Wein aus seinem Glas auf den Tisch schwappte. Er tauchte neben einer Kiste mit Pergamentrollen auf, zog eine davon heraus und erschien mit einem erneuten *Puff* wieder hinter dem Schreibtisch. Mit einer lässigen Bewegung wischte er sämtliche Gegenstände vom Tisch herunter und rollte das Pergament darauf aus.

«Seht her», rief er und winkte Jess und Rumi heran. «Normalerweise dürfen nur wenige bis an den Ursprung des Lichtquells vordringen, daher weiß auch kaum jemand, wie das Siegel aussieht. Doch mir ist es gelungen, von einem vertrauenswürdigen Unterhändler an eine Abbildung des Siegels zu gelangen.»

Jess und Rumi beugten sich über das Pergament. Darauf war ein Kreis zu sehen, aufgeteilt in vier gleich große Fragmente, die sich um ein kleineres in der Mitte gruppierten. In die Fragmente waren aufwendige Runen gemalt, die auf jedem unterschiedlich aussahen.

«Das Siegel ist in mehrere Teile zerbrochen», erklärte Olias. «Es muss zusammengesetzt werden, um es zu öffnen. Jeder Drache hütet eines der Fragmente. Im Grunde eine ganz einfache Sache.»

Jess betrachtete stirnrunzelnd die Zeichnung. «Hierauf

sind fünf Fragmente zu sehen. Aber es sind nur vier Drachen.»

Olias hob abwehrend die Hände. «Frag mich nicht, Junge. Solche Details interessieren mich nicht.»

«Oder die Zeichnung von dem ach so vertrauenswürdigen Unterhändler ist doch nicht so akkurat», murmelte Rumi, woraufhin ihr der Krämer einen bösen Blick zuwarf.

«Also müssen wir den Drachen die Siegelfragmente abnehmen, um das Siegel zu öffnen», stellte Rumi klar. «Und das tun wir, indem wir die Drachen töten. Richtig?»

Olias wiegte den Kopf. «Tja, so ganz sicher kann man das nicht sagen, weil bisher noch niemand lebend von einem Kampf mit einem Drachen zurückgekehrt ist. Aber vermutlich schon, ja.»

Rumi sah Jess vielsagend an. «Na bitte. Jetzt wissen wir, was wir tun müssen.»

Jess sah zu den Gemälden mit den Drachen, die ihm plötzlich noch furchteinflößender vorkamen als vorhin. «Und es gibt wirklich keinen anderen Weg?», fragte er unsicher und glaubte zu hören, wie Rumi neben ihm leise schnaubte.

Olias schüttelte den Kopf. «Das Siegel ist die stärkste magische Bannbeschwörung, die Cal'Anthor je erlebt hat. Selbst die vereinte Kraft der höchsten Magier vermochte nicht, es zu brechen. Es muss auf herkömmliche Weise geöffnet werden. Und dabei führt kein Weg an den Drachen vorbei.»

«Also schön», sagte Rumi entschlossen. «Und wo genau finden wir die Drachen?»

Olias kicherte wieder. «Mut und Entschlossenheit. Das sind gute Voraussetzungen, um es mit den Drachen aufzunehmen. Aber ich warne euch. Um alle vier Drachen zu töten, braucht es mehr als das. Besonnenheit und Weisheit gehören ebenfalls dazu. So unterschiedlich die Drachen sind, so unterschiedlich muss man sie auch bekämpfen.»

«Ja, ja, schon klar.» Rumi wischte Olias' Einwand ungeduldig beiseite. «Können Sie uns nun sagen, wo die Drachen sind?»

Wieder verschwand der Krämer in einem Puff und erschien kurz danach mit einer neuen Pergamentrolle zurück am Schreibtisch. Als er sie auf dem Tisch entrollte, entfuhr Rumi ein überraschter Laut, und auch Jess' Augen weiteten sich erstaunt. Vor ihnen lag eine Karte von Cal'Anthor. Und die Welt, in der sie sich befanden, war riesig, genau wie Chris gesagt hatte.

«Wow», murmelte Rumi. «Da haben wir ja ordentlich zu tun.»

Olias tauchte neben einem Regal im hinteren Bereich des Raumes auf, zog vier kleine Drachenfiguren daraus hervor und erschien mit dem vertrauten Puff wieder neben Jess und Rumi.

«Wie ihr wisst, haben die Drachen die vier äußeren Reiche angegriffen. Danach nisteten sie sich in den zerstörten Burgen und Schlössern ein, wo sie seitdem einen unruhigen Schlaf schlafen. Solange man sich von ihren Nestern fernhält, bleiben die Drachen ruhig, doch kommt man ihnen zu nahe, erwachen sie – und glaubt mir, die Viecher werden richtig wütend.» Olias beugte sich über die Karte und platzierte eine Drachenfigur ganz oben, inmitten einer zerklüfteten Hügelkette. «Ragnarund, der Feuerdrache, lauert im Norden.» Olias setzte einen weiteren Drachen rechts auf die Karte, an den Rand eines großen Sees. «Lysrathan, der Winddrache, befindet sich im Osten. Morvadar, der dreiköpfige Erddrache, im Westen. Und Visnabor, der Glasdrache, im Süden.» Nachdem Olias auch die letzten beiden Drachenfiguren platziert hatte, wandte er sich wieder zu ihnen um. «Es mit allen vier Drachen aufzunehmen, ist eine wahrlich stattliche Aufgabe, wenn ihr mich fragt. Ein Drache würde ja vielleicht noch gehen. Zwei auch. Aber alle vier …»

«50 Gulden kostet die Karte?», fragte Rumi, ohne auf seinen Einwand einzugehen.

Olias nickte. «Auf den Schilling genau. Außerdem habe ich momentan nur eine vorrätig. Ihr müsstet sie euch also teilen.» Er nahm die Drachenfiguren wieder herunter und rollte das Pergament zusammen.

Jess seufzte niedergeschlagen. Es würde vermutlich Tage dauern, bis sie die Summe zusammenhatten. Andererseits erwies sich die Welt von Cal'Anthor als so groß, dass sie dringend auf eine Karte angewiesen waren, wenn sie nicht vollkommen die Orientierung verlieren wollten. Während er überlegte, ob er irgendwelche anderen Wertgegenstände hatte, die für den Händler von Interesse sein konnten, sprang Rumi vor, riss Olias die Karte aus den Händen und ließ sie in ihrer Tasche verschwinden. Dann wandte sie sich um und lief zur Tür.

Jess war so verblüfft, dass er ihr nur fassungslos nachsah. Doch Olias reagierte blitzschnell. Mit einem Puff tauchte er im Durchgang auf und versperrte ihr den Weg. «Was fällt dir ein, Fräulein!», rief er zornig. «Entweder, du bezahlst die Karte, oder du gibst sie mir augenblicklich zurück.»

Doch Rumi dachte nicht daran. Der Schlag, mit dem sie Olias am Kopf traf, kam so unerwartet, dass Jess gar nicht begriff, was gerade passiert war. Auch der Krämer hatte nicht mit Rumis Angriff gerechnet. Wie ein Ballon, aus dem die Luft entwich, verdrehte er die Augen und sackte in sich zusammen. Rumi drängte sich an ihm vorbei in den Laden. Bevor der Vorhang hinter ihr zufiel, drehte sie sich noch einmal um und sah Jess mit einem unergründlichen Blick an. «Ich mach ab hier allein weiter. Sorry.» Kurz darauf schlug die Ladentür hinter ihr zu.

21

Jess stand wie vom Donner gerührt in dem überfüllten Hinterzimmer und versuchte zu begreifen, was gerade geschehen war. Rumi hatte Olias die Karte geklaut und war einfach abgehauen. Allein. Weil sie der Meinung war, dass sie ohne ihn besser vorankam. Der Gedanke hinterließ einen bitteren Geschmack in seinem Mund. Er hatte ihr beweisen wollen, dass er auch anders spielen konnte, aber sie hatte ihm gar keine Gelegenheit dazu gegeben. Jetzt musste er wohl oder übel allein weiterspielen, und wenn er ehrlich war, hatte er keine Ahnung, wie er das schaffen sollte.

Unschlüssig sah er zu der reglosen Gestalt des Krämers hinab. Es widerstrebte ihm, ihn einfach so dort liegen zu lassen, andererseits war er nur ein NPC, eine Nebenfigur in einem Computerspiel, dem er keinerlei Mitleid entgegenbringen musste. Noch während er mit sich rang, ob er ihm helfen sollte, schlug Olias stöhnend die Augen auf. Sein Blick irrte orientierungslos umher, bevor er auf Jess haften blieb und die Erinnerung zurückzukehren schien. Langsam setzte er sich auf und fasste sich an den Kopf.

«Autsch! So eine Frechheit», schimpfte er. «Was machst du überhaupt noch hier? Solltest du nicht längst mit deiner Räuberfreundin über alle Berge sein? Ich werde die Stadtwachen rufen und dich in den Kerker werfen lassen.»

Trotz seiner Schimpftirade half Jess dem Mann aufzustehen. «Es tut mir leid», sagte er. «Ich wusste nicht, was Rumi vorhatte. Wir brauchen beide eine Karte, und offenbar war sie nicht bereit zu teilen.»

«Tolle Freundin», bemerkte Olias trocken. «Dabei wäre das doch gar nicht nötig gewesen.» Er bückte sich zu einer Pergamentrolle herab, die zu den Dingen gehörte, die er vorhin mit Schwung vom Tisch gefegt hatte. Als er sie ausrollte, kam eine Karte Cal'Anthors zum Vorschein, genau die gleiche, die Rumi gestohlen hatte, nur fehlten hier und da noch einige Landstriche. «Hätte deine Freundin mich nicht so überrumpelt, hätte ich euch sagen können, dass ich ständig weitere Karten anfertige», sagte Olias und tippte auf die Pergamentrolle. «Diese hier benötigt nur noch ein paar Stunden Arbeit. Wenn du heute Nachmittag wiederkommst, ist sie fertig.»

Jess sah den Krämer erstaunt an. «Und dann überlassen Sie sie mir? Trotz allem, was passiert ist?»

Olias musterte ihn aus schmalen Augen. «Glaub bloß nicht, dass du sie umsonst bekommst. Aber weil du nicht abgehauen bist, nachdem deine Freundin mir eins übergezogen hat, überlasse ich sie dir für die Hälfte.»

25 Gulden. Immer noch eine stolze Summe, dachte Jess, aber eine, die er aufbringen konnte. Auch wenn er dafür irgendwie die Zeit bis zum Nachmittag totschlagen musste – er brauchte diese Karte, sonst würde er die nächsten Wochen orientierungslos in dieser riesigen Welt umherirren und vermutlich Dutzende von Umwegen machen. Er bedankte sich bei Olias, der davon jedoch nichts hören wollte, sondern ihn wie eine lästige Fliege aus dem Hinterzimmer und schließlich zur Ladentür hinausscheuchte.

Langsam schlenderte Jess die dunkle Gasse entlang Richtung Marktplatz. Hinter den Häusern ragten die Zinnen und

Türme des Schlosses auf, und er beschloss spontan, dem Palast einen Besuch abzustatten. Er überquerte den Marktplatz und bog auf die Hauptstraße ein, die deutlich breiter und von größeren und eleganteren Häusern gesäumt war. Sie führte leicht bergan auf ein imposantes, kunstvoll geschmiedetes Tor zu, hinter dem in einiger Entfernung das Schlossportal zu sehen war. Zu beiden Seiten standen zwei Wachen in dunkelblauer Uniform, auf der das goldene Wappen des Königshauses prangte, und auch jenseits des Tores erkannte Jess Wachen, die über den Schlosshof patrouillierten. Es würde nicht einfach werden, in das Schloss hineinzukommen.

Sein Verdacht wurde prompt bestätigt, als einer der beiden Wachen auf ihn zutrat und ihn argwöhnisch musterte. «Was ist Euer Begehr?», bellte er.

Jess überlegte, was er darauf am besten erwidern sollte, und probierte es mit der Wahrheit. «Ich würde mir gern das Schloss ansehen.»

«Der Zutritt zum Schloss ist nur mit königlicher Erlaubnis gestattet», entgegnete der Wachmann barsch. «Habt Ihr einen Passierschein?»

«Ähm, nein», erwiderte Jess. «Wie bekomme ich den denn?»

«Auf Einladung der Königsfamilie, wenn Ihr offiziell befugt seid, Handel mit dem Königshaus zu führen oder wenn ihr alle vier Siegelfragmente erobert habt», sagte der andere Wachmann.

«Und sonst gibt es keine Möglichkeit?»

«Der Zutritt zum Schloss ist nur mit königlicher Erlaubnis gestattet», wiederholte der erste Wachmann auf genau die gleiche Weise wie zuvor. Sein Sprachrepertoire schien begrenzt zu sein.

Als Jess versuchte, durch das Tor hindurch mehr von dem

Schlosshof auszumachen, fasste ihn der zweite Wachmann plötzlich grob am Arm und zog ihn zurück.

«Zeigt Euren Passierschein, oder verschwindet von hier», sagte er mit finsterer Miene.

«Schon gut, ich geh ja schon.» Jess befreite sich aus dem Griff der Wache und entfernte sich vom Tor. Er hatte keine Lust, den Rest des Spieltages in irgendeiner Gefängniszelle vor sich hinzufristen. Andererseits juckte es ihn schon, sich das Schloss aus der Nähe anzusehen. Aber offenbar war dieser Bereich erst für den späteren Spielverlauf vorgesehen. Man musste sich also entweder gedulden oder auf andere Weise ins Innere der Schlossmauern vordringen.

Schlagartig blieb er stehen. Auf andere Weise. Natürlich! Mella, Rinas Tochter, hatte gestern beim Abendessen von einem Loch in der Palastmauer erzählt, durch das sie die Prinzessin manchmal beobachtete. Jess hatte keine Ahnung, wo genau sich das Loch befand oder wie groß es war, aber einen Versuch war es allemal wert. Denn ziellos durch Valón zu schlendern, bis Olias die Karte fertiggestellt hatte, würde ihn sicher nicht weiterbringen.

Er bog ein Stück vor dem Schlosstor in eine Gasse ab, in der sich einfache Häuser und Werkstätten dicht an die Palastmauer schmiegten. Er kam an einer Schmiede vorbei, einer Wäscherei, verschiedenen Ställe mit Schweinen und Hühnern; sogar eine Färberei entdeckte er. Genau wie auf dem Marktplatz herrschte auch hier reger Betrieb. Kinder liefen zwischen den Häusern und Ställen umher, Männer arbeiteten in ihren Werkstätten, und Frauen mit großen Körben voller Lebensmittel oder Wäsche eilten die Gasse entlang, um Besorgungen zu erledigen. Immer wieder kamen Pferde- oder Eselkarren die Gasse entlanggerumpelt, beladen mit Fässern, Säcken oder Heu, und einige waren so breit, dass Jess sich jedes Mal dicht an eins der Gebäude quetschen musste, um ihnen Platz zu machen. All die unterschiedlichen Geräusche und Gerüche, die die Luft erfüllten, überwältigten ihn: Das Zischen von heißem Eisen, das in Wasser getaucht wurde, untermalte das Lachen der Kinder; der Duft nach frisch gebackenem Brot vermischte sich mit dem beißenden Geruch nach Ammoniak, der aus der Färberei drang.

Hinter diesem bunten Gewirr aus Menschen, Tieren und Sinneseindrücken ragte die Palastmauer in die Höhe, gute vier Meter hoch und vollkommen unversehrt. Jess hatte schon bald den halben Palast umrundet, ohne eine Möglichkeit zu entdecken, überhaupt zwischen zwei Gebäuden bis zur Mauer vordringen zu können. Langsam verließ ihn der Mut. Vielleicht hatte sich das kleine Mädchen die Geschichte nur ausgedacht ... wenn es irgendwo ein Loch in der Mauer gäbe, hätten es die Palastwachen doch sicher längst entdeckt und repariert.

Mit einem Sprung wich er drei Kindern aus, die lachend und mit Heu in den Haaren aus einem Schuppen gerannt kamen. Jess stutzte. Eines der Mädchen sah Mella ähnlich, doch die Kinder waren zu schnell in dem Gewusel der Gasse verschwunden, als dass er sie hätte erkennen können. Gedankenverloren sah Jess zum Schuppen. Was, wenn es wirklich Mella gewesen war? Und was, wenn sich das Loch, das er suchte, in einem der Gebäude verbarg?

Kurz entschlossen ging Jess zum Tor des Schuppens und öffnete es. Während sich an der Wand rechts von ihm Holzscheite bis unter die Decke stapelten, war die gesamte hintere, der Mauer zugewandte Wand von einem riesigen Heuberg bedeckt. An einer Stelle sah das Heu aus, als wäre es gerade erst frisch aufgewühlt worden. Natürlich konnten die

Kinder einfach im Heu herumgesprungen sein, aber irgendetwas sagte Jess, dass mehr dahintersteckte.

Er ging auf die Knie und begann, das Heu zur Seite zu schaufeln. Langsam arbeitete er sich auf allen vieren in den Berg aus getrocknetem Gras vor. Er presste fest Mund und Augen zu, damit ihn die Halme nicht stachen, und arbeitete sich Stück für Stück voran. Als seine Finger die rückwärtige Wand ertasteten, öffnete er die Augen wieder – und hätte beinahe laut gejubelt. Tatsächlich befand sich ein Loch in der Schuppenwand, das nicht nur groß genug war, um hindurchzukriechen, sondern auch durch die gut einen halben Meter dicke Palastmauer direkt in den Schlossgarten führte! Ein Busch mit großen, weißen Blüten versperrte den Ausgang. Jess schob sich durch das Loch, bog die Zweige zur Seite und lugte hindurch.

Gepflegte Büsche, in Form geschnittene Hecken und ein großer Springbrunnen verbreiteten eine ruhige, nahezu friedliche Atmosphäre, die in einem krassen Gegensatz zu der Gasse auf der anderen Seite der Mauer stand. Nichts von dem geschäftigen Treiben drang darüber – hier roch es nach Blumen und frisch gemähtem Gras, und die einzigen Geräusche stammten vom Plätschern des Brunnens und dem Zwitschern der Vögel.

Vorsichtig kroch Jess hinter dem Busch hervor. Kurz überlegte er, sich ins Innere des Palastes zu schleichen, fand jedoch, dass er sein Glück nicht noch mehr herausfordern sollte. Stattdessen beschloss er, sich ein wenig im Garten umzusehen. Er streifte erst durch einen Obstgarten, dann durch ein niedriges Heckenlabyrinth. Sein Ausflug erwies sich als ausgesprochen lohnend. Immer wieder fand er besondere Gegenstände, die er in seinem Menü ablegte: Unter Hecken oder Büschen lagen einzelne Goldmünzen verstreut, in einer

Mauernische lag ein Säckchen mit Edelsteinen, und einige der Kriegerstatuen, die den Kiesweg säumten, hielten echte Waffen in den Händen, die man ihnen einfach abnehmen konnte.

Obwohl Jess sich immer wieder aufmerksam umsah, begegnete er keiner Menschenseele. Nur ab und zu drehte eine Palastwache ihre Runde, doch es war ein Leichtes, vor ihr in Deckung zu gehen, wenn man sie rechtzeitig bemerkte. Nach einer Weile verbreiterte sich der Garten, die Bepflanzung wich einem aufwendig gepflasterten Platz, und in dessen Mitte stand eine kleine Kapelle. Neugierig ging Jess darauf zu und staunte über die imposante, mit Schnitzereien verzierte Holztür, die fast bis unter das Dach reichte. Figuren waren in das Holz geschnitzt: Ungeheuer, die den Drachen auffällig ähnlich sahen; ein Altar, von dem sich kreisförmige Strahlen über das gesamte Türblatt ausbreiteten, und einige Männer, die mit erhobenen Armen darum herumstanden. Jess erinnerte sich an die Szene vom Anfang des Spiels – die Weisen, die mithilfe des Lichtquells die Drachen heraufbeschworen hatten.

Er war so von der riesigen Tür fasziniert, dass er beinahe das Mosaik im Boden übersehen hätte, ein rundes Symbol, das genauso aussah wie vor dem Stadttor Valóns – ein Kreis, der mit verschlungenen Runen verziert war. Hier, genau vor dem Eingang zur Kapelle, schien sich ein weiteres Schnellreiseportal zu befinden. Jess berührte das Mosaik, und genau wie beim ersten Mal floss silbernes Licht aus seinen Händen und ließ die Linien und Symbole des Mosaiks aufleuchten.

Jess erhob sich wieder und betrachtete nachdenklich die große Holztür. Die Verzierungen auf der Tür und das Schnellreiseportal direkt davor deuteten darauf hin, dass die Kapelle mehr als ein bloßes Nebengebäude war, und so beschloss er trotz aller Vorsicht hineinzugehen.

Als er die Klinke hinunterdrückte, öffnete sich die Tür geräuschlos. Das Innere der Kapelle war hell und schlicht. Holzbänke standen links und rechts des Mittelgangs, und ganz vorne, unter einem prachtvollen Buntglasfenster, befand sich ein niedriger Altar. Statuen oder Heiligenbilder waren nirgends zu sehen, und kurz überlegte Jess, an was die Menschen in Cal'Anthor überhaupt glaubten.

Langsam ging er den Gang entlang auf den Altar zu. Er hatte die Kapelle schon zur Hälfte durchquert, als er wie angewurzelt stehen blieb. Ganz vorne in der ersten Reihe saß eine Frau mit langen, weißblonden Haaren. Er hatte sie nicht gesehen, weil sie den Kopf gesenkt hielt, und sie schien so sehr in ihr Gebet vertieft, dass auch sie ihn noch nicht bemerkt hatte. Fieberhaft überlegte Jess, was er tun sollte. Vielleicht konnte er einfach wieder umdrehen und …

«Wer bist du? Und was tust du hier?»

Die Frau hatte den Kopf gewandt und sah ihn an. Ihre Gesichtszüge waren beinahe ätherisch schön, ihre Augen schimmerten golden, und als Jess das diamantbesetzte Diadem sah, das sie im Haar trug, wusste er, wer sie war.

«Ich …», begann er unsicher. Wie sprach man mit einer Prinzessin? Besonders, wenn man vermeiden wollte, dass sie einen in den Kerker werfen ließ? «Ich wusste nicht, dass Ihr hier seid, Eure Hoheit. Ich werde einfach wieder gehen.»

«Nein», rief Prinzessin Thiana rasch. «Bitte, geht nicht. Ich würde mich über ein wenig Gesellschaft freuen.»

Jess stutzte. Damit hatte er nicht gerechnet. «Okay», erwiderte er und ging unsicher ein paar Schritte auf sie zu. Als Thiana neben sich auf die Bank deutete, setzte er sich. Nachdem sie eine Weile geschwiegen hatten, fragte er: «Seid Ihr oft hier?»

«Ja», erwiderte Thiana und blickte gedankenverloren auf die bunten Tupfen, die das Buntglasfenster auf den Boden warf. «Ich bete für meinen verstorbenen Vater und für die Kraft, seine Nachfolge antreten zu können.» Sie lächelte traurig. «Er ist viel zu früh von uns gegangen. Seit der Quell des Lichts versiegelt ist, scheint auch die Lebenskraft unserer Familie zu versiegen. Wie soll es erst werden, wenn die Dunkelheit vollständig Besitz von Cal'Anthor genommen hat?»

Jess dachte wieder an die Schnitzereien auf der Tür, und mit einem Mal ahnte er, welchem Zweck die Kapelle diente. «Ist der Quell hier irgendwo in der Nähe?», fragte er.

«Ja», erwiderte Thiana und deutete auf die Steinplatte des Altars. «Unter dem Altar führt eine Treppe zum Quell. Warum?»

«Weil ich versuchen werde, das Siegel der Drachen zu brechen.» Jess biss sich auf die Lippe. Das hatte selbst in seinen eigenen Ohren so lächerlich geklungen, dass er befürchtete, dass die Prinzessin laut loslachen würde.

Doch Thiana lächelte bloß. «Das würdest du tun? Obwohl so viele bereits ihr Leben dafür gelassen haben?»

«Ja», sagte Jess mit so viel Entschlossenheit, wie er aufbringen konnte. «Ich werde die Drachen besiegen und das Siegel öffnen.»

Er stand auf und ging die wenigen Schritte bis zum Altar. Auf der dicken, steinernen Platte waren Runen eingraviert, und in der Mitte war wieder der Quell des Lichts abgebildet – ein länglicher Gegenstand, der aussah wie eine Schriftrolle, von dem lange, sonnenähnliche Strahlen wegführten. Jess strich mit der Hand über die Gravuren, und genau wie beim Portal leuchteten die Linien auf.

Eine eiserne Hand schloss sich um seinen Körper, so fest, dass Jess die Luft wegblieb. Eine gewaltige Macht riss ihn von den Füßen und schleuderte ihn einige Meter durch den Raum, bis er unter dem Buntglasfenster auf dem Boden aufschlug. Jess keuchte, und für einen Moment schob sich ein grauer Schleier vor seine Augen.

Er hörte, wie Prinzessin Thiana aufschrie, doch es klang eher empört als ängstlich. «Was tut Ihr denn da?!»

«Ich habe befürchtet, dass sich jemand unbefugt Zutritt zum Quell verschafft, Eure Hoheit», erwiderte eine tiefe, gefährlich ruhige Stimme.

«Nun, so war es aber nicht, Meister Astaroth. Der Schattenelf ist mein Gast!»

Jess schüttelte den Kopf, um die Nebel in seinem Kopf zu vertreiben. Astaroth – war das nicht der Name des Magiers, der nach der Drachenbeschwörung wie aus dem Nichts aufgetaucht war? Er rappelte sich auf und sah sich um. Ein Mann kam gemächlichen Schrittes den Mittelgang entlang, und tatsächlich sah er genauso aus wie auf den Gemälden, die er in Olias' Hinterzimmer gesehen hatte: schwarz gekleidet, hochgewachsen und mit einem Gesicht, das vollständig in Schatten gehüllt zu sein schien. In Jess' Nacken begann es zu kribbeln, und mit jedem Schritt, den der Mann näher kam, verstärkte sich das Gefühl und breitete sich in seinem gesamten Körper aus, als hätte er einen ganzen Krug Kribbelwasser getrunken.

Als er Prinzessin Thiana erreicht hatte, deutete er eine leichte Verbeugung an, bevor er sich Jess zuwandte. Jess erschauerte am ganzen Körper, als ihn der Blick aus den schwarzen Augen traf. «Bitte informiert mich das nächste Mal, wenn Ihr einen Gast empfangt, Prinzessin. Besonders, wenn es sich um einen einfachen Reisenden handelt.»

Thiana lächelte. «Der Schattenelf ist kein einfacher Reisender. Er wird versuchen, das Siegel der Drachen zu brechen.»

Der Magier musterte Jess abschätzig, und auf seinem Gesicht lag eine Mischung aus Abscheu und Hohn, als sei Jess ein lästiges Insekt, das es zu zerquetschen galt. «Interessant. Ich bin ja der Meinung, dass es dafür ein wenig mehr … Stärke bedarf. An der Aufgabe sind schon ganz andere gescheitert, gestandene Krieger mit jahrelanger Erfahrung.»

Astaroth sprach leise, trotzdem klang seine Stimme tief und dumpf, beinahe so, als würde sie zu einem anderen Körper gehören. Nach Olias' Erzählung hatte Jess sich den Magier anders vorgestellt, eher weise und gütig … doch jetzt, wo er ihm gegenüberstand, empfand er alles an diesem Mann als unheilvoll. Selten hatte er jemanden erlebt, in dessen Gegenwart er sich derart unwohl gefühlt hatte.

Thiana lächelte Jess entschuldigend an. «Ihr müsst Meister Astaroth seine ungestüme Art verzeihen», sagte sie. «So reagiert er oft, wenn er sich um meine Sicherheit sorgt. Seit der Versiegelung des Quells ist er zu unserem wichtigsten Berater geworden. Wir haben ihm so viel zu verdanken. Ich weiß wirklich nicht, was wir ohne ihn tun würden.»

Thiana griff nach Astaroth Hand, doch kaum hatte sie sie berührt, wimmerte sie leise auf und schwankte. Sämtliche Farbe schien aus ihrem Gesicht zu weichen, doch statt den Magier loszulassen, klammerte sie sich nur enger an ihn.

«Vielleicht solltet Ihr Euch eine Weile ausruhen», sagte Astaroth. «Ihr scheint erschöpft zu sein.» Er machte eine unauffällige Bewegung mit der Hand, und wie aus dem Nichts tauchten zwei Wachen in der Tür zur Kapelle auf. «Prinzessin Thiana wird sich eine Weile zurückziehen», sagte Astaroth mit gebieterischer Stimme. «Begleitet den Schattenelf hinaus.»

Die Wachen stellten sich links und rechts von Jess auf und gaben mit einem Griff an ihre Waffen zu verstehen, dass sie ihn notfalls mit Gewalt aus der Kapelle schaffen würden, wenn er nicht freiwillig mit ihnen ging.

Thiana lächelte ihm zum Abschied zu. «Auf Wiedersehen, Schattenelf.»

«Wohl kaum», warf der Magier ein und gluckste leise. Das Geräusch erinnerte Jess an Kieselsteine, die in einem Flussbett gegeneinanderrumpelten, und das Kribbeln in seinem Körper verstärkte sich noch. Beinahe war er froh, den Wachen aus der Kapelle folgen zu können. Nach einigen Schritten drehte er sich noch einmal um. Thiana und Astaroth sahen ihm nach. Sie gaben ein merkwürdiges Bild ab – die ätherische Schönheit der Prinzessin, die alles um sich herum in Licht tauchte, und die hoch aufragende Gestalt des Magiers, der eine solche Dunkelheit ausstrahlte, dass er seine gesamte Umgebung in Schatten zu hüllen schien. Jess schauderte wieder unter dem Blick seiner schwarzen Augen und war froh, als die Tür der Kapelle hinter ihm ins Schloss fiel.

Nachdem die Wachen ihn wortlos zum Schlosstor eskortiert und es geräuschvoll hinter ihm geschlossen hatten, streunte Jess noch eine Weile durch die Straßen von Valón, ohne ein wirkliches Ziel zu verfolgen. Die Begegnung mit dem Magier ließ ihm keine Ruhe. Irgendetwas stimmte mit dem Mann nicht. Seine dunkle Aura, sein aggressives Auftreten, seine Geringschätzigkeit für Jess und sein Vorhaben … Wie hatte es so jemand bloß als Berater an den königlichen Hof geschafft? Er hatte ihn mehrere Meter durch die Luft geschleudert, ohne überhaupt zu wissen, wer er war. Und er hatte ihn daran gehindert, zum Quell hinunterzugehen und sich das Siegel anzusehen. Andererseits konnte Jess nicht erwarten, jetzt schon alle Hintergründe zu durchschauen. Er war erst ganz am Anfang des Spiels, und hätte er nicht zufällig das Loch in der Mauer entdeckt, hätte es noch eine ganze Weile gedauert, bis er zum ersten Mal in den Palast vorgedrungen wäre.

Als er hungrig wurde, aß er in einem der vielen Gasthäuser zu Mittag, und immer wieder stieß er auf kleinere Nebenquests, die er aber ausschlug, aus Angst, zu viel Zeit zu verlieren. Als es Nachmittag war, ging er zurück in die Galgengasse und betrat Olias' dunklen, vollgestopften Verkaufsraum. Der Krämer sortierte gerade Gläser in ein Regal, deren fahl-gelber Inhalt stark an getrocknetes Ohrenschmalz erinnerte. Als er Jess erblickte, sah er ihn misstrauisch an.

«Hast du das Geld?», fragte er anstatt einer Begrüßung. Er schien ihm immer noch nicht zu vertrauen, und nach Rumis Aktion am Morgen konnte Jess es ihm nicht verdenken.

Er öffnete das Menü, holte eine Handvoll der Goldmünzen heraus, die er im Palastgarten gefunden hatte, und legte sie auf die Theke. «Das müsste reichen.»

Olias nahm eine der Münzen in die Hand und biss kräftig darauf, nickte zufrieden und verstaute den ganzen Münzberg in einem Säckchen unter der Theke. Dann verschwand er in einer Rauchwolke, und nur Sekunden später stand er wieder vor Jess und hielt ihm eine Pergamentrolle unter die Nase. «Bitte sehr. Die Tinte ist gerade erst getrocknet. Und die gibt's gratis obendrauf.» Er drückte Jess die vier Drachen in die Hand, mit denen er am Morgen die Drachenhorte gekennzeichnet hatte.

«Danke», sagte Jess verdutzt und stopfte die Sachen hastig in seine Tasche.

Die Tür zum Laden ging auf, und ein großer, breitschultriger Mann betrat den Raum. Er war von oben bis unten mit

Dreck verschmiert und in einen unförmigen Pelz gehüllt, der einen widerlichen Gestank verströmte. Er zeigte zu den Gläsern, die Olias gerade erst eingeräumt hatte, und sagte mit kratziger Stimme: «Die. Alle. Sofort.»

Olias verdrehte die Augen und räumte die Gläser leise schimpfend zurück in die Kiste, die noch vor dem Regal auf dem Boden stand. Jess beachtete er nicht weiter, und so ergriff er die Gelegenheit und ging rasch zur Tür hinaus, bevor der Geruch des Mannes ihm alle Sinne raubte.

Vor dem Laden öffnete er das Menü, um sich die neu erstandene Karte in Ruhe anzusehen. Die Regale und Vitrinen hatten sich nach seinem Ausflug in den Palastgarten ordentlich gefüllt. Die Karte suchte er jedoch vergeblich ... bis sein Blick auf den Tisch fiel, der ihm schon am Anfang aufgefallen war. Jetzt wusste er, wozu er diente: Die Karte lag ausgerollt darauf, und als Jess näher trat, sah er, dass verschiedene Symbole dazugekommen waren, die in unterschiedlichen Farben leuchteten: Die Orte, die er bereits besucht hatte – wie den *Goldenen Drachen* oder das Lager am Fluss – glommen blau; die Portale, die er vor der Stadt und im Palastgarten aktiviert hatte, silbrig; und auch die SafeHouses, die er bisher gefunden hatte, waren mit kleinen Symbolen gekennzeichnet. Die Drachenfiguren, die Olias ihm geschenkt hatte, standen auf ihren jeweiligen Festen im Norden, Süden, Osten und Westen. Valón befand sich genau in der Mitte der Karte, und dort stand auch eine hölzerne Spielfigur, die offenbar seine eigene Position markierte.

Jess betrachtete den Rest der Karte. Er fand die Akademien des Kampfes, der Magie und des Wissens; Dromar, die Festung der Drachengilde, südlich der Sümpfe von Ti'Menor; las von den Bergen von Col'Valar, den tausend Seen von Gian'Mar, der Wüste von Il'Faran – und musste schlucken. Schlagartig wurde ihm bewusst, wie groß Cal'Anthor war – und er hatte erst einen Bruchteil davon zu Gesicht bekommen.

Dann fiel ihm noch etwas auf. Die Außengrenzen des riesigen Reiches bestanden nicht aus klaren Linien, sondern aus dunklen, verschwommenen Umrissen, die sich, wenn Jess lange genug daraufstarrte, zu bewegen schienen. Das musste die Dunkelheit sein, die sich nicht nur unablässig in das Land hineinfraß, sondern es gleichzeitig auch von der Karte tilgte. Cal'Anthor blieb nicht mehr viel Zeit.

Er musste sich dringend eine Strategie zurechtlegen, wie er die Suche nach den Siegelfragmenten angehen wollte. Und genauso dringend musste er sich ein Pferd besorgen, sonst hatte er keine Chance, die großen Entfernungen zu bewältigen. Er erinnerte sich daran, bei seinem Streifzug durch die Stadt am Nordtor einen Pferdestall gesehen zu haben, ähnlich dem, an dem Milo am ersten Tag das Pferd gekauft hatte. Vielleicht sollte er dort sein Glück versuchen.

Er loggte sich aus und fand sich mit dem Gesicht voran in einer Pfütze wieder. Verwirrt rappelte er sich auf und sah gerade noch, wie der Mann mit dem stinkenden Pelz um eine Ecke bog und in einer Seitengasse verschwand. Jess rieb sich den schmerzenden Ellbogen und fluchte lautlos. Er war viel zu lange im Menü gewesen. Der Schutzwall um seinen Avatar war erloschen, und so hatte der Hüne ihn einfach aus dem Weg gerempelt, als er Olias' Laden verlassen hatte. Jess schüttelte verärgert den Kopf. In Zukunft würde er besser aufpassen müssen, wenn er länger im Menü bleiben wollte.

Er machte sich auf den Weg zum Nordtor. Vor dem Stall saß ein Mann in der Sonne und kaute auf einem Strohhalm herum. Als Jess ihn nach einem Pferd fragte, nickte er wortlos und führte ihn in den Stall. Wieder zeigte er ihm drei verschiedene Pferde, die sich sowohl vom Preis als auch von der

Qualität deutlich unterschieden: Ein kleines, mageres Pony, das Jess wohl kaum länger als eine halbe Stunde würde tragen können, eine hübsche, hellbraune Stute, und einen muskelbepackten, schwarzen Hengst, der mit den Augen rollte und nach ihm schnappte, als Jess der Box zu nahe kam.

Die Entscheidung fiel ihm nicht schwer. Die 100 Gulden für die Stute konnte er nach seinem Streifzug durch den Palastgarten gerade noch aufbringen, damit waren seine Münzvorräte allerdings so gut wie erschöpft. Er würde neues Geld auftreiben müssen, zur Not, indem er Waffen oder Schmuck dagegen eintauschte. Aber nicht mehr jetzt. Jetzt wollte er sich endlich auf den Weg machen.

Er führte die gesattelte Stute aus der Box. Als er bereits einen Fuß im Steigbügel hatte, wurde ihm bewusst, dass er noch nie in seinem Leben auf einem Pferd gesessen hatte. Doch im gleichen Moment hievte sich sein Avatar in den Sattel, als wäre es das Natürlichste auf der Welt. Jess gratulierte sich dazu, Reiten als Fähigkeit gewählt zu haben. Er nahm die Zügel auf, drückte sanft die Schenkel zusammen, und kurz darauf trabte er aus dem Stadttor hinaus in Richtung der Berge von Col'Valar.

Er hatte sich entschieden. Der Kampf mit dem Schwert oder mit Pfeil und Bogen war ihm nicht ganz geheuer. Aber er besaß noch eine andere Waffe, und die wollte er endlich kontrollieren können. Deswegen würde ihn sein erster Weg zur Akademie der Magie führen.

TEIL 4

DRACHENJAGD

22

Der Schmerz schoss so heftig in seinen Arm, dass er aufschrie. Er hörte das Reißen von Stoff, spürte das Blut, das warm und klebrig aus der Wunde lief. Mit einem verzweifelten Aufschrei stieß Jess den Wolf von sich, dem blutige Fetzen seines Hemdes aus dem Maul hingen. Dann spürte er in sich hinein, suchte nach dem vertrauten Ziehen seiner Magie, ließ es anschwellen und konzentrierte sich gleichzeitig auf das Rudel, das geifernd und knurrend seinen nächsten Angriff vorbereitete.

Als der erste Wolf auf ihn zusprang, ließ er los. Der Magiestoß breitete sich aus wie eine Druckwelle und schleuderte die Wölfe durch die Luft. Die Tiere jaulten auf, doch anstatt die Flucht zu ergreifen, schien sie die Magiewelle noch wütender gemacht zu haben. Wütend und kläffend stürzten sie wieder auf ihn zu.

Jess schluckte. Seine Magie reichte nicht aus, um die Wölfe zu vertreiben. Sie hatte ihm lediglich ein paar Sekunden Zeit verschafft. Die Wunde in seinem Arm pochte, doch er zwang sich, den Schmerz zu ignorieren. Rasch öffnete er das Schnellwahlmenü und tauschte den Dolch gegen ein Schwert. Kaum hatte er das Menü geschlossen, war der erste Wolf heran. Er sprang ab und flog auf Jess zu, der instinktiv das Schwert hob. Es erzitterte unter seinen Händen, ein Knirschen ertönte, ein Jaulen, dann sackte der Wolf leblos in sich zusammen und löste sich in einer kleinen Rauchwolke auf. Doch Jess hatte kaum Zeit durchzuatmen. Das restliche Rudel war heran, und ihm blieb keine andere Wahl als weiterzukämpfen. Blindlings wirbelte er herum, stach zu, wich aus. Doch es waren viele. So viele, dass er sie nicht mehr voneinander unterscheiden konnte. Sie verschmolzen zu einer grauschwarzen Masse aus verfilztem Fell, Klauen und geifernden Mäulern. Wieder flammte der Schmerz auf, wo ihn die scharfen Reißzähne eines Wolfes erwischten, erst in seinem Oberschenkel, dann in seinem Rücken. Er schrie, ob vor Schmerz oder Wut oder Verzweiflung, vermochte er selbst nicht zu sagen.

«Lasst mich in Ruhe!», brüllte er. «Verschwindet, ihr verdammten Viecher! Haut ab!» Er stieß blindlings zu, drehte sich im Kreis und versuchte, die Angriffe abzuwehren. Seine Arme wurden schwer, und vor seinen Augen tanzten schwarze Punkte.

Und dann, endlich, war es vorbei. Als das Heulen des letzten Wolfes verstummte, senkte sich eine fast unnatürliche Stille über die Waldlichtung, auf der ihn das Rudel überrascht hatte. Jess ließ das Schwert fallen und sank kraftlos zu Boden. Der Schmerz, der sich während des Kampfes als dumpfes Pochen getarnt hatte, kehrte mit voller Wucht zurück, und als Jess die Fleischwunden an Arm und Oberschenkel untersuchte, sog er erschrocken die Luft ein. Er musste sich dringend um die Wunden kümmern und etwas gegen seine Kraftlosigkeit tun. In seinem jetzigen Zustand war er ein gefundenes Fressen für jeden Gegner – im wahrsten Sinne des Wortes, wenn er Pech hatte.

Jess stemmte sich stöhnend auf die Füße, schob das Schwert zurück in seine Tasche und humpelte in Richtung Waldrand. Auf dem Weg hierher hatte er ein SafeHouse gesehen, eine kleine, einfache Hütte wie die, die er am ersten Tag mit Rumi entdeckt hatte. Sie würde reichen, damit er sich in Ruhe wiederherstellen konnte.

Der Weg zur Hütte schien sich ewig zu ziehen. Wieder tanzten schwarze Punkte vor seinen Augen, und kaum hatte er die Tür hinter sich geschlossen, gaben seine Beine unter ihm nach. Er musste etwas essen! Mit letzter Kraft zog er sich auf das Bett, dann öffnete er das Menü. In dem Regal mit den Essensvorräten griff er als Erstes nach einer Portion Trockenfleisch, das zwar furchtbar zäh war, aber wahre Wunder bewirkte. Schon nach den ersten Bissen merkte er, wie die Kraft in seine Beine zurückkehrte und die Punkte vor seinen Augen verschwanden. Um ganz sicherzugehen, spülte er das zähe Fleisch mit einem Stärkungstrank hinunter, den er für horrendes Geld bei einem fahrenden Händler erstanden hatte. Wenn man sich ein wenig mit Pflanzen auskannte, konnte man die Kräuter dafür auch selbst suchen und sie wie bei einem Tee in Wasser aufkochen, doch ihm fehlte die Fähigkeit der Pflanzenkunde, und er hatte keine Lust gehabt, sich mit einer falschen Mischung selbst zu vergiften.

Nachdem er sich ein wenig gestärkt hatte, humpelte er hinüber zu dem Regal mit der Medizin. Für eine ebenso horrende Summe hatte er bei dem fahrenden Händler auch einen Heiltrank gekauft, und er wusste, dass seine Wunden innerhalb kürzester Zeit verheilt sein würden, wenn er ihn einnahm. Die Vorstellung war verführerisch – der pochende Schmerz, der sich inzwischen auf seinen gesamten Körper ausgebreitet hatte, ließ ihn kaum einen klaren Gedanken fassen. Doch dann zog er die Hand, die er bereits nach der Flasche ausgestreckt hatte, wieder zurück. Nein. Nicht jetzt. Ihm stand eine ungleich größere Aufgabe bevor als ein Rudel Wölfe, und er wollte den Trank nicht verschwenden. Er war seine beste Möglichkeit, die Drachenfeste, die jenseits des kleinen Wäldchens lag, halbwegs heil zu überstehen.

Seufzend griff er nach einem Tiegel, öffnete den Deckel und schmierte sich die zähe, braune Kräuterpaste auf die Wunde auf seinem Arm. Die erste Berührung brannte wie Feuer, doch gleich darauf breitete sich eine angenehme Kühle in seinem Arm aus und ließ den Schmerz verblassen. Er wiederholte den Vorgang bei allen Wunden, die er erreichen konnte, bis der Tiegel leer war.

Jess fluchte leise. Diese verflixten Wölfe. Er hatte sie nicht kommen hören, weil er zu sehr in Gedanken versunken gewesen war über das, was ihn jenseits des Waldes erwartete. Zum Glück hatte es sich nur um Wölfe gehandelt. In der Woche, die er bereits im Norden Cal'Anthors unterwegs war, hatte er sämtliche Hemmungen abgelegt, sich zur Wehr zu setzen – solange es sich um wilde Tiere oder Monster handelte. Bei Menschen hingegen sah es nach wie vor anders aus. Natürlich wusste er, dass sie nicht echt waren. Aber sie sahen echt aus, klangen echt, fühlten sich echt an. In seinem Kopf machte es keinen Unterschied, ob der Wegelagerer, der gestern ohne Vorwarnung aus einem Gebüsch hervorgesprungen war, ein NPC war oder nicht. Jess war so verunsichert gewesen, dass es keine drei Sekunden gedauert hatte, bis ihm der Typ die Spitze eines Messers an den Hals gehalten hatte. Anstatt sich zu wehren, hatte Jess sich ins Menü geflüchtet, und als er es kurz vor Ablauf der Minute verlassen hatte, sah er gerade noch, wie der Wegelagerer auf seiner Stute davonritt. Seitdem war Jess wieder zu Fuß unterwegs. Ein teurer Fehler, und er hoffte, dass er so schnell nicht noch mal in die Situation kam, gegen einen NPC zu kämpfen.

Er ließ seinen Blick über sein Inventar schweifen und beschloss, noch eine Handvoll Sonnenbeeren zu essen, die er am Morgen gesammelt hatte. Sie besaßen keine großen Heilkräfte, aber eine beruhigende Wirkung, was angesichts seiner Nervosität vielleicht gar nicht so schlecht war. Wenn er dann noch eine Weile im SafeHouse blieb, hatte die Kräuterpaste ausreichend Zeit, seine Wunden zu heilen – und es verschaffte ihm ein wenig Aufschub, bevor er sich dem ersten Drachen stellen musste.

Er spürte, wie ihm bei dem bloßen Gedanken daran Adrenalin ins Blut schoss. Mindestens eine halbe Stunde würde er noch warten müssen, bis die Kräuterpaste ihre Wirkung getan hatte. Wenn er die ganze Zeit nur hier im SafeHouse herumsaß, würden seine Gedanken unweigerlich verrücktspielen angesichts der Aufgabe, die ihm bevorstand. Aber so geschwächt, wie sein Avatar war, wollte er das SafeHouse auch nicht verlassen.

Schließlich beschloss er, sich aus dem Spiel auszuloggen, um sich von dem Gedanken an die Drachenfeste abzulenken. Es war allemal besser, als tatenlos im Spiel herumzusitzen. Sein Avatar regenerierte sich auch ohne ihn, und im SafeHouse war er sicher. Außerdem konnte er die Gelegenheit ergreifen und im echten Leben ein zweites Frühstück zu sich nehmen. Am Morgen hatte er verschlafen und deswegen nur das Nötigste in sich hineingestopft, was dem Energielevel seines Avatars bestimmt auch nicht guttat. Entschlossen ging Jess zu der Säule in der Mitte des Raums und betätigte das Feld «Ausloggen».

Blinzelnd sah er sich um. Es war das erste Mal, dass er sich mitten im Spiel ausloggte, und er war fast ein wenig erschrocken, wie unheimlich es wirkte, seine Mitspieler wie leblos daliegen zu sehen, der Körper in einem Kellerraum, der Geist in einer fremden Welt. Verwundert stellte er fest, dass Rumis Platz leer war. Vielleicht musste sie ebenfalls ein wenig Zeit überbrücken oder hatte einfach eine Pause gebraucht. Schließlich zwang sie niemand, zehn Stunden am Stück durchzuspielen – auch wenn die meisten es taten.

Jess richtete sich auf und zog den Helm ab. Tom sah kurz von seinem Monitor auf, auf dem er die Standorte und den Spielfortschritt der Spieler nachvollziehen konnte, und schaute ihn fragend an. Jess zeigte ihm mit erhobenem Daumen, dass alles in Ordnung war, stand auf und ging in den Nebenraum, in dem Snacks und Getränke bereitstanden.

Er nahm sich eine Banane und einen Schokodrink von einem Tisch an der Wand und lümmelte sich auf die Couch. Nachdem er es endlich geschafft hatte, den Strohhalm in das Loch zu drücken, sah er sich um. Auf einem Couchtisch lagen ein paar Zeitschriften, die ihn aber nicht interessierten, und an der Wand hing ein großer Monitor, an den mehrere Konsolen angeschlossen waren. Jess schüttelte grinsend den Kopf. Wer loggte sich denn aus einem Videospiel aus, um seine Pause damit zu verbringen, Videospiele zu spielen?

Sonst gab es in dem kleinen Raum nicht viel zu entdecken. Nachdem er Banane und Schokodrink verputzt hatte, beschloss er, sich ein bisschen die Beine zu vertreten und die Toilette zu benutzen. Als er den Aufenthaltsraum durch eine zweite Tür verließ und auf den Flur hinaustrat, öffnete sich im selben Moment die Verbindungstür zum Bürotrakt. Erstaunt stellte er fest, dass zwei Security-Mitarbeiter jemanden in den Spielertrakt eskortierten, und erst, als sie an der Tür stehen blieben und die Person mit strengem Blick aufforderten weiterzugehen, erkannte Jess, wer es war: Rumi!

Als Rumi ihn bemerkte, war sie ebenso verblüfft wie er. Doch sie fing sich schnell wieder, würdigte die beiden Wachmänner keines Blickes und ging mit schnellen Schritten auf ihn zu.

«Komm mit», sagte sie und zog ihn hinter sich her den Gang entlang, ohne eine Antwort abzuwarten.

«Ich wollte gerade aufs Klo», protestierte Jess.

«Perfekt! Da will ich auch hin.» Ohne auf seinen Protest zu achten, zog Rumi Jess mit eisernem Griff aufs Männerklo, und erst, als die Tür zum Flur hinter ihnen ins Schloss fiel, ließ sie seinen Arm wieder los.

Es war das erste Mal, dass sie sich nach dem Vorfall bei Olias trafen. Im Spiel waren sie sich nicht mehr begegnet, und außerhalb des Spiels war Jess ihr absichtlich aus dem Weg gegangen, weil er sich von ihr im Stich gelassen fühlte. Natürlich war sie ihm keine Rechenschaft schuldig. Jeder spielte für sich allein. Trotzdem war er immer noch ein bisschen sauer auf sie. Und die Aktion jetzt machte die Sache nicht unbedingt besser.

Jess rieb sich über die schmerzende Stelle und sah Rumi empört an. «Was soll denn das? Und warum zum Teufel unterhalten wir uns auf dem Männerklo?»

Doch Rumi ging überhaupt nicht auf seine Fragen ein, sondern inspizierte erst die Decke des Raums, dann untersuchte sie das Waschbecken, die Spiegel, sah in jede der drei Kabinen und kniete sich zum Schluss sogar auf den Boden, um unter die Kloschüssel gucken zu können. Dann stand sie wieder auf und betrachtete eine Weile kritisch die Lampe in der Mitte der Decke, bevor sie grimmig nickte.

«Sieht gut aus», brummte sie und wandte sich endlich wieder Jess zu. Der hatte sie mit wachsendem Unglauben beobachtet und schüttelte nun fassungslos den Kopf.

«Könntest du mir mal sagen, was hier gerade vor sich geht?», fragte er.

«Ich hab nach Überwachungskameras gesucht.»

«Unter dem Klo?»

«Quatsch. Aber da könnten Wanzen angebracht worden sein.»

«Wanzen? Ich versteh überhaupt nichts mehr. Und dass es hier Überwachungskameras gibt, wurde uns doch schon gesagt.»

«Ja, die normalen Überwachungskameras in den Gemeinschaftsräumen und den Fluren, die für alle gut sichtbar an der Wand hängen. Aber von den vielen versteckten Kameras hat uns niemand was erzählt. In unseren Schlafzimmern zum Beispiel. Selbst im Aufzug ist eine. Die Toiletten scheinen die einzigen Räume zu sein, die sauber sind.»

Jess runzelte die Stirn. «In meinem Schlafzimmer ist eine Kamera?»

Rumi nickte. «Bei mir ist sie in dem Bilderrahmen gegenüber vom Bett. Und die Wanze steckt hinterm Fernseher. Aber bitte sei vorsichtig, wenn du danach schaust. Und lass sie bloß, wo sie sind. Wenn du sie entfernst, werden sie auf uns aufmerksam.»

Jess schüttelte verwirrt den Kopf. «Okay, das ist krass.»

«Sie überwachen uns auf Schritt und Tritt, Jax. Es ist noch viel schlimmer, als ich gedacht hatte.»

Jess runzelte die Stirn. Irgendwie hatte er das Gefühl, als würde sich Rumis letzter Satz nicht nur auf die Kameras beziehen. «Warum warst du eigentlich im Bürotrakt?»

«Ich wollte versuchen, mich ein bisschen auf den Servern umzusehen. Heute ist Sonntag, da habe ich gehofft, dass niemand da sein würde. Aber die netten Herren vom Wachpersonal haben mich direkt einkassiert und wieder zurückgebracht.»

«Du wolltest dich … auf den *Servern* umsehen?» Jess verstand überhaupt nichts mehr. «Warum denn das?»

Rumi sah ihn mit unergründlichem Blick an, bevor sie

schließlich antwortete. «Ich bin keine von den ausgewählten Teilnehmern am Early Access. Ich hab die Zugangsdaten einer anderen Teilnehmerin gefälscht, sodass ich an ihrer Stelle hierherfahren konnte. Ich bin» – Rumi schluckte – «*war* Eriks Freundin.»

Stille breitete sich zwischen ihnen aus. Jess sah Rumi an, und in ihrem Blick las er nicht nur Trauer, sondern auch, dass Rumi eine Reaktion von ihm erwartete. Oder besser: von seinem Bruder. Jaxon wusste vermutlich, wer Erik war.

Jess zermarterte sich das Gehirn. Der Name sagte ihm irgendwas. Hatten sich Jaxons Freunde nicht über einen Erik unterhalten? Und irgendetwas mit einem Unfall? Aber an mehr konnte er sich beim besten Willen nicht mehr erinnern. Er hatte keine Ahnung, was dieser Erik mit cy.corp zu tun hatte. Und auch nicht, warum Rumi sich deswegen bei dem Early Access einschlich und versuchte, auf cy.corps Servern zu spionieren. Irgendwie musste er dieses Gespräch beenden, bevor Rumi ahnte, dass er nicht Jaxon war.

Er setzte gerade zu einer halbgaren Erklärung an, als die Tür zu den Toiletten aufgestoßen wurde und ein Wachmann den Kopf hereinsteckte.

«Alles in Ordnung hier drin?», fragte er, doch seine Miene und sein Tonfall waren derart streng, dass die Vermutung nahelag, dass er sich nicht wirklich um sie sorgte.

Jess nickte, doch Rumi verschränkte bloß die Arme vor der Brust und starrte den Mann grimmig an. Sie schien ihm immer noch übel zu nehmen, dass er sie davon abgehalten hatte, im Bürotrakt herumzuspionieren. Anstatt sich mit ihrer Reaktion zufriedenzugeben, blieb der Wachmann in der offenen Tür stehen und sah sie beide auffordernd an.

Jess beschloss, die Gelegenheit zu nutzen und sich aus der Situation zu befreien, bevor sie noch unangenehmer für ihn wurde. Er wich Rumis Blick aus und deutete auf eine Toilettenkabine. «Ich wollte gerade …» Bevor sie etwas sagen konnte, betrat er die Kabine und schloss die Tür hinter sich. Erleichtert stellte er fest, dass Rumi und der Wachmann den Raum verließen. Jetzt benutzte er schon Toiletten, um heiklen Gesprächen aus dem Weg zu gehen. Na bravo.

Als Jess ein paar Minuten später den Gamingraum betrat, war der Wachmann verschwunden. Rumi lag wieder auf ihrer Liege und setzte sich den Datenhelm auf. Er warf ihr einen entschuldigenden Blick zu. «Tut mir echt leid, aber ich …»

Sie unterbrach ihn kopfschüttelnd, deutete erst auf Tom, dann auf die Kamera, die über der Tür zum Flur hing. Stattdessen fragte sie in unbeschwertem Ton: «Wo bist du gerade?»

Jess begriff, dass sie außerhalb der Toiletten – der einzigen «sauberen» Räume, wie sie gesagt hatte – nicht über Erik und die Serversache sprechen wollte. Er verstand zwar nicht, warum. Aber er nahm den Themenwechsel dankbar an.

«Kurz vor Ragnarund.»

«Gehst du heute noch hin?»

«Hab ich vor, ja.»

«Na dann viel Glück», sagte sie knapp, und obwohl sie sich alle Mühe gab, ungezwungen zu klingen, hörte Jess den verhaltenen Ärger aus ihrer Stimme heraus. Sie hatte eindeutig gehofft, dass das Gespräch in der Toilette anders verlaufen wäre.

Rumi nickte ihm noch einmal zu, bevor sie sich einloggte. Kurz darauf war auch Jess zurück im Spiel. Der Unterschied zwischen der echten Welt und der Welt von Cal'Anthor war ihm noch nie so groß vorgekommen wie in diesem Augenblick.

23

Jess war froh, dem Gespräch mit Rumi entkommen zu sein. Für einen kurzen Augenblick erschien ihm die Aussicht, gegen einen Drachen zu kämpfen, fast verlockender, als Rumis durchdringenden Blick ertragen zu müssen. Eine leise Stimme in seinem Hinterkopf ermahnte ihn, sich damit auseinanderzusetzen, was Rumi über die Kameras und Wanzen und diesen ominösen Erik angedeutet hatte. Doch Jess brachte die Stimme hastig zum Schweigen. Dafür hatte er jetzt keine Zeit. Er musste sich auf den Kampf mit Ragnarund vorbereiten, und er hatte nicht die geringste Ahnung, wie er das bewerkstelligen sollte.

Er spürte, dass sein Avatar immer noch ein wenig wackelig auf den Beinen war, aber es ging ihm schon deutlich besser als eine halbe Stunde zuvor. Jess trat zur Säule in der Mitte und tippte auf «Menü verlassen». Sein Avatar saß genau dort, wo er ihn zurückgelassen hatte – mit dem Unterschied, dass nun jemand neben ihm saß.

«Hi, Jax.»

Jess sprang auf und griff instinktiv an seinen Waffengürtel, bevor er die Lichtelfe erkannte. «Kaya! Was machst du denn hier?»

«Sorry», sagte Kaya und musste sich das Lachen verkneifen, als sie seinen verdatterten Gesichtsausdruck sah. «Ich wollte dich nicht erschrecken.»

«Schon gut», erwiderte Jess. «Ich hab nur nicht damit gerechnet, hier drin jemandem zu begegnen.»

«Na ja, in der Umgebung der Drachenfesten ist die Spielerdichte vermutlich höher als anderswo.»

«Auch wieder wahr.» Jess zögerte, bevor er fortfuhr. «Und … warum bist du hier?» Das klang ein wenig misstrauischer, als er beabsichtigt hatte. Aber die Vorstellung, dass Kaya ins SafeHouse gekommen war, ohne dass er irgendetwas davon mitbekommen hatte, hinterließ ein mulmiges Gefühl bei ihm.

«Keine Sorge, ich wollte dir nichts tun», sagte Kaya rasch, als hätte sie seine Gedanken gelesen. «Ich habe mir nur angewöhnt, in jedes SafeHouse zu gucken, an dem ich vorbeikomme. Ist doch lustig, wenn man sich im Spiel begegnet, findest du nicht? Abends sind immer alle zu müde, um sich zu unterhalten.»

Jess nickte verhalten. Zu müde – oder nicht gewillt, etwas vom eigenen Spielfortschritt preiszugeben. Kaya hingegen war anders – eine gute Spielerin, aber nicht von solchem Ehrgeiz getrieben wie die meisten anderen. Er mochte sie, auch wenn er bisher nicht viel mit ihr zu tun gehabt hatte.

Da es in der kleinen Hütte keine andere Sitzgelegenheit gab, setzte er sich wieder neben Kaya auf das Bett. Als ihr Blick auf seine zerfetzte Kleidung und die mit Paste zugeschmierten Wunden darunter fiel, sog sie erschrocken die Luft ein. «Was ist denn mit dir passiert?»

«Mich hat ein Rudel Wölfe erwischt», gab Jess zerknirscht zu.

«Oje, die sind nervig. Ist mir auch schon mal passiert. Brauchst du noch irgendwas zur Heilung? Ich hab einen lilafarbenen Wirbel, aber … na ja, den würde ich nur ungern hergeben so kurz vor der Drachenfeste.»

Jess winkte ab. «Das ist nett. Aber es geht schon.»

In Wahrheit hätte es ihn auch überrascht, wenn Kaya ihm ihren magischen Wirbel einfach so überlassen hätte. Die Wirbel waren selten und nur sehr schwer zu finden. Neben den roten und grünen, die er mit Rumi gefunden hatte, gab es noch andere Farben, die alle eine unterschiedliche Wirkung besaßen: gelbe, die mehr Energie verliehen, lilafarbene, die Verletzungen heilten, orangefarbene, die den Schmerz nahmen, und türkisfarbene, die einen keine Angst mehr spüren ließen. Man musste sie nicht direkt benutzen, sondern konnte sie in leere Gefäße füllen und im Menü ablegen. Tatsächlich war Jess in der vergangenen Woche eher durch Zufall auf einige gestoßen, die in Felsspalten oder Höhlen verborgen gewesen waren, und zwei davon hatte er sich für den Kampf mit dem Drachen aufbewahrt: einen türkisfarbenen und einen roten.

«Warst du nicht mit Dinesh unterwegs?», fragte er. «Ihr wolltet doch zur Akademie des Wissens, oder?»

Kaya nickte. «Da waren wir auch. Die Akademie ist total irre. Im Grunde besteht sie nur aus einem riesigen, runden Turm in der Mitte eines Sees. Darin befindet sich die größte Bibliothek, die ich je gesehen habe. Tausende von Schriftrollen und Büchern. Dinesh und ich waren vollkommen überwältigt. Und egal, welches Buch wir in die Hand genommen haben, jedes war echt. Also …» Sie lächelte verlegen. «Natürlich nicht *echt* echt, aber du weißt schon, es stand etwas darin. Wie in einem richtigen Buch eben. Vermutlich könnte man Jahre dort verbringen und hätte immer noch nicht alle Texte gelesen.»

«Und wo ist Dinesh jetzt?»

«Ich weiß nicht genau. Wir haben uns noch in der Akademie getrennt. Nachdem unsere Karten fertig waren, wollte ich los. Aber Dinesh hatte einige interessante Texte über die Drachenbeschwörung und den Quell gefunden, die er unbedingt lesen wollte. Also bin ich allein weiter.» Sie lächelte ihn an. «Und du? Wolltest du nicht mit Rumi zusammen nach Valón?»

Jess verzog das Gesicht. «Ja. Aber wir … hatten unterschiedliche Vorstellungen, wie wir weiterspielen. Also haben wir uns getrennt.» Mehr wollte Jess nicht dazu sagen, und zu seiner Erleichterung fragte Kaya auch nicht weiter nach.

«Und was hast du seitdem gemacht?», fragte Kaya.

«Ich bin zur Akademie der Magie geritten», erwiderte Jess. «Ich wollte erst meine Magie ein bisschen besser beherrschen, bevor ich mich in den Kampf mit einem Drachen stürze.»

Kaya nickte. «Da will ich auch unbedingt noch hin. Und? Wie war's?»

Jess winkte ab. «Furchtbar. Die Akademie ist eine Festung in den Bergen, und der Weg dahin ist ziemlich mühsam. Als ich es endlich geschafft hatte, ohne mir den Hals zu brechen, haben sie mich nicht reingelassen.»

«Was? Wieso denn das nicht?»

«Man darf die Akademie erst betreten, wenn man eine Prüfung besteht», sagte Jess und merkte, wie die Wut und Enttäuschung, die er vor den Toren der Akademie verspürt hatte, wieder aufflammten. Er hatte einen ganzen Tag gebraucht, um den steilen Weg bis zur Akademie zu bewältigen, hatte sich durch eisige Schneefelder und über schmale Grate gekämpft, nur um an dem riesigen Felsentor, das mitten in den Berg gehauen war, abgewiesen zu werden. Auf sein Klopfen hatte sich eine kleine Klappe im Tor geöffnet, und ein schrecklich arroganter Lichtelf hatte ihm erklärt, dass er nur eintreten dürfe, wenn er es aus eigener Kraft schaffe, das Tor zu öffnen. Jess hatte versucht, seine Magie heraufzubeschwören und einen genauso starken Magiestoß zu produzieren wie bei dem Kampf mit dem Troll. Er hatte sich so sehr konzentriert, dass ihm Schweiß auf die Stirn getreten war, doch alles, was er zustande gebracht hatte, war ein schwacher Schubs. Er hatte noch nicht genug Übung mit seiner Magie, die mal stärker, mal schwächer in ihm pulsierte. Für das Öffnen des Tores hatte sie jedenfalls nicht gereicht, denn das hatte sich keinen Millimeter bewegt, und auf sein erneutes Klopfen hatte auch niemand mehr die Klappe geöffnet.

Jess hätte heulen können, so frustriert war er gewesen. Einen ganzen Tag hatte er verloren, und alles umsonst. Was zum Teufel hatten sich die Entwickler dabei gedacht? War die Akademie denn nicht dafür da, um mehr über Magie zu lernen und sie besser kontrollieren zu können? Welchen Sinn machte es, ihn erst einzulassen, wenn er schon ausreichend Kontrolle darüber besaß?

«Interessant», sagte Kaya, nachdem er ihr die Kurzversion der Ereignisse erzählt hatte. «Mal sehen, wie ich mich bei der Prüfung schlage. Ich hab mir vorgenommen, nach der Drachenfeste auch mal dort vorbeizuschauen. Obwohl ...» Sie hob die Hand in Richtung des Kamins, in dem im selben Augenblick ein munteres, kleines Feuer zu prasseln begann. «Eigentlich klappt das mit der Magie schon ganz gut.»

Jess hob ebenfalls eine Hand und schickte einen schwachen Magiestoß los, der das Feuer wieder erstickte. «Dafür reicht meine Magie auch», erwiderte er trocken. «Aber für das Tor der Akademie offenbar nicht.»

«Und was hast du dann gemacht?»

Jess zuckte mit den Schultern. «Eigentlich wollte ich direkt hierher zur Drachenfeste reiten. Aber auf dem Weg bin ich an Thorell vorbeigekommen, einem kleinen Dorf in den Bergen. Erst hab ich mich gefreut, wieder unter Menschen zu sein, bis ich bemerkt habe, dass in Thorell ausschließlich Angehörige des Bergvolks leben. Du kannst dir gar nicht vorstellen, wie die mich beäugt haben.»

Kaya lachte. «Stimmt. Das Bergvolk hat es nicht so mit den Elfen, oder?»

Jess nickte säuerlich. «In Valón leben die unterschiedlichen Völker wie selbstverständlich zusammen. Aber in diesem Dorf herrschte das pure Misstrauen. Kaum einer hat mit mir geredet. Einmal wurde mir sogar die Tür vor der Nase zugeschlagen. Immerhin konnte ich in einem kleinen Laden meine Vorräte auffüllen. Unter anderem damit.» Er öffnete das Schnellwahlmenü und hielt kurz darauf einen braunen, länglichen Riegel in der Hand, den er in zwei gleich große Teile brach. «Hier, probier mal.»

Kaya nahm den Riegel entgegen und roch vorsichtig daran. «Das ist Schokolade», rief sie erstaunt.

Jess grinste. «Cool, oder? Hat mir die alte Frau als eine Spezialität des Hauses angepriesen. Sie war halb blind, deswegen hat sie vermutlich gar nicht gemerkt, dass sie einen Schattenelf bedient.»

Kaya biss ein großes Stück ab und kaute genüsslich. «Wie die Dorfbewohner wohl auf TJ reagiert hätten?», fragte sie.

«Wahrscheinlich hätten sie ihm einen roten Teppich ausgerollt und ihm die Schokolade tonnenweise hinterhergeworfen», erwiderte Jess. «Zusammen mit Heiltränken und Waffen.»

«Die er vermutlich gar nicht braucht.» Kaya seufzte. «Ich bin ihm vor ein paar Tagen begegnet. Er ist ganz schön weit aufgestiegen in der Drachengilde und läuft jetzt mit entsprechender Kleidung und ziemlich starken Waffen herum.»

Die Information überraschte Jess kein bisschen – dass TJ ein ernst zu nehmender Gegner werden würde, war von Anfang an klar gewesen. Ihm fiel auf, wie sehr er es genoss, sich mit Kaya zu unterhalten. Nicht nur, weil er etwas über die anderen erfuhr. Sondern auch, weil er wieder jemanden zum Reden hatte. Jemanden, der nicht von einem Computerprogramm gesteuert wurde.

«Hast du gute Waffen?», fragte Kaya. «Du bist doch auch auf dem Weg zu Ragnarund, oder?»

Jess zuckte mit den Schultern. «So ganz schlecht stehe ich nicht da. Ich musste in Thorell mein Pferd neu beschlagen lassen, und der Schmied war erstaunlich gesprächig – selbst einem Schattenelf gegenüber. Er hat mir von einem Erz erzählt, das es nur in einigen Höhlen rund um das Dorf gibt und mit dem man extrem harte Waffen schmieden kann. War gar nicht so einfach, die Höhlen zu finden. Und natürlich waren die auch nicht unbewohnt. Hat mich einen ganzen Tag gekostet, aber der Aufwand hat sich gelohnt. Ich hab genug von dem Erz gesammelt, damit der Schmied mir einen Dolch daraus machen konnte.»

«Wie viel musstest du ihm dafür bezahlen?»

Jess steckte sich das letzte Stück Schokolade in den Mund. «Zu viel», nuschelte er.

Kaya lachte wieder. «War ja klar. Aber du wirst noch dankbar dafür sein. Ich hatte beim ersten Drachen keine wirklich guten Waffen dabei. Hätte ich mich im Vorfeld nicht mit so vielen Heiltränken und Wirbeln ausgestattet, wäre es böse ausgegangen.»

«Du hast schon einen Drachen getötet?»

«Jep. Lysrathan, der Sturmdrache im Osten. War eine ganz schöne Herausforderung, sag ich dir. Er schlägt so fest mit den Flügeln, dass der Wind dich auf den Boden drückt und du dich kaum noch bewegen kannst. Wenn er dich dann mit seinem Schwanz trifft – autsch.»

«Und wie hast du ihn besiegt?»

Kaya grinste. «Das musst du schon selbst herausfinden. Aber die Drachen haben alle eine Schwachstelle. Wenn man sie rechtzeitig findet, ist es gar nicht so schwer.»

«Heißt das, du hast auch schon eines der Siegelfragmente?»

«Ja. Ich konnte es aufsammeln, nachdem ich das Biest endlich ins Jenseits befördert hatte.»

Plötzlich fiel Jess etwas ein. «Wie funktioniert das eigentlich, wenn jemand einen Drachen besiegt hat?», fragte er. «Du hast das Fragment doch mitgenommen. Wie sollen denn jetzt die anderen daran kommen?»

«Die Drachenfeste ist ein Dungeon, wie in jedem anderen Spiel auch», erwiderte Kaya. «Sie kann immer nur von einem Spieler betreten werden. Bei mir war Milo gerade drin, deshalb musste ich draußen warten. Als er fertig war, hat sich der Eingang wieder öffnen lassen, und im gleichen Moment hat sich alles im Dungeon regeneriert. Das heißt, der Drache ist wieder da – und mit ihm auch das Siegelfragment», fügte sie lächelnd hinzu. Dann sah sie Jess fragend an. «Wie geht es deinem Bein?»

Jess tastete vorsichtig über seine Wunden, die sich inzwischen fast vollständig geschlossen hatten. «Wieder gut», sagte er. Die Kräuterpaste hatte Wunder gewirkt, und die Zeit, in der er sich mit Kaya unterhalten hatte, hatte ihr Übriges zur Heilung beigetragen. Nur seine Kleidung hing immer noch in Fetzen. Er würde sie bei nächster Gelegenheit ausbessern lassen oder ersetzen müssen.

«Na dann», sagte Kaya und erhob sich vom Bett, «gehen wir los, oder?»

Ihre Stimme klang so unbeschwert, als würden sie einen Ausflug ins Freibad machen, anstatt einen ausgewachsenen Feuerdrachen zu bekämpfen. Jess musste sich zusammenreißen, um ebenso unbeschwert zu antworten. «Klar. Ich kann es kaum erwarten.»

24

Die Drachenfeste von Ragnarund, eine ehemalige Burg der Herrscher des Nordreiches, lag am Fuße des Gebirges von Col Valar, ein Stück jenseits des Waldes, in dem das SafeHouse stand. Je näher Kaya und Jess der Feste kamen, desto mehr veränderte sich die Landschaft um sie herum. Waren sie am Anfang noch durch einen lockeren Eichenwald gegangen, in dem die Luft von Vogelgezwitscher und dem Duft nach Moos und Laub erfüllt war, verblassten die Geräusche und Gerüche mehr und mehr, bis sie schließlich vollkommen erstarben. Immer öfter entdeckten sie abgestorbene Bäume, deren kahles, gräulich verfärbtes Holz wie eine böse Vorahnung zwischen dem frischen Grün der Eichen hervorstach.

Und dann hörte der Wald plötzlich auf. Jess und Kaya traten auf eine Ebene hinaus, an deren Ende die Drachenfeste zu erkennen war. Doch was einst fruchtbares, grünes Land gewesen sein mochte, war zu einer kahlen, verdorrten Ödnis geworden. In der toten Erde stachen vereinzelte, rußgeschwärzte Baumstümpfe heraus wie Masten von gesunkenen Schiffen, und immer öfter passierten sie schwarze, spiegelglatte Stellen auf dem Boden, als wäre der Stein …

«Geschmolzen», hauchte Kaya und strich mit den Fingern über die glänzende Fläche unter ihren Füßen. «Die Felsen. Sie sind geschmolzen. Wie heiß muss ein Feuer sein, um Steine schmelzen zu lassen?»

Mit einem Schlag ging Jess auf, was Kayas Worte bedeuteten. Erschrocken sah er sich um. In einem Umkreis von gut einem Kilometer um die Burg war alles von einem gewaltigen Feuer verzehrt worden, das so heiß gewesen sein musste, dass es sogar Steine zum Schmelzen gebracht hatte. Kein Grashalm hatte überlebt, kein Tier sich hierhin verirrt, noch nicht einmal ein Wind wehte. Eine gespenstische Stille lag über der Ebene, und jeder ihrer Schritte schien doppelt so laut zu klingen wie sonst.

Langsam näherten sie sich der Burg, die schwarz und gewaltig vor ihnen aufragte. Die Ebene bot keinerlei Deckung, und mit jedem Schritt, den sie auf die Feste zumachten, fühlte Jess sich ausgelieferter gegenüber der unsichtbaren Bedrohung, die ihn in der Feste erwartete.

Sie waren nur noch wenige Meter von dem eingestürzten Burgwall entfernt, als plötzlich ein markerschütterndes Brüllen ertönte. Jess und Kaya fuhren zusammen, duckten sich instinktiv, als könnten sie sich dadurch unsichtbar machen. Die Erde erbebte unter einem gewaltigen Schlag. Wieder ertönte das Brüllen, und es war von solch grauenerregender, archaischer Bosheit erfüllt, dass Jess sich die Hände auf die Ohren presste. Was für ein Ungetüm war imstande, solche Laute von sich zu geben? Seine Knie wurden weich, und sein Mund war plötzlich so trocken wie Papier.

«Ich befürchte, er hat uns gesehen», keuchte Kaya, als das Brüllen abebbte. Sie versuchte, weiterhin unbeschwert zu klingen, doch Jess hörte das Zittern in ihrer Stimme. Sie deutete auf ein kleines Steinhäuschen links von ihnen, das sich an die Überreste des eingestürzten Burgwalls presste. «Ein SafeHouse», sagte sie. «Wir sollten …»

Weiter kam sie nicht. Es ging so schnell, dass Jess erst viel später klar wurde, wie es hatte passieren können: Plötzlich schossen gewaltige Feuerbälle hinter den Zinnen der Burg hervor. Sie schwirrten scheinbar ziellos durch die Luft, prallten auf ohnehin schon verbrannte Erde, zerstoben zu Tausenden rot glühenden Funken und zerstörten alles, was noch nicht gänzlich zerstört war. Einer der Bälle kam direkt auf sie zu. Jess spürte die Hitze auf seiner Haut, und sein Herz setzte einen Schlag aus, bevor sein Verstand begriff, was geschah. Kaya schrie auf, sprang zur Seite und zog ihn so heftig mit, dass er von den Füßen gerissen wurde. Der Feuerball raste über ihn hinweg, schien ihm die Luft in den Lungen zu versengen, und Jess wappnete sich vor dem Moment, wo er auf die Erde aufschlagen und der Glutfunkenregen auf ihn niedergehen würde.

Doch er kam nicht.

Kurz bevor der Feuerball auf dem Boden aufschlug, wechselte er abrupt die Richtung, kam wieder zurück zu ihnen, als hätte er einen eingebauten Zielsucher – und explodierte in einem orangefarbenen Funkenregen, der Kaya unter sich begrub. Ein weißer Wirbel begann sich um ihren Körper zu formen, und ganz langsam verblasste ihre Gestalt, bis sie sich vollkommen in dem Wirbel aufgelöst hatte. Kaya war nicht mehr da. Der Feuerball hatte sie getötet.

Entsetzt starrte Jess auf die Stelle, wo sie gerade noch gestanden hatte. Der weiße Wirbel verschwand, und mit einem lauten Scheppern und Klirren fielen Dutzende Gegenstände auf den Boden: Waffen, Speisen, Tränke, Münzen, Pergamentrollen ... es war Kayas Inventar. Beiläufig registrierte Jess, dass keine neuen Feuerbälle aus der Burg kamen und sich wieder die unheimliche Stille über die Umgebung gelegt hatte – eine trügerische Ruhe vor dem nächsten, todbringenden Sturm. Wie in Trance öffnete Jess sein Menü, ging zu der Säule in der Mitte und loggte sich aus.

Als er die Augen im Gamingraum aufschlug, sah er sofort zu Kayas Platz. Sie saß bereits auf ihrer Liege. Die Lichter an ihrem Helm leuchteten rot; mit einer frustrierten Geste zerrte sie ihn sich vom Kopf, sodass er klappernd zu Boden fiel. Tom stand von seinem Monitor in der Ecke auf und ging zu ihr.

«Hey», sagte er und legte ihr eine Hand auf die Schulter.

«Das war echt Pech.» Jess erinnerte sich, dass Tom das Geschehen jedes einzelnen Spielers auf seinem Monitor mitverfolgen konnte – vermutlich hatte er also gesehen, was passiert war.

«Und jetzt?», fragte Kaya mit leicht zitternder Stimme.

«Ich muss dich leider bitten, den Gamingraum zu verlassen», erwiderte Tom bedauernd.

Kaya biss sich auf die Lippen, als müsse sie die Tränen zurückhalten. Dann nickte sie, stand auf und ging zur Tür. Dabei fiel ihr Blick auf Jess. Verwundert blieb sie stehen. «Bist du auch …», begann sie.

Jess schüttelte den Kopf.

«Na dann … Viel Glück mit dem Biest.» Ihre Stimme klang so niedergeschlagen, dass es Jess einen Stich versetzte. Sie würde bis zum nächsten Tag gesperrt sein und musste dann von vorne anfangen. Ohne ein weiteres Wort verließ sie den Raum. Am liebsten wäre er ihr nachgelaufen, aber was hätte das schon gebracht? Außerdem stand sein Avatar gerade schutzlos vor einer Drachenfeste, aus der jeden Moment neue Feuerbälle schießen und ihm ebenfalls ein *Game Over* bescheren konnten. Er musste zurück, wenn er Kayas Schicksal nicht teilen wollte.

Jess atmete noch einmal tief durch, lehnte sich zurück und drückte auf *connect*. Der Geruch nach verbrannter Erde stieg ihm in die Nase, und als er die Augen öffnete, stand er wieder neben dem Burgwall der Drachenfeste. Keine neuen Feuerbälle. Kein Gebrüll. Keine zitternde Erde. Der Drache lauerte stumm hinter den schwarzen Mauern der Burg, und wenn Jess ehrlich war, fand er das beunruhigender als das alles vernichtende Inferno von vorhin.

Wieder fiel sein Blick auf die Items aus Kayas Inventar. Ob er sie einfach einsammeln sollte? Bei dem bloßen Gedanken nagte das schlechte Gewissen an ihm – andererseits konnte Kaya ja jetzt nichts mehr mit den Sachen anfangen.

Er begann, alles einzusammeln, was er gebrauchen konnte. Es waren gute Waffen dabei, verschiedene Tränke inklusive einiger Flaschen Kribbelwasser, und in einem Tongefäß fand er auch den lilafarbenen Wirbel, von dem sie in der Hütte gesprochen hatte. Dann stutzte er. Unter Salbentiegeln und einem halbvollen Korb mit Äpfeln schaute etwas Goldenes hervor, das sich seltsam von der dunklen Erde abhob. Jess erkannte die Form wieder. Er hatte sie schon einmal gesehen, auf der Zeichnung, die Olias ihm von dem Siegel gezeigt hatte. Das musste das Drachenfragment sein, das Kaya Lysrathan abgenommen hatte. Vorsichtig schob Jess die Tiegel beiseite und strich über die glatte Oberfläche. Sie fühlte sich kühl an, doch im Inneren schien eine dunkle Macht zu pulsieren, die versuchte, nach draußen zu gelangen. Seine Fingerspitzen prickelten unangenehm. Ob das die Magie der Drachen war?

Jess fragte sich, ob er das Fragment genauso einstecken konnte wie die anderen Items, obwohl er es nicht selbst erobert hatte. Vorsichtig hob er es auf und steckte es in seine Tasche. Dann öffnete er das Menü. Die Regale waren thematisch sortiert – in einem die Waffen, in einem anderen Hilfsmittel wie Töpfe, Seile oder Werkzeuge, in einem das Essen, in einem anderen die Heiltränke, und wieder in einem anderen ein Sammelsurium aus Dingen, die sich nirgendwo zuordnen ließen. In keinem davon entdeckte er das Fragment. Enttäuscht wandte er sich zur Säule, um das Menü wieder zu verlassen. Das wäre irgendwie auch zu einfach gewesen, dachte er. Doch dann fiel sein Blick etwas Goldenes in der Luft. Dort, genau über der Säule, schwebte Kayas Siegelfragment. Es hing so hoch, dass Jess es nicht erreichen konnte, und drehte sich langsam und scheinbar schwerelos um sich selbst. Es hatte tatsächlich funktioniert! Er war gerade wie nebenbei an sein erstes Fragment gekommen – doch Kaya hatte einen hohen Preis dafür gezahlt. Kurz durchzuckte Jess ein schlechtes Gewissen. Aber wenn er das Fragment nicht aufgesammelt hätte, würde es der nächste Spieler tun, der die Feste erreichte.

Er verließ das Menü. Im gleichen Moment erzitterte der Boden unter seinen Füßen, und wieder ertönte das alles durchdringende Brüllen. Erschrocken sah Jess zur Feste. Der Drache hatte das stumme Lauern aufgegeben. Feuerbälle schossen heran, bewegten sich nach keinem klaren Plan, irrten unberechenbar durch die Luft. In Jess stieg Panik auf. Er musste hier weg, sonst würde er bald genauso von ihnen verschlungen werden wie Kaya.

Er rannte los, zu der einzigen Deckung, die sich ihm auf der kargen Ebene bot – der Burg. Schon krachten die ersten Feuerbälle auf die Erde und zerstoben in glühenden Funken. Die Luft um ihn herum erhitzte sich so sehr, dass Jess sich schützend die Hände vor das Gesicht hielt. Halb blind stolperte er durch den eingefallenen Burgwall, über den riesigen, nicht enden wollenden Vorhof, der über und über mit Trümmern übersät war, und an einem unförmigen, geschmolzenen Steingebilde vorbei, das einst ein Brunnen gewesen sein mochte. Wieder und wieder brüllte der Drache, und seine zerplatzenden Feuerbälle trieben die Hitze in der Luft ins Unerträgliche. Jess begann zu husten. Seine Augen tränten, und die frische Haut auf seinen gerade erst verheilten Wunden brannte, als stünde sie bereits in Flammen.

Endlich erreichte er die Mauern der Burg. Sie glänzten schwarz, als habe Ragnarund versucht, die gesamte Burg zu schmelzen. Doch das riesige Burgtor, auf der das Bild eines feuerspeienden Drachen zu sehen war, schien jegliche Angriffe unbeschadet überstanden zu haben. Jess rannte darauf zu. Erst als er es erreicht hatte, fiel ihm auf, wie makellos glatt seine Oberfläche war. Es gab keinen Griff, keinen Ring, keine Kette, nichts, womit man das riesige Tor hätte öffnen können. Wieder stieg Panik in ihm auf, die von einem weiteren Brüllen des Drachen noch verstärkt wurde. Er hatte es bis hierher geschafft, und jetzt scheiterte er daran, dass er das verdammte Tor nicht aufbekam?

Verzweifelt starrte er auf das Tor, als könne er es durch bloße Willenskraft öffnen, und versagte dabei genauso kläglich wie vor der Akademie der Magie. Ein Feuerball explodierte nur wenige Meter hinter ihm. Die Hitze war beinahe unerträglich, das Atmen wurde zur Qual, und Ragnarunds Brüllen schien bis in jede Faser seines Körpers zu dringen. Verzweifelt tastete Jess über das Tor und suchte nach irgendeiner Möglichkeit, wie man das verdammte Ding aufbekam. Sein Blick fiel auf die Gravur des Feuerdrachen. Genau in der Mitte des weit aufgerissenen Mauls war eine kreisrunde, glatte Fläche. Jess wischte sich die Tränen aus den brennenden Augen und tastete darüber. Plötzlich glommen Symbole in dem Kreis auf. Ein Rumpeln erklang, und wie von Geisterhand glitt das Tor nach oben. Dahinter lag von spärlichen Fackeln durchbrochene Dunkelheit.

Für einen kurzen Augenblick wusste Jess nicht, was schlimmer war – der Albtraum, der hinter ihm lag, oder das Ungewisse vor ihm. Doch als wenige Meter neben ihm erneut ein Feuerball explodierte, trat er rasch über die Schwelle. Sofort senkte sich das Tor, schlug mit einem lauten Knall auf dem Boden auf und sperrte die glühende Hitze aus.

Dunkelheit umfing ihn; kühle, nach Asche riechende Luft; und Stille. Ob Ragnarund sich beruhigt hatte oder die Mauern der Burg so dick waren, dass man sein Gebrüll hier nicht hörte, wusste Jess nicht, und es war ihm auch herzlich egal. Mit zitternden Beinen ließ er sich auf den Boden sinken, lehnte den Rücken an das Tor und genoss für einen Moment den trügerischen Frieden. Sobald das Brennen in seinen Lungen nachgelassen hatte und seine Augen nicht mehr tränten, würde er sich der nächsten Aufgabe zuwenden, und das war vermutlich die schwerste, der er sich bisher gestellt hatte: Er musste irgendwie genug Mut zusammenkratzen, um wieder aufzustehen und den dunklen Gang entlangzugehen, der vor ihm lag.

25

Vor Jess erstreckte sich ein Gewirr aus langen, nur von wenigen Fackeln erhellten Gängen. Die Dunkelheit war für ihn kein Problem, aber die unheimliche Atmosphäre und die Furcht, dass hinter jeder Biegung eine unbekannte Gefahr lauern konnte, spürte er trotzdem. Ab und zu zitterte der Stein unter seinen Füßen, und er glaubte, ein gedämpftes Brüllen zu hören. Ansonsten herrschte eine unheimliche Stille, und seine Schritte hallten unnatürlich laut auf dem Steinboden wider. Normalerweise wurden Dungeons in Videospielen von dramatischer Musik untermalt, und tatsächlich wünschte Jess sich diese Musik nun herbei – dann hätte alles etwas inszenierter gewirkt und nicht so schrecklich real.

Schon nach wenigen Minuten war klar, dass die Burg noch weitere Bewohner hatte. Da waren zum einen die Ratten, die immer wieder aus Löchern in den Wänden quollen und versuchten, an ihm hinaufzuklettern. Sie richteten keinen großen Schaden an, waren aber äußerst lästig und aufwendig zu vertreiben. Weitaus schlimmer fand er die faustgroßen schwarzen Spinnen, deren Bisse schmerzhafte, juckende Beulen hinterließen. Das leise Sirren, mit dem sie sich von der Decke abließen, war so gut wie nicht zu hören, und als sich das erste Mal eins der Viecher auf Jess setzte und ihm in den Nacken biss, schlug er wie ein Wahnsinniger um sich, bis er es endlich von sich schleudern konnte. Von nun an achtete er darauf, immer zuerst die Decke abzusuchen, bevor er einen neuen Gang betrat.

Am schlimmsten jedoch waren die Schattenwesen. Jess hatte das Zucken und Wabern in der Nähe der Fackeln zunächst auf das Flackern der Flamme geschoben, bis sich plötzlich Arme aus den Schatten formten und nach ihm griffen. Jedes Mal, wenn sie ihn erwischten, war es, als hätte jemand einen Sack über seinen Kopf gestülpt: Er sah nichts mehr, hörte nichts mehr, fühlte nichts mehr … ein grauenvolles Gefühl, das ihn vollkommen orientierungslos werden ließ. Waffen erwiesen sich als wirkungslos gegen diese Wesen. Schließlich versuchte er, sie mit einem Magiestoß wegzuschleudern, was ihm einiges an Energie und Konzentration abverlangte, aber immerhin funktionierte. Um die Fackeln machte er ab dann einen großen Bogen.

Im den meist zerstörten Räumen im Erdgeschoss fand er nichts, was von Interesse gewesen wäre. Über eine Treppe gelangte er in das obere Stockwerk, in dem, der Größe der Zimmer nach zu urteilen, die Adligen gewohnt hatten. Auch hier hatte der Angriff des Drachen das meiste zerstört, aber immerhin fand er einige Goldmünzen und Edelsteine, und aus einem umgestürzten Kleiderschrank suchte er sich eine Hose und ein Hemd aus, die er gegen seine zerrissenen, verkohlten Kleider austauschte.

Eine weitere Treppe führte in ein Turmzimmer hinauf. Das Dach war eingestürzt und gab den Blick auf einen Himmel frei, der aussah, als hätte der Drache auch ihn mit Ruß überzogen. Das Zimmer schien leer zu sein, doch dann entdeckte Jess eine Truhe, die unter einem der Bogenfenster stand. Er schob die schweren Scharniere zur Seite und öffnete den Deckel. Ein Pergament lag darin, und als er es auseinanderrollte, seufzte er erleichtert auf. Auf dem dicken, gelblichen Papier war der Grundriss der Burg gezeichnet, mit allen Zimmern, Gängen und Türen.

Mithilfe der Karte konnte er sich nun besser orientieren. Er vermutete, dass sich Ragnarund im Thronsaal verschanzt hatte, und der einzige Weg dorthin führte über einen Innenhof im gegenüberliegenden Flügel des Erdgeschosses. Er folgte einem Gang bis ans andere Ende der Burg, stieß wieder auf eine Treppe und gelangte in ein zweites Turmzimmer. Auch dieser Raum hatte schwere Schäden davongetragen, und Jess musste eine Weile suchen, bis er die Truhe hinter einem umgestürzten Mauerrest entdeckte. Darin befand sich ein aufwendig verzierter, goldener Schlüssel. Jess steckte ihn ein. Er ahnte, wofür er war.

Als er zurück ins Erdgeschoss kam, hörte er wieder das Brüllen des Drachen, und Jess stellte fest, dass es lauter wurde. Er kam näher. Ein nervöses Kribbeln erfasste ihn. Es war fast, als könne er Ragnarund spüren – und es war kein angenehmes Gefühl. Je tiefer er in den Dungeon vordrang, desto größer wurde sein Wunsch, ihn wieder zu verlassen. Alles in diesem Ort strahlte Ablehnung und Boshaftigkeit aus.

In diesem Teil der Burg war die Zerstörung noch deutlicher zu sehen – die meisten Gänge waren nicht mehr begehbar, und auch der Durchgang zum Innenhof war eingestürzt. Ratlos stand Jess vor der Wand aus Mauerbrocken. Es musste doch irgendeine Möglichkeit geben, bis zu diesem verflixten Thronsaal zu gelangen. Er entrollte das Pergament mit der Karte und suchte nach einem Weg, den er noch nicht gegangen war. Ein schmaler Gang fiel ihm auf, an den er sich nicht erinnern konnte. Er schien eine Abkürzung zu sein und direkt in den Innenhof zu führen. Wie hatte er den bloß übersehen können?

Nach einigen Abzweigungen hatte er die Stelle erreicht, an der der Gang angeblich begann, doch vor ihm erhob sich eine Wand, an der ein verrußter Wandbehang hing. Jess runzelte die Stirn. Es musste hier sein. Die Karte ließ keinen Zweifel. Also gab es nur noch eine Möglichkeit. Er ging auf den Wandbehang zu, schob ihn zur Seite. Und tatsächlich tat sich dahinter ein schmaler Korridor in der Wand auf, kaum breit genug, um hindurchzupassen. So, wie es aussah, hatte er gerade einen Geheimgang gefunden.

Mit einem mulmigen Gefühl trat Jess hinein. Der Gang war so schmal, dass er nicht einmal beide Arme zur Seite ausstrecken konnte. Fackeln gab es nicht, nur ein blasses Flackern am anderen Ende wies ihm den Weg. Jess hatte noch nie Angst vor engen Räumen gehabt, aber hier in diesem Gang hatte er plötzlich das Gefühl, als würde ihm die Luft abgeschnürt. Panik stieg in ihm auf. Er schickte Magiestöße nach allen Seiten, die jedoch wirkungslos verpufften. Irgendwo vor ihm quiekten die Ratten. Und dann hörte er das Sirren über sich. Es war lauter als sonst, und dafür gab es nur zwei mögliche Erklärungen: Entweder waren die Spinnen größer – oder es waren mehr. Viel mehr.

Jess rannte los. Als er einen Biss an seiner Hand spürte, schlug er sie so hart gegen die Wand, dass er aufschrie, und das Brennen und Jucken des Spinnenbisses mischte sich mit dem pochenden Schmerz in seinen Knöcheln. Er zwang sich, schneller zu laufen. Sein Herz klopfte zum Zerspringen, und sein Atem keuchte. Doch das Sirren über ihm hörte nicht auf. Immer wieder spürte er, wie die Spinnen seine Schultern streiften, seinen Kopf, seine Arme. Unsichtbare Hände griffen nach ihm und schnürten ihm die Luft zum Atmen ab. Tränen schossen ihm in die Augen, vor Angst, vor Wut, vor Schmerz. Und dann, endlich, erreichte er einen weiteren Wandbehang, der das Ende des Ganges versperrte. Er riss ihn zur Seite und stolperte ins Freie. Keuchend blieb er stehen, die Hände auf die Knie gestützt, und versuchte, wieder zu Atem zu kommen. Erst dann sah er sich um.

Er befand sich in einem großen, quadratischen Innenhof, der im Zwielicht des rußgeschwärzten Himmels düster gewirkt hätte, wäre er nicht von Dutzenden von Fackeln erhellt worden. Zwischen zerbrochenen Statuen führte ein Weg auf ein riesiges Portal zu, und Jess musste nicht auf die Karte gucken, um zu wissen, dass er am Ziel war. Er hatte den Thronsaal erreicht. Ragnarunds Nest.

Langsam ging er auf das Portal zu. Die Spinnen und Ratten waren verschwunden, und auch die Schattenwesen waren in den labyrinthartigen Gängen zurückgeblieben. Sie hatten es nicht geschafft, ihn aufzuhalten. Trotzdem wusste Jess nicht, wie er den Mut aufbringen sollte, die riesige Tür zu öffnen und den Saal dahinter zu betreten.

Vor den Stufen, die zum Portal hinaufführten, blieb er stehen. Es war Zeit, sich für den Kampf zu rüsten, der vor ihm lag. Denn auf herkömmliche Weise würde er ihn nicht gewinnen können.

Er öffnete das Menü. Kaum erschienen die vertrauten Wände um ihn herum, atmete Jess auf. Die Boshaftigkeit, die aus den Mauern der Burg sickerte, drang nicht bis hierher. Das Menü war wie eine Art Zwischenwelt, eine Verschnaufpause, und kurz überlegte er, einfach hierzubleiben, sich auf dem Boden vor den Regalen zusammenzurollen und zu warten, bis ihn das Spiel ausloggte.

Doch dann dachte er an Kaya, die sich auf den Kampf gefreut und keine Gelegenheit bekommen hatte, ihn zu führen. Dachte an all die anderen, die schon hier waren oder noch kommen würden und vermutlich keine Sekunde zögerten, den Thronsaal zu betreten. Und er dachte an die Prämie, die cy.corp für das Brechen des Siegels ausgelobt hatte und die schlagartig all seine Probleme lösen würde. *Wer nicht kämpft, hat schon verloren …*

Er ging zu dem Regal mit der Heilmedizin und fand eine kühlende Salbe, die er auf die Spinnenbisse strich. Obwohl ihm nicht nach Essen zumute war, würgte er einige Stücke süßes Brot und ein paar Schlucke eines widerlich schmeckenden, aber stärkenden Beerensafts hinunter. Vor dem Waffenschrank überlegte er kurz, zu einer Distanzwaffe zu wechseln, blieb dann aber bei dem Schwert, das er bereits am dritten oder vierten Tag in einem verlassenen Spähposten gefunden hatte und das er inzwischen einigermaßen sicher führen konnte. Und dann trat er zu dem Regal, in dem die magischen Wirbel lagerten. Der lilafarbene von Kaya, der Verletzungen heilte. Ein türkisfarbener, der die Angst nahm. Und ein roter, der seine Magie verstärkte.

Der rote Wirbel übte eine unwiderstehliche Anziehungskraft auf Jess aus. Er erinnerte sich an den Kampf gegen den Troll – wie ihn ein unbestimmtes Verlangen zu dem Baumstumpf geführt hatte, wie der Wirbel jede Faser seines Körpers ausgefüllt hatte, wie mächtig er sich gefühlt hatte, wie unbesiegbar, wie in einem Rausch. Auch jetzt schien sich alles in ihm danach zu sehnen, seine Hände in den roten Nebel zu tauchen. Aber so verheißungsvoll die Vorstellung war, so sehr machte sie ihm auch Angst. Dass er wie aus dem Nichts eine solche Kraft in sich spürte, dass eine fremde Macht so von ihm Besitz ergreifen konnte, war ihm unheimlich.

Schließlich zog er das Tongefäß mit dem türkisfarbenen Wirbel aus dem Regal. Er öffnete den Deckel und betrachtete die leuchtenden Schwaden, die darin herumwirbelten. Er vermochte sich nicht vorzustellen, wie irgendetwas auf der Welt seine Angst einfach verschwinden lassen konnte. Wie sollte das funktionieren? Doch bei dem bloßen Gedanken an das Brüllen des Drachen, an die Feuerbälle, die alles zerstörten und Kayas Avatar innerhalb von Sekunden ausgelöscht hatten, zögerte er nicht länger. Er stellte das Tongefäß auf den Boden und griff hinein.

Die feinen Schwaden kringelten sich um seine Hand, wanderten an seinem Arm hinauf und hüllten immer mehr von seinem Körper ein, bis er vollständig von feinem, türkisfarbenem Nebel umgeben war. Er wirbelte immer schneller um ihn herum, zog sich zusammen, drang durch seine Kleidung, durch seine Haut – und war verschwunden. Jess brauchte keinen Spiegel, um zu wissen, dass seine Augen nun türkisfarben leuchteten. Ansonsten hinterließ der Wirbel keine Anzeichen – zumindest körperlich. Was seinen Geist betraf … Jess spürte in sich hinein. Da war nichts. Keine Angst, keine Beklemmung. Im Gegenteil. Er fühlte sich zuversichtlich. Es war möglich, den Drachen zu besiegen, also *würde* er ihn auch besiegen. *Wer nicht kämpft, hat schon verloren.* Und er würde Ragnarund einen gewaltigen Kampf bescheren.

Ohne lange zu überlegen, holte Jess nun auch den roten Wirbel aus dem Regal und ließ sich davon einhüllen. Sofort spürte er das Ziehen und Prickeln, mit dem sich seine Magie bemerkbar machte, spürte, wie sie in jede Faser seines Körpers drang und zu einer gewaltigen Kraft anschwoll, die nur darauf wartete, entfesselt zu werden. Er dachte an das Gefühl, als der Troll unter seinem Magiestoß explodiert war. Ganz so einfach würde Ragnarund es ihm nicht machen. Trotzdem konnte er es kaum erwarten, ihm seine Magie entgegenzuschleudern.

Er nahm den goldenen Schlüssel an sich, den er in der letzten Truhe gefunden hatte. Dann gab es nichts mehr, was er noch hätte tun können. Er war bereit. Mit einer Entschlossenheit, wie er sie schon lange nicht mehr gespürt hatte, verließ er das Menü und ging die Stufen zum Portal hinauf. Es war verschlossen, das wusste er, auch ohne es auszuprobieren. Er steckte den goldenen Schlüssel in das Schloss und drehte ihn herum. Es klickte vernehmlich, dann schwangen die beiden Flügel der Tür nach innen auf. Jess legte eine Hand auf den Griff seines Schwertes und betrat mit grimmiger Miene den Thronsaal. Zeit, einen Drachen zu töten.

26

Ragnarund war riesig. Rot glühende Schuppen bedeckten seinen Körper, auf denen kleine Flammen züngelten, und Jess spürte die Hitze, die von dem Geschöpf ausging, bis zur Tür, wo er stand. Die schwarzen Augen flackerten, als brenne auch hinter ihnen ein Feuer, doch ihr boshafter Blick war kalt wie Eis.

In Jess' Nacken begann es unangenehm zu kribbeln, wie schon einmal, als er Astaroth gegenübergestanden hatte. Ungehalten schob er den Gedanken an den Magier beiseite und ließ den Blick durch den Saal schweifen, in der Hoffnung, eine gute Angriffsposition oder wenigstens eine Deckung auszumachen. Doch der Thronsaal war nur noch eine riesige, leere, von Steinen und zerplatztem Putz übersäte Halle. Ein Großteil des Daches war eingestürzt, die Bogenfenster waren zerborsten, die ehemals prachtvollen Banner dazwischen verkohlt. Was einst eine helle, glanzvolle Halle gewesen sein mochte, war nun von einer dicken Schicht Ruß überzogen. Jess' Blick fiel auf einen Haufen Knochen und Totenschädel in einer Ecke, und trotz der Wirkung des türkisfarbenen Wirbels merkte er, wie Unbehagen in ihm wuchs. Rasch wandte er den Blick ab.

Ragnarund lauerte am anderen Ende des Saals, dort, wo vermutlich einst der Thron gestanden hatte. Reglos fixierte er Jess aus seinen schwarz flackernden Augen; nur sein Schwanz zuckte hin und her wie bei einer Katze, die kurz davor war, sich auf eine Maus zu stürzen.

Jess, die Hand nach wie vor am Griff seines Schwertes, trat einen Schritt weiter in den Saal. Die beiden Flügeltüren, die sich vorhin wie von Geisterhand geöffnet hatten, fielen hinter ihm zu, und ein Balken, so dick wie Jess' Kopf, legte sich von innen dagegen. Die Botschaft war eindeutig. Es gab kein Zurück mehr. Er würde diesen Kampf bestreiten müssen, ob er wollte oder nicht.

Im gleichen Moment bäumte Ragnarund sich auf, breitete seine rot glühenden Flügel aus und stieß ein markerschütterndes Brüllen aus. Aus seinem Maul schoss eine Stichflamme, die sich in ein Dutzend Feuerbälle verwandelte. Einige flogen durch das kaputte Dach in den grauen Himmel hinaus, andere zerbarsten an Wänden oder auf dem Boden, suchten sich ihren Weg zwischen den Trümmern hindurch. Immer wieder spie der Drache Feuer, immer mehr Feuerbälle schwirrten durch den Saal, bis Jess keine Möglichkeit mehr hatte, ihnen auszuweichen. Die Hitze wurde unerträglich, jedes Atemholen zur Qual. Als eine der Feuerkugeln direkt auf ihn zuschoss, hob Jess instinktiv das Schwert und schlug zu. Die Kugel zersprang in tausend rot glühende Funken, die sich in seine Kleidung fraßen, in seine Haut, in seine Haare. Der Griff seines Schwertes wurde so heiß, dass er es fallen ließ, und sofort bildetet sich auf seiner Handfläche eine rote Brandblase. Jess schrie auf vor Schmerz und Wut. Auf den Drachen, doch vor allem auf sich selbst. Er machte es dem Biest viel zu leicht. Wenn er nur damit beschäftigt war, den Feuerbällen auszuweichen, würde er früher oder später verbrennen. Mit dem Schwert konnte er nichts gegen sie ausrichten. Er musste es auf andere Weise versuchen.

Als der nächste Feuerball auf ihn zusteuerte, kämpfte Jess den Schmerz in seiner Hand nieder und konzentrierte sich auf seine Magie. Er ballte sie zusammen, ließ sie in seine Hände wandern und schleuderte sie dem Feuerball entgegen. Doch er zerbarst, genau wie bei dem Schlag mit dem Schwert, und wieder prasselte ein Schauer glühend heißer Funken auf Jess nieder. Er ignorierte den Schmerz und versuchte es noch einmal. Dieses Mal entließ er die Magie weniger hastig, und tatsächlich zerbarst der Feuerball nicht, sondern prallte an dem Magiestoß ab und flog in die entgegengesetzte Richtung davon. Ein triumphierender Aufschrei entfuhr ihm. So konnte er sich die Feuerbälle vom Leib halten, konnte sie zum Dach hinaus lenken oder in einer weit entfernten Ecke zerbersten lassen, wo sie ihm keinen Schaden mehr zufügten. Jetzt musste er nur noch herausfinden, wie er den Drachen umbringen konnte. Denn dass die Feuerbälle ihm nichts anhaben würden, war klar.

Ragnarund thronte immer noch am anderen Ende der Halle, den Körper aufgebäumt, den Hals gereckt. Jess ballte so viel Magie zusammen, wie er konnte, und schleuderte sie mit aller Macht in Richtung des Drachen. Ragnarund brüllte auf, doch Jess' Magie schien ihm keinen Schaden zugefügt zu haben. Stattdessen hatte sie ihn wütend gemacht. Sehr wütend.

Wieder spie der Drache Feuer. Jess wehrte die Feuerbälle ab, spürte aber, wie die Magie langsam an ihm zehrte. Die Wirkung der beiden Wirbel würde nicht ewig anhalten. Er musste einen Weg finden, Ragnarund zu besiegen, bevor seine Angst zurückkehrte. Und wenn Magie nichts ausrichtete, musste er es eben auf die herkömmliche Art versuchen. Kurz entschlossen zog er sein Schwert und lief auf den Drachen zu.

Je näher Jess ihm kam, desto beißender wurde die Hitze. Er wandte den Kopf ab, trotzdem hatte er das Gefühl, dass ihm die bloße Nähe zu dem Ungeheuer die Haut versengte. Wieder fiel ihm auf, wie wenig sich Ragnarund bewegte – und plötzlich begriff er auch, warum. Masse bedeutete Trägheit. Die Größe des Drachen war einschüchternd, aber nicht unbedingt von Vorteil. Wenn Jess schnell genug war, hatte er ihn erreicht, bevor Ragnarund überhaupt reagieren konnte. Er mobilisierte all seine Kräfte, wich einem Feuerball aus, lenkte einen weiteren ab, während er immer schneller auf den Drachen zurannte. Sein ganzer Körper schien zu brennen, trotzdem umklammerte er das Schwert, sprang ab und hieb es mit aller Kraft auf den glühenden Leib. Mit einem knirschenden Geräusch rutschte die Klinge über die Schuppen und zersplitterte direkt oberhalb des Griffs.

Jess schrie vor Schmerz. Die Haut an seinen Händen warf Blasen, und sein Gesicht fühlte sich an, als stünde es in Flammen. Er ließ das nutzlose Schwert fallen, rannte ein paar Meter davon, weg von der Hitze des Drachen, und öffnete das Menü. So gerne er sich kurz ausgeruht hätte, er durfte nicht. Ihm blieb nur eine Minute, in der sein Avatar geschützt war.

Er hastete zu dem Regal mit den Heiltränken, riss das Gefäß mit dem lilafarbenen Wirbel heraus und griff hinein. Der Nebel umhüllte ihn, und im gleichen Moment ließen die Schmerzen nach. Die Blasen an seinen Händen verschwanden, ebenso die vielen kleinen Brandwunden, die seinen Körper übersäten, und auch das Brennen in seinem Gesicht ebbte ab. Er erlaubte sich, kurz durchzuatmen, dann lief er zum Waffenregal. Das Schwert war die beste Waffe gewesen, die er gehabt hatte. Alles andere – ein rostiger Speer, ein Breitschwert, das er kaum zu heben vermochte, und einige Messer – würden ebenso kläglich an der Panzerung des Drachen scheitern. Dann fiel sein Blick auf den Dolch, den er sich in Thorell hatte schmieden lassen. Seine Klinge glänzte in einem kupfernen Rot. *Außergewöhnlich hart*, hatte der Schmied das Erz genannt. *So etwas findest du sonst nirgends in Cal'Anthor.* So hart, dass es durch den Panzer eines Drachen dringen konnte? Jess hoffte es. Denn es war die einzige Möglichkeit, die ihm noch blieb. Er griff nach dem Dolch, rannte zur Säule in der Mitte und kehrte in den Thronsaal zurück.

Die Hitze traf ihn wie ein Schlag. Die Luft roch verbrannt, und Jess glaubte beinahe, Ruß auf seiner Zunge zu schmecken. Doch Ragnarund hatte kein weiteres Feuer gespien. Stattdessen hockte er wenige Meter von ihm entfernt und fixierte ihn lauernd. Als das Leben in Jess' Körper zurückkehrte, loderten seine schwarzen Augen auf. Er breitete die Flügel aus und bäumte sich zu seiner vollen Größe auf. Jess wusste, dass nun alles von vorne losgehen würde, das Brüllen, die Feuerbälle, und er spürte auch, dass er nicht mehr genug Kraft besaß, dagegen anzukämpfen. Sein Blick folgte dem riesigen Schädel, der hoch über ihm aufragte, und plötzlich fiel ihm etwas auf, das er am Anfang von der Tür aus nicht gesehen hatte. Am Hals des Drachen, in Höhe seiner Kehle, gab es eine Schuppe, die anders aussah. Sie glühte nicht rot, sondern pulsierte in einem kalten Blau. Kayas Worte fielen ihm wieder ein: *Die Drachen haben alle eine Schwachstelle. Wenn man sie rechtzeitig findet, ist es gar nicht so schwer.*

Diese Schuppe musste Ragnarunds Schwachpunkt sein. Nur befand sie sich etwa zehn Meter über ihm. Er musste den Drachen irgendwie dazu bringen, den Kopf zu senken – den Teil seines Körpers, der am heißesten war.

Er hatte nur diese eine Chance. Wenn er die Schuppe verfehlte, würde er elendig verbrennen. Er spürte, wie ihm die Zeit davonrann, wie ihn seine Kräfte verließen, seine Magie schwächer wurde, die Angst langsam wieder in sein Bewusstsein kroch. Jess trat ein paar Schritte zurück und wedelte mit den Armen. «Hey, du verdammte Riesenechse!», brüllte er.

Mehr fiel ihm nicht ein. Aber mehr war auch nicht nötig. Ragnarunds Kopf ruckte nach unten, seine Augen fixierten Jess, und dann öffnete er sein Maul so weit, dass Jess das Feuer in seinem Schlund erkennen konnte. Instinktiv sprang er zur Seite, um dem gewaltigen Feuerstrahl auszuweichen, der auf ihn zuschoss. Er rollte sich ab, rappelte sich auf, wich einem weiteren Strahl aus. Seine Beine begannen zu zittern. *Jetzt*, rief er sich in Gedanken zu. *Jetzt oder nie.*

Er hechtete nach vorn, auf den Drachen zu, und kam schlitternd unter seinem Hals zum Liegen. Die Hitze raubte ihm den Atem; der Drang, den Kopf abzuwenden, war fast übermächtig. Doch dann sah er es – ein blaues Pulsieren inmitten all der wabernden Glut. Sein Arm war schwer wie Blei, als er ihn hob. Mit letzter Kraft umklammerte er den Griff des Dolches und stach zu. Die Klinge fuhr in die blaue Schuppe, als wäre sie aus Butter. Jess versenkte den Dolch bis zum Schaft, dann ließ er seinen Arm kraftlos zu Boden fallen. Er konnte nicht mehr.

Ragnarund bäumte sich auf. Wieder stieß er ein Brüllen aus, doch dieses Mal klang es anders, gequälter. Sein Körper loderte auf, dann erlosch das Glühen. Die Schuppen färbten sich schwarz, und erst, als er in einer gewaltigen Rußwolke zerstob, begriff Jess, dass er gewonnen hatte. Ragnarund war tot.

Jess wischte sich über das rußverschmierte Gesicht und zuckte zusammen, als seine Finger die verbrannten Stellen berührten. Der Schmerz war unangenehm, und gleichzeitig tat er seltsam gut. Er machte ihm bewusst, dass er noch lebte, dass er wider Erwarten die Hölle überstanden hatte. Der Drache, der sich gerade noch über ihm aufgebäumt hatte, war verschwunden, und mit ihm die Hitze, das Gebrüll und das Prickeln in Jess' Nacken, das ihn den gesamten Kampf über begleitet hatte. Mühsam rappelte Jess sich auf und sah sich um. Der Thronsaal war leer, und alles, jeder Stein, jede Bodenfliese, jedes Stück Wand, war von einer dicken, schwarzen Rußschicht bedeckt. Doch dann fiel sein Blick auf etwas, das vorher nicht dagewesen war, nur wenige Meter neben ihm, dort, wo Ragnarunds Herz gewesen sein mochte. Das Siegelfragment schwebte scheinbar schwerelos in der Luft, umgeben von einem goldenen Wirbel. Jess ging darauf zu, und jeder seiner Schritte hinterließ einen Abdruck im schwarzen Staub.

Als er es erreicht hatte, zögerte er kurz, dann griff er in den Wirbel hinein und nahm das Fragment an sich. Ein gleißend helles Licht flammte auf. Geblendet schloss Jess die Augen, und als er sie wieder öffnete, hatte sich der Wirbel im gesamten Thronsaal ausgebreitet und drehte sich so schnell im Kreis, dass Jess nur noch verschwommene, goldene Schlieren wahrnahm. Ruß wurde von dem Wirbel mitgerissen, färbte die Luft schwarz; und auch an Jess selbst rüttelte der Wirbel, schüttelte den Ruß aus seinen Kleidern, seinen Haaren, seiner Haut. Dann zog sich der Wirbel in der Mitte des Thronsaals zusammen, leuchtete noch einmal auf – und löste sich in goldene Funken auf. Der Ruß auf Wänden, Boden und an ihm selbst war verschwunden, und mit ihm die Beklommenheit, die Jess während des gesamten Dungeons verspürt hatte. Die beiden Flügeltüren am Ende des Saals schwangen auf und gaben den Weg nach draußen frei.

Jess warf einen letzten Blick auf das Siegelfragment, bevor er es in seine Tasche schob. Dann durchquerte er mit schweren Schritten die Halle, ging zur Tür hinaus, über den Innenhof und durch einen Durchgang, den er auf dem Hinweg nicht hatte benutzen können. Die Spinnen und Schattenwesen waren verschwunden, und jede Tür, jeder Gang, der zuvor blockiert gewesen war, stand ihm nun offen. Schon bald trat er auf den Vorplatz hinaus, und kaum hatte er die Burg verlassen, schloss sich das Eingangstor mit lautem Knall. Ein Brüllen erklang, der Boden erzitterte, und Jess wusste, dass sich die Burg mit dem Schließen des Tores wieder in ein düsteres, von Schattenwesen und giftigen Spinnen bewohntes Labyrinth verwandelt hatte – für den nächsten Spieler, der Jagd auf Ragnarund machte.

Jess hatte sich noch nie in seinem Leben so müde gefühlt. Der Drachenkampf hatte ihn alle Energiereserven gekostet, über die er noch verfügte. Mit letzter Kraft schleppte er sich zu dem kleinen SafeHouse, das sich an den Burgwall schmiegte. Wie in Trance aktivierte er das Portal auf dem Boden, dann ließ er sich auf das Bett fallen und schaffte es kaum, die Hände für die Menügeste zu heben. In der Hoffnung, dass sein Avatar sich bis morgen wieder regeneriert hatte, loggte er sich aus dem Spiel aus. Für heute hatte er genug.

27

Nachdem Jess die dritte Portion Schnitzel mit Pommes in sich hineingestopft hatte, merkte er, wie seine Kräfte langsam zurückkehrten. Nach dem Ausloggen hatte er sich genauso kraftlos gefühlt wie sein Avatar im Spiel, und als er von der Liege aufstehen wollte, war ihm schwindelig geworden. Tom hatte ihn in den Aufenthaltsraum bugsiert, ihm eine Flasche Cola in die Hand gedrückt und ihm erklärt, dass sein Kreislauf in der letzten Stunde Höchstleistungen vollbracht hatte. In der Zeit, in der er gegen Ragnarund gekämpft hatte, hätte er genauso gut einen Halbmarathon laufen können.

«Kein Wunder, dass dir in der TVR die Power ausgegangen ist. Wenn dein echter Körper keine Kraft mehr hat, wirkt sich das auch auf deinen Avatar aus. Aber keine Sorge», hatte er lächelnd hinzugefügt, «das ist nichts, was ein ordentliches Abendessen und ein paar Stunden Schlaf nicht wieder hinkriegen.» Also hatte Jess sich auf direktem Wege ins Bistro geschleppt, und tatsächlich wirkten das Essen und eine weitere Cola Wunder.

Später beschloss er, in den Hof zu gehen, um frische Luft zu schnappen. Überrascht stellte er fest, dass auch die meisten anderen hier waren, anstatt sich wie üblich in ihre Zimmer zurückzuziehen. Offenbar hatte das schöne Wetter alle nach draußen gelockt. TJ war allerdings nirgendwo zu sehen. Vermutlich war er im Fitnessraum, wo er öfter nach einer Spieleeinheit hinging, auch wenn es Jess schleierhaft war, woher er dafür noch die Energie nahm. Milo saß allein in einer Ecke und blätterte in einem zerfledderten Comicheft. Doch Chris, Akio, Rumi, Dinesh, Sasha und Liv standen in einer großen Runde zusammen und unterhielten sich.

Jess war nicht wirklich nach Gesellschaft zumute, aber als Akio ihm fröhlich zuwinkte, wollte er nicht unhöflich sein und stellte sich zu ihm und Chris. Die beiden schmiedeten gerade Pläne für den nächsten Tag. Sie hatten sich zufällig in einer Wüstenoase in Il'Faran getroffen und berieten nun, wie sie weiter vorgehen sollten.

Rumi stand neben dem Olivenbaum und lächelte ihm zu. Ihr Ärger von heute Morgen schien verraucht zu sein.

«Hey», begrüßte Jess sie. «Tut mir leid wegen heute Vormittag. Ich wollte dich nicht einfach stehen lassen, aber als der Wachmann kam ... außerdem war ich kurz davor, zu Ragnarund zu gehen und ...»

«Schon gut», unterbrach Rumi ihn. «Ich hab dich bei Olias stehen lassen, du mich auf dem Klo. Ich würde sagen, wir sind quitt.» Sie grinste. «Wie lief's denn mit dem Vieh?»

Jess verzog das Gesicht. «Sagen wir mal so: Ich lebe noch.» Er hielt kurz inne, dann fügte er hinzu: «Im Gegensatz zu Kaya.»

Rumi nickte. «Ich hab gehört, dass sie mit dir dort war. Tut mir echt leid für sie. Sie kann zwar von vorn anfangen, aber die Woche holt sie so schnell nicht wieder auf.»

Kayas *Game Over* schien sich bereits herumgesprochen zu haben. Trotzdem forderten ihn die anderen auf, das Geschehen noch einmal aus seiner Perspektive zu erzählen. Jess fasste sich kurz. Er war zu müde, um die Geschichte zu sehr auszuschmücken, und als er an die Stelle kam, wo er Kayas Siegelfragment eingesammelt hatte, beschloss er, nichts davon zu sagen. Dennoch hörten die anderen gebannt zu. Zum ersten Mal wurde allen bewusst, dass man bei einem *Game Over* nicht einfach wieder am letzten Speicherpunkt weitermachen, sondern das Spiel von vorne beginnen musste. Irgendjemand organisierte schließlich Getränke und zwei Packungen Kekse, und zum ersten Mal standen sie länger als ein paar Minuten zusammen und unterhielten sich.

Auch nach einer Woche war die Begeisterung bei allen Spielern hoch. Jeder hatte einen anderen Weg eingeschlagen, war an einem anderen Punkt in der Story, hatte seine Fähigkeiten und Waffen unterschiedlich weiterentwickelt, hatte mit unterschiedlichen NPCs gesprochen oder mit denselben NPCs unterschiedliche Gespräche geführt. Die schiere Größe der Welt, die unendlichen Möglichkeiten, sich darin zu bewegen, die realistische Spielerfahrung, die einen immer wieder vergessen ließ, dass man überhaupt ein Spiel spielte – alle waren sich einig, dass sie noch nie so etwas Außergewöhnliches erlebt hatten. Neben TJ hatten es nur Liv und Sasha bis in die Drachengilde geschafft, waren nach der Aufnahmeprüfung aber bald weitergezogen, ohne sich in der Gilde bis ganz nach oben zu kämpfen. Dinesh konzentrierte sich mehr auf die Akademien als auf die Drachen. Chris und Akio hatten sich zuerst die Gebiete im Süden und Westen vorgenommen, Rumi war wie Jess nach Norden geritten. Das Schloss hatte noch keiner betreten (Jess behielt die Sache mit dem Loch in der Mauer für sich), doch alle waren sich sicher, dass es früher oder später eine wichtige Rolle spielen würde.

«Wisst ihr, was das Krasseste an dem Game ist?», fragte Chris. «Die Story an sich ist nicht neu. Ein vom Untergang bedrohtes Königreich, Dungeons mit heftigen Bossen, die irgendwelche Items bewachen, die Nebenquests, die Auswahl der Völker, das Magiesystem, die Schnellreiseportale … alles schon mal da gewesen.» Er beugte sich vor, um seinen Worten besonderen Nachdruck zu verleihen. «Aber die Empfindungen und Emotionen – die sind total abgefahren. Ich brauche keine Energieanzeige, um zu wissen, dass mein Avatar müde ist oder Hunger hat oder friert. Ich spüre auch, wenn ich mir den Kopf anschlage oder vom Pferd falle oder mir ein

Gegner seinen Dolch ins Bein rammt. Wie haben die das hingekriegt? Das ist doch total irre!»

«Das ist das Gleiche wie mit den Fähigkeiten, die man am Anfang auswählt», warf Akio ein. «Ich habe Pflanzenkunde genommen, und plötzlich kenne ich die Namen von Pflanzen, die ich in meinem ganzen Leben noch nicht gesehen habe. Ich weiß nicht mal, ob es die nur im Spiel gibt oder auch in echt.»

«Hätte ich besser auch nehmen sollen», sagte Dinesh säuerlich. «Ich habe Tiersprache ausgewählt.» Er verzog gequält das Gesicht. «Ich bin jetzt perfekt in der Lage, Wiehern oder Zwitschern oder Blöken zu deuten. Und glaubt mir, das meiste, woran die Viecher denken, ist Fressen.»

Sasha gluckste. «Also fast wie du.»

Dinesh warf ihr einen entrüsteten Blick zu und nahm sich demonstrativ gleich zwei Kekse aus der Packung, die gerade herumgereicht wurde.

«Viel krasser als die Fähigkeiten finde ich die Wirbel», sagte Rumi. «Habt ihr mal einen grünen ausprobiert? Wenn man plötzlich doppelt so gut hören oder sehen kann?»

«Und riechen», warf Chris ein. «Und das ist nicht immer angenehm, sag ich euch. Besonders, wenn man einem von diesen Pelzmenschen gegenübersteht.»

«Am besten sind die roten», sagte Dinesh mit vollem Mund. «Es fühlt sich absolut irre an, wenn plötzlich diese riesige Menge Magie durch deinen Körper fließt.»

Jess nickte zustimmend. Doch wenn er ehrlich war, dann hatte ihn die Wirkung des türkisfarbenen Wirbels am meisten beeindruckt. Als die lähmende Angst plötzlich verschwand und einem unerschütterlichen Glauben an die eigenen Fähigkeiten Platz machte. Das Gefühl, alles schaffen zu können.

«Ehrlich gesagt, finde ich diese ganze Sache mit den Wirbeln ein bisschen beängstigend», sagte Akio. «Wie überhaupt das ganze Prinzip hinter diesem Spiel. Ein Computer bestimmt, was wir fühlen ... Überlegt euch doch mal, wie krass das ist.»

«Ich habe immer noch nicht kapiert, wie das funktioniert», warf Sasha ein. «Wie kann ich etwas sehen, was gar nicht da ist? Mich bewegen, obwohl ich still daliege? Und warum kribbelt mein ganzer Körper, wenn ich Kribbelwasser trinke – das ich ja in Wahrheit gar nicht trinke?»

«Na ja», sagte Dinesh. «Dass Computer menschliche Hirnströme auslesen, ist nicht neu. Das passiert bei jedem EEG. Und dass diese Hirnströme in Befehle umgewandelt werden können, gibt es auch schon seit einer Weile. Wie bei Mindball zum Beispiel.»

«Ist das dieses Spiel, wo man mit Gedankenkraft einen Ball bewegt?», fragte Sasha.

«Genau. Das funktioniert auch nicht anders. Klar, bei dem Spiel hier ist alles viel komplexer, aber wirklich neu ist das Prinzip nicht.»

«Aber dass der Computer Befehle an unser Gehirn sendet, die dann in Empfindungen und Emotionen umgewandelt werden, das gab es noch nie», sagte Akio.

Chris nickte. «Dazu ist ein hochkomplexer Algorithmus erforderlich. Viele IT-Firmen versuchen schon seit Jahren, diesen Algorithmus zu knacken. Und cy.corp sind offenbar die Ersten, denen es gelungen ist.»

Akio Miene verdüsterte sich. «Genau das ist der Punkt. Ich weiß ehrlich gesagt nicht, wie ich das finden soll.»

«Warum?», fragte Sasha.

«Weil ich irgendwie das Gefühl habe, manipuliert zu werden.»

Liv, die sich bisher im Hintergrund gehalten hatte, schnaubte. «Na und? Dir wird vorgemacht, dass du Pflanzen kennst oder besonders gut sehen kannst oder supermutig bist. Was ist daran so schlimm? Ist doch bloß ein Spiel.»

Akios Miene wurde noch finsterer, und als er antwortete, klang seine Stimme beinahe aggressiv. «Bist du wirklich so naiv? Wenn das in einem Spiel funktioniert ... dann funktioniert das auch in echt.»

Liv sah Akio an und schüttelte belustigt den Kopf. «So ein Quatsch.»

Jess runzelte die Stirn. Akios Worte erinnerten ihn an etwas, er kam nur nicht darauf, was es war, und bevor er den Gedanken richtig fassen konnte, hielt Rumi ihm die Kekspackung unter die Nase, in der nur noch ein Keks lag.

«Willst du den letzten? Du siehst aus, als könntest du noch ein bisschen Zucker gebrauchen.»

Jess lächelte und nahm den Keks heraus. «Danke.» Es war das erste Mal, dass Rumi und er nach dem Vorfall bei Olias wieder aufeinandertrafen, und er merkte, dass sein Ärger auf sie fast verpufft war. Ein bisschen vermisste er sie sogar, und er hätte gerne gewusst, wie es ihr in der Zwischenzeit ergangen war. Doch bevor er sie danach fragen konnte, wechselte Dinesh das Thema.

«Sagt mal, habt ihr eigentlich schon von einem fünften Drachen gehört?»

Die anderen sahen sich verstohlen an, dann nickten einige. «Ja, hab ich», sagte Sasha schließlich. «Jemand von der Drachengilde hat etwas angedeutet, aber ich konnte mir keinen Reim darauf machen. Wieso fragst du?»

«Weil Wagner heute nach dem Spiel zu mir gekommen ist. Und ich weiß zufällig, dass er auch schon mit TJ und Milo gesprochen hat.»

Rumi sah ihn verwundert an. «Was wollte Wagner denn genau von dir?»

«Er hat mich gefragt, was ich über den fünften Drachen weiß. Ich habe eine Schriftrolle in der Akademie des Wissens gefunden, in der der Drache zwar erwähnt wird, aber nicht, wo genau er zu finden ist. Das hab ich ihm auch so gesagt.» Dinesh zuckte mit den Schultern. «Ich hatte fast den Eindruck, dass Wagner enttäuscht war.»

Jess sah zu Rumi. «Die Zeichnung vom Siegel, bei Olias. Weißt du noch? Dort waren fünf Fragmente eingezeichnet, die man benötigt, um das Siegel zu brechen. Olias wusste auch nichts Genaues, aber ich hab mich damals schon gefragt, was das zu bedeuten hat.»

«Tja», sagte Chris achselzuckend. «Vielleicht finden wir es raus, wenn wir ein bisschen weiter sind im Spiel.»

Rumi wirkte nachdenklich. «Aber warum fragt Wagner dann jetzt schon danach? Wenn wir es noch gar nicht wissen können? Ist das nicht seltsam?»

«Vielleicht hat er selbst keine Ahnung, wo der fünfte Drache ist», sagte Akio grinsend. «Würde doch passen, wenn er sich gar nicht so fürs Gamen interessiert.»

«Hm», machte Rumi nur und sah dann nachdenklich vor sich hin.

Sasha gluckste. «Vielleicht hat Saray das Geheimnis um den fünften Drachen mit ins Grab genommen.»

«Das wäre schlecht», sagte Dinesh. «Wie willst du ein Spiel auf den Markt bringen, bei dem du selbst die Lösung nicht kennst?»

«Ich glaube nicht, dass cy.corp vorhat, das Spiel auf den Markt zu bringen», warf Rumi ein.

«Wieso denn das nicht?»

«Ich hab mich ein bisschen in der Branche umgehört,

bevor ich hierhergekommen bin. Es gibt Gerüchte, dass Wagner und Saray ... na ja, nicht immer einer Meinung waren.»

«Kapiere ich nicht.» Sasha schüttelt den Kopf. «Was hat das denn jetzt damit zu tun?»

Rumi zögerte, als müsse sie genau überlegen, wie sie den nächsten Satz formulieren sollte. «Sie hatten ziemlich unterschiedliche Ansichten, in welche Richtung sich die Firma entwickeln sollte.» Mehr sagte sie nicht, obwohl Jess den Eindruck hatte, dass sie durchaus noch mehr darüber wusste. Ein weiterer Punkt auf der Liste der Dinge, die ihm in Bezug auf Rumi Rätsel aufgaben.

«Leute, ich pack's. Ich bin hundemüde», sagte Chris und gähnte, wie um seine Worte zu unterstreichen. Zustimmendes Gemurmel erklang, und nach und nach gingen alle zurück nach drinnen und auf ihre Zimmer. Jess wollte sich ihnen gerade anschließen, als er Rumis Blick auffing.

«Bleibst du noch kurz?», bat sie leise.

«Okay», sagte er überrascht und musste gleich darauf ein Gähnen unterdrücken. «Aber ich weiß nicht, wie lange ich noch die Augen ...»

«Es gibt da einen Ort im Spiel, den ich dir gern zeigen würde», fiel sie ihm ins Wort. «Ein Haus in einem Wald.»

«O...kay», sagte Jess. «Und warum?»

«Ich habe dort etwas gefunden. Aber das kann ich dir hier nicht erklären. Du musst es dir selbst ansehen.»

«Und wo ist das Haus?»

«Es liegt ziemlich versteckt. Kennst du das Gasthaus an der Grenze zum Nordreich? Bei den Wäldern von Miralôn?», fragte sie.

«Ich glaube, ich bin am zweiten oder dritten Tag da vorbeigekommen.»

«Hast du das Portal aktiviert?»

«Ich denke schon.»

«Gut. Dann treffen wir uns morgen dort. Direkt nach dem Einloggen. Okay?» Ohne ihm eine Chance zum Antworten zu lassen, drehte sie sich um und ging in Richtung Tür.

«Und warum zeigst du es ausgerechnet mir?», rief Jess ihr nach.

Rumi blieb stehen, und als sie sich zu ihm umdrehte, lag ein so beschwörender Ausdruck in ihren Augen, dass Jess ein Schauer über den Rücken lief. «Weil ich deine Hilfe brauche. Und weil es Zeit wird, das zu tun, warum du wirklich hier bist, Jaxon Adams.»

28

Brandgeruch stieg ihm in die Nase. Die Erde bebte leicht, und irgendwo hinter den schwarzen Mauern der Burg hörte er Ragnarunds Brüllen. Jess schlug die Augen auf und starrte an die Decke des SafeHouses, nicht sicher, ob er den Willen aufbringen würde aufzustehen. Was hatte das alles überhaupt für einen Sinn? Das Böse zu bekämpfen, die Drachen zu besiegen, wenn sie gleich darauf zurückkehrten, immer und immer wieder.

Es ist nur ein Spiel!

Jess schwang die Beine aus dem Bett und stand auf. Sein Avatar hatte sich über Nacht vollständig regeneriert, doch bei dem Gedanken an das, was vor ihm lag, wurde ihm flau im Magen. Er hatte noch lange über Rumis Worte vom vergangenen Abend nachgegrübelt. *Es wird Zeit, das zu tun, warum du wirklich hier bist, Jaxon Adams.* Und er dachte an all die Andeutungen, die sie zuvor schon gemacht hatte: die versteckten Überwachungskameras und Abhörgeräte; dass Rumi sich beim Early Access eingeschlichen hatte; ihr Freund Erik, der – Jess erinnerte sich jetzt wieder – bei einem Unfall ums Leben gekommen war. Was zum Teufel hatte das alles zu bedeuten? Jaxon hatte ihn beinahe angefleht, nicht hierherzukommen. *Bei der Sache geht es um viel mehr, als du denkst.*

Aber um was? Warum war Rumi hier? Und was hatte Jaxon hier gewollt? Er hätte seinen Bruder nicht so leicht davonkommen lassen sollen. Aber er war so wütend auf ihn gewesen, hatte sich so von ihm bevormundet gefühlt, war sich so clever vorgekommen mit seiner Idee, sich als Jaxon auszugeben, dass er beschlossen hatte, dessen kryptische Äußerungen zu ignorieren.

Und dann hatte Rumi gestern ganz ähnliche Andeutungen gemacht. Was wusste sie darüber? Kannten die beiden sich? Aber das konnte nicht sein. Dann hätte Rumi längst durchschauen müssen, dass er gar nicht Jaxon war – was sie jedoch unweigerlich tun würde, wenn er sich jetzt mit ihr traf.

Seufzend öffnete Jess das Menü und ging zu der Karte von Cal'Anthor. Obwohl sich alles in ihm sträubte, zu dem vereinbarten Treffpunkt zu gehen, blieb ihm kaum eine andere Wahl. Nicht, wenn er herausfinden wollte, was hinter der ganzen Sache steckte. Er nahm seine Spielfigur, die auf dem Symbol des SafeHouses stand, und suchte das Gasthaus, von dem Rumi gesprochen hatte. Der *Schwarze Eber* befand sich ein ganzes Stück südlich von seiner Position. Als er seine Figur auf das Portal-Emblem stellte, leuchtete es kurz auf. Mehr war nicht nötig, um seinen Avatar zum Gasthaus zu teleportieren. Leider funktionierte das nur von einem Portal zum nächsten. Wie gerne hätte er sich schon mitten in einem Kampf einfach wegteleportiert, doch als er das einmal probiert hatte, war seine Spielfigur wie von Geisterhand an seine aktuelle Position zurückgekehrt.

Als er das Menü verließ, erinnerte er sich daran, welche Mühe er gehabt hatte, das Portal des *Schwarzen Ebers* zu finden. Schließlich hatte er es entdeckt, mitten in einem Schafstall, und als er es aktivieren wollte, musste er zuerst ein Schaf, das darauf lag, überreden, sein Mittagsschläfchen woanders fortzusetzen. Als er jetzt so plötzlich zwischen den Tieren auftauchte, sprangen sie empört blökend davon. Jess bahnte sich zwischen den nach nasser Wolle riechenden Tieren einen Weg nach draußen und ging um den Stall herum auf den Vorplatz des *Schwarzen Ebers*. Das Gasthaus war deutlich kleiner und weniger geschäftig als der *Goldene Drache*, in dem sie das Spiel begonnen hatten. Ein Mann saß auf einem Schemel und schärfte Messer. Ein Hund döste in der Morgensonne. Ansonsten war niemand zu sehen.

«Da bist du ja endlich. Ich dachte schon, du kommst nicht.» Rumi trat aus dem Gasthaus, im Arm ein in ein Baumwolltuch geschlagenes Bündel. Dann musterte sie ihn mit hochgezogenen Augenbrauen. «Oje, wie siehst du denn aus?»

Jess sah an sich herab. Zwar hatte der Wirbel nach Ragnarunds Tod den Ruß verschwinden lassen, aber die Risse und Brandlöcher in seiner Kleidung waren noch da – was doppelt ärgerlich war, wenn man bedachte, dass er sich in der Drachenfeste gerade erst neu eingekleidet hatte. Jess zuckte ergeben mit den Schultern. «Kennst du einen guten Schneider?»

Rumi lachte. «Wenn ich einen finde, sage ich dir sofort Bescheid.» Dann hielt sie das Bündel in die Höhe. «Ich hab uns ein bisschen Proviant für unterwegs besorgt. Hast du schon gefrühstückt?»

«Du meinst hier im Spiel? Nein.»

Rumi schlug das Baumwolltuch beiseite und enthüllte einen Laib frisch gebackenes Brot. Sie riss ein Stück davon ab und hielt es Jess hin. «Hier. Laut der Wirtin ist es das beste in ganz Cal'Anthor.»

«Ist es weit bis zu dem Haus?», fragte Jess, während er das duftende, noch warme Brot entgegennahm.

«Na ja, schon ein bisschen», erwiderte Rumi. «Vielleicht eine Stunde? Am Haus selbst gibt es ein Portal, aber da du es noch nicht aktiviert hast, müssen wir wohl oder übel zu Fuß dorthin.»

Jess war überrascht. Er hatte mit dem Schlimmsten gerechnet, aber Rumi verhielt sich, als wäre nie etwas zwischen ihnen vorgefallen. Das Thema, warum Jaxon ihrer Meinung nach *wirklich* an dem Early Access teilnahm, schien sie vorerst nicht ansprechen zu wollen. Wenn er ehrlich war, war er froh über den Aufschub.

«Ich habe leider kein Pferd mehr», sagte er bedauernd.

«Das macht nichts. Ich musste meins auch zurücklassen.» Rumi deutete auf einen kleinen Weg, der zwischen Feldern hindurch Richtung Südwesten führte. «Wollen wir los?»

Es war ein wunderschöner Morgen. Die Sonne schien angenehm warm, es ging kein Wind, und wenn in seinem Magen nicht immer noch ein flaues Gefühl geherrscht hätte, hätte Jess die Wanderung beinahe genießen können. Sie überquerten eine weite, grasbewachsene Ebene, bogen an einem kleinen Bach ab und hielten auf eine Hügelkette zu. Der Weg wurde immer schmaler, bis er nur noch an einen Trampelpfad erinnerte und schließlich ganz aufhörte. Trotzdem schien Rumi genau zu wissen, wohin sie gehen musste.

«Wie bist du auf das Haus gestoßen?», fragte Jess. «Wenn es doch so versteckt liegt.»

Rumi deutete lächelnd nach vorn. «Siehst du den Baum dort?»

«Den mit den goldenen Blättern?»

«Ja. Wir sind schon an einigen davon vorbeigekommen. Und da hinten, in der Senke, steht noch mal einer. Alle paar Hundert Meter, wie bei einer Schnitzeljagd. Ich bin ihrer Spur gefolgt.»

Jess schnaubte belustigt. «Warum denn das?»

«Weißt du, was der Name Ilana bedeutet?» Als Jess den Kopf schüttelte, fuhr sie fort: «Er kommt aus dem Hebräischen und bedeutet *Baum*.»

«Und deswegen folgst du Bäumen mit goldenen Blättern? Weil der Vorname einer Entwicklerin *Baum* bedeutet? Das ist nicht dein Ernst! Das kann doch genauso gut Zufall sein.»

«Wir sind in einem Videospiel, Jess. Jeder NPC, jedes Haus und jeder Baum wurde von einem Entwickler genau dorthin gesetzt, wo er jetzt ist. Und wenn man auf einen so offensichtlichen Hinweis trifft, handelt es sich garantiert *nicht* um einen Zufall. Wart's einfach ab. Wir sind bald da.»

Sie gingen den Hügel hinauf, der nach und nach in den Wald von Miralôn überging. Es war der schönste Wald, den Jess je gesehen hatte. Die Stämme der großen, weitverzweigten Bäume schimmerten silbrig. Sonnenlicht fiel durch das Blätterdach hoch über ihnen und sprenkelte den Boden mit leuchtenden Punkten. Es roch nach Moos und Erde; Wind raschelte leise in den Baumkronen, und die Luft war erfüllt von Vogelgezwitscher.

«Sieh mal, da drüben», flüsterte Rumi und zeigte auf eine kleine Lichtung vor ihnen. Ein weißer Hirsch mit einem prachtvollen Geweih äste in der Sonne. Er schien sie bemerkt zu haben, denn er hob den Kopf und drehte ihn in ihre Richtung. Doch anstatt wegzulaufen, wippte er mit dem Kopf, als wolle er ihnen zunicken, dann fraß er weiter. Ohne erklären zu können, warum, spürte Jess, dass in diesem Wald keine Trolle, Wegelagerer oder Wolfsrudel lauerten. Dieser Wald strahlte Ruhe und Frieden aus wie kaum ein anderer Ort in diesem Spiel.

Ihre Anwesenheit blieb auch von anderen Waldbewohnern nicht unbemerkt. Als sie weitergingen, schloss sich ihnen eine Gruppe Eichhörnchen an. Die neugierigen Tiere spähten hinter einem Baumstamm hervor, verschwanden dann blitzschnell und tauchten hinter einem anderen Baum wieder auf, ohne die beiden Menschen aus den Augen zu lassen. Als Jess eine Nuss vom Boden aufhob und sie ihnen mit ausgestreckter Hand hinhielt, zögerten sie kurz, dann traute sich das kleinste heran, nahm die Nuss mit einem Keckern von seiner Hand und hüpfte mit einem waghalsigen Manöver davon. Jess musste lachen.

Ohne Vorwarnung hörte der Wald plötzlich auf. Sie traten an eine Felskante heran, unter der sich eine weitläufige, grüne Ebene ausbreitete. In einiger Entfernung waren die Dächer einer Stadt zu erkennen, und am Horizont dahinter die schneebedeckten Berge von Col'Valar. Als Jess bewusst wurde, dass man von hier aus halb Cal'Anthor überblicken konnte, blieb er stehen und sah sich staunend um. Doch dann fiel ihm noch etwas auf. Hinter der Bergkette schien die Welt in Dunkelheit zu versinken. Sie ragte auf wie eine Wand aus pechschwarzen Wolken, die sich Stück für Stück vorschob und einen Gipfel nach dem anderen verschlang. «Krass», entfuhr es ihm.

«Ja, nicht wahr?» Rumi deutete auf einen Punkt links von ihnen. «Vom Haus aus sieht man es noch besser.»

Als Jess in die Richtung sah, in die sie gezeigt hatte, entfuhr ihm ein weiterer Ausruf. Fassungslos starrte er auf den größten Baum, den er je gesehen hatte. Seine Blätter schimmerten golden, seine Wurzeln krallten sich in den Fels, seine dicken, weitverzweigten Äste reckten sich majestätisch in den Himmel. Und ganz oben in der gewaltigen Krone stand ein Haus.

«Ein Baumhaus?», fragte er ungläubig.

Rumi lächelte. «Cool, oder? Komm mit.»

Sie gingen zum Fuß des Baumes, dessen Durchmesser Jess auf mindestens sechs Meter schätzte. In den Stamm war eine schmale Treppe gehauen, die sich spiralförmig bis in die Krone wand. Rumi ging voran, und Jess folgte ihr die Stufen hinauf, bis sie eine breite Plattform erreichten, die zugleich die Veranda des Baumhauses war.

Ein wenig außer Atem, sah Jess sich um. Rumi hatte recht. Von hier oben war die Aussicht noch spektakulärer. Das Baumhaus schien über den Dingen zu schweben, als sei es Teil des Himmels, und Jess hatte mit einem Mal das überwältigende Bedürfnis, sich einfach hier hinzusetzen und in die Welt hinauszublicken.

«Okay, ich geb's zu», sagte er. «Die Bäume *hatten* etwas zu bedeuten.»

Rumi lächelte. «Sag ich ja. Aber das, was ich dir zeigen wollte, befindet sich drinnen.»

Jess aktivierte das Portal in der Mitte der Veranda. Dann folgte er Rumi durch die einfache Holztür, über der das Zeichen für ein SafeHouse stand, ins Innere des Baumhauses. Ihn empfing ein großer, lichtdurchfluteter Raum. Weiche Teppiche, eine bequeme Sofaecke, Regale voller Bücher, eine Nische in der Wand, in der sich ein gemütliches Bett verbarg. Vor einem der runden Fenster stand ein Schreibtisch, auf dem einige Papiere lagen, zusammen mit einer Feder und einem Tintenfass. Sein Blick auf eine Vitrine, in der mehrere durchsichtige Gefäße mit orangefarbenen Wirbeln standen – der Farbe, die einem die Schmerzen nahm. Dieser Raum war kein normales SafeHouse.

«Wo sind wir hier?», fragte er verblüfft.

«Ich vermute, dass Ilana Saray sich diesen Ort als Rückzugsort erschaffen hat. Sie hat immer mehr Zeit in die TVR verbracht, je weiter ihre Krankheit fortgeschritten war. Hier hatte sie keine Schmerzen.»

«Woher weißt du das alles?», fragte Jess verwirrt.

Rumi sah ihn nachdenklich an, und für eine Sekunde wirkte sie, als bereue sie es, ihn hierhergebracht zu haben. Dann deutete sie auf den Schreibtisch. «Von dem Brief, den sie Lucius Wagner geschrieben hat.»

«Sie hat Wagner einen Brief geschrieben? Ihrem Chef? Warum hat sie nicht einfach mit ihm geredet?»

«Du solltest ihn lesen. Vielleicht verstehst du es dann.»

Jess ging zu dem kleinen Tisch unter dem Fenster. In der Mitte lagen einige mit einer säuberlichen Handschrift bedeckte Seiten. Er setzte sich auf den Lehnstuhl, der davor stand, nahm die Blätter in die Hand und begann zu lesen.

Lieber Lucius,

ich weiß, wie wütend du auf mich bist. Wenn du diesen Brief nicht erträgst, dann verbrenne ihn. Ich werde es nie erfahren, denn wenn du ihn liest, bin ich bereits tot. Oder du hörst mir noch ein letztes Mal zu, und vielleicht dringen meine Worte dieses Mal zu dir durch.
Es bricht mir das Herz, dass du cy.corp verkaufen willst. Und vor allem, an wen. Ich weiß, dass du mit Videospielen nichts

anfangen kannst. Die Welt von Cal'Anthor hat dich nie begeistert. Für dich war das Spiel immer nur ein Nebenprodukt unserer Technologie, nicht entscheidend für das, was du erreichen wolltest. Aber für mich war es alles! Mein halbes Leben habe ich an dieser Welt gearbeitet, habe sie zu etwas geformt, in dem sich die Menschen verlieren können, abschalten, aufatmen.

Mein Algorithmus, mit dem wir Zugriff auf das menschliche Gehirn bekommen, macht all das möglich. Du brauchst ihn, um die Firma zu verkaufen, denn ohne ihn ist cy.corp wertlos. Ich bin die Einzige, die ihn kennt, und ich habe ihn in diesem Spiel versteckt, mehrfach verschlüsselt hinter dem Siegel der Drachen. Es ist meine einzige Hoffnung, dich noch umzustimmen. Ich wünsche mir so sehr, dass du die Schönheit dessen begreifst, was wir erschaffen haben, dass du dich auf meine Welt einlässt, auf ihre Gefühle, ihre Abenteuer, ihre Möglichkeiten. Wenn du diesen Brief liest, hast du meine Hinweise verstanden. Du bist der Spur der Bäume gefolgt, hierher an diesen magischen, friedlichen Ort. Sieh dich um! Begreifst du, was dieses Spiel den Menschen für eine Chance bietet?

Du willst all das den Wölfen zum Fraß vorwerfen. Ich bitte dich, wie ich es schon so viele Male von Angesicht zu Angesicht getan habe: Überlege gut, mit wem du Geschäfte machst. Verkauf die Firma, aber verkauf nicht deine Seele! Unsere Technologie überschreitet alle bisher dagewesenen Grenzen. Sie ist revolutionär, aber in den falschen Händen auch sehr gefährlich. Diese Hände werden Cal'Anthor zerstören, und wer weiß, welchen Schaden sie noch anrichten.

Sobald du den fünften Drachen besiegt hast, gehört der Algorithmus dir. Dann kannst du damit tun, was du willst. Ich hoffe, dass du dich bis dahin genauso in diese Welt verliebt hast wie ich. Und ich hoffe, dass du die richtige Entscheidung triffst.

Ilana

Nachdem er zu Ende gelesen hatte, starrte Jess noch lange auf den Brief. Er spürte Rumis Blick auf ihm, wusste, dass sie wieder eine Reaktion von ihm erwartete – Überraschung, Empörung, Verstehen –, genau wie am Tag zuvor. Doch wieder konnte Jess ihr diese Reaktion nicht bieten, denn er verstand kein Wort von dem, was er da gerade gelesen hatte. Vielleicht war es an der Zeit, Rumi reinen Wein einzuschenken.

Langsam ließ er den Brief sinken und sah zu ihr auf. «Ich bin nicht Jaxon Adams», sagte er.

Rumi musterte ihn, ohne eine Miene zu verziehen. Jess hatte erwartet, dass sie überrascht wäre oder verärgert. Doch sie nickte nur. Fast schien es, als hätte sie damit gerechnet. «Und wer bist du?»

«Sein jüngerer Bruder, Jesper. Aber alle nennen mich Jess. Jax ist …» Er hielt inne und überlegte, wie viel er Rumi erzählen sollte. «Jax konnte nicht am Early Access teilnehmen. Also bin ich für ihn eingesprungen.»

Wieder reagierte Rumi nur mit einem leichten Nicken, und das machte Jess fast noch nervöser, als wenn sie vollkommen ausgerastet wäre. «Du bist gar nicht überrascht», sagte er leise.

«Ich hab's mir gedacht», erwiderte Rumi. «Spätestens seit gestern auf dem Klo weiß ich, dass etwas nicht stimmt. Jaxon hätte nie so unbeteiligt reagiert.» Sie hielt kurz inne, dann fragte sie: «Wie viel weißt du über die Sache?»

«Welche Sache?»

«Der Grund, warum du hier bist.»

Jess zögerte. «Ich … bin wegen dem Geld hier. Meine Mutter hat ihren Job verloren und …»

«Er hat dir nichts erzählt?», unterbrach Rumi ihn.

«Was erzählt?»

Sie starrte ihn fassungslos an. «Dein Bruder hat dich hier teilnehmen lassen, ohne dir zu sagen, worauf du dich einlässt?»

«Er wollte nicht, dass ich gehe», erwiderte er. «Er sagte, es sei zu gefährlich. Aber den Grund hat er mir nicht genannt.»

Rumi verdrehte die Augen. «Ich fass es nicht. Warum ist er dann nicht selbst gekommen?»

«Er …» Jess druckste herum. Aber Rumi wusste schon so viel, da machte dieses Detail den Braten auch nicht mehr fett. «Er ist verhaftet worden.»

«Warum?» Rumis Stimme klang plötzlich besorgt.

«Seine Freunde und er haben versucht, sich auf irgendeinen geheimen Server einzuhacken. Es hat eine richtige Razzia gegeben, mit SEK und allem.»

«Und die Computer?»

«Sind beschlagnahmt worden, glaube ich. Warum?»

Rumi seufzte. «Das heißt, dass sie nicht vorsichtig genug waren. Wenn die Daten weg sind, dann … dann war alles umsonst. So eine verdammte Scheiße!» Rumi wandte sich ab und trat gegen einen Stuhl, der klappernd zu Boden fiel.

Jess verstand gar nichts mehr. «Welche Daten? Wovon redest du überhaupt?»

Rumi wandte sich zu ihm um, und in ihren Augen lag eine

solche Trauer, dass Jess erschrak. Doch dann klärte sich ihr Blick, und mit einem Seufzen ließ sie sich auf die Couch fallen. «Sagt dir der Name Erik Hanser etwas?»

«Ja», erwiderte Jess. «Oder zumindest so halb. Ich kenne ihn nicht. Aber er war ein Bekannter von Jax. Er ist vor Kurzem bei einem Unfall ums Leben gekommen.»

«Es war kein Unfall», erwiderte Rumi, und ihre Stimme färbte sich dunkel. «cy.corp hat ihn umbringen lassen. Und dein Bruder und seine Freunde haben davon gewusst.»

29

Jess hatte das Gefühl, als würde ihm jemand den Boden unter den Füßen wegziehen. Er ließ sich in den Sessel gegenüber von Rumi fallen und starrte sie mit offenem Mund an. «Umbringen lassen?», fragte er mit heiserer Stimme. «Warum?»

Rumi schüttelte den Kopf. «Ich weiß es nicht. Erik hat für cy.corp gearbeitet, als Teil des Entwicklerteams. Er war kein hohes Tier oder so, aber eines Tages muss er zufällig etwas aufgeschnappt haben. Er wollte mir nicht sagen, was los ist. Aber er wurde immer schweigsamer, hat schlecht geschlafen, so Zeug eben. Und als er eines Tages angefangen hat, sich auf der Straße ständig umzusehen, als würde er verfolgt, habe ich ihn gezwungen, mit der Sprache rauszurücken.»

«Er hat mir keine Details erzählt, weil er mich nicht in die Sache mit reinziehen wollte. Aber offenbar ist er in den internen Daten von cy.corp auf etwas gestoßen, was ihn ziemlich schockiert hat. Er hat die Daten heimlich kopiert, aus dem Unternehmen geschmuggelt und an eine Gruppe von Hackern geschickt, die er von früher kannte, mit der Bitte, der Sache weiter auf den Grund zu gehen. Irgendwie muss cy.corp Wind davon bekommen haben. Kurz darauf war er tot.»

«Wie ist er gestorben?»

«Er ist mit dem Auto von der Straße abgekommen.»

«Ich ... versteh mich nicht falsch, aber ... könnte er nicht wirklich einen Unfall gehabt haben?»

Rumi sah ihn eine Weile ausdruckslos an, bevor sie antwortete. «Er hatte gar keinen Führerschein. Aus Überzeugung. Außerdem war sein Computer nach dem Unfall spurlos verschwunden, genau wie seine externe Festplatte. Und seine Cloud war gelöscht. Die Polizei hat mir kein Wort geglaubt, hat behauptet, dass er dringend zu einer Verabredung musste und deswegen das Auto eines Freundes genommen hat. Das Ganze wurde offiziell als Unfall abgehakt, aber ich weiß einfach, dass das nicht stimmt. Irgendetwas stand in den Dateien, die er kopiert hat – etwas, das er niemals hätte sehen dürfen. Deswegen musste er sterben. Und deswegen bin ich hier – um rauszufinden, welche Informationen so wichtig sind, dass cy.corp bereit ist, dafür über Leichen zu gehen.»

Jess schüttelte fassungslos den Kopf; nicht, weil er Rumi nicht glaubte, sondern weil er es kaum begreifen konnte, was sie ihm gerade erzählte. «Und woher weißt du von Jaxon?», fragte er schließlich.

«Ich hatte keinen Kontakt zu den Hackern, denen Erik die Daten geschickt hat. Aber ich habe ein paar Namen aufgeschnappt, unter anderem den von Jaxon. Als ich am ersten Tag hier deinen Namen gehört habe, wusste ich, dass auch die Hacker nicht an einen Unfall glauben.»

«Das ist doch Quatsch», widersprach Jess halbherzig. «Prometheus ist einer der besten Gamer zurzeit. cy.corp hat sich an Jaxon gewandt, weil sie ihn unbedingt dabeihaben wollten. Nicht umgekehrt.»

«Ironie des Schicksals», erwiderte Rumi achselzuckend. «Jaxon musste sich gar nicht bei cy.corp einschleichen. Sie haben ihn selbst zu sich eingeladen, ohne zu wissen, dass es eine Verbindung zu Erik gab.»

Jess deutete auf den Schreibtisch am Fenster. «Und was soll die Sache mit dem Brief? Ich verstehe nicht, was das alles zu bedeuten hat. Warum schreibt Ilana Saray einen Brief an Lucius Wagner und deponiert ihn hier im Spiel? Hier können ihn doch auch alle anderen lesen. Und was hat es mit diesem Algorithmus zu bedeuten?»

«Das ist es ja gerade», erwiderte Rumi. Sie stand auf und begann, im Raum auf und ab zu gehen. «Ich glaube, dass an diesem ganzen Early Access etwas gewaltig faul ist. Ilana Saray scheint eine Version des Spiels programmiert zu haben, die nur für Wagner gedacht war. Und in diesem Spiel hat sie den Algorithmus versteckt, damit Wagner cy.corp nicht verkaufen kann. Zumindest vorerst nicht.»

«Moment», sagte Jess und hob abwehrend die Hände. «Noch mal von vorne, sonst komm ich nicht mit. Saray und Wagner arbeiten an einer völlig neuen Technologie, die einem den *Full Dive* ermöglicht. Und tatsächlich finden sie eine Möglichkeit, wie ein Computer Befehle an das menschliche Gehirn senden kann. Richtig so weit?»

«Fast», sagte Rumi. «Saray hat die Möglichkeit gefunden. *Sie* war die Programmiererin. *Sie* hat den Algorithmus geschrieben. Und offenbar hat sie ihn geheim gehalten, sodass nicht einmal Wagner ihn kannte.»

«Aber warum?», fragte Jess.

Rumi deutete zum Schreibtisch. «Das steht doch im Brief. Wagner will die Firma verkaufen, und Saray war nicht glücklich über seine Wahl des Käufers. Vermutlich, weil der gar kein Interesse daran hat, das Spiel auf den Markt zu bringen, sondern die Technologie anderweitig verwenden will.»

«Das meint sie mit den falschen Händen, die es auf die Technologie abgesehen haben», warf Jess ein.

«Genau. Ohne den Algorithmus kann Wagner cy.corp nicht verkaufen. Er ist das Herzstück der Technologie.»

«Also versteckt sie ihn im Spiel und zwingt Wagner, es durchzuspielen? Das ist doch absurd.»

Rumi zuckte mit den Schultern. «Offenbar hat sie gehofft, ihn dadurch für das Spiel zu begeistern und umzustimmen.» Sie ging zum Schreibtisch und tippte auf den Brief. «Sie hat das kurz vor ihrem Tod geschrieben. Seitdem muss Wagner versucht haben, das Siegel zu brechen. Aber er hat es nicht geschafft. Also holt er sich zehn der besten Gamer, die es für ihn erledigen sollen.»

«Akio hatte recht. Wagner weiß selber nicht, wo der fünfte Drache ist. Deswegen hat er Dinesh und die anderen danach gefragt.»

«Genau. Und deswegen war er auch so enttäuscht darüber, dass sie es ebenfalls nicht wussten. Weil er endlich verkaufen will. Oder», fügte sie hinzu, «weil der Käufer keine Lust mehr hat, noch länger zu warten.»

«Was ist mit den anderen?», fragte Jess. «Wissen die auch Bescheid?»

«Nein. Und es wäre gut, wenn es auch so bleibt. Wagner darf auf keinen Fall wissen, was wir herausgefunden haben.»

Jess schüttelte ungläubig den Kopf. Was passierte hier eigentlich gerade? Plötzlich war er mitten in die wildesten

Verwicklungen geraten, um Mord, um einen Computercode, eine verstorbene Entwicklerin, den Verkauf einer Firma, die vermutlich Milliarden wert war. Dabei wollte er das alles gar nicht. Er war doch nur hierhergekommen, um das Geld zu gewinnen. Was ging es ihn an, was mit cy.corp geschah?

«Und was jetzt?», fragte er.

Rumi sah ihn verständnislos an. «Was soll das heißen, was jetzt?»

«Ich meine, was machen wir jetzt? Wagner sucht einen Algorithmus. Na und? Es ist *sein* Algorithmus. Schließlich gehört die Firma ihm. Wer als Erstes das Siegel bricht, ermöglicht Wagner den Zugang zu dem Code – wie auch immer ich mir das vorzustellen habe – und bekommt dafür eine Belohnung. Ende.»

«Ich bin nicht wegen dem Geld hier, Jess.»

«Aber ich. *Ich* bin wegen dem Geld hier. Nicht wegen irgendeinem Algorithmus. Und es ist mir auch vollkommen egal, was Wagner damit anstellt.»

«Hast du mir überhaupt zugehört?», fragte Rumi aufgebracht. «Ein Mensch ist gestorben, Jess. cy.corp hat meinen Freund umgebracht! In dieser Firma ist irgendetwas gewaltig faul, und ich will wissen, was es ist.»

«Und warum ziehst du mich da mit rein?»

Jess konnte förmlich dabei zusehen, wie sich Rumis Empörung in ausgewachsene Wut wandelte. «Weil ich dachte, dass du für die gleiche Sache kämpfst wie dein Bruder», sagte sie schließlich. «Er wollte herausfinden, was mit dieser Firma nicht stimmt. Verdammt noch mal, Jess, er ist dafür sogar ins Gefängnis gegangen! Aber anscheinend habe ich mich getäuscht. Du bist nicht wie dein Bruder. Weder im Spiel noch außerhalb.»

Jess schüttelte den Kopf. «Jaxon ging es nicht darum, für

irgendeine große Sache zu kämpfen. Er wollte den Algorithmus stehlen.»

Rumi starrte ihn wütend an. «Sorry, mein Fehler. Dann bist du also genau wie er. Euch geht es beiden nur ums Geld!» Sie schien auf eine Reaktion zu warten, doch Jess sah stumm zu Boden. «Tut mir leid, dass ich dich mit der ganzen Sache belästigt habe», zischte sie, dann drehte sie sich um und ging zur Tür.

«Warte!», rief Jess. «Mein Vater hat uns vor einem halben Jahr verlassen und zahlt keinen Unterhalt. Meine Mutter schuftet sich seitdem krumm, aber es reicht hinten und vorne nicht. Wir leben in einer absoluten Bruchbude, für die wir uns kaum die Miete leisten können. Und Jaxon ist auf die schiefe Bahn geraten und sitzt gerade in Untersuchungshaft. Du hast recht. Mir geht es um das Geld. Aber nicht, weil ich reich werden will oder so. Sondern weil ich will, dass alles wieder so wird wie früher. Dass wir nicht ständig jeden Cent umdrehen müssen. Dass Jaxon runterkommt von der schiefen Bahn. Dass meine Mutter aufhört, sich solche Sorgen zu machen. *Deswegen* habe ich Jaxons Platz eingenommen. Weil es nach einer guten Gelegenheit aussah, an viel Geld zu kommen und diesen ganzen Mist hinter uns zu lassen.» Rumi stand reglos in der offenen Tür, und Jess sprach rasch weiter, bevor sie es sich anders überlegte. «Das mit deinem Freund tut mir leid. Ehrlich. Aber das mit cy.corp und dem Algorithmus ... das ist einfach eine Nummer zu groß für mich. *Alles* hier ist eine Nummer zu groß für mich! Ich weiß, was du von mir erwartest, und ich würde dir wirklich gern helfen. Aber ich kann das nicht.»

Langsam drehte Rumi sich zu ihm um. «Ich wusste nicht, wie es deiner Familie geht», sagte sie, und ihre Stimme klang deutlich versöhnlicher. «Und ich verstehe, dass du mit der ganzen Sache nichts zu tun haben willst. Ich befürchte nur, dass ich es nicht alleine schaffe.»

«Was hast du denn überhaupt vor?», fragte Jess.

Rumi zuckte mit den Schultern. «Mein Plan, mich auf den Servern von cy.corp umzusehen, scheitert leider an den Sicherheitsmaßnahmen. Aber wenn ich das Siegel der Drachen als Erste brechen könnte, hätte ich eventuell ein Druckmittel gegen Wagner in der Hand.»

«Du willst ihn erpressen?», rief Jess entsetzt. «Bist du verrückt?»

«Nicht verrückt», entgegnete Rumi. «Nur verzweifelt.» Sie sah Jess eindringlich an. «Ich kann dich nicht zwingen, mir zu helfen. Aber denk wenigstens darüber nach, okay?» Sie warf ihm einen letzten Blick zu, dann wandte sie sich um und ging.

Jess starrte auf die Tür, und in seinem Kopf wirbelten so viele Gedanken durcheinander, dass er keinen einzigen davon zu fassen bekam. Irgendwann wurde die Stille im Inneren des Baumhauses so erdrückend, dass er sie nicht mehr ertrug und ebenfalls nach draußen ging.

Rumi war nicht mehr da. Die Sonne fiel durch das goldene Laub auf die Veranda und zeichnete tanzende Muster auf das Holz. Er setzte sich an den Rand der Plattform und sah in die Ebene hinaus, bis zu den Bergen und der Dunkelheit dahinter, die sich in der kurzen Zeit über einen weiteren Gipfel geschoben zu haben schien. Er hatte sich für unfassbar clever gehalten, an Jaxons Stelle hier mitzumachen. Wenn er ehrlich war, hatte er sich bereits den Ausdruck auf dem Gesicht seiner Mutter ausgemalt, wenn er ihr von dem Geld erzählte, wie glücklich sie sein würde, wie unbeschwert. Mein Gott, wie naiv er gewesen war. Er hatte geglaubt, dass er das alles schon irgendwie schaffen würde. Schließlich ging es nur um ein Videospiel, ein revolutionäres, aber harmloses Videospiel. Doch in der letzten halben Stunde hatte sich seine Welt auf den Kopf gestellt. Jetzt ging es plötzlich um Computercodes, eine milliardenschwere Firma, Industriespionage … Mord. Jaxon hatte ihn gewarnt. Aber er hatte es nicht hören wollen. Um ehrlich zu sein, wollte er es immer noch nicht wahrhaben. Er wollte mit diesen Dingen nichts zu tun haben. Und jetzt wusste er nicht mehr, was er tun sollte. Was er tun *wollte*. Weitermachen, wie bisher? Sich auf seine und die Bedürfnisse seiner Familie konzentrieren? Oder begreifen, dass hier etwas gewaltig faul war und es um weit mehr ging als sein persönliches Schicksal? Hatte er überhaupt eine Wahl?

In den Zweigen neben ihm raschelte es. Als er den Kopf wandte, sah er das Eichhörnchen, das ihm unten im Wald die Nuss abgenommen hatte. Es beobachtete ihn neugierig, und als Jess die Hand ausstreckte, schnupperte es erst, sprang dann auf die Plattform hinunter und kam ein paar Schritte näher, bevor es sich setzte und ihn abwartend ansah.

«Was würdest du tun, Kleiner?», fragte Jess. «Wenn du dich entscheiden müsstest?»

Das Eichhörnchen legte den Kopf schief, als würde es ernsthaft über die Frage nachdenken. Dann drehte es sich um und verschwand blitzschnell in dem Gewirr aus Ästen und Blättern.

Jess seufzte. «Du würdest weglaufen, hm? Ich befürchte, das ist das Einzige, das ich nicht tun kann.»

TEIL 5

WER NICHT KÄMPFT…

30

Wo war Visnabor? Hektisch sah Jess sich um, doch der Thronsaal war leer. Oder er schien zumindest so. Er spürte den Luftzug, als sich der schlangenähnliche Körper um ihn herumwand, hörte das schabende Geräusch von Glas auf Stein, sah das Flirren in der Luft, wo Visnabor an ihm vorbeiglitt. Er war überall! Neben ihm, hinter ihm, vor ihm. Und trotzdem hatte er keine Chance, ihn zu treffen. Wieder das schabende Geräusch, das sich um ihn zu drehen schien, in einem Kreis, der immer enger wurde. Ein Fauchen ertönte, ein Zischen … dann der Schmerz, als sich Tausende kleiner Glassplitter in seinen Körper bohrten.

Jess presste verzweifelt die Augen zusammen, dann riss er sie wieder auf und starrte an die dunkle Decke. Er wollte die Bilder loswerden, die wieder und wieder vor seinem inneren Auge vorbeizogen, wollte endlich einschlafen, wollte diesen Tag hinter sich bringen. Aber jedes Mal, wenn er gerade in den Schlaf driftete, tauchten sie wieder auf – und mit ihnen all die Gefühle, die ihn an den Rand einer Panik gebracht hatten. Diese schreckliche Hilflosigkeit, den Gegner zu hören und zu spüren, ihn aber nicht zu sehen, geschweige denn zu wissen, aus welcher Richtung er das nächste Mal angreifen würde. Der Frust, wenn seine Waffen an dem stahlharten Körper zerbrachen. Die Ohnmacht, wenn er seine Magie in den Raum schleuderte, ohne irgendetwas auszurichten. Die

Verzweiflung, als er sich, aus Hunderten kleiner Wunden blutend, ins Menü rettete, um seinen letzten Heiltrank zu trinken.

Der Kampf hatte so lange gedauert, dass die Wirkung sämtlicher Wirbel erloschen war. Der Schmerz war zurückgekehrt, genau wie die Angst. Wie sollte er seine Wunden heilen, wenn er keine Heiltränke mehr hatte? Wie sollte er gegen diesen übermächtigen Gegner bestehen, wenn seine Kräfte schwanden, seine Waffen kaputt waren, seine Magie nicht mehr ausreichte? Wenn *er* nicht ausreichte? Seine rasenden Gedanken hatten ihm im Spiel die Kehle zugeschnürt, und das taten sie auch jetzt wieder.

Keuchend setzte Jess sich auf und rang nach Luft. Es dauerte eine ganze Weile, bis sich sein Atem wieder beruhigt hatte. Schließlich knipste er das Licht an. An Schlaf war jetzt ohnehin nicht mehr zu denken. Er sah auf die Uhr, und zu seiner Überraschung war es erst kurz vor zehn. Dabei hatte es sich angefühlt, als hätte er sich stundenlang wach im Bett gewälzt.

Er ging ins Bad, um etwas zu trinken, dann ließ er sich seufzend wieder aufs Bett fallen. Eine Woche war seit seinem Gespräch mit Rumi im Baumhaus vergangen. Eine Woche, in der er sich ununterbrochen Gedanken darüber gemacht hatte, wie er mit all dem umgehen sollte, was er erfahren hatte. Mit Rumi selbst hatte er seitdem nicht mehr gesprochen. Aber die Blicke, die sie ihm zuwarf, wenn sie sich beim Essen oder im Innenhof begegneten – mal auffordernd, mal enttäuscht –, machten ihm jedes Mal ein schlechtes Gewissen. *cy.corp hat meinen Freund umbringen lassen.* Warum hätte die Firma das tun sollen? Was, wenn das alles nur ein Hirngespinst von Rumi war? Und dann dieser Streit zwischen Saray und Wagner … Warum hatte Saray sich in den Verkauf der

Firma eingemischt? Sie gehörte Wagner. Warum sollte er sie nicht verkaufen, an wen er wollte?

Wenn er ehrlich war, dann wusste er selbst, dass bei cy.corp etwas nicht stimmte. Dass es nicht alles nur Hirngespinste waren. Dass es um mehr ging als einen simplen Early Access. Aber er versuchte verzweifelt, die Augen davor zu verschließen – weil er Angst hatte, was passieren würde, wenn er die Wahrheit herausfand. Doch früher oder später würde er sich entscheiden müssen. Sollte er Rumi helfen? Oder sollte er sich raushalten, irgendwie die noch verbleibende Zeit durchstehen und vielleicht mit 100 000 Euro in der Tasche nach Hause fahren? Was war ihm wichtiger? Sein eigenes Leben und das seiner Familie wieder in den Griff zu kriegen? Oder das Unrecht aufzuklären, das sich hinter den Kulissen abspielte – auch, wenn das vermutlich bedeutete, dass er auf das Geld und alles, was er sich davon erhoffte, verzichten musste?

Diese Gedanken quälten ihn fast ununterbrochen, und aus lauter Hilflosigkeit hatte er einfach mit dem Spiel weitergemacht. In Cal'Anthor stand er vor genauso großen Problemen, aber auf wundersame Weise schaffte er es dort, sie zu besiegen. Denn am Ende hatte er den gläsernen Drachen doch noch geschlagen.

Visnabors Drachenfeste stand auf einer von Treibsand umgebenen Düne in der Wüste von Il'Faran. Der Palast war Jess lange Zeit wie eine Fata Morgana erschienen, eine Illusion, der flimmernden Luft über dem Wüstensand geschuldet. Doch als Jess endlich vor seinen Toren stand, begriff er, warum er ihn nie deutlich hatte erkennen können: Alles darin – Wände, Decken, Böden, Türen – bestand aus Glas und einem ausgeklügelten System aus reflektierenden Spiegeln. Jess kam sich vor wie in einem riesigen Spiegelkabinett, und der Thronsaal mit seinen gläsernen Säulen, Kronleuchtern und Prismen an den Wänden bildete den Höhepunkt dieses gigantischen Bauwerkes.

Es war ein Zufall, der Jess schließlich den Kampf gewinnen ließ. Einer seiner wirkungslos abgefeuerten Magiestöße prallte auf ein Prisma an der Wand, das daraufhin zur Seite kippte und einen Lichtstrahl in die Mitte des Saals warf. Als Visnabor durch den Strahl glitt, reflektierte sein gläserner Körper das Licht und wurde so für einen Sekundenbruchteil sichtbar. Hastig feuerte Jess weitere Magiestöße auf die umliegenden Prismen ab und veränderte ihre Winkel, sodass sie das hereinfallende Sonnenlicht bündelten und das Unsichtbare sichtbar machten.

Der schlangenähnliche Körper schien überall zu sein, wand und schlängelte sich in rasend schnellen, kreisenden Bahnen um Jess herum. Plötzlich schoss er auf ihn zu, bäumte sich auf, öffnete das gläserne Maul, um eine weitere Salve Splitter auf ihn abzufeuern. In diesem Moment sah Jess ihn, den verwundbaren Punkt am Hals des Drachen. Er leuchtete nur kurz auf, reflektierte den Sonnenstrahl in schillernden Regenbogenfarben, doch es reichte Jess. Es musste reichen. Der Kampf mit Visnabor hatte ihn sämtliche Wirbel, Heiltränke und Waffen gekostet, die er besaß. Wenn er ihn jetzt nicht traf, hatte er keine Chance mehr. Mit aller Kraft, die er noch aufbringen konnte, bündelte er seine Magie, lenkte sie auf einen großen Glassplitter, schleuderte ihn in Richtung des Drachen – und traf. Visnabor leuchtete von innen auf. Für einige Sekunden war der gesamte Schlangenkörper sichtbar, in all seiner makabren Schönheit. Der Drache bäumte sich ein letztes Mal auf, dann zerfiel sein Körper in Abertausende kleinster Splitter.

Das Siegelfragment, das Jess eingesammelt hatte, schwebte nun neben den beiden anderen über der Säule seines Menüs. Jetzt fehlten ihm nur noch zwei. Aber er hatte auch kaum noch Zeit. Die Reise nach Il'Faran hatte weitaus länger gedauert als geplant. Er war in Gefangenschaft von Kopfgeldjägern geraten, hatte einem wandernden Sumpf ausweichen müssen, und eine Nebenquest, von der er sich eine besonders starke Waffe versprochen hatte, war ähnlich aufwendig gewesen wie in den Bergen um Thorell. Jetzt blieb ihm nur noch eine Woche, um die Drachenfeste von Morvadar im Westen zu bezwingen – und den fünften Drachen zu finden. Und er hatte keine Ahnung, wie er das zustande bringen sollte. Keinem der Mitspieler war es bisher gelungen, etwas über den fünften Drachen herauszufinden – wie er hieß, wie er aussah, wo er sich befand. Wagner tauchte immer öfter im Gamingraum auf, fragte immer ungeduldiger nach Hinweisen, und langsam fiel auch den anderen Spielern auf, wie merkwürdig er sich benahm.

Jess' Blick fiel auf die kleine Plastikfigur auf seinem Nachttisch. Gedankenverloren nahm er Neo in die Hand und fuhr mit den Fingern über seine glatte Oberfläche. Warum war seinem Bruder die Figur bloß so wichtig gewesen? Warum hatte er ihn gebeten, auf sie aufzupassen? Als Glücksbringer taugte sie jedenfalls nicht. Sie hatte Jaxon kein Glück gebracht – und ihm auch nicht. Stattdessen wurden die Dinge immer komplizierter. Er stellte Neo zurück auf den Nachttisch, wo er klappernd umfiel. Jess stellte ihn wieder hin, doch erneut kippte der Rebellenführer aus der Matrix um. Seine Beine waren mit einem Mal merkwürdig abgeknickt. Stirnrunzelnd hob Jess Neo auf, suchte nach einem Grund, warum die Beine so schief waren – und hielt sie plötzlich in der Hand. Aber sie waren nicht abgebrochen. Vielmehr war der Oberkörper eine Art Hülle gewesen – für einen USB-Anschluss. Fassungslos starrte Jess auf den Stecker. Neo war gar keine beliebige Figur, die seinem Bruder aus unerfindlichen Gründen wichtig gewesen war, sondern ein USB-Stick!

Er hätte sich am liebsten geohrfeigt. Warum war er nicht längst selbst darauf gekommen? Er erinnerte sich an die Szene im U-Bahn-Schacht, an den Kommentar von Karl – *«Ich hab die Daten übertragen, Jax»* – und wie Jaxon kurz darauf die Figur von seinem Schreibtisch genommen hatte. Deswegen war sie ihm so wichtig gewesen. Weil sich darauf eine Sicherungskopie der Daten befand, die die Hacker ausgewertet hatten. Die *einzige* Kopie, nachdem die Hacker ihre eigenen Server zerstört hatten.

Jess starrte auf das glänzende Metall des Steckers, der aus Neos Bauch herausragte. Was, wenn darauf alle Antworten zu finden waren, nach denen Rumi suchte? Die Antworten darauf, warum Erik sterben musste, warum Ilana Saray Wagner von einem Verkauf abhalten wollte, und am Ende auch, warum Jaxon ins Gefängnis gegangen war? Plötzlich wusste Jess, was zu tun war. Die Entscheidung, auf der er seit einer Woche herumkaute – jetzt hatte er sie endlich getroffen, und sie stand so deutlich vor ihm, dass er keine Sekunde mehr verlieren wollte. Er musste eine Möglichkeit finden, sich die Daten auf dem Stick anzusehen. Nur wo?

Jess überlegte fieberhaft, wo es hier im Spielertrakt einen Computer geben könnte. cy.corp hatte penibel darauf geachtet, dass ihnen jeglicher Zugang zum Internet verwehrt blieb, damit vorab keine Informationen nach außen drangen. Jess entging nicht die Ironie dahinter. Er befand sich in einer der modernsten Entwicklerfirmen der Welt und wusste nicht, wie er an einen Computer kommen sollte. Hier oben auf der Wohnetage gab es ganz sicher keinen. Aber vielleicht im Untergeschoss.

Hastig zog sich Jess einen Pulli über den Schlafanzug und schlüpfte in seine ausgetretenen Sneaker. Er würde nachsehen. Und dafür gab es keinen besseren Zeitpunkt als jetzt.

31

Jess trat hinaus in den Flur. Aus einem der anderen Schlafzimmer drangen die Geräusche eines Actionfilms. Ansonsten war alles still. Auch die Beleuchtung war gedimmt, und so tappte er im Halbdunkel den Flur entlang bis zum Aufzug. Als er auf den Knopf drückte, öffneten sich die Türen mit einem lauten Rumpeln. Jess erschrak, doch niemand schien das Geräusch gehört zu haben. Kurz überlegte er, ob um die Uhrzeit noch jemand die Überwachungskameras kontrollierte und ihn bereits entdeckt hatte. Falls ja, konnte er jetzt sowieso nichts mehr daran ändern. Und bisher tat er ja auch nichts Verbotenes.

Als er im Untergeschoss ausstieg, ging er langsam den Gang entlang und drückte die Klinken der Türen hinunter, an denen er vorbeikam. Der Raum, in dem der Ganzkörperscan stattgefunden hatte, war verschlossen, die anderen führten in den Fitnessraum, das WC und den kleinen Aufenthaltsraum. In keinem davon gab es Computer. Nun fiel Jess nur noch Toms Terminal ein.

Im Gamingraum brannte Licht, aber auch hier war es nur eine Notbeleuchtung. An einigen Verteilergeräten blinkten Kontrolllampen, ansonsten war auch hier alles beinahe gespenstisch still. Jess ging zu dem Monitor, von dem aus Tom das Spiel verfolgte. Doch leider war er genau das – nur ein

Monitor, an dem Jess vergeblich nach irgendwelchen Anschlüssen suchte.

Ratlos sah Jess sich um. Hier würde er nicht weiterkommen. Aber wenn es ihm irgendwie gelänge, ungesehen in den Bürotrakt hinüberzukommen ... Er trat auf den Flur hinaus und wandte sich zur Verbindungstür, durch die sie vor knapp drei Wochen den Spielerbereich betreten hatten. Was hatte Miller gesagt? Die Tür war unverschlossen, aber sobald sie jemand öffnete, ging ein stiller Alarm los, der die Wachmänner auf den Plan rief. Jess kaute unschlüssig auf seiner Unterlippe. Dann gab er sich einen Ruck. Er würde es einfach probieren, würde, falls ihn wirklich jemand aufhielt, behaupten, dass er nicht schlafen konnte und ziellos herumgestreift wäre. Mehr, als ihn zurück in den Spielerbereich zu bugsieren, würden sie kaum machen. Oder?

Vorsichtig öffnete Jess die Tür. Dann lauschte er auf irgendein Geräusch, einen Warnton, hastige Schritte, die auf ihn zueilten. Doch es blieb alles ruhig. Er gab sich einen Ruck und trat in den Gang hinein. Als er an der Tür mit der Aufschrift «Security» vorbeikam, stutzte er. Sie stand einen Spalt offen, und dahinter sah er eine ganze Wand voller Monitore, die die Bilder von Überwachungskameras zeigten. Vor der Bildschirmwand saß ein Wachmann, der die Füße auf das Schaltpult gelegt hatte – und schlief. Jess konnte sein Glück kaum fassen. So leise wie möglich huschte er zum Aufzug am Ende des Ganges und fuhr damit nach oben.

Als die Türen aufglitten und den Blick auf die Büroetage freigaben, wich die nüchterne, pragmatische Atmosphäre der Kellerräume schlagartig dem Charme des alten Fabrikgebäudes. Auch hier war die Beleuchtung auf ein Minimum gedimmt; einige Büros hatten Glasscheiben, sodass man hineinsehen konnte, aber da in keinem von ihnen noch Licht brannte, ging Jess davon aus, dass er allein war. Er brauchte einen Augenblick, um sich zu orientieren. Dann betrat er das erstbeste Büro, an dem er vorbeikam und in dem sich ein einzelner Schreibtisch befand.

Hier schien ihn sein Glück zu verlassen. Zwar gab es einen Computer, der auch über einen USB-Anschluss verfügte, doch als Jess ihn anschaltete, wurde nach einem Passwort gefragt, mit dem er selbstverständlich nicht dienen konnte. Enttäuscht schaltete er den PC wieder aus und versuchte es im nächsten Büro. Mit dem gleichen Ergebnis. Jetzt hatte er es schon bis hierher geschafft, und dann scheiterte es an einem verdammten Passwort! Computer für Computer probierte er aus, Büro für Büro ... bis er endlich in einem verglasten Großraumbüro in der Nähe des Konferenzzimmers Erfolg hatte. Der Besitzer des PCs hatte offenbar ein größeres Back-up über Nacht laufen lassen. Als Jess den Rechner aus dem Standby holte und der Bildschirm flackernd aufleuchtete, zeigte er eine Meldung an, dass es nun abgeschlossen war.

Jess hätte beinahe laut gejubelt. Er zog sich den Schreibtischstuhl heran, suchte nach dem USB-Anschluss und dockte Neo an.

Ein Fenster öffnete sich, in dem drei Ordner angezeigt wurden. Jess wählte den obersten aus, der den Namen «Erik» trug. Darin befanden sich mehrere einzelne Dokumente sowie ein Video. Er klickte es an. Ein Junge erschien auf dem Bildschirm, blond und etwa in Jaxons Alter. Die Auflösung und der Hintergrund ließen darauf schließen, dass er das Video mit einer Webcam in seinem Zimmer aufgenommen hatte. Jess klickte auf Play.

«Hey, Jax, hey, ihr anderen, deren Namen ich nicht kenne. Danke noch mal, dass ihr in der Sache nachforschen wollt. Finde ich echt super. Hier ist was ganz Großes am Laufen, aber ich steig nicht dahin-

ter, was es ist. Am besten, ich fang einfach von vorne an. Also, in der Firma gibt es schon lange das Gerücht, dass sich Wagner und unsere Chefentwicklerin zerstritten haben. Offenbar will Wagner cy.corp verkaufen, und Saray hat was dagegen. So weit, so gut. Aber ich bin letztens auf was gestoßen, das echt zu krass ist. Ich bin für Back-ups und so Zeug zuständig, und dabei hab ich in den Programmdateien zufällig einen Brief entdeckt, den Saray an Wagner geschrieben hat. Im Spiel! Ist das nicht abgefahren? Wenn ich das richtig verstanden habe, hat sie den Algorithmus, den man für die Datenhelme braucht, im Spiel verschlüsselt, und ohne den kann Wagner nicht verkaufen. Eigentlich geht mich das Ganze ja nichts an, aber mir kam die Sache komisch vor. Ich hab mich auf Wagners Rechner gehackt und ein bisschen nachgeforscht. Dabei bin ich auf den Entwurf für einen Kaufvertrag gestoßen, zwischen cy.corp und einer anderen Firma, VirtueGames. Ich hab mich im Netz über die Firma erkundigt, und angeblich ist das ein neu gegründetes Start-up für VR-Spiele. Aber ich hab das Gefühl, dass da irgendwas nicht stimmt. Ich glaube, dass das 'ne Briefkastenfirma ist. Da will jemand nicht, dass herauskommt, wer der wahre Käufer ist. Merkwürdig, oder? Ehrlich gesagt hab ich ein ganz komisches Gefühl bei der Sache. Denn, glaubt mir, dieser Algorithmus ist der Wahnsinn. Wenn die Welt erfährt, was wir damit anstellen können … Ha!

Ich schick euch mal alles, was ich von Wagners Rechner runtergezogen habe. Wär cool, wenn ihr noch mehr herausfindet. Aber seid bloß vorsichtig. Und lasst meinen Namen aus dem Spiel, ja? Wagner ist echt ein harter Hund. Wir hören uns.»

Erik tat so, als würde er mit der Faust gegen die Kamera tippen, dann war das Video zu Ende. Nachdenklich betrachtete Jess das eingefrorene Standbild von Rumis Freund. Kurz nach dieser Aufnahme war er ums Leben gekommen. Ein Unfall? Oder hatte er dafür bezahlen müssen, dass er zu viel herausgefunden hatte?

Jess seufzte und schloss das Video. Dann sah er sich die

Namen der anderen Dateien an und klickte schließlich auf ein Dokument mit dem Namen «Entwurf_Kaufvertrag». Auf den ersten Blick schien es ein ganz normaler Vertrag zu sein, mit einer Verkaufssumme, bei deren Höhe er kurz schlucken musste. Doch der Name des Käufers, *VirtueGames*, war handschriftlich eingekreist – von Erik, wie Jess annahm – und mit mehreren Fragezeichen versehen.

Die anderen Dateien in dem Ordner sagten Jess nichts. Er klickte wahllos einige an, doch das meiste bestand aus Mails und Briefen mit unverständlichem juristischem Blabla, Zahlenkolonnen, Programmdateien und so weiter. Jess verstand kein einziges Wort davon, also schloss er den Ordner und klickte den zweiten an, der «Our_Shit» hieß.

Wieder Dutzende von Dokumenten. Wieder Zeug, was er nicht verstand: Protokolle, Diagramme und mehrere Tabellen, die aussahen wie Kontobewegungen. Jess seufzte frustriert. Das schien alles deutlich komplizierter zu sein, als er gedacht hatte. Aber wenn er das richtig verstand, hatte es *VirtueGames* offensichtlich geschafft, sich hinter einem gut durchdachten Geflecht aus Subfirmen zu tarnen, sodass Jaxon und seine Freunde nicht herausgefunden hatten, wer wirklich hinter diesem Namen steckte. Dafür hatten sie es irgendwie hingekriegt, sich auf den Server der geheimnisvollen Firma zu hacken.

Jess klickte den dritten Ordner auf dem Stick an, mit dem Kürzel «VG». Er enthielt nur zwei Dateien, ein Video und ein PDF, und er erinnerte sich wieder, was einer der Hacker im U-Bahn-Schacht gesagt hatte: *Das ist alles, was ich letzte Nacht runterladen konnte, bevor sie entdeckt haben, dass jemand in ihren Daten rumspukt. Ich hab noch mehrmals probiert, mich wieder ins System zu hacken, aber es ist einfach zu gut gesichert.*

Seine Handflächen wurden feucht vor Aufregung. Mit

klopfendem Herzen öffnete er das Video, und was er darauf zu sehen bekam, hatte absolut nichts mit einem Start-up für VR-Games zu tun. Ein nüchterner, fensterloser Raum. Ein Mann in grauem Overall und mit einer Kopfbedeckung, die Jess stark an einen Datenhelm erinnerte. Aber der Mann lag nicht auf einer Liege, sondern stand vor einem modernen Kaminofen, in dem ein helles Feuer loderte. Aus dem Off ertönte eine Stimme: «Sammeln Sie die Schlüssel ein, die sich im Feuer befinden.» Der Mann ging in die Hocke und streckte die Hand aus. Kurz, bevor sie die Flammen berührte, zögerte er. Sein Blick trübte sich und wurde seltsam abwesend, als würde er einen inneren Kampf ausfechten. Plötzlich zuckte er zusammen, griff sich an den Kopf und schrie auf. Bevor er sich den Datenhelm abnehmen konnte, sackte er ohnmächtig zu Boden. Dann brach das Video ab.

Jess starrte noch eine Weile auf den Bildschirm, nicht sicher, was er gerade gesehen hatte. Dann klickte er die zweite Datei an. Es waren Protokolle einer Testreihe, die offenbar in regelmäßigen Abständen durchgeführt worden war. Jess' Blick fiel auf die letzte Spalte, in der man ein stichworthaftes Fazit gezogen hatte: *Versuchspersonen reagieren mit großer Verzögerung oder gar nicht; signifikante Nebenerscheinungen wie Kopfschmerzen, Kreislaufkollaps, Blackouts; Empfehlung: Testreihe einstellen, Projekt mit derzeitiger Technik nicht realisierbar.*

Jess schwirrte der Kopf. Testreihen, Versuchspersonen … dann der Mann, der einen Datenhelm getragen und unter Schmerzen zusammengebrochen war. *VirtueGames* führte Versuche an Menschen durch. Und offenbar verwendeten sie dazu eine ganz ähnliche Technologie wie cy.corp.

Plötzlich hörte Jess Stimmen auf dem Gang. Hastig schloss er sämtliche Ordner, schaltete den Bildschirm aus und riss Neo aus dem Anschluss. Dann duckte er sich hinter den

Schreibtisch und betete, dass ihn niemand bemerkt hatte. Als die Stimmen näher kamen, erkannte er Wagners Stimme und war überrascht, einen beinahe flehenden Unterton darin zu hören.

«Ich brauche mehr Zeit», sagte Wagner gerade.

«Ich habe Ihnen alle Zeit gegeben, die ich erübrigen konnte», entgegnete eine zweite Stimme, ebenfalls ein Mann. Jess' Herz raste wie verrückt. Bald waren die Männer an ihm vorbei, und dann würde er so schnell wie möglich den Rückzug antreten. Doch zu seinem Entsetzen blieben die Männer genau vor der Tür des Büros stehen.

«Einer der Spieler ist kurz davor, das Siegel zu brechen», sagte Wagner. «Sobald es offen ist, kann ich den Algorithmus decodieren.»

«Ach, Lucius.» Der andere Mann seufzte verärgert. «Wie oft habe ich das schon von Ihnen gehört. *Bald, nicht mehr lange, nur noch ein paar Wochen.* Wie oft waren *Sie* schon kurz davor, dieses Siegel zu brechen, hm? Aber kurz davor reicht nicht, Lucius. Ich will diesen Algorithmus haben. Jetzt. Und wenn Sie ihn mir nicht liefern können, dann hole ich ihn mir von jemand anderem.»

«Dieser Algorithmus ist einzigartig», entgegnete Wagner. «Niemand sonst hat etwas Vergleichbares entwickelt.»

Der Mann schnaubte. «Das mag vor einem halben Jahr so gewesen sein. Aber die Konkurrenz schläft nicht, Lucius. GenjiTek hat ebenfalls einen Durchbruch vermeldet.»

«Die japanische IT-Firma? Davon ist mir nichts bekannt.»

Der Mann gluckste. «Natürlich nicht. Sie haben Ihren Durchbruch ja auch nicht an die große Glocke gehängt, oder? Aber wenn man bereit ist, so viel Geld zu zahlen wie ich, dann erfährt man bestimmte Dinge ein bisschen früher als andere.»

Ein Handy klingelte, doch der Ton brach schon bald wieder ab. Offenbar war der Anrufer weggedrückt worden. Als der Mann weitersprach, klang seine Stimme beinahe aufreizend gelassen. «Die Sache ist die, Lucius: Ich glaube, dass Ihr Algorithmus besser ist als der von der Konkurrenz. Aber ich nehme lieber den Spatz in der Hand als die Taube auf dem Dach, wenn Sie verstehen, was ich meine. Oder anders ausgedrückt: Ich nehme lieber einen halbwegs funktionierenden Algorithmus als gar keinen. Hätten Sie Feuer für mich? Sie haben doch nichts dagegen, dass ich rauche?»

Die Frage war eindeutig rhetorisch gemeint. Selbst wenn Wagner etwas dagegen gehabt hätte, hätte der Unbekannte keinen Widerspruch geduldet. Wer war dieser Mann, von dem Wagner sich derart behandeln ließ? Das Klicken eines Feuerzeugs war zu hören, dann mehrmaliges Paffen.

Jess wusste selbst nicht, was ihn ritt. Ganz langsam hob er den Kopf, schob ihn Zentimeter für Zentimeter über die Tischkante hinaus, bis er in den Flur vor dem Büro schauen konnte. Die schwache Beleuchtung reichte gerade, um den Ausdruck auf dem Gesicht der beiden Männer zu erkennen – Wagner aufgewühlt, der andere beinahe unbeteiligt und eine Spur arrogant. Jess stutzte. Der Mann kam ihm bekannt vor. Irgendwo hatte er ihn schon einmal gesehen.

Plötzlich wandte Wagner den Kopf, und sein Blick fiel durch die Glasscheibe in das Büro hinein. Hastig duckte Jess sich wieder. *Shit, Shit, Shit,* dachte er, presste sich mit angehaltenem Atem zu Boden, lauschte auf irgendeine Reaktion von Wagner, auf Schritte, die ins Büro kamen. Doch im gleichen Moment sprach der andere Mann weiter.

«Noch etwas, Lucius», fuhr der Mann fort. «Früher oder später werden auch andere das Potenzial erkennen, das sich hinter dem Algorithmus verbirgt. Wenn ich ihn nicht kaufe, tut es jemand anderes – die Russen, die Amerikaner, jeder, der genug Geld aufbringen kann, um die Sache durchzuziehen. Aber wenn auch andere Nationen über den Algorithmus verfügen, dann verlieren wir den gesamten Vorteil, den wir uns davon versprechen. Das werde ich um jeden Preis verhindern.»

«Was soll das heißen?», fragte Wagner.

«Ich habe größtes Interesse daran, dass es nur einen derartigen Algorithmus auf der Welt gibt und dass er sich in meinem Besitz befindet. Ich würde mich freuen, wenn es sich dabei um Ihren handelt, Lucius, aber dafür muss ich ihn erst einmal haben. Wenn sich das als unmöglich herausstellt, und danach sieht es momentan leider aus, werde ich bei der Konkurrenz kaufen. Gleichzeitig werde ich dafür sorgen, dass sich Ihr Algorithmus, selbst wenn er sich immer noch hinter diesem ominösen Siegel verbirgt, in Luft auflöst.»

Wagner schnaubte. «Und wie wollen Sie das anstellen?»

«Sagen wir mal so – ich verfüge über genügend Ressourcen, um cy.corp mit all seinen Servern und Datenspeichern bis auf das letzte Bit auszuradieren. Das wäre dann das traurige Ende Ihres Lebenswerks.»

«Das können Sie nicht machen!», rief Wagner, und in seine Stimme mischte sich deutlich hörbare Verzweiflung. «Dafür wandern Sie ins Gefängnis.»

Wieder lachte der Mann. «Niemand wird eine Explosion oder einen Großbrand bei einer Computerspielfirma mit mir in Verbindung bringen. Wir sind schließlich keine Amateure.» Er zog an seiner Zigarette und ließ sich aufreizend viel Zeit, bevor er fortfuhr: «Sie haben noch genau 48 Stunden, um mir den Algorithmus zu beschaffen. Haben Sie ihn bis dahin, bezahle ich ihnen den Preis, auf den wir uns geeinigt haben. Haben Sie ihn nicht, mache ich Ihre Firma dem Erdboden gleich – und jeden, der etwas über den Algorithmus weiß, gleich mit. Wenn Ihnen Ihr Lebenswerk etwas bedeutet, dann besorgen Sie mir diesen verdammten Algorithmus. Wie Sie das anstellen, ist mir egal. Erhöhen Sie den Anreiz für die Spieler. Oder erhöhen Sie den Druck. Werden Sie kreativ. Hauptsache, Sie bringen mir, was ich haben will.»

Ein Knirschen erklang, als würde etwas auf dem Boden ausgetreten, dann Schritte. Die Männer gingen weiter, und schon bald waren sie zwischen den Büros verschwunden. Trotzdem wagte Jess nicht, sich zu bewegen, aus Angst, sie könnten zurückkommen. Wenn Wagner realisierte, dass er jedes Wort gehört hatte … oder dieser andere Mann … Er war skrupellos genug, eine Firma samt ihrer Mitarbeiter zu zerstören, nur, weil er nicht bekam, was er wollte. Nicht auszudenken, was er mit jemandem anstellte, der ihn heimlich dabei belauscht hatte. Wieder hatte Jess das Gefühl, dass er den Mann schon irgendwo gesehen hatte. Aber wo?

Als nach mehreren Minuten immer noch alles still war, kroch Jess vorsichtig unter dem Schreibtisch hervor und spähte in den Flur hinaus. Der Geruch der Zigarette hing noch in der Luft, und auf dem Boden vor der Tür war ein grauer Aschefleck, wo der Unbekannte sie ausgetreten hatte. Von den beiden Männern war nichts mehr zu sehen. So schnell er konnte, huschte Jess zurück zum Aufzug.

Wie durch ein Wunder – der Wachmann im Security-Raum schien den Schlaf der Gerechten zu schlafen – gelangte er unbemerkt zurück in den Spielerbereich. Vor der Tür zu seinem Zimmer zögerte er. Ob er Rumi wecken und ihr alles erzählen sollte? Nein. Er musste selbst erst einmal verdauen, was er erfahren hatte, bevor er sich jemandem anvertraute. Er ging in sein Zimmer, schlüpfte aus den Schuhen und ließ sich aufs Bett fallen. Er würde morgen mit Rumi sprechen.

Sie hatte recht gehabt, dachte er, während er aus dem vergitterten Fenster hinaus in den dunklen Himmel schaute. Das hier war kein simpler Early Access, um letzte Fehler zu beheben und in einschlägigen Magazinen und Foren für positive Publicity zu sorgen. Hier ging es um mehr. Viel mehr. Jess zweifelte keine Sekunde daran, dass der Mann, der vorhin mit Wagner gesprochen hatte, zu *VirtueGames* gehörte, die Versuche mit einem ganz ähnlichen Datenhelm unternommen hatten und damit gescheitert waren. Diese Firma wollte den Datenhelm auch im echten Leben einsetzen. Aber wozu? Was rechtfertigte es, derart skrupellos vorzugehen? Und woher zum Teufel kannte er den Mann? Er hatte seine Stimme schon einmal gehört, da war er sich ganz sicher. Ein weiterer Gedanke mischte sich zu den anderen: Für Wagner ging es jetzt nicht mehr nur um eine Menge Geld. Der Mann hatte ihm offen gedroht, alles zu zerstören, woran er jahrelang gearbeitet hatte. Seine gesamte Zukunft stand auf dem Spiel, vielleicht sogar sein Leben. Wie weit würde Wagner gehen, um an den Algorithmus zu kommen?

Wieder spürte Jess, wie sich das Gedankenkarussell zu drehen begann. Doch sobald er das Licht ausgeknipste, überkam ihn plötzlich eine bleierne Müdigkeit. Sie verwandelte seine Gedanken in einen zähen Brei und erstickte sie schließlich ganz. Nur der letzte Gedanke hallte noch eine Weile nach, bevor der Schlaf endgültig die Oberhand gewann: Er hatte schon wieder die falsche Entscheidung getroffen. Anstatt in sein Zimmer zurückzugehen, hätte er die Chance ergreifen und weglaufen sollen. So lange er es noch konnte.

32

Als Jess am nächsten Morgen aufwachte, war alles anders. Er merkte es schon auf dem Weg zum Frühstück, als er einen schwarz gekleideten Security-Mitarbeiter neben dem Aufzug stehen sah, der ihn zwar nicht ansprach, aber jeden seiner Schritte genau verfolgte. Im Bistro stand ein zweiter Wachmann direkt neben der Tür und ließ seinen Blick ausdruckslos über die Spieler schweifen, die bereits am Tisch saßen und frühstückten.

Jess drückte sich an ihm vorbei und suchte den Raum nach Rumi ab. Dabei spürte er die Augen des Mannes im Nacken. Was, wenn doch jemand gemerkt hatte, dass er gestern in einem der Büros war? Wenn die Wachmänner seinetwegen da waren? Aber dann hätten sie ihn doch schon längst aus dem Verkehr gezogen, anstatt ihn ungestört frühstücken zu lassen.

Rumi saß am anderen Ende des Tisches. Jess füllte sich rasch eine Schüssel mit Cornflakes und setzte sich zu ihr.

«Hi», sagte er leise.

«Weißt du, was das zu bedeuten hat?», fragte sie anstatt einer Begrüßung und deutete zu dem Wachmann an der Tür. «Als ich ihn vorhin gefragt habe, was er hier macht, meinte er bloß, ich soll ihn ignorieren.» Sie schnaubte empört. «Der ist mindestens 1,90 m groß und hat einen Oberkörper wie The Rock höchstpersönlich. Und hast du gesehen, dass er einen Taser am Gürtel hat? Wie soll man so was ignorieren?»

Der Wachmann schien gehört zu haben, dass Rumi über ihn redete. Er wandte den Kopf in ihre Richtung und starrte sie mit ausdruckslosem Blick an. Rumi starrte böse zurück, bis Jess sie unter dem Tisch mit dem Fuß anstieß.

«Nicht hingucken», murmelte er. Er konnte keine Aufmerksamkeit gebrauchen. Nicht, wenn er ihr erzählen wollte, was er gestern Abend herausgefunden hatte.

«Ich lass mich von dem doch nicht einschüchtern. Nicht, solange ich nicht ...»

«Ich glaube, ich weiß, warum sie hier sind», wisperte Jess.

«Ach ja? Und warum?»

Jess sah wieder zu dem Wachmann, der sie immer noch ausdruckslos musterte, und warf dann einen verstohlenen Blick zu der Überwachungskamera über der Tür. «Vielleicht sollten wir das woanders besprechen», murmelte er. «Und wir sollten auch die anderen einweihen.»

«Wird ein bisschen schwierig, alle gleichzeitig auf die Toilette zu kriegen», wisperte Rumi, doch obwohl es lustig gemeint war, blieb ihr Blick ernst.

«Dann müssen wir uns eben irgendwo in Cal'Anthor treffen», erwiderte er leise.

«Hey, ihr zwei.» Jess zuckte zusammen, als Akio ihm auf die Schulter klopfte und sich neben ihn setzte. «Wisst ihr, was das soll?», fragte er. «Gitter an den Fenstern, Überwachungskameras, Sicherheitsleute – so langsam komme ich mir vor wie im Gefängnis.»

In diesem Moment räusperte sich der Mann an der Tür. «Es ist kurz vor neun. Bitte begebt euch zum Aufzug. Wir begleiten euch nach unten.»

«Was soll das?», rief Dinesh, und auch die anderen sahen nun zunehmend wütend aus. «Was machen Sie hier? Warum dürfen wir uns nicht mehr frei bewegen?»

«Eine Sicherheitsmaßnahme», erwiderte der Mann bloß. «Für weitere Fragen steht euch heute Abend Herr Wagner zur Verfügung.»

«Ich will sofort mit Wagner sprechen.»

«Das geht leider nicht. Kommt bitte mit.»

«Ich gehe nirgendwohin, solange Sie mir nicht sagen, was das soll», sagte Dinesh.

«Doch, das wirst du», entgegnete der Wachmann und legte eine Hand gut sichtbar auf seinen Taser.

Die Spannung im Raum war beinahe greifbar. Dinesh starrte den Wachmann an, unschlüssig, wie er reagieren sollte. Der erwiderte seinen Blick mit einem warnenden Funkeln. Alle anderen verfolgten stumm, was sich zwischen ihnen abspielte, und in ihren Gesichtern stand eine Mischung aus Ärger und Verunsicherung.

TJ war es schließlich, der den Bann brach. «Keine Ahnung, was ihr macht, aber ich geh jetzt nach unten.»

Er ging an dem Wachmann vorbei in den Flur. Nach kurzem Zögern folgten ihm Milo und Liv, und dann erhoben sich auch alle anderen.

«Kommt zum *Goldenen Drachen*», wisperte Jess Rumi und Akio zu, in der Hoffnung, dass es in dem allgemeinen Stühlerücken unterging. «Sofort nach dem Einloggen. Ich glaube, ich habe eine Erklärung für all das hier.»

Rumi nickte nur knapp, Akio hingegen sah ihn erstaunt an. «Ich verstehe nicht ...»

«Sag Chris Bescheid», unterbrach Jess ihn. «Aber pass auf, dass die Wachleute nichts davon mitbekommen.»

Akio sah immer noch verwirrt drein, nickte aber. Sie gingen mit den anderen zusammen zum Aufzug. In der unteren Etage wurden sie von zwei weiteren Männern empfangen, die sie bis in den Gamingraum eskortierten und dann neben der Tür Aufstellung bezogen.

Als Jess sich auf die Liege setzte, merkte er, wie angespannt er war. Er war schon öfter angespannt in das Spiel gestartet – weil er eine besonders große Herausforderung vor sich hatte, weil ihm die Zeit im Nacken saß, weil er etwas entdeckt hatte, was er unbedingt weiterverfolgen wollte. Aber heute war etwas anders. Heute hatte er zum ersten Mal das Gefühl, dass er sich nicht in ein Spiel einloggte, sondern in etwas viel Größeres. Aus dem Experiment mit der virtuellen Realität war bitterer Ernst geworden.

Ein paar Minuten später betraten erst Rumi, dann Akio, Chris und schließlich auch Sasha, die Rumi flüsternd im Aufzug eingeweiht hatte, den Schankraum des *Goldenen Drachen* und setzten sich an einen der wenigen freien Tische. Wie schon am ersten Tag roch es verführerisch nach Eiern und Speck, doch keinem der fünf stand der Sinn nach Essen. Um den Wirt nicht gegen sich aufzubringen, bestellten sie einen Krug Apfelmost, dann richteten sich alle Blick auf Jess.

«Okay», sagte Rumi. «Schieß los. Was hast du rausgefunden?»

Jess sah sich um. Das Gasthaus war wieder gut besucht, und die Gespräche der anderen Gäste, die sich erneut über einen möglichen Angriff von Feuerwölfen drehten, bildeten ein willkommenes Hintergrundrauschen. Trotzdem wandte er sich an Chris und fragte: «Bist du dir ganz sicher, dass cy.corp unsere Gespräche hier in der TVR nicht mitanhören kann?»

Chris runzelte die Stirn. «Ja, absolut. Charts und Protokolle, mehr haben sie nicht. Sie wissen, wo wir sind, aber sie haben keine Ahnung, was wir hier tun.»

«Gut.» Jess holte tief Luft. Doch als er die erwartungsvollen Blicke der anderen vier sah, wusste er plötzlich nicht mehr, wo er anfangen sollte.

«Mein Bruder hat mir eine Figur mitgegeben, von der ich die ganze Zeit dachte, sie sei ein Glücksbringer», begann er schließlich. «Aber gestern Abend habe ich festgestellt, dass es sich dabei um einen USB-Stick handelt. Ich habe geahnt, dass sich etwas Wichtiges darauf befindet, also habe ich nach einem Computer gesucht, auf dem ich mir den Inhalt ansehen kann. Dazu musste ich bis in den Bürotrakt. Es waren schon alle Mitarbeiter weg, nur Wagner war noch da, zusammen mit einem anderen Mann. Ich habe ihn schon mal irgendwo gesehen, aber ich weiß nicht mehr, wo. Die beiden haben sich unterhalten, und ... ich glaube, dass es vieles erklären könnte.»

«*Was* erklären könnte?», fragte Chris dazwischen. «Was ist hier überhaupt los?»

«Wagner will cy.corp verkaufen», erklärte Rumi. «Aber das kann er nicht, weil Ilana Saray den entscheidenden Algorithmus versteckt hat. Und zwar hier, in diesem Spiel, hinter dem Siegel der Drachen.»

«Genau», fuhr Jess fort, und plötzlich sprudelten die Worte nur so aus ihm heraus. «Wagner hat es nicht geschafft, das Siegel zu brechen. Deswegen braucht er uns. Aber der Mann, der gestern bei ihm war, will nicht länger warten. Er hat Wagner damit gedroht, die Firma in die Luft zu jagen, wenn er ihm nicht bald den Algorithmus beschafft.»

«Jetzt mal ganz langsam», warf Akio ein. «Woher wisst ihr das alles überhaupt?»

Jess atmete tief durch und warf Rumi einen fragenden Blick zu. Sie nickte, und so erzählten sie abwechselnd von allem, was sie bisher wussten: Von Erik, der auf brisante Daten gestoßen war, sie heimlich an eine Gruppe von Hackern geschickt hatte und kurz darauf bei einem angeblichen Unfall ums Leben gekommen war. Von Jaxon, dem berühmten Prometheus, der zu dieser Gruppe von Hackern gehörte, die nach Eriks Unfall weiterrecherchiert und dabei in ein Wespennest gestochen hatten. Von der Razzia in dem U-Bahn-Schacht, bei dem Jaxon und einige andere verhaftet und alle Daten vernichtet worden waren. Von Jess, der von all dem nichts geahnt und sich nur deswegen für Jaxon ausgegeben hatte, um die 100 000 Euro einzuheimsen, und der, ohne es zu wissen, die ganze Zeit über eine Kopie der Daten besessen hatte. Von *VirtueGames*, dem angeblichen Start-up, hinter dem sich irgendein sehr hohes Tier verbarg, das unter allen Umständen unerkannt bleiben wollte. Von den Testreihen, die *VirtueGames* an Menschen durchführte, die jedoch gescheitert waren. Und schließlich von Sarays Brief, durch den sie erfahren hatten, dass die Entwicklerin Wagner von dem Verkauf hatte abhalten wollen und sie sich schließlich nicht mehr anders zu helfen gewusst hatte, als den Algorithmus im Spiel zu verstecken – wo Wagner ihn bis heute, gut ein halbes Jahr nach ihrem Tod, immer noch nicht gefunden hatte.

Nachdem sie geendet hatten, breitete sich Schweigen am Tisch aus. Akio, Chris und Sasha starrten sie ungläubig an, und Jess rechnete beinahe damit, dass sie Rumi und ihn für verrückt erklären und einfach gehen würden. Er wusste selbst, wie unfassbar die Geschichte klang.

«Ihr glaubt also, dass Wagner diesen Early Access nur inszeniert hat, damit wir das Siegel für ihn brechen?», fragte Sasha schließlich.

Rumi nickte. «Saray muss das Siegel als eine Art Firewall programmiert haben. Erst wenn man es bricht, kann man an den Algorithmus ran.»

«Aber warum so ein Aufwand? Und so eine Heimlichtuerei?», fragte Chris skeptisch. «Wagner hat eine ganze Firma voller IT-Spezialisten und professionellen Gamern, die er darauf ansetzen könnte. Oder er engagiert selbst irgendwelche Hacker, die die Firewall knacken. Wäre das nicht tausendmal effektiver?»

«Effektiver vielleicht, aber auch riskanter», warf Rumi mit

einem Seitenblick auf Jess ein. «Der Algorithmus ist Millionen wert. Würdest du dich auf ein paar zwielichtige Hacker verlassen, um ihn zu bekommen?»

Chris wiegte den Kopf. «Nein, vermutlich nicht. Aber ich habe immer noch nicht verstanden, warum dieser ominöse Käufer so scharf auf den Algorithmus ist. Was will er denn damit tun?»

Akio schnaubte. «Fällt dir da wirklich nichts ein? Denk mal darüber nach, wie sehr dieses Spiel uns manipuliert.»

«Wir sind in einem Videospiel», sagte Sasha. «Ich verstehe das Problem nicht.»

«Also ehrlich. Jess hat doch von dem Video erzählt. Von den Tests. Mit Menschen, im echten Leben! Die Tests sind gescheitert, aber es ist doch nur noch eine Frage der Zeit, bis die Datenhelme auch außerhalb der virtuellen Realität funktionieren. Überlegt mal, was das bedeuten würde! Wenn man sich nur den Helm aufsetzen muss und plötzlich vollkommen neue Eigenschaften hätte. Oder Dinge weiß, die man vorher nicht wusste. Oder keine Schmerzen mehr hat.»

«Oder keine Angst», sagte Jess tonlos. Und dann spürte er, wie ihm sämtliche Farbe aus dem Gesicht wich. Ohne es zu merken, fuhr er mit den Fingern über die Narbe an seiner Hand, die von der Flucht in der Kanalisation zurückgeblieben war.

«Jess?», fragte Rumi, die gemerkt hatte, dass etwas nicht stimmte. «Alles in Ordnung?»

«Ich weiß jetzt, woher ich den Mann kenne», sagte er. Sein Mund war ganz trocken, doch er zwang sich weiterzusprechen. «Ich habe ihn im Fernsehen gesehen. In den Nachrichten. Er ist der neue Oberbefehlshaber der Europäischen Armee.»

Diesmal war das Schweigen so erdrückend, dass es selbst die Hintergrundgeräusche des Gasthauses zum Verstummen zu bringen schien. Jess schluckte mühsam und knetete weiter über die Narbe, um seine Hände davon abzuhalten zu zittern.

«General Rogers?», fragte Chris schließlich, und er wirkte genauso erschrocken wie Jess. «Das *Militär* will cy.corp kaufen?»

«Aber natürlich!», rief Rumi aus. «Überlegt doch mal, was das Militär mit einem solchen Algorithmus anfangen könnte.»

«Soldaten, denen du jede beliebige Fähigkeit einprogrammieren kannst», sagte Jess, dem ganz schlecht wurde bei dem Gedanken. «Die keine Schmerzen mehr empfinden, keine Angst mehr haben.»

«Eine Eliteeinheit von Supersoldaten.»

«Das ist doch reine Science-Fiction», widersprach Chris. «Das bekäme das Militär niemals genehmigt.»

«Deswegen ja auch die Heimlichtuerei», erwiderte Rumi. «Sie hatten niemals vor, sich das Ganze genehmigen zu lassen.»

«Okay. Noch mal von vorn», sagte Akio. «Rogers bekommt mit, dass cy.corp eine Möglichkeit gefunden hat, die Empfindungen von Menschen zu manipulieren. Er will die Firma kaufen, doch dann erkrankt Ilana Saray an Leukämie. Weil sie die Gefahr erkennt, die der Algorithmus in den Händen des Militärs darstellt, verschlüsselt sie ihn im Spiel. Wagner schafft es nicht, das Siegel zu brechen, und Rogers verliert die Geduld, auch, weil andere Firmen dabei sind, eine ähnliche Technologie zu entwickeln.»

Rumi nickte. «Er geht zu Wagner und setzt ihm sprichwörtlich die Pistole auf die Brust: Entweder er besorgt ihm den Algorithmus, oder Rogers kauft bei der Konkurrenz und macht cy.corp dem Erdboden gleich.»

«Für Wagner heißt es also: Entweder er verkauft seine Firma an Rogers, oder er verliert alles, wofür er jahrelang gearbeitet hat.»

«Deswegen die Wachleute. Sie sollten sicherstellen, dass wir uns auch wirklich einloggen. TJ und Milo haben schon vier Siegelfragmente. Sie könnten das Siegel bald brechen.»

«Das Siegel ist mir scheißegal», warf Sasha ein. «Die Sache wird mir zu heiß. Wenn es wirklich stimmt, was ihr erzählt, und ihr auch die Beweise dafür habt, dann sollten wir zur Polizei.»

«Und wie, bitte schön?», fragte Chris. «Wir dürfen das Gelände von cy.corp nicht verlassen, selbst wenn wir den Early Access abbrechen.»

«So ein Quatsch. Wenn wir darauf bestehen, müssen sie uns gehen lassen. Wir sind schließlich keine Geiseln. Ich bleibe auf jeden Fall keine Minute länger in diesem Spiel, bevor ich nicht weiß, was hier gespielt wird.» Ohne ein weiteres Wort vollführte Sasha die Menügeste und ihr Avatar erstarrte.

«Da ist was dran», sagte Akio. «Ich logg mich auch wieder aus. Kommt ihr mit?»

«Was ist mit den Wachen?», fragte Jess und ärgerte sich sofort darüber, wie ängstlich seine Stimme klang.

Akio schüttelte nur den Kopf. «Sasha hat recht. Wir sind keine Gefangenen. Wenn wir uns zusammentun, kommen wir schon irgendwie raus.» Er nickte Jess, Rumi und Chris zu, bevor sein Avatar ebenfalls erstarrte.

«Ich weiß nicht», sagte Rumi. «Wir haben es hier mit wirklich gefährlichen Leuten zu tun. Wir sollten uns gut überlegen, wie wir …» Überrascht hielt sie inne, als in Sashas Avatar wieder Leben zurückkehrte.

Die Spielerin erschauerte kurz, dann sah sie die anderen mit aufgerissenen Augen an. «Ich kann mich nicht mehr ausloggen. Ich habe es mehrmals probiert. Aber es geht nicht.»

«Was?», fragte Rumi ungläubig. Doch bevor Sasha noch mehr hinzufügen konnte, kehrte auch Akio aus dem Menü zurück.

«Echt seltsam, Leute», sagte er. «Aber ich kann mich nicht mehr ausloggen.» Als er Sasha bemerkte, weiteten sich seine Augen. «Du auch nicht?»

Sasha schüttelte bloß den Kopf.

«Das gibt's doch nicht», erwiderte Rumi und sah Jess und Chris an. «Los, wir probieren es auch.» Kurz darauf war sie im Menü verschwunden.

Auch Jess hob seine immer noch zitternden Hände und öffnete sein Menü. Der Raum sah genauso aus wie er ihn gestern verlassen hatte – mit leer gefegten Regalen, deren Inhalt fast vollständig für den Kampf gegen den Glasdrachen draufgegangen war. Rasch ging er zur Säule in der Mitte und drückte auf *Ausloggen*. Nichts geschah. Er atmete einmal tief durch und drückte noch einmal. Wieder nichts. Er probierte es an verschiedenen Stellen, schlug mit der geballten Faust darauf, versuchte es mit so viel Feingefühl, wie er konnte, und dann wieder mit roher Gewalt. Nichts. Plötzlich hatte er das Gefühl, als würde ihm jemand die Luft abschnüren. Eigentlich hatte er keine Angst in geschlossenen Räumen, aber jetzt merkte er, wie Panik in ihm aufstieg und alles anfing, sich um ihn herum zu drehen. Er setzte sich hin und presste den Kopf zwischen die Knie. Als der Schwindel abgeebbt war, zwang er sich aufzustehen. Dann drückte er die zweite Kachel auf der Säule, um das Menü wieder zu verlassen.

Die Geräusche des Schankraums waren die gleichen wie

vor ein paar Minuten, doch plötzlich kamen sie ihm künstlich vor und viel zu laut. Auch Rumi und Chris waren zurückgekehrt, und als er ihre blassen Gesichter sah, musste er gar nicht erst fragen, wie es ihnen ergangen war. Wieder war sein Mund so trocken, dass er kaum ein Wort herausbrachte. Aber das musste er auch nicht. Ein einfaches Kopfschütteln reichte.

«Scheiße», zischte Sasha, und Chris und Akio stöhnten auf.

Rumi sah ihn nur schweigend an, doch in ihrem Blick las er das Gleiche, das ihm durch den Kopf ging. Sasha und Akio hatten falschgelegen. Sie *waren* Gefangene. Aber nicht nur innerhalb des Firmengebäudes von cy.corp. Sondern auch in ihren eigenen Körpern, ihren eigenen Gedanken, die sich mit den Bits und Bytes des Spiels zu einer Welt formten, die nur in ihren Köpfen existierte.

33

«Das kann kein Zufall sein», sagte Rumi und starrte düster auf den Krug Apfelmost, den Rina ihnen wieder aufgefüllt hatte. Sie hatten eine Weile gewartet in der vagen Hoffnung, dass es sich nur um einen Glitch handelte, ein Fehler im Programm, der sich nach ein paar Minuten von selbst wieder legte. Doch auch der nächste Versuch, sich auszuloggen, war bei allen gescheitert. «Wagner bekommt ein Ultimatum gestellt, und am nächsten Tag können wir nicht mehr aus dem Spiel raus», fuhr Rumi fort. «Wagner muss einen seiner Programmierer angewiesen haben, das Ausloggen zu deaktivieren. Eine Art absichtlicher Glitch.»

«Aber warum?», fragte Akio, während er unruhig neben dem Tisch auf und ab lief.

«Ihm läuft die Zeit davon», erwiderte Rumi. «Er hat nur knapp 36 Stunden Zeit, um Rogers den Algorithmus zu besorgen. 36 Stunden, in denen einer von uns das Siegel brechen muss. Wenn wir uns ausloggen, verliert er wertvolle Zeit.»

«Wenn wir hier festsitzen», sagte Akio, «dann kriegen unsere Körper nichts zu essen, nichts zu trinken, keinen Schlaf. Das ist Körperverletzung!»

Rumi schnaubte. «Als wenn Wagner sich davon abhalten ließe. Er hat meinen Freund umbringen lassen, weil er geheime Daten geleakt hat. Schon vergessen?»

«Was ist mit seinen Mitarbeitern? Mit Tom? Das würden die doch niemals zulassen.»

«Dann schickt er Tom eben weg. Und alle anderen, die etwas dagegen unternehmen könnten, auch. Er ist der Chef. Er hat alle Fäden in der Hand.»

«Und damit auch uns», sagte Jess leise.

«Und was machen wir jetzt?», fragte Akio, ohne sein rastloses Umhertigern zu unterbrechen. «Es gibt niemanden, an den wir uns wenden können. Wir können keinen Not-Aus-Knopf drücken, kein Kabel ziehen. Wir befinden uns in einer riesigen virtuellen Welt und kommen nicht mehr raus.»

Die Tür des Gasthauses öffnete sich. Ein Mann trat ein, und für einen kurzen Augenblick fühlte Jess sich an den ersten Spieltag erinnert, als das Mitglied der Drachengilde den Raum betreten hatte. Auch dieser Mann war ganz in Schwarz gekleidet und trug einen silbernen Drachen auf einem Harnisch. Er schien sich suchend umzusehen, doch so genau konnte Jess das nicht erkennen, da sein Gesicht unter einer breiten Kapuze verborgen war. Und anstatt sich an den Platz am Fenster zu setzen, kam er schließlich langsam auf sie zu. Sein Herz begann, heftig zu schlagen. Etwas stimmte nicht. Niemand der anderen Gäste reagierte auf ihn. Niemand verstummte, niemand wandte den Kopf nach ihm um.

Vor ihrem Tisch blieb der Mann stehen, und als er seine Kapuze abstreifte, wusste Jess, dass er recht gehabt hatte. Der Mann war kein NPC. Vor ihnen stand – ein wenig jünger und kräftiger als im wahren Leben, aber trotzdem unverkennbar – Lucius Wagner.

«Sie!», entfuhr es Rumi. Wütend sprang sie auf, doch Wagner brachte sie mit einer energischen Geste zum Schweigen. «Seit einem halben Jahr versuche ich, dieses verfluchte Siegel zu brechen!», knurrte er. Seine Augen funkelten vor unterdrückter Wut. «Einer von euch sollte das endlich für mich übernehmen, und nun muss ich seit Wochen mitansehen, wie ihr genauso in dieser Welt herumstolpert wie ich.» Sein Blick heftete sich auf Jess.

«Als Lilian Margulies mir bestätigt hat, dass Prometheus beim Early Access mitmacht, konnte ich mein Glück kaum fassen. Ich habe all meine Hoffnungen darauf gesetzt, dass du endlich dieses verflixte Siegel brichst. Doch dann geschah – nichts. Also habe ich ein wenig nachgeforscht. Und siehe da – Jaxon Adams sitzt in Untersuchungshaft. Du bist bloß sein kleiner Bruder. Kein Wunder, dass du nichts auf die Reihe kriegst.» Jess sah zu Boden, doch Wagners Blick bohrte sich förmlich in ihn hinein.

«Keine Ahnung, wie ihr herausgefunden habt, was hier gespielt wird. Aber nachdem ich dich gestern in einem der Büros gesehen habe, *Jesper*, war mir klar, dass ihr Bescheid wisst. Das ist ärgerlich. Denn jetzt kann ich es mir nicht mehr leisten, euch frei herumlaufen zu lassen. Nicht, bevor ich nicht habe, was ich brauche.»

«Das können Sie nicht machen! Das ist Freiheitsberaubung!», sagte Chris.

«Oh doch, das kann ich. Und ich kann noch viel mehr.» Wagner stützte sich mit den Händen auf die Tischplatte und beugte sich so nahe zu ihnen hinunter, dass sie seinen Atem spüren konnten. «Ihr habt bis morgen Abend Zeit, das Siegel zu brechen. So lange werdet ihr hier in Cal'Anthor bleiben. Findet den fünften Drachen. Sonst werdet ihr dieses Spiel nicht überleben!» Ohne ein weiteres Wort wandte er sich um, ging zur Tür und war bald darauf wieder verschwunden.

Akio sprang auf. «Kommen Sie zurück!» Er sah an die Decke, als würde Wagner dort oben irgendwo sitzen wie ein überdimensionaler Puppenspieler. «Hey», schrie er erneut. «Das können Sie nicht machen! Lassen Sie uns hier raus!»

Obwohl seine Stimme im gesamten Schankraum zu hören gewesen sein musste, drehten die anderen Gäste nur träge den Kopf, sahen in Akios Richtung, ohne ihn wirklich wahrzunehmen, und wandten sich dann wieder ihren eigenen Gesprächen zu.

«Hör auf», sagte Rumi und zog Akio am Arm. «Das bringt doch nichts.»

Akio schüttelte Rumis Hand ab, sah dann aber ein, dass sein Vorhaben sinnlos war, und ließ sich resigniert zurück auf seinen Stuhl fallen.

«Wow», sagte Sasha. «Das war deutlich.»

«Und was machen wir jetzt?», fragte Chris. Er war blasser als sonst; auch ihm schien der Schreck in die Glieder gefahren zu sein.

«Wir sollten tun, was Wagner will», sagte Akio. «Sobald das Siegel gebrochen ist, wird er uns hier rauslassen.»

Sasha schnaubte und verschränkte demonstrativ die Arme vor der Brust. «Ich lass mich doch nicht erpressen. Schon gar nicht, wenn Wagner die Firma wirklich ans Militär verkaufen will. Da mache ich nicht mit.»

«Und was willst stattdessen machen? Hier sitzen und Apfelmost trinken?»

Sasha grinste. «Warum nicht? Vielleicht steige ich nach ein paar Runden auf Kribbelwasser um. Das ist jedenfalls besser, als diesem Verbrecher zu helfen. Er kann uns nicht ewig hier gefangen halten, wenn er uns nicht alle umbringen will. Das vorhin war doch bloß dummes Gerede. Früher oder später wird er uns schon wieder rauslassen.»

«Du hast nichts verstanden», fauchte Rumi. «Absolut nichts. Wagner steht kurz davor, alles zu verlieren! Und er hat bereits ein Menschenleben auf dem Gewissen. Glaubst du ernsthaft, dass es ihm auf ein paar mehr oder weniger noch ankommt?»

Sasha starrte Rumi an, die Hände immer noch vor der Brust verschränkt, einen trotzigen Zug um den Mund. Sie schien etwas erwidern zu wollen, doch dann senkte sie den Blick und schwieg.

«Hat jemand eine Idee, wie wir das mit dem Siegel anstellen sollen?», fragte Chris. «Ich habe erst drei Siegelfragmente zusammen. Und wenn uns wirklich nur so wenig Zeit bleibt … ganz ehrlich, keine Ahnung, wie ich das bewerkstelligen soll.»

«Ich habe auch erst drei», sagte Rumi. «Ich glaube, das geht den meisten so. Nur TJ und Milo haben schon alle vier.»

«Dann sollten wir versuchen, die beiden zu finden», schlug Chris vor.

«Ausgerechnet TJ», erwiderte Sasha. «Als wenn dieses Arschloch irgendein Interesse hätte, uns zu helfen.»

«Es gefällt mir auch nicht, mein Schicksal in seine Hände zu legen. Aber ich sehe gerade keine andere Möglichkeit.»

«Und wie willst du das machen?», fragte Sasha belustigt. «Willst du Milo und ihn ausrufen lassen? Oder ein Kopfgeld auf sie aussetzen?»

«Keine Ahnung, aber ...»

«Diese Welt ist riesig. Wie willst du da irgendjemanden finden? Sie könnten überall sein! In den Bergen. In der Wüste. Im Wald. In irgendeinem Haus in irgendeinem Dorf.»

«Ich weiß es nicht, Sasha», entgegnete Chris gereizt. «Aber wir müssen es zumindest versuchen. Das ist immer noch besser als dein Vorschlag, nämlich gar nichts zu tun und darauf zu hoffen, dass alles gut werden wird.»

«Okay, okay. Trotzdem ... die beiden zu finden, ist so gut wie aussichtslos.»

«Es ... gäbe eventuell noch eine andere Möglichkeit», warf Jess zögernd ein. Die Diskussion verstummte, und sofort wandten sich ihm alle Blicke zu. «Als Kaya ... als sie *Game Over* gegangen ist, wurde ihr ganzes Inventar freigegeben. Auch das Siegelfragment, das sie schon hatte. Ich konnte es einfach aufsammeln und einstecken.» Jess schluckte. Er hatte vermeiden wollen, irgendjemandem davon zu erzählen. Nicht nur, weil es ihm peinlich war, auf diese Weise an ein Fragment gekommen zu sein. Sondern auch, weil er ahnte, was er damit für eine Lawine lostreten könnte.

«Das funktioniert?», fragte Akio ungläubig. «Wir können die Fragmente einfach untereinander austauschen?»

Jess schüttelte den Kopf. «Nein, nicht einfach so. Wenn sie einmal in eurem Menü sind, könnt ihr sie nicht rausnehmen.» Er zögerte erneut, bevor er sagte: «Es sei denn, euer Avatar stirbt.»

Die anderen starrten ihn an; sie schienen eine Weile zu brauchen, um die gesamte Tragweite seiner Worte zu erfassen.

«Wenn wir also TJ oder Milo nicht finden, dann …» Akio verstummte.

«… dann könnten wir einen von uns töten und die noch fehlenden Fragmente einsammeln», beendete Rumi den Satz. Ihrer Stimme war deutlich anzuhören, wie viel Unbehagen ihr dieser Gedanke bereitete.

«Hey – vielleicht ist das ein Weg hier raus», rief Sasha. «Wenn man *Game Over* geht, wird man doch automatisch ausgeloggt.»

«Und was, wenn das auch nicht mehr funktioniert?», fragte Rumi leise. «Wenn man eben nicht mehr ausgeloggt wird? Was passiert dann mit einem?»

«Du meinst, wir könnten auch *in real life* …» Sasha wurde blass. «Okay. Ist vielleicht doch keine so gute Idee.»

Chris schlug sich mit den Händen auf die Oberschenkel. «Also, Leute, zurück zu Plan A. Wir versuchen, Milo und TJ zu finden. Irgendeine Idee, wo sie sein könnten?»

Die anderen schüttelten den Kopf. «Wenn sie schon alle Fragmente haben, sind sie vielleicht beim Palast», schlug Jess vor.

«Möglich. Aber solange sie den fünften Drachen nicht gefunden haben, bringt ihnen das nichts», warf Akio ein.

«Hat TJ nicht letztens von einer unterirdischen Höhle gesprochen, in der angeblich ein riesiges Ungeheuer lebt? Und dass er diesem Gerücht mal nachgehen wollte? Irgendwo in der Nähe der Sümpfe von Ti'Menor?»

«Dann sollten wir als Erstes dort nach ihm suchen.»

«Aber TJ würde uns so was doch niemals freiwillig erzählen. Meint ihr nicht, dass er uns auf eine falsche Fährte locken wollte?»

«Möglich. Aber es ist der einzige Anhaltspunkt, den wir haben. Wir müssen es zumindest versuchen.»

«Vielleicht ist es besser, wenn wir uns trennen», schlug Rumi vor. «Für den Fall, dass wir zwar einen von den anderen finden, aber immer noch nach dem fünften Drachen suchen müssen.»

«Dinesh hat mir vor ein paar Tagen von der Akademie des Wissens erzählt», sagte Sasha. «Dort gibt es verschiedene Überlieferungen von der Legende der Drachenbeschwörung, und in einer geht es ganz explizit um den fünften Drachen. Mehr wollte er mir allerdings nicht verraten.» Sie sah die anderen fragend an. «War jemand von euch schon da?»

Die anderen schüttelten den Kopf. «Ist die Akademie nicht im Osten?», fragte Chris. «In dem Gebiet war ich noch gar nicht.»

«In der Akademie selbst war ich auch noch nicht», sagte Rumi. «Aber ich habe ein Portal in Ravis aktiviert, einem Dorf in der Nähe des Solia-Sees. Wenn ich ein schnelles Pferd nehme, kann ich in ein paar Stunden da sein.»

«In dem Dorf war ich auch schon», sagte Jess. «Ich komme mit.»

«Und wir machen uns auf die Suche nach Milo, TJ und den anderen», sagte Chris. «Aber wir sollten einen Treffpunkt vereinbaren.»

«Hier?», schlug Rumi vor. «Um acht Uhr heute Abend?»

«Einverstanden.» Die anderen nickten. Die Verunsicherung und die Anspannung, die noch vor wenigen Minuten am Tisch geherrscht hatten, waren verflogen. Allen tat es gut, dass sie nun einen Plan hatten. Akio warf einige Münzen für den Apfelmost auf den Tisch, dann verließen sie den Schankraum und gingen zum Schweinestall hinter dem Hauptgebäude.

Nacheinander stellten sie sich auf das Portal im Boden. Ihre Avatare erstarrten, und nur Sekunden später begannen sie, sich aufzulösen, einer nach dem anderen. Ihre Körper wurden erst durchsichtig und zerfielen dann zu winzigen, kleinen Partikeln, die aufwirbelten wie feiner Staub und schließlich ganz verschwanden. Die Reisenden, die auf der Straße nach Westen unterwegs waren, beachteten das merkwürdige Schauspiel nicht. Sie trieben ihren Esel zur Eile, deuteten sorgenvoll auf die Dunkelheit, die sich am Horizont über den Sümpfen zusammenbraute, und fast war es so, als existierten die fünf Menschen überhaupt nicht, die sich vor ihren Augen in Luft auflösten.

34

Der Wind wehte ihm um die Nase und zerrte an seinen Haaren. Er spürte die Bewegungen des muskulösen Pferdeleibs unter ihm, der in rasender Geschwindigkeit über die Straße in Richtung Gian'Mar galoppierte. Jess genoss jede Sekunde dieses Ritts; er fühlte sich frei, unbeschwert, und beinahe hätte er die Schlinge vergessen, die Wagner um ihren Hals gelegt hatte und die sich Stunde um Stunde weiter zuzog.

Er sah zu Rumi hinüber, die auf einem prächtigen Schimmel neben ihm her galoppierte. Sie hatten die schnellsten Pferde gekauft, die es im Stall von Ravis gegeben hatte, und sie seitdem so hart angetrieben, wie es die Tiere mit sich machen ließen. Trotzdem war bereits eine Stunde seit ihrem Aufbruch aus dem Gasthaus vergangen.

In diesem Moment blitzte die blaue Wasseroberfläche des Solia-Sees zwischen den Bäumen auf. Der Anblick, der sich Jess bot, nachdem sie endlich die letzten Ausläufer des

Waldes hinter sich gelassen hatten, war atemberaubend und erschreckend zugleich. Der Solia-See lag weit im Osten Cal'Anthors, und bestürzt stellte Jess fest, dass die Dunkelheit bereits bis an das gegenüberliegende Ufer des Sees vorgedrungen war und alles, was dahinter lag, in nebliger Finsternis versinken ließ. Die Akademie des Wissens wirkte vor diesem Hintergrund beinahe unwirklich. Sie war ein breiter, ganz aus weißem Stein erbauter Turm und ragte auf einer künstlich angelegten Insel genau in der Mitte des Sees empor. Man konnte sie nur mit dem Boot erreichen, das von einem kleinen Fähranleger an der Südseite des Sees ablegte.

Der Fährmann war ein freundlicher grauhaariger Mann. Er begrüßte sie lächelnd, streckte ihnen zwei Säcke aus festem Leinen entgegen und bat sie, ihre Waffen abzulegen, bevor sie das Boot bestiegen. «Die richtigen Worte sind schärfer als jede Klinge», sagte er lächelnd. «Die Akademie steht für die Macht des Wissens. Die Macht des Schwertes gehört an einen anderen Ort.»

Rumi sah Jess fragend an und zuckte dann mit den Schultern. «Nutzt ja nichts», sagte sie und nahm einen der Säcke entgegen, in den sie nach und nach ihre Waffen über das Schnellwahlmenü hineinlegte.

Jess grinste, während er das wenige zusammenkratzte, was er noch an Waffen übrig hatte. «Manchmal hat es auch was Gutes, wenn einem ein Drache das gesamte Inventar zerlegt.»

Rumi warf einen Blick auf den mitleiderregenden Inhalt seines Sacks. «Hat es sich wenigstens gelohnt?»

«Jep. Ich glaube, ich habe noch nie eine solche Befriedigung verspürt, wenn Glas zu Bruch gegangen ist.»

Nachdem sie dem Grauhaarigen die Säcke zurückgegeben

hatten, stiegen sie zu ihm in das kleine Boot. Kurz darauf legte es wie von Geisterhand ab und glitt lautlos über den See auf den Turm zu. Jess betrachtete die weißen Mauern, die im Licht der Sonne perlmuttfarben schimmerten und sich gespenstisch von der Dunkelheit dahinter abhoben. Schon hier, vom Wasser aus, wurde deutlich, dass diese Akademie anders war als die Akademie der Magie, die Jess auch nach all den Wochen nicht noch einmal besucht hatte. Anstatt sich hinter abweisenden, dicken Mauern zu verschanzen, war sie für jedermann zugänglich und wirkte einladend und freundlich. Die unzähligen Stockwerke schraubten sich hoch hinauf in den Himmel; auf jeder Etage führten Säulengänge um den Turm herum, die das gewaltige Gebäude schlank und luftig wirken ließen.

Als sie die Anlegestelle in der Mitte des Sees erreicht hatten, bedankten sie sich bei dem grauhaarigen Alten und stiegen aus. Eine breite Treppe führte zum Eingang hinauf, und im Gegensatz zur Akademie der Magie, in der das Tor erst durch eine Prüfung geöffnet werden konnte, standen hier die gewaltigen Flügeltüren weit offen.

Dahinter lag ein breiter Gang, der sich schon nach wenigen Schritten zu einem kreisrunden Innenraum weitete, von dem sieben identisch aussehende Türen abgingen. Staunend sah Jess nach oben. Auch im Innern bestand alles aus dem perlmuttfarben schimmernden Stein, und durch eine gläserne Kuppel hoch über ihren Köpfen schien die Sonne hinein, die alles in goldenes Licht tauchte. Auf den unzähligen Galerien, die zu jedem Stockwerk gehörten, erkannte Jess Männer und Frauen in weißen Tuniken, die mit Büchern oder Schriftrollen unter dem Arm umherliefen. Sie hatten unterschiedlich farbige Gürtel um ihre Taillen geschlungen, und je heller die Gürtel wurden, desto würdevoller schienen die Wissenschaftler umherzuschreiten. Es herrschte eine geschäftige, aber konzentrierte Atmosphäre, und die einzigen Geräusche, die zu hören waren, waren die leise hallenden Schritte und das Rascheln von Stoff und Papier. Schnell aktivierten sie das Portal, das sich in der Mitte der Halle auf dem Boden befand. Dann fragte Jess mit gesenkter Stimme: «Hast du eine Ahnung, wo wir hin sollen?»

Rumi musterte die identischen Türen um sie herum. «Keinen blassen Schimmer», erwiderte sie und klang dabei genauso ratlos wie er.

Gegenüber von ihnen öffnete sich eine Tür. Eine ältere Frau trat heraus. Ihre Haare, die ihr in einem langen, dicken Zopf über die Schulter fielen, waren schlohweiß, genau wie der Gürtel, der um ihre Taille geschlungen war. Lächelnd kam sie auf Jess und Rumi zu.

«Herzlich willkommen, Reisende», sagte sie mit einer überraschend tiefen Stimme. «Ich bin Elora, eine der Ältesten an der Akademie des Wissens. Was führt euch zu uns?»

«Wir sind auf der Suche nach der Legende über die Drachenbeschwörung», sagte Rumi, ohne sich lange mit einer Begrüßung aufzuhalten. «Beziehungsweise eine *andere* Version als die übliche. Können Sie uns die Legende zeigen?»

Elora lächelte. «Wissen ist ein schwer zu erlangendes Gut. So wie man eine Kampfkunst nur beherrscht, wenn man sie trainiert, kann man auch Wissen nur erlangen, wenn man es sich selbst aneignet.» Sie machte eine vage Geste, die den gesamten Turm mit einzuschließen schien. «Wenn ihr auf der Suche nach einer bestimmten Information seid, kann ich euch nur die Richtung weisen. Den Weg müsst ihr selbst gehen.»

Jess folgte Eloras Geste und schaute an den unzähligen Stockwerken hinauf, auf denen sich ebenso unzählige Räume befinden mussten. «Und … welche Richtung wäre das jetzt genau?», fragte er.

Wieder lächelte die Älteste. «Wissen findet man oft an den Orten, an denen man am wenigsten damit rechnet. Unsere Sammlung umfasst Schriften über Philosophie, Religion, Geschichte, Elementarkunde, Waffenkunde, Tierkunde, Pflanzenkunde, Politik, Dichtkunst und noch vieles mehr. Ihr könntet überall auf die Informationen stoßen, die ihr sucht.»

Rumi seufzte ungeduldig. «So viel Zeit haben wir nicht. Wir brauchen diese Legende sofort.»

«Ich kann euch nur die Richtung weisen. Den Weg müsst ihr …»

«Es ist *wirklich* dringend!», unterbrach Rumi sie hitzig.

«Lasst euch auf die Suche ein. Wissen findet man oft an den Orten, an denen man am wenigsten damit rechnet.»

Rumi stöhnte frustriert auf und machte einen Schritt auf Elora zu. Fast schien es, als wolle sie die Älteste bei den Schultern packen und schütteln. Doch Jess hielt sie zurück. Dann wandte er sich Elora zu und sagte mit Nachdruck: «Wir brauchen Informationen, um das Siegel der Drachen zu brechen.»

Eloras freundliche Gesichtszüge verdunkelten sich kurz. Doch dann kehrte das Lächeln zurück, und mit der gleichen ruhigen Stimme wie zuvor sagte sie: «Es scheint, als sei der Raum der Legenden am besten für eure Suche geeignet. Ich bringe euch hin.»

Rumi sah Jess überrascht an. Der zuckte nur grinsend mit den Schultern. «Hat bis jetzt noch jedes Mal geklappt.»

Sie folgten Elora durch eine Tür links von ihnen, einen Gang entlang und schließlich eine Treppe zur ersten Galerie hinauf. Hinter offen stehenden Türen erkannte Jess Regale voller Schriftrollen und ledergebundener Bücher. In anderen Räumen standen Wissenschaftler an Stehpulten, um Schriften zu übersetzen und zu kopieren, und wieder in anderen waren sie konzentriert in das Studium versunken. Elora führte sie immer weitere Gänge entlang und Treppen hinauf, bis Jess die Beine schmerzten und er nicht mehr wusste, in welchem Stockwerk sie sich befanden. Endlich blieb sie vor einem Raum stehen.

«Der Raum der Legenden», sagte sie und deutete einladend auf die Tür. «Hier befindet sich alles, was in den letzten hundert Jahren zu den Ereignissen der Drachenbeschwörung zusammengetragen wurde.»

Jess drückte die Klinke hinunter und öffnete die Tür. Dahinter erstreckte sich ein weitläufiger Raum; Sonnenlicht fiel durch die hoch gelegenen Fenster und malte Schatten auf die Regalreihen, die den Raum in viele, schmale Gänge unterteilte. Als Jess und Rumi die Fülle an Büchern und Pergamentrollen sahen, die sich in den Regalen türmten, stöhnten sie auf.

«Wie sollen wir denn hier eine einzige Legende finden?», fragte Jess fassungslos. «Das dauert ja ewig!»

«So viel Zeit haben wir nicht», sagte Rumi und wandte sich wieder an Elora. «Können Sie uns wenigstens einen Tipp geben, wo wir anfangen sollen?»

Die Älteste lächelte. «Ich kann euch nur die Richtung weisen. Den Weg müsst ihr selbst gehen», wiederholte sie. Dann nickte sie ihnen noch einmal zu, wandte sich um und ließ Jess und Rumi allein.

Jess betrachtete die Regalreihen und seufzte ergeben. «Wer nicht kämpft, hat schon verloren.»

«Was?», fragte Rumi verwirrt.

«Hat mein Bruder mal gesagt. Allerdings glaube ich kaum,

dass er damit einen Raum mit Tausenden von Schriftrollen gemeint hat.»

Rumi verzog das Gesicht. «Nützt ja nix. Ich fang links an, du rechts. Irgendwo muss diese vermaledeite Legende ja sein.»

Sie suchten Stunden, ohne etwas zu finden – zumindest nichts, was sie wirklich weiterbrachte. Viele Bücher entpuppten sich als Tagebücher von Zeitzeugen, die die Ereignisse der Drachenbeschwörung aus ihrer persönlichen Sicht schilderten. Es gab Schriften in fremder Sprache, die offenbar noch nicht übersetzt worden waren, wirre Abhandlungen, die Zukunftsfantasien über ein Drachenreich enthielten, in denen düstere Mächte Cal'Anthor für immer in die Knie zwangen, und mehrere beinahe wortgetreue Abschriften der Legende, die sie am Anfang des Spiels gehört hatten, aber keine neuen Erkenntnisse lieferten. Jess schöpfte kurz Hoffnung, als ihm ein besonders dickes, in goldenes Leder gebundenes Buch ins Auge fiel. Darin fand er, in vier übersichtliche Kapitel aufgeteilt, eine Aufstellung über die Stärken und Schwächen der vier Drachen, inklusive möglicher Strategien, um die Drachenfesten lebend wieder zu verlassen. Die Informationen hätten ihm im Kampf gegen Visnabor und Ragnarund tatsächlich sehr weitergeholfen, aber von einem fünften Drachen war weit und breit nichts zu finden. Auch Rumi hatte keinen Erfolg, und sie war darüber so frustriert, dass sie die Bücher gar nicht mehr ins Regal zurückräumte, sondern achtlos zu Boden warf.

Als irgendwann die Lampen an den Wänden aufleuchteten – keine Fackeln, wie Jess bemerkte, sondern irgendeine leuchtende Substanz, die die orangefarbenen Lampions erhellte –, stellten sie erschrocken fest, dass es bereits dunkel geworden war.

«Wir sollten zum *Goldenen Drachen* zurück», sagte Rumi und ließ eine weitere Pergamentrolle auf den Stapel fallen, der vor ihr auf dem Boden lag. «Das bringt doch nichts. Wir bräuchten Wochen, um uns hier durchzuarbeiten.» Resigniert trat sie mit dem Fuß gegen die Rollen, die in alle Richtungen davonrollten.

«Hmm», machte Jess nur. Er saß auf dem Boden und hatte eine Mappe mit Kohlezeichnungen auf den Knien. Die Bilder glichen den Gemälden in Olias' Hinterzimmer: Drachen, die Zerstörung und Tod brachten – und im Hintergrund ein Mann mit erhobenen Händen und einem schwarzen Umhang. Astaroth. Jess erinnerte sich an seine Begegnung mit ihm, an die unheimliche Ausstrahlung des Mannes, an das Kribbeln in seinem Nacken, an sein Unwohlsein.

Mit einem Mal fiel Jess auf, dass auch in einigen Tagebüchern von dem Magier berichtet wurde. Er hatte nicht groß darauf geachtet, aber je länger er nun darüber nachdachte, desto sicherer war er, dass Astaroth in fast allen Berichten erwähnt wurde. Zwar schien er nie eine wichtige Rolle gespielt zu haben, aber er war immer dabei gewesen.

Nachdenklich starrte er auf die Zeichnungen, bis sie vor seinem Auge zu verschwimmen begannen. Er war müde und hatte Hunger. Keine Ahnung, wie lange er schon im Spiel war – aber es musste ungefähr die Zeit sein, zu der er sich normalerweise ausgeloggt hätte.

«Erinnerst du dich an Astaroth?», fragte er Rumi.

Sie überlegte. «Der Magier, von dem dieser Olias erzählt hat? Der die Drachen nach dem Angriff besänftigt hat?»

Jess nickte. «Er ist auch auf den Zeichnungen hier abgebildet. Und er wird in fast allen Berichten erwähnt, die ich gelesen habe.»

«Klar. Ohne ihn hätten die Drachen Cal'Anthor vermutlich

dem Erdboden gleichgemacht.» Dann runzelte sie die Stirn. «Was ist eigentlich danach mit ihm passiert? Die Menschen müssen ihn doch als Helden verehrt haben.»

«Er lebt als Magier im Palast», erwiderte Jess. «Ich bin ihm begegnet.»

«Du warst im Palast? Aber wie, wenn du noch nicht alle Fragmente hast?»

«Es gibt ein Loch in der Palastmauer, das ich durch Zufall entdeckt habe. Ich habe Prinzessin Thiana in der Kapelle gesehen, und dann kam plötzlich Astaroth dazu. Er war ganz anders, als ich es mir vorgestellt habe. Irgendwie … böse. Als würde ihn eine dunkle Aura umgeben. So unwohl habe ich mich sonst nur bei den Drachen gefühlt.»

Rumi runzelte die Stirn. «Du meinst, Astaroth ist …» Sie starrte Jess an, dann warf sie die Pergamentrolle, die sie gerade hatte untersuchen wollen, achtlos beiseite und lief aufgeregt hin und her. «Aber das würde ja bedeuten, dass …»

«Warte», unterbrach Jess sie und sprang auf. «Die Pergamentrolle. Wo ist sie?»

«Die ich gerade weggeworfen habe? Was ist damit?» Rumi sah sich verwirrt nach der Rolle um. «Da, sie ist unter das Regal gerollt.»

Jess lief zu dem Regal und fischte sie wieder heraus.

«Was ist denn an dieser Rolle so …»

«Das Drachensymbol», rief er und zeigte ihr das Emblem, das auf die Rolle gestempelt worden war. «Das war bisher immer dort, wo es etwas Wichtiges zu entdecken gab. Das muss ein Hinweis sein.» Er entrollte das Pergament, das in enger, verschnörkelter Schrift beschrieben war. Jess überflog den Text, und mit jeder Zeile stieg seine Aufregung.

«Und?», fragte Rumi ungeduldig.

«Ich glaube, wir haben sie gefunden», sagte Jess. «Die Legende. Der Anfang ist fast identisch zu der anderen. Fünf Königreiche, Krieg, alle verbünden sich gegen das Reich der Mitte, die Weisen beschwören die Drachen, damit sie ihnen helfen, bla, bla. Aber hier.» Er deutete auf einen Absatz.

«Die Drachen zerstörten die Armeen der Gegner, wie man es ihnen aufgetragen hatte. Doch der fünfte Drache weigerte sich, den Weisen zu dienen. Ihm dürstete es nach seinem eigenen Reich – einem Reich aus Tod und Schatten. Und so hüllte er sich in eine fremde Gestalt, versiegelte den Quell und nahm Cal'Anthor das Licht. Seitdem lebt er unerkannt unter den Menschen und wartet. Seine Zeit wird kommen, sobald die Finsternis über das Licht gesiegt hat.»

Als Jess das Pergament sinken ließ, merkte er, dass er zitterte. Ob vor Anspannung oder vor Müdigkeit, wusste er nicht.

«Er hüllte sich in eine fremde Gestalt», wiederholte Rumi und sah Jess an. «Damit muss Astaroth gemeint sein.»

Jess nickte. «Er ist nicht wie durch Zauberhand aufgetaucht, um Cal'Anthor vor den Drachen zu beschützen. Er ist einer von ihnen. *Er* ist der fünfte Drache. Vielleicht hat er sie wirklich beruhigt, so wie man es auf den Bildern sieht. Aber nur, um seinen eigenen Plan vollenden zu können.»

«Aber … warum?», fragte Rumi verwirrt. «Warum ist er in menschlicher Gestalt erschienen? Und warum hat er das Reich der Mitte nicht angegriffen?»

«Das muss er doch gar nicht», erwiderte Jess. «Er braucht einfach nur abzuwarten, bis sich die Dunkelheit über ganz Cal'Anthor gelegt hat. Dann hätte ihm niemand mehr etwas entgegenzusetzen.» Jess erschauderte. Vielleicht waren die Berichte über das Drachenreich, in dem Tod und Verwüstung herrschen, doch nicht so wirr gewesen, wie sie ihm vorhin noch erschienen waren.

Plötzlich hatte er das Gefühl, als würde sämtliche Kraft

aus seinem Körper weichen. Mit zitternden Beinen ließ er sich auf den Boden sinken und lehnte sich mit dem Rücken gegen die Wand. Rumi setzte sich neben ihn. Eine Weile lang sahen sie schweigend aus den hoch gelegenen Fenstern, hinter denen der schwarze Nachthimmel zu sehen war. Dann wandte sie den Kopf.

«Wir sollten langsam zurück.»

Die Vorstellung, heute noch einmal aufzustehen, erschien Jess undenkbar. «Und wenn wir einfach hierbleiben?», fragte er stattdessen.

«Und wo willst du schlafen? Auf dem Boden? Außerdem sind wir mit den anderen verabredet. Sie warten bestimmt auf uns.»

Jess nickte ergeben. Zusammen gingen sie die vielen Treppen nach unten in die runde Halle und stellten sich nacheinander auf das Portal. Jess öffnete sein Menü. Sein Blick fiel auf die Uhr, die die Zeit in der echten Welt anzeigte. Es war bereits nach 21 Uhr. Mit wackligen Knien ging er zur Karte und stellte seine Spielfigur auf das Portal am *Goldenen Drachen*.

Als er sich ausloggte, stieg ihm sofort der beißende Geruch des Schweinestalls in die Nase. Er trat von dem Portal hinunter, und kurz darauf materialisierte sich Rumis Körper auf dem Emblem. Zusammen gingen sie die wenigen Meter bis zum Gasthaus. Sterne blinkten am schwarzen Nachthimmel über ihnen, und der sonst so geschäftige Ort lag still und verlassen da. Auch aus den Fenstern des *Goldenen Drachen* drang nur noch gedämpftes Licht nach draußen. Kurz überlegte Jess, ob es überhaupt möglich sein würde, mit irgendjemandem zu sprechen. Was, wenn die NPCs für diese Uhrzeit gar nicht programmiert waren?

Als sie die Tür des Gasthauses öffneten, lag die Stube verlassen vor ihnen. Die Tische waren leer und der Boden noch feucht vom Wischen. Auf einem Hocker in der Ecke saß der Stallmeister, von dem TJ am ersten Tag das Pferd gestohlen hatte. Er hatte den Kopf auf die Brust gesenkt und schlief. Rina war nirgendwo zu sehen. Doch immerhin war der Wirt noch da; er stand hinter der Theke und sortierte die letzten gespülten Krüge in die Regale.

Als er sie zur Tür hereinkommen hörte, wandte er sich unwirsch um. «Die Küche ist geschlossen», brummte er.

«Wir hatten gehofft, hier Freunde von uns zu treffen», sagte Rumi, die sich von seinem gewohnt rauen Tonfall nicht beeindrucken ließ.

Der Wirt sah sich vielsagend in dem leeren Raum um. «Keiner mehr da.»

«Haben sie vielleicht ein Zimmer genommen?»

«Möglich.»

«Können Sie mir sagen, welches?»

«Nein.»

Rumi grummelte verärgert und wollte etwas erwidern, doch Jess berührte sie am Arm. «Morgen», sagte er leise. «Bitte. Ich muss schlafen.»

Als sie ihn ansah, fiel ihm auf, wie blass sie war. Offenbar wollte Rumi es sich nicht anmerken lassen, aber sie war genauso müde wie er. «Also schön», lenkte sie ein.

Sie baten den Wirt um zwei Zimmer und warfen ihm einige Münzen hin, was seine Laune sichtlich zu bessern schien. Er führte sie nach oben und zeigte ihnen ihre Zimmer. Mit einem schwachen Lächeln bemerkte Jess, dass es die gleichen waren, in denen sie das Spiel begonnen hatten. Er verabschiedete sich von Rumi, dann schloss er die Tür, streifte sich die schweren Lederstiefel von den Füßen und ließ sich auf das Bett fallen. Doch obwohl er hätte schwören können, dass er schlafen würde wie ein Stein, kam der Schlaf nur schleppend. Seinem Körper gelang es einfach nicht, zur Ruhe zu kommen. Er wälzte sich unruhig hin und her, und irgendwo zwischen zwei wirren Träumen wurde ihm bewusst, wie bizarr diese ganze Situation war. Natürlich kam sein Körper nicht zur Ruhe. Er lag nicht in einem Gasthaus im Bett, sondern auf einer Liege in einer Cybergame-Firma, und wenn er morgen keinen Weg fand, das Siegel zu brechen, dann standen die Chancen schlecht, dass er jemals wieder von dort aufstehen würde. Und ausgerechnet dieser Gedanke war es, der ihn dann doch in einen unruhigen, aber traumlosen Schlaf begleitete.

35

Sonnenlicht weckte ihn. Schnelle Schritte. Menschen, die sich etwas zuriefen. Dann ein Schrei.

Jess fuhr auf. Er brauchte ein paar Sekunden, um zu begreifen, wo er war, und als er es tat, seufzte er enttäuscht auf. Ein kleiner Teil von ihm hatte gehofft, dass heute Morgen alles vorbei sein würde, dass Wagner Skrupel bekommen oder das Spiel ihn automatisch ausgeloggt hatte. Doch er lag immer noch in dem Bett im *Goldenen Drachen*, und er fühlte sich kaum besser als am Abend zuvor. Seine Arme und Beine waren schwer wie Blei, und sein Mund war ausgetrocknet. Er musste dringend etwas trinken.

Wieder ein Schrei. Dann so etwas wie Kampfgeräusche. Irgendetwas schien vor dem Gasthaus im Gange zu sein. Als er sich aufrichtete, spürte er ein dumpfes Pochen hinter seinen Schläfen. Mit wackeligen Knien ging er zum Fenster und schaute hinaus. Es war, als sähe er direkt in einen Albtraum.

Ein Rudel Wölfe schlich lauernd und knurrend vor dem Gasthaus auf und ab. Doch es waren keine gewöhnlichen Wölfe wie die, die Jess im Wald kurz vor Ragnarunds Feste angegriffen hatten. Diese Wölfe waren doppelt so groß, hatten gelb glühende Augen und dunkelrotes, verfilztes Fell, aus dem kleine Flammen züngelten.

Feuerwölfe.

Jess hatte die Gespräche der Gasthausbesucher als bloße Hintergrundgespräche abgetan, doch nun waren die Tiere tatsächlich gekommen. Der Gastwirt, der Stallmeister, Rina und einige Gäste versuchten mit Gewehren, Mistgabeln und allem, was sich als Waffe eignete, die Wölfe abzuwehren. Noch konnten sie die gelegentlichen Vorstöße einzelner Wölfe abwehren. Doch es war deutlich, dass sie gegen diese Übermacht kaum eine Chance haben würden.

Angsterfülltes Wiehern erklang. Flammen schlugen aus dem Pferdestall, und im gleichen Moment preschten einige Pferde heraus und galoppierten davon. Zwei Wölfe trotteten aus dem Stalltor, ohne sich um die fliehenden Pferde oder um das brennende Gebäude zu kümmern, und kreisten genau wie der Rest des Rudels das Gasthaus ein. Mit plötzlichem Schrecken wurde Jess bewusst, dass diese Ungeheuer kurz davor waren, ein Massaker anzurichten. Sie würden die Menschen töten und das gesamte Gasthaus niederbrennen! Hektisch schlüpfte er in seine Stiefel und lief hinaus in den Flur.

Vor der Tür stieß er mit Rumi zusammen, die gerade im Begriff gewesen war, zu ihm hereinzukommen. Sie war noch genauso blass wie am Abend zuvor, und unter ihren Augen hatten sich dunkle Ringe gebildet. Neben ihr stand Chris.

«Wo sind die anderen?», rief Jess und sah sich nach Akio und Sasha um.

«Ich weiß es nicht», erwiderte Chris. «Wir haben uns getrennt. Sie sind gestern nicht mehr hierher zurückgekommen, und heute Morgen auch nicht.»

Jess nickte zerstreut. «Vielleicht kommen sie noch.» Dann sah er Rumi und Chris eindringlich an. «Wir müssen Rina und den anderen helfen.»

«Helfen?», fragte Rumi entgeistert. «Wir müssen hier weg, bevor das ganze Gasthaus abfackelt. Wir sollten uns nach Valón teleportieren und …»

«Wir können doch nicht einfach abhauen», rief Jess. «Sie werden alle sterben.»

Ohne auf Rumis Antwort zu warten, lief er zur Treppe.

«Jess!», rief Rumi, dann hörte er, wie sie etwas murmelte, das wie «Dieser Vollidiot» klang, doch es kümmerte ihn nicht.

Im Schankraum herrschte nichts von der sonst üblichen, erwartungsfreudigen Geschäftigkeit. Stühle lagen umgeworfen auf dem Boden, Becher waren umgekippt. Jeder, der zum Zeitpunkt des Angriffs hier unten gewesen war, schien sofort nach draußen gelaufen zu sein. Rina kam aus der Tür hinter der Theke, zwei Eimer mit Wasser in den Händen. Als sie Jess sah, warf sie ihm einen flehenden Blick zu.

«Bitte hilf uns. Dieses Gasthaus ist alles, was wir haben. Wenn es abbrennt … dann …» Sie begann zu weinen und lief mit den Wassereimern an Jess vorbei nach draußen. Er folgte ihr, und nur wenige Sekunden später kamen auch Rumi und Chris aus der Tür und stellten sich neben ihn. Chris drückte Rumi einen Köcher voller Pfeile und einen Bogen in die Hand, und Jess fiel siedend heiß ein, dass sie ihre Waffen in der Akademie des Wissens abgegeben hatten. Er würde sich auf seine Magie verlassen müssen. Er spürte dem Ziehen in seinem Innern nach, ließ es in seine Hände wandern und machte sich bereit, es auf die Wölfe zu schleudern.

Die Feuerwesen standen in einem Halbkreis vor ihnen, lauernd und mit gebleckten Zähnen. Ihre gelben Augen glühten, und Jess glaubte, so etwas wie Vorfreude darin aufblitzen zu sehen, auf das, was sie mit den wehrlosen Menschen, die ihnen mit ein paar krummen Mistgabeln und Eimern voller Wasser gegenüberstanden, anstellen würden. Im Stall hinter dem Haus quiekten die Schweine und traten panisch gegen ihre Boxenwand. Sie mussten die Anspannung spüren und den Rauch riechen, der vom brennenden Pferdestall zu ihnen herüberwehte. Wölfe und Menschen starrten sich schweigend an, die einen starr vor Angst, die anderen zu allem entschlossen.

Plötzlich löste sich ein Schuss. Ein alter Reisender mit einem Gewehr hatte den ersten Schritt gemacht. Der Wolf ihm gegenüber heulte auf und fiel winselnd zu Boden. Einen Atemzug lang geschah nichts. Dann entlud sich die gesamte Anspannung auf einen Schlag. Die Wölfe griffen alle gleichzeitig an, und es war, als wäre die Hölle um sie herum losgebrochen. Die beiden Gruppen prallten aufeinander, Körper verkeilten sich, Schreie hallten über den Platz, und es war kaum zu unterscheiden, ob sie von Menschen stammten oder von Wölfen.

Jess, Chris und Rumi versuchten zusammenzubleiben, doch immer wieder stolperten ihnen Kämpfer in den Weg, ein Wagen mit Heu fing Feuer und zwang sie zum Ausweichen, und schon bald hatte Jess den Anschluss an die beiden anderen verloren. Um ihn herum tobte das Chaos, und er hatte das Gefühl, an allen Seiten gleichzeitig kämpfen zu müssen. Er schleuderte Magiestoß um Magiestoß ab, schaffte es, die Wölfe auf Abstand zu halten, und traf schließlich einen von ihnen in die Brust, der daraufhin winselnd zusammensackte. Rumi wirbelte mit dem Bogen umher; ihre Pfeile trafen die Wölfe in Beine und Flanken und hinterließen blutige Wunden. Aber es reichte nicht. Die Wölfe wurden verletzt, aber es schien sie kaum aufzuhalten. Und vor allem: Sie starben nicht. Immer mehr Reisende schrien verwundet auf, manche ergriffen die Flucht. In dem ganzen Chaos suchte Jess nach Chris und entdeckte ihn schließlich ein paar Meter entfernt. Er stand mit dem Rücken an der Wand des Gasthauses, und erschrocken sah Jess, dass er blutete. Auch er kämpfte mit seiner Magie, doch sie war so schwach, dass sie kaum noch etwas gegen den Wolf ausrichtete, der vor ihm kauerte und sich zum Sprung bereit machte.

Entsetzt begriff Jess, dass Chris sterben würde, wenn er ihm nicht zu Hilfe kam. Er rannte auf ihn zu, doch es war zu spät. Der Wolf sprang. *Nein*, dachte Jess, *NEIN*. Im gleichen Moment schoss ein gewaltiger Magiestoß aus ihm hervor und traf den Wolf mitten in der Luft. Eine Stichflamme stieg in den Himmel empor, dann war der Wolf verschwunden.

Jess starrte auf das Häufchen Asche, zu dem der Wolf zerfallen war. «Danke, Mann», murmelte Chris. Zu mehr blieb keine Zeit. Ein unheilvolles Knistern ließ sie aufblicken. Die Stichflamme des Wolfes hatte das Dach des Gasthauses in Brand gesetzt. Rasend schnell fraßen sich die Flammen in das Gebäude hinein. Dann ein Schrei. Jess wirbelte herum. Rumi lag auf dem Boden, ein Wolf über ihr, und plötzlich schien alles um Jess zu verschwimmen. Es waren einfach zu viele. Sie würden es nicht schaffen.

Verzweifelt schleuderte er seine Magie um sich, nahm gar nicht mehr richtig wahr, ob sie ihr Ziel traf oder nicht. Es war, als würde ihm jemand einen Film zeigen, aber nur Ausschnitte daraus, einzelne Szenen, die er selbst zusammensetzen musste. Er spürte die Hitze der Flammen auf der Haut; er sah, wie Rumi dem Wolf einen Pfeil in die Brust rammte und sich zur Seite wälzte, um sich vor der Stichflamme zu schützen; sah Chris, der sich humpelnd vor dem brennenden Gasthaus in Sicherheit zu bringen versuchte und den Wolf nicht bemerkte, der sich von hinten auf ihn stürzte. Jess schrie auf, zerrte verzweifelt an der Magie und stieß sie mit aller Kraft von sich. Und dann war es plötzlich vorbei.

Zuerst verstand Jess nicht, was geschehen war. Er lag auf dem Boden, das Gesicht in der aufgewühlten Erde. Das Brausen und Ächzen des brennenden Gasthauses erfüllte die Luft, doch die Kampfgeräusche, das Knurren, die Schreie der Menschen um ihn herum waren verstummt. Vorsichtig stemmte er sich hoch und sah sich um. Verwundete lagen auf dem Vorplatz verstreut, andere knieten neben ihnen, spendeten Trost oder versorgten ihre Wunden. Die Feuerwölfe waren zu kleinen Aschehäufchen zerfallen, in denen Items zur Herstellung von kühlenden Salben lagen. Sie hatten es geschafft. Sie hatten die Wölfe besiegt.

Er blickte sich nach den beiden anderen um. Chris war nirgends zu sehen. Rumi saß ein wenig abseits auf dem Boden und starrte in die Flammen. Jess rappelte sich auf und ging zu ihr.

«Hey», sagte er. «Alles in Ordnung?»

Rumi wandte den Blick von dem brennenden Gasthaus ab und sah ihn an. In ihren Augen lag ein Ausdruck, den er nicht zu deuten vermochte, der ihm aber Angst machte. «Ja», sagte sie schließlich. «Und bei dir?»

«Mein Kopf tut weh. Ansonsten bin ich glimpflich davongekommen.»

Rumi nickte und starrte dann wieder in die Flammen.

«Wo ist Chris?»

«Tot», erwiderte Rumi nur, und es dauerte eine Weile, bis Jess begriffen hatte.

«Nein!», keuchte er und sah sich entsetzt um, zu der Stelle, an der er Chris das letzte Mal gesehen hatte. Zwischen den Aschehaufen und zerbrochenen Waffen der Kämpfer lagen Items verstreut, Tränke und Kleidung und Waffen. Chris' Inventar.

Plötzlich wurden seine Knie so weich, dass sie unter ihm nachzugeben drohten. Er setzte sich neben Rumi und vergrub den Kopf in den Händen. Was hatte er sich dabei gedacht? Sie mussten so schnell wie möglich dieses Spiel beenden, und er hatte nichts Besseres zu tun, als irgendwelche NPCs vor Feuerwölfen zu retten. Chris war tot. Weil er *ihm* hatte helfen wollen. Und niemand wusste, was das bedeutete, jetzt, wo sie sich nicht mehr ausloggen konnten. War er wie Kaya einfach auf seiner Liege im Gamingraum aufgewacht? Oder steckte er in irgendeinem virtuellen Zwischenraum fest, einer Art digitalem Fegefeuer, so wie der unendliche weiße Raum, in dem sie vor Beginn des Spiels gewesen waren? Oder war er wirklich …

Jess spürte, wie sich ihm der Hals zuschnürte. «Es tut mir leid», sagte er leise. «Das ist alles meine Schuld. Du hattest recht. Wir hätten uns einfach wegteleportieren sollen. Wie konnte ich nur so bescheuert sein?»

«Das kann ich dir sagen», erwiderte Rumi. Sie wandte ihm den Kopf zu, und zu seinem Erstaunen lächelte sie.

«Weil ich nicht Jaxon bin?», fragte Jess bitter.

«Nein. Weil du ein großes Herz hast.»

Jess wollte etwas entgegnen, schwieg dann aber. Ihre Blicke huschten wieder zum Gasthaus, wo in diesem Moment mit lautem Krachen der Dachstuhl zusammenbrach. Die

Reisenden, der Gastwirt, Rina, sie alle hatten sich in einiger Entfernung versammelt und starrten auf das Flammenmeer. Niemand von ihnen beachtete Jess oder Rumi oder interessierte sich für die Items, die die Wölfe und Chris hinterlassen hatten.

Plötzlich zuckte Rumi zusammen.

«Was ist?», fragte Jess, doch sie winkte ab.

«Wie viel Heiltränke hast du noch?», fragte sie stattdessen.

«Keinen.»

«Okay», sagte sie und nickte. «Damit wäre die Sache wohl geklärt.»

«Welche Sache?»

«Wer von uns zum Palast geht und gegen Astaroth kämpft.»

Jess sah Rumi verwirrt an. «Ich verstehe nicht ...» Er verstummte, als sie die Arme, die sie die ganze Zeit vor dem Bauch verschränkt hatte, zur Seite gleiten ließ. Ihr Hemd war zerfetzt und dunkelrot verfärbt, und darunter kam eine lange, blutige Wunde zum Vorschein.

«Nein», keuchte er. «Nein, nein, nein.» Er starrte auf die Wunde, dann in Rumis blasses Gesicht, wollte irgendetwas tun, wusste aber nicht, was. Das war alles seine Schuld. Er hatte sie dazu gebracht, gegen die Wölfe zu kämpfen.

Rumi, die seine Gedanken zu lesen schien, schüttelte sanft den Kopf. «Schon gut», sagte sie. «Es ist nicht deine Schuld. Es war meine Entscheidung hierzubleiben.»

«Ich hätte auf dich hören sollen. Guck dich um. Es hat gar keinen Unterschied gemacht. Chris ist gestorben. Du bist verletzt. Und das Gasthaus ist trotzdem nur noch Schutt und Asche.»

«Aber die Leute leben noch. Rina, der Wirt. Vielleicht hätten sie das ohne dich nicht überlebt. Du hast das Richtige getan.»

«Im wahren Leben vielleicht. Aber wir sind in einem verdammten Computerspiel. Diese Leute sind nur NPCs!», rief Jess verzweifelt.

Rumi lächelte. «Nicht hier», sagte sie. «Hier sind sie echt.» Sie zuckte erneut zusammen, bevor sie fortfuhr. «Ich glaube, das sagt eine ganze Menge über dich aus. Dass du auch dann hilfst, wenn es nicht so wichtig scheint – und nicht nur etwas riskierst, wenn es wirklich darauf ankommt.» Bevor Jess etwas sagen konnte, öffnete sie ihr Menü. Ihr Avatar erstarrte, doch nur wenige Augenblicke später kehrte sie bereits zurück.

«Hier», sagte sie und hielt ihm ein Gefäß mit einem lilafarbenen Wirbel hin. «Nimm du ihn. Du wirst ihn vermutlich brauchen.»

Jess starrte auf das Gefäß. «Das ist ein Heilwirbel», rief er. «Warum nimmst du ihn denn nicht?»

«Weil er dann aufgebraucht wäre, ohne dass wir einen Schritt weiter sind. Aber wenn du gegen Astaroth kämpfst, brauchst du jede Hilfe, die du kriegen kannst.»

«Du bist verletzt», rief Jess aufgebracht. «Du hast Schmerzen!»

«Ich werde es überleben.»

«Ich … ich kann nicht gegen Astaroth kämpfen. Ich bin viel zu schlecht dafür. Aber du, du … wenn du den Wirbel benutzt, dann …»

«Dann haben wir gar nichts mehr, was uns im Kampf gegen Astaroth helfen könnte», unterbrach Rumi ihn.

«Vielleicht hatte Chris noch etwas», sagte Jess und schämte sich sofort selbst dafür.

«Umso besser. Dann hast du noch mehr zur Verfügung.»

«Rumi, ich kann nicht …»

«Du kannst, Jess.» Ihr Gesicht hatte inzwischen alle Farbe

verloren. Trotzdem lächelte sie nun schwach. «Du hast vor ein paar Minuten ein ganzes Rudel Feuerwölfe erledigt. Du hast es genauso drauf wie dein Bruder, weißt du das? Du musst nur ein kleines bisschen an dich glauben.»

«Ich ...» Jess suchte nach Worten. Das mit den Wölfen war *er* gewesen? Er wollte so viel sagen, dass er gar nicht wusste, wo er anfangen sollte. «Ich kann dich doch nicht einfach hier sitzen lassen», sagte er mit kläglicher Stimme.

«Ich kann ganz gut auf mich aufpassen», erwiderte Rumi. Als Jess immer noch keine Anstalten machte zu gehen, fügte sie hinzu: «Wir machen Folgendes. Ich geh jetzt zurück ins Menü. Und wenn ich nach einer Minute zurückkomme, bist du weg. Okay?» Sie hob die Hände und sah ihn noch einmal an. «Hol uns hier raus.» Dann war sie weg.

Jess starrte auf Rumis eingefrorene Gesichtszüge. Er konnte sie doch nicht einfach hier zurücklassen. Und er konnte doch nicht einfach in den Palast marschieren und Astaroth zum Kampf herausfordern. Alles in ihm sträubte sich gegen die Vorstellung, ihm gegenüberzutreten. Und gleichzeitig wusste er, dass er keine andere Wahl hatte. Wagner hatte es deutlich gemacht. Sie kamen erst hier raus, wenn sie das Siegel gebrochen hatten. Und wenn TJ oder Milo nicht ebenfalls durchschaut hatten, wer der fünfte Drache war, gab es nur noch ihn, der dazu in der Lage war.

Er stand auf und ging zu der Stelle hinüber, an der Chris dem Wolf zum Opfer gefallen war. Dort sammelte er ein paar Waffen ein, dazu Essen, einige Heilkräutermischungen und, in einem halb zersprungenen Tontopf, einen gelben Wirbel, dessen neblige Schwaden an den Rissen und Löchern des Gefäßes leckten. Jess steckte alles in seine Tasche, doch den eigentlichen Grund, aus dem er hergekommen war, fand er erst, als er einen dicken Wollumhang beiseiteschob. Darunter kamen drei golden glänzende Steine zum Vorschein – die Siegelfragmente von Ragnarund, Visnabor und Morvadar. Jess hob das Fragment des Erddrachen auf und steckte es in seine Tasche. Nun hatte er alle vier Fragmente beisammen.

Er sah sich noch ein letztes Mal um: zum Gasthaus, das inzwischen vollständig in sich zusammengefallen war; zu den Überlebenden, die in einiger Entfernung ratlos auf die langsam schwächer werdenden Flammen starrten; auf Rumi, die immer noch in unveränderter Position auf dem Boden saß. Dann ging er zum Portal neben dem Schweinestall. Die Tiere hatten sich aus ihren Boxen befreit und waren weggelaufen, und wie durch ein Wunder hatten die Flammen nicht auf den Stall übergegriffen. Jess stellte sich auf das Symbol im Boden und öffnete sein Menü. Kurz warf er einen Blick auf die vier Siegelfragmente über seiner Säule. Dann ging er zur Karte und setzte seine Spielfigur auf die Hauptstadt. Nun lag es an ihm.

Als er das Spiel begonnen hatte, hatte er sich nichts sehnlicher gewünscht, als das Siegel der Drachen als Erster zu brechen. Jetzt hatte er die Chance dazu. Doch inzwischen ging es um weit mehr, als ein Spiel zu gewinnen. Inzwischen ging es um Leben und Tod.

36

Jess lief durch die Straßen von Valón, überquerte den Marktplatz, ignorierte seine bunten Stände und verführerischen Düfte und steuerte direkt auf das Schlosstor zu. Er hatte beschlossen, den offiziellen Weg zum

Schloss zu nehmen, also weder durch das Loch in der Mauer zu kriechen noch sich direkt vor die Kapelle zu teleportieren, um keine unnötigen Komplikationen heraufzubeschwören. Außerdem hatte er den gelben Wirbel benutzt, um zumindest seinen Avatar ausreichend mit Energie zu versorgen. Seitdem fühlte er sich tatsächlich ein wenig besser, aber die Kopfschmerzen und der leichte Schwindel blieben, und ihm graute jetzt schon davor, wenn die Wirkung des Energiewirbels wieder nachließ.

Die beiden Wachen am Schlosstor sahen ihn mit der gleichen gelangweilten Skepsis an wie beim ersten Mal, und erneut traten sie ihm in den Weg, als er das Tor erreichte.

«Der Zutritt zum Schloss ist nur mit königlicher Erlaubnis gestattet», leierte einer der beiden seine Zeile herunter.

«Ich muss mit Astaroth sprechen», erwiderte Jess. «Ich habe alle vier Siegelfragmente gefunden.»

Für einen Moment sah der Wachmann starr durch ihn hindurch, und Jess glaubte fast, sehen zu können, wie irgendwo auf den Spieleservern der einprogrammierte Text des NPCs ausgewechselt wurde. Dann regten sich die Wachen wieder, und anstatt ihn nach einem Passierschein zu fragen, traten sie zur Seite und öffneten wortlos das Tor.

Als Jess an ihnen vorbeiging, kam ein weiterer Wachmann auf ihn zu. «Ich geleite Euch zum Audienzsaal», sagte der Mann. «Allerdings fühlt sich Prinzessin Thiana heute nicht wohl. Ihr werdet eine Weile auf eine Unterredung mit ihr warten müssen.»

«Ich will gar nicht zur Prinzessin», erwiderte Jess rasch. «Ich möchte mit Astaroth sprechen.»

Der Wachmann sah ihn stirnrunzelnd an. «Ich fürchte, das ist nicht möglich. Ich habe Anweisung, den Finder der Siegelfragmente direkt zum Audienzsaal zu bringen.» Er setzte sich wieder in Bewegung, auf das zweite Schlosstor zu, das ins Innere des Palastes führte.

Jess überlegte fieberhaft. Er hatte gar kein Interesse daran, die Prinzessin zu sprechen. Schon gar nicht, wenn er stundenlang im Vorzimmer des Audienzsaals auf sie warten musste. Er wollte direkt zu Astaroth. Die Kapelle, unter der sich das Siegel der Drachen befand, stand auf der anderen Seite des Palastes. Wenn er sich beeilte, konnte er es durch den Palastgarten bis dorthin schaffen, ohne dass ihn die Wachen daran hinderten. Und wenn er einmal dort war, würde Astaroth vermutlich von ganz allein auftauchen. Hoffte er zumindest.

Der Wachmann hatte den Eingang des Palastes fast erreicht. Erst jetzt merkte er, dass Jess ihm nicht folgte, und sah sich um. «Kommt. Ich habe Anweisung, den Finder der Siegelfragmente direkt zum Audienzsaal zu bringen.»

Jess sah in das ausdruckslose Gesicht des Wachmanns, holte noch einmal tief Luft – und rannte los.

Es ging erstaunlich leicht. Er hörte empörte Rufe hinter sich, registrierte, wie ihm einige Wachen nachliefen, doch irgendwie gelang es ihm, sie auf Distanz zu halten, bis er sie schließlich vollständig abgeschüttelt hatte. Er rannte über den Weg, der einmal um den Palast herumführte, sah den Busch, hinter der sich das Loch in der Mauer verbarg, lief an den Obstbäumen vorbei und dem Heckenlabyrinth, bis endlich die Kapelle in Sicht kam. Als er den Eingang erreicht hatte, war er vollkommen außer Atem. Er musste in keinen Spiegel sehen, um zu wissen, dass seine Augen wieder ihre normale Farbe angenommen hatten und die Wirkung des Energiewirbels so gut wie verflogen war.

Jess öffnete die Tür zur Kapelle, und sofort umfing ihn die friedliche Stille, die er schon bei seinem ersten Besuch gespürt hatte. Der Drang, sich auf eine der Bänke zu setzen und sich auszuruhen, wurde fast übermächtig. Doch Jess kämpfte ihn nieder, ging mit schweren Schritten den Gang entlang und zu der Steinplatte auf dem Altar. Er legte eine Hand auf den Stein, und wieder glomm das Drachensymbol auf. Dieses Mal ließ Jess seine Hand, wo sie war, bis alle Linien mit hellem Licht ausgefüllt waren. Ein leises Rumpeln ertönte, und ganz langsam schwenkte die schwere Platte zur Seite.

Jess starrte auf das Loch, das darunter zum Vorschein kam, eine dunkle Öffnung, in der Stufen in die Tiefe führten. Fackeln flammten wie von Zauberhand an den Wänden auf, die den Weg nach unten mit blauem Feuer beleuchteten. Zögernd begann Jess den Abstieg. Kalte Luft schlug ihm entgegen, und kaum war er einige Stufen in die Tiefe gegangen, als sich die Steinplatte über ihm wieder vor die Öffnung schob. Natürlich, dachte Jess. Kein anderer Spieler würde hier hinunter können, solange er hier war. Denn unter der Kapelle befand sich die letzte Drachenfeste – das Nest des fünften Drachen.

Immer weiter führte die Treppe in die Tiefe, nur spärlich von den blauen Fackeln beleuchtet. Als er schon glaubte, dass sie niemals ein Ende nehmen würde, öffnete sich der schmale Treppenabgang in einen lang gezogenen, dunklen Raum. Der Schein der Fackeln fiel auf zwei Reihen mit Sarkophagen, und die in den Stein gehauenen Züge der Toten darin schienen in dem zuckenden Licht seltsam lebendig zu werden. In den Schatten um ihn herum raschelte es. Jess glaubte, das Trippeln kleiner Pfoten zu hören, das Schlagen von Flügeln, bildete sich ein, grün schimmernde Augen an der Decke aufblitzten zu sehen. Doch er achtete nicht darauf, nicht auf die lebensecht wirkenden Grabmale, nicht auf die Kreaturen in den Schatten, nicht auf seine weichen Knie oder den pochenden Schmerz in seinem Kopf, der mit jeder Minute stärker wurde. Sein Blick war starr auf den Durchgang am Ende des Raumes gerichtet, aus dem ein diffuses, blaues Glimmen drang. So rasch er konnte, durchquerte er den Grabraum, und tatsächlich ließen ihn die Kreaturen in Ruhe, als wüssten sie, dass sie ihn nicht aufhalten konnten.

Hinter dem Durchgang lag eine Höhle, die so riesig war, dass Jess kaum die Decke oder das gegenüberliegende Ende zu sehen vermochte. Die Wände bestanden aus glänzendem Gestein, das das blaue Licht reflektierte. Doch stammte es nicht mehr von Fackeln, sondern sickerte aus einer goldenen Kuppel, die sich genau in der Mitte der Höhle befand.

Jess erkannte die Höhle wieder. Er hatte sie schon einmal gesehen, zu Beginn des Spiels, als die Weisen des Reiches um den gleißend hellen Quell des Lichts gestanden hatten. Damals war die Höhle von einem beinahe überirdischen Leuchten erfüllt gewesen; jetzt jedoch war sie düster und unheimlich.

Jess trat auf die Kuppel zu. Aus Vertiefungen in der glatten Oberfläche drang das blaue Licht. Die haarnadelfeinen Risse bildeten ein rundes Symbol, das er nun schon mehrmals gesehen hatte: bei Olias auf einer Rolle Pergament – und in seinem eigenen Menü. Das Siegel der Drachen. Er hatte es gefunden!

Er öffnete sein Menü und stellte ohne großes Erstaunen fest, dass die vier Siegelfragmente nun so tief über der Säule schwebten, dass er sie problemlos aus der Luft pflücken konnte. Nacheinander holte er alle vier aus dem Menü und setzte sie in die entsprechenden Vertiefungen ein. Mit jedem Fragment schienen die Risse in der Kuppel größer zu werden, drang mehr Licht heraus, wurde es heller in der riesigen Höhle. Doch die Kuppel brach nicht. Die Mitte des Siegels war noch frei, eine gleichmäßige, runde Vertiefung, die nur mit dem fünften Fragment gefüllt werden konnte.

Plötzlich spürte Jess ein unangenehmes Prickeln im Nacken. Er brauchte sich nicht umzudrehen, um zu wissen, was das zu bedeuten hatte: Astaroth war gekommen, und er würde alles tun, um Jess daran zu hindern, das Siegel zu brechen. Die Spielchen waren vorbei. Der letzte Kampf hatte begonnen.

Er holte noch einmal tief Luft und wandte sich um. Astaroth stand hinter ihm und musterte ihn stumm. Wieder schienen seine Gesichtszüge vor Jess' Augen zu verschwimmen, doch er glaubte, in seinem Blick eine Mischung aus Verachtung und Anerkennung auszumachen.

«Interessant», sagte der Magier schließlich. «Ich hätte nicht gedacht, dass es jemandem gelingt, alle Drachen zu besiegen.»

«Nicht alle», erwiderte Jess und war selbst erstaunt darüber, wie fest seine Stimme klang. «Einer fehlt mir noch. Und dann werde ich das Siegel brechen.»

«Mir wäre es lieber, wenn das Siegel bleibt, wo es ist.»

«Natürlich. Weil du Cal'Anthor in ein Reich aus Schatten verwandeln willst. Ein Reich, in dem das Böse herrscht. In dem *du* herrschst.»

«Kluges Bürschchen», sagte Astaroth mit unbewegter Stimme. «Aber deine Klugheit nutzt dir nichts. Mein Plan steht vor seiner Vollendung, und du wirst nichts daran ändern können.»

«Du irrst dich. Ich lasse nicht zu, dass du Cal'Anthor in den Untergang führst.»

Astaroth schmunzelte. «Soso. Und was willst du dagegen unternehmen?»

«Ich werde dich töten.»

Einen Moment lang schwieg der Magier. Dann begann er zu lachen. Das Lachen schwoll an, wurde tiefer und lauter, bis es die ganze Höhle ausfüllte. «Abwarten», dröhnte seine Stimme von den Felswänden wider. Seine Gestalt verschwamm – hatte Jess bisher das Gesicht nicht richtig scharfstellen können, schien jetzt der gesamte Körper seine Substanz zu verlieren, zu wabern, sich auszudehnen.

«Endlich!», dröhnte die Stimme wieder, und sie hatte kaum noch etwas Menschliches an sich. «Endlich darf ich meine *wahre* Gestalt annehmen. Nach all den Jahren, die ich in diesen winzigen Käfig gesperrt war.» Sein Körper zerfiel in kleine Partikel, die sich ausdehnten und neu formten. Das Dröhnen von Astaroths Lachen war in ein Donnern übergegangen. Plötzlich wurde Jess durch eine gewaltige Druckwelle von den Füßen gerissen. Und dann herrschte Stille.

Jess rappelte sich auf – und erstarrte. Vor ihm erhob sich der größte Drache, den er je gesehen hatte. Schwarz glänzende Schuppen, die mit der Dunkelheit zu verschmelzen schienen. Rot glühende Flammen, die seinen hin und her peitschenden Schwanz zu einem Feuerschwert werden ließen. Breite Schwingen, die Jess mit einem kräftigen Windstoß erneut zu Boden warfen. Grün wabernde Schwaden, die aus seinen Nüstern quollen. Und Augen, aus denen blanke Bosheit blitzte. Astaroth vereinte alles, was die anderen Drachen ausgemacht hatte: das Feuer Ragnarunds, den giftigen Atem Morvadars, den Sturm Lysrathans und das gepanzerte Glas Visnabors. Es war, als würde Jess noch einmal gegen die Drachen kämpfen müssen, nur dieses Mal gegen alle gleichzeitig.

Wieder spreizte Astaroth seine Schwingen und entfachte einen gewaltigen Windstoß, der Jess zu Boden drückte. Dann öffnete er sein Maul, und noch ehe Jess reagieren konnte, schoss eine grüne Wolke auf ihn zu. Er versuchte, sich zur Seite zu rollen, weg aus dem Luftstrom, weg von Astaroths Atem. Ein Teil der grünen Wolke streifte sein Gesicht und seine linke Hand, und er schrie auf vor Schmerz. Sofort bildeten sich gelbe Pusteln, die Haut warf Blasen und brannte, als wäre Säure darauf getropft. Doch Jess hatte keine Zeit, sich darüber Gedanken zu machen. Der Feuerschwanz hob sich in die Luft und knallte mit voller Wucht auf den Boden, genau dorthin, wo er gerade noch gelegen hatte. Wieder schaffte es Jess nicht, ihm vollständig auszuweichen. Der Schwanz peitschte gegen seine Beine, zerfetzte seine Kleidung und hinterließ flammend rote, höllisch brennende Striemen auf der Haut.

Jess traten Tränen in die Augen. Sein ganzer Körper brannte vor Schmerz, und er schaffte es nicht einmal, auf die Füße zu kommen, um sich in sicherer Entfernung eine Strategie zu überlegen.

Astaroth bäumte sich über ihm auf, und wieder hallte die dröhnende, unmenschlich verzerrte Stimme durch die Höhle. «Wo ist dein Kampfgeist jetzt, Bürschchen? Wenn du mich besiegen willst, solltest du dir ein bisschen mehr einfallen lassen.»

Jess sah zu dem Drachen auf, der so groß war, dass sich sein Kopf fast im Dunkel der Höhlendecke verlor. Aber eben nur fast. Durch den Tränenschleier erkannte Jess einen hell schimmernden Punkt, eine kleine Schuppe an seiner Kehle – seinen Schwachpunkt. Doch bei der Überlegenheit, die Astaroth demonstrierte, hatte er keine Ahnung, wie er den je erreichen sollte.

Er spürte, wie der Drache erneut zum Angriff ansetzte. Jess hob die Hände, beschwor seine Magie herauf, suchte nach jedem kleinen Funken, der in seinem Innern schwelte.

Er hatte einen Troll explodieren lassen. Er hatte ein Rudel Feuerwölfe besiegt. Irgendetwas musste er auch gegen diesen Drachen ausrichten können. Er konzentrierte sich auf das Ungeheuer vor ihm, stellte sich vor, wie sich seine Magie zu einem Speer formte, wie sie die kleine Schuppe fand und sich genau in ihre Mitte bohrte. Dann schleuderte er sie los, mit aller Kraft, die er noch aufbringen konnte.

Zum ersten Mal in diesem Spiel konnte er seine Magie sehen: goldene Nebelschwaden, die aus seinen Händen flossen und sich tatsächlich zu einem harten, glänzenden Speer formten und auf den Drachen zuschossen. Jess starrte dem Speer hinterher und hätte beinahe triumphierend aufgeschrien. Doch kurz bevor er Astaroth erreichte, zerfiel der Speer wieder zu Nebel und waberte vor dem Drachen umher. Entsetzt sah Jess, wie ohne sein Zutun immer mehr goldene Schwaden aus seinen Händen strömten und vor dem Drachen verharrten, ohne ihm irgendeinen Schaden zuzufügen. Fast war es, als würde Astaroth die Magie aus ihm herausziehen! Kaum hatte Jess diesen Gedanken geformt, als der Drache sich aufrichtete, Jess mit seinen boshaft blitzenden Augen fixierte – und die Magie mit einem gewaltigen Schlag auf ihn zurückfeuerte.

Jess wurde mehrere Meter durch die Höhle geschleudert. Der Aufprall auf dem harten Boden presste die gesamte Luft aus seinen Lungen, und er rang keuchend nach Atem. Astaroth hatte seine eigene Magie gegen ihn eingesetzt! Bis jetzt hatte Jess nicht gewusst, dass so etwas überhaupt möglich war.

Als wäre der Aufprall nicht schon schmerzhaft genug gewesen, kehrte nun auch das Stechen und Brennen seiner Wunden mit solcher Wucht zurück, dass Jess fürchtete, gleich ohnmächtig zu werden. Mit letzter Kraft öffnete er sein Menü, schleppte sich zum Regal mit den Heiltränken und riss das Gefäß mit dem Heilwirbel heraus. Als ihn der lilafarbene Nebel einhüllte und sich im gleichen Moment die Wunden schlossen, atmete er auf, und beinahe wären ihm wieder die Tränen gekommen vor Erleichterung. Dann lief er zum Waffenregal. Er sah auf den ersten Blick, dass ihm die Waffen, die er von Chris eingesammelt hatte, nicht viel nutzen würden. Wenn es ihm überhaupt gelang, bis zum Körper des Drachen vorzudringen, würde jedes einzelne Schwert an dem Schuppenpanzer zerschellen, genauso wie jeder Hammer, jede Lanze, jeder Dolch. Verzweifelt riss Jess die Waffen aus dem Regal, inspizierte sie kurz und warf sie dann zu Boden, auf der Suche nach einer Waffe, mit der er zumindest den Hauch einer Chance haben würde. Ihm lief die Zeit davon. Er musste das Menü verlassen, solange sein Avatar noch geschützt war. Sonst würde er keinen Avatar mehr haben, zu dem er zurückkehren konnte.

Er zog die letzte Waffe aus dem Regal, ein juwelenbesetzter Dolch, und Jess überlegte kurz, ob er ihn irgendwie als Wurfgeschoss einsetzen konnte, verwarf die Idee aber gleich wieder. Die Juwelen machten den Dolch so schwer, dass er ihn kaum halten konnte, geschweige denn, ihn über eine große Entfernung zu werfen. Er ließ den Dolch zu Boden fallen, wo er klappernd neben den anderen Waffen liegen blieb.

Das war's. Er hatte keine Optionen mehr. Seine Magie war nutzlos, seine Waffen waren es auch. Wie gerne hätte er Rumi um Rat gefragt. Seinen Bruder. Yara. Aber er war allein. Und es gab nur eine Möglichkeit, wie er aus dieser Höhle wieder herauskam. Er musste den Kampf beenden. Egal, ob als Gewinner oder Verlierer.

Auf einmal sah er etwas ganz hinten im Regal liegen. Stirnrunzelnd streckte er den Arm aus und tastete danach. Er hatte doch alle Waffen herausgenommen, oder nicht? Eine musste nach hinten gerutscht sein, ohne dass er es bemerkt hatte. Seine Hände umschlossen geflochtenes Seil, und plötzlich wusste er, welche Waffe dort lag, noch bevor er sie aus den Tiefen des Regals hervorgezogen hatte. Verdutzt betrachtete er die Steinschleuder, die er von Anfang an in seinem Inventar gehabt und vollkommen vergessen hatte. Und jetzt war sie vielleicht seine einzige Chance, Astaroth zu besiegen.

Rasch lief er zur Säule und atmete noch einmal tief durch. Er hatte nur diesen einen Versuch. Gelang es ihm nicht, den Drachen auszuschalten, würde er ihn vernichten. Und dann war alles verloren. Er verließ das Menü und fand sich auf dem Boden wieder, dort, wo er seinen Avatar vor einer Minute zurückgelassen hatte. Astaroth war näher gekommen, thronte nun über ihm, und in seinen boshaften Blick mischte sich Triumph.

«Was ist, Bürschchen? War das schon alles?», grollte er amüsiert. Und dann tat er genau das, worauf Jess gehofft hatte. Er richtete sich auf, um sich für den nächsten Angriff bereit zu machen, um seinen Giftatem zu sammeln, seine Schwingen auszubreiten, mit seinem Schwanz zuzuschlagen. Doch Jess starrte nur auf die leuchtend helle Schuppe an seiner Kehle. Ohne den Drachen aus den Augen zu lassen, tastete er über den Boden und suchte nach einem Wurfgeschoss. Seine Hände streiften über viel zu kleine Kiesel, viel zu große Brocken, und dann, endlich, stießen sie auf einen faustgroßen, glatten Stein.

Jess sprang auf die Füße. Mit einer Hand umklammerte er beide Enden des Seils, mit der anderen legte er den Stein in die Ausbuchtung in der Mitte. Astaroth hielt inne, schien zu überlegen und gluckste erneut, als er begriff, was Jess vorhatte.

«Damit willst du mich töten? Ich hatte auf einen echten Kampf gehofft. Auf eine Herausforderung. Aber du bist nichts weiter als eine Enttäuschung!»

Jess konzentrierte sich auf den einzigen hellen Fleck in all der Dunkelheit über ihm. Er begann, die Schleuder zu drehen, immer schneller und schneller, so fest er konnte. Dann ließ er ein Ende des Seils los.

Der Stein schoss davon und durchschlug die Schuppe wie hauchdünnes Glas. Einen Moment lang geschah nichts. Dann glühten Astaroths Augen auf. Er stieß einen markerschütternden Schrei aus, sackte in sich zusammen und zerfiel in tausend einzelne, schwarze Schuppen, die sich klirrend über den Höhlenboden ergossen.

Jess starrte auf das Meer aus Schuppen, erwartete beinahe, dass sie sich wieder zusammensetzten und der Kampf von vorne begann. Doch da stieg schwarzer Rauch von den Schuppen auf, der immer dichter wurde, sich zu drehen begann und schließlich einen gigantischen Wirbel bildete, der die gesamte Höhle ausfüllte. In Jess' Ohren rauschte es. Er spürte, wie der Wirbel an ihm zerrte, ihn mitzureißen drohte, und presste sich fest auf den Boden, die Arme schützend über den Kopf gelegt.

Irgendwann ebbte das Zerren und Reißen ab. Jess wagte erst nicht, den Kopf zu heben, doch als die Kälte des Steinbodens durch seine Kleidung drang und er zu zittern begann, sah er auf. Die Höhle war leer. Astaroth war verschwunden, und an der Stelle, an der er zuletzt gestanden hatte, lag ein runder, goldener Stein. Das letzte Fragment.

Jess erhob sich mühsam und schleppte sich darauf zu. Er hätte triumphieren sollen, dass er das scheinbar Unmögliche geschafft hatte und noch am Leben war. Doch er fühlte gar nichts mehr. Anstatt Freude und Triumph war da nur noch

Erschöpfung. Mechanisch hob er das Fragment auf, trug es zu der Kuppel und legte es in die einzige verbleibende Vertiefung. Das Siegel der Drachen war vollständig.

Neue Risse formten sich in der goldenen Oberfläche. Das Licht darunter wurde heller, schien die Kuppel von innen heraus sprengen zu wollen. Und dann brach sie auseinander, zerfiel zu Staub und setzte das überirdisch gleißende Licht frei, das so lange darin gefangen gewesen war. Geblendet von der plötzlichen Helligkeit, wandte Jess den Blick ab. Obwohl das Licht bläulich schimmerte, war es angenehm warm und hüllte ihn ein wie eine weiche Decke. Der Quell des Lichts leuchtete wieder.

Blinzelnd sah Jess zurück zum Altar. In der Mitte der steinernen Platte lag eine Pergamentrolle. Er runzelte die Stirn. Ob das der Algorithmus war?

Ein dumpfes Grollen erklang. Der Boden unter ihm bebte, und mit einem Mal regneten kleine Steine und Geröll auf ihn herab. Erschrocken sah Jess nach oben. Ein Riss hatte sich in der Decke gebildet. Die Höhle! Sie stürzte ein! Ohne darüber nachzudenken, packte er die Pergamentrolle, steckte sie in seine Tasche und rannte auf den Ausgang zu. Mehr Felsbrocken fielen von der Decke und schlugen um ihn herum auf dem Boden auf. Hustend und stolpernd wich er ihnen aus, lief durch den Durchgang in den Grabraum, hastete die Treppe hoch. Das Rumpeln und Grollen wurde leiser, das Beben schwächer, und als er die Öffnung zur Kapelle erreicht hatte, war es kaum noch zu hören. Astaroths Feste war in sich zusammengefallen, doch Jess empfand keinerlei Triumph. Denn er ahnte, dass es noch nicht vorbei war.

37

Als Jess in den hellen Kirchenraum hinaustrat, stellte er ohne große Überraschung fest, dass jemand in der vorderen Bankreihe saß. Er hatte damit gerechnet, dass Wagner hier auf ihn warten würde.

«Ausgerechnet du», sagte der Firmenchef anstatt einer Begrüßung. «Wer hätte das gedacht. Scheinst ja doch ein bisschen nach deinem Bruder zu schlagen.» Er stand auf und kam auf ihn zu. «Hast du ihn?»

Jess sah Wagner aus müden Augen an. «Hinter dem Siegel war kein Algorithmus», erwiderte er mit schwacher Stimme. «Nur eine Pergamentrolle.»

Wagner lachte trocken. «Die Rolle *ist* der Algorithmus, Junge. Ilana hat ihn so codiert, dass man ihn erst auslesen kann, wenn man ihn in sein Menü ablegt.»

«Ich … verstehe nicht.»

«Das musst du auch nicht. Du kannst mit dem Algorithmus sowieso nichts anfangen.» Wagner streckte auffordernd die Hand aus. «Gib ihn mir.»

«Was Sie vorhaben, ist falsch.»

«Das lass mal meine Sorge sein.»

«Ist es Ihnen wirklich egal, was mit dem Spiel passiert? Wofür Rogers den Algorithmus einsetzen will?»

Wagner schnaubte. «Warum sollte mich das interessieren? Das Ganze ist ein Geschäft, Mittel zum Zweck. Ich habe jahrelange Arbeit investiert, und jetzt will ich die Früchte dafür ernten. Ich verkaufe an den Höchstbietenden. Und wenn Rogers am meisten Geld bietet, dann verkaufe ich eben an Rogers.» Wieder streckte er die Hand aus. «Und jetzt gib mir endlich die Schriftrolle!»

Jess wusste, dass er keine Chance mehr hatte. Er fühlte sich vollkommen erschlagen und wollte einfach nur noch hier raus. Er hob die Hände, um sein Menü zu öffnen, doch als er das ungeduldige Glitzern in Wagners Augen sah, hielt er inne. Er hatte getan, was der Firmenchef von ihnen verlangt hatte. Jetzt würde auch Wagner zu seinem Wort stehen. Oder?

«Wenn ich Ihnen den Algorithmus gebe, lassen Sie uns dann hier raus?», fragte er.

Wagner zögerte. «Selbstverständlich», sagte er dann. «Und jetzt gib mir die Rolle!»

Das Zögern hatte nur eine Sekunde gedauert. Aber es war eine Sekunde zu viel gewesen. Jess verfluchte sich innerlich. Wie hatte er nur so naiv sein können?! Wagner konnte es sich nicht leisten, sie gehen zu lassen. Sie wussten, dass er ein Menschenleben auf dem Gewissen hatte; sie wussten, dass er den Algorithmus unter der Hand ans Militär verkaufen wollte. Wenn sie damit zur Polizei gingen oder zur Presse, dann wäre Wagner geliefert. Das würde er niemals riskieren. Nicht, wenn so viel Geld auf dem Spiel stand.

Vermutlich hatte er nie vorgehabt, es so weit kommen zu lassen. Er hätte die Schriftrolle vom Sieger entgegengenommen, hätte ihm die Prämie ausgezahlt, Rogers angerufen und ihm freudestrahlend die Verkaufspapiere zugesandt. Doch dann war Erik zufällig auf Sarays Brief gestoßen, hatte heimlich auf Wagners Computer nachgeforscht und damit eine Lawine losgetreten, die alles verändert hatte. Und jetzt waren sie zu unliebsamen Zeugen geworden, die Wagner zum Schweigen bringen musste. Er war schon einmal zum Äußersten gegangen, und Jess zweifelte nicht daran, dass er es wieder tun würde.

Plötzlich merkte er, wie seine Beine unter ihm nachgaben, und stützte sich an einer Banklehne ab, um nicht das Gleichgewicht zu verlieren. Sein Kopf schien aus einem einzigen, großen Schwamm zu bestehen, aber immerhin waren die Kopfschmerzen weg.

«Gib sie mir, Junge!» Wagners Stimme hatte einen drohenden Ton angenommen. «Du hältst nicht mehr lange durch. Es wird Zeit, dass du hier rauskommst. Aber das wird erst geschehen, wenn du mir die verdammte Pergamentrolle gibst.»

Jess atmete schwer. Im Grunde blieb ihm keine Wahl. Aber alles in ihm sträubte sich bei dem Gedanken, sich diesem Menschen kampflos geschlagen zu geben. Auch wenn er das Unvermeidliche dadurch nur hinauszögerte, beschloss er, es Wagner so schwer wie möglich zu machen. Er richtete sich auf und sah ihm ein letztes Mal in die Augen. Dann rannte er los.

Wagner war so überrascht, dass er nicht gleich reagierte. Erst als Jess schon fast an der Tür zur Kapelle war, nahm er die Verfolgung auf. Jess betete, dass der Vorsprung reichte. Er musste es nur bis zum Portal schaffen, nur die wenigen Meter bis zu dem Emblem im Boden, bevor Wagner ihn eingeholt hatte.

Kaum hatten seine Füße das Mosaik berührt, öffnete Jess sein Menü, lief zum Kartentisch und setzte seine Spielfigur auf ein anderes Portal, von dem er wusste, dass es sich in einem SafeHouse befand. Dann lief er zur Säule zurück, um sich wieder auszuloggen. Stirnrunzelnd hielt er inne. Etwas stimmte nicht. Die Säule sah anders aus als sonst.

Auf der steinernen Oberfläche gab es jetzt vier statt zwei Felder. Unter den üblichen *Ausloggen* und *Menü verlassen* befanden sich nun die Felder *Spielstand Laden* und *Einstellungen verwalten*. Und dann entdeckte er auch die Pergamentrolle. Sie war wie ein Steckbrief an die Säule gepinnt, und darauf standen mit Tinte geschriebene, komplizierte Zahlenreihen und Programmbefehle. Der Algorithmus, nahm er an.

Stirnrunzelnd starrte Jess wieder auf die vier Felder an der Säule. Konnte es sein, dass er dank des Algorithmus' neue

Funktionen erhalten hatte? So etwas wie Administratorenrechte? Als sein schwammiges Gehirn begriff, was das bedeuten konnte, zögerte er keine Sekunde. Er ballte die Hände zur Faust und schlug sie auf das Feld *Ausloggen*.

Einen Wimpernschlag später öffnete er im Gamingraum die Augen.

Jess setzte sich auf und riss sich den Datenhelm so heftig vom Kopf, dass er polternd zu Boden fiel. Dann blickte er sich um. Die anderen Spieler lagen reglos auf ihren Liegen. Das Überwachungsterminal, an dem Tom immer saß, war verlassen, und auch die Sicherheitsleute an der Tür waren verschwunden. Jess stand auf und kämpfte den Schwindel nieder. Auch in der Realität schien sein Gehirn aus nichts als nassem Schwamm zu bestehen. Seine Zunge fuhr über seine rissigen Lippen, und mit einem Mal spürte er, wie viel Durst er hatte. Er musste etwas trinken.

Auf wackeligen Beinen ging er in den Nebenraum mit den Snacks und Getränken, öffnete eine Wasserflasche und trank sie aus, ohne einmal abzusetzen. Dann riss er die Verpackung eines Schokoriegels auf und verschlang ihn gierig, dann noch einen zweiten, und tatsächlich hatte er das Gefühl, dass das Zittern in seinen Armen und Beinen ein wenig nachließ. Die Versuchung, sich auf das Sofa zu setzen und nie wieder aufzustehen, war groß. Sein ganzer Körper sehnte sich nach einer Pause. Stattdessen öffnete er eine weitere Wasserflasche, nahm einen großen Schluck und ging zurück in den Gamingraum.

Es war immer noch niemand von cy.corp aufgetaucht, obwohl auf irgendwelchen Überwachungsterminals garantiert die Meldung aufgeploppt war, dass Prometheus das Spiel verlassen hatte. Jess ging zu den Liegen und sah sich als Erstes nach Chris um. Er lag reglos da, die Gesichtszüge gräulich, die Lippen spröde und rissig. Aber er atmete noch, und auch sein Helm leuchtete grün. In einer Mischung aus Erleichterung und Entsetzen fragte Jess sich, ob Chris seit dem Tod seines Avatars in irgendeinem Nichts schwebte, aus dem er sich nicht befreien konnte. Er betrachtete den Datenhelm, dieses dünne, unscheinbare Gebilde, das Chris' Bewusstsein irgendwo in der TVR gefangen hielt. Ob er es riskieren konnte, ihn einfach abzunehmen? Wenn er die Verbindung zum Spieleserver unterbrach, würde Chris dann aufwachen? Und was, wenn nicht? Was, wenn er seinem Gehirn dadurch irreparablen Schaden zufügte?

Jess betrachtete die anderen Spieler: Rumi, die flach atmete und ebenso blass war wie im Spiel; Akio, Sasha, TJ und die anderen. Sie alle sahen schlecht aus, mit rissigen Lippen und eingefallenen Gesichtern. Aber sie lebten noch, selbst wenn man ihnen nicht ansah, ob das auch für ihre Avatare galt. Jess schüttelte den Kopf. Er wagte es nicht, ihnen die Helme abzusetzen. Das Risiko war zu groß.

Er ging zu Toms Terminal, in der Hoffnung, dass es dort irgendeinen Button gab, den er anklicken konnte. Der Monitor war an, aber anstatt hilfreiche Informationen zu erhalten, wurde Jess von einer Flut von Tabellen überschwemmt. Von jedem Spieler gab es eine Übersicht – wie lange er bereits eingeloggt war (bei den meisten zeigte die Uhr fast 36 Stunden an), wo sie sich befanden, welche Spielfortschritte sie gemacht und welche Items sie im Inventar hatten. Chris' Spielerinfo war grau unterlegt, genauso wie die von Akio, Sasha und Liv, die offenbar ebenfalls *Game Over* gegangen waren. Fieberhaft suchte Jess nach einer Möglichkeit, die Ausloggsperre aufzuheben oder die Spieler manuell auszuloggen. Doch mit jedem Klick verstrickte er sich tiefer im

System, bis er vollkommen den Überblick verloren hatte. Es war sinnlos. So verschwendete er nur unnötige Zeit. Er musste Hilfe holen. Und dazu musste er hier raus. Er bezweifelte, dass er irgendjemanden bei cy.corp antreffen würde, weder hier noch oben in den Büros. Wagner hatte vermutlich sämtliche Mitarbeiter nach Hause geschickt, um zu vertuschen, was er hier unten mit den Spielern trieb.

Er lief aus dem Gamingraum und zur Verbindungstür. Der Gang dahinter war gespenstisch still. Die Tür zum Überwachungsraum stand offen, und wie Jess vermutet hatte, war niemand darin. Er warf einen flüchtigen Blick auf die Bildschirme, die alle das gleiche Bild zeigten: leere Räume. Nur in einem Büro war Bewegung zu erkennen. Ein Mann lief unruhig zwischen einem riesigen Schreibtisch und einem Liegesessel auf und ab, und Jess' Magen zog sich zusammen, als er erkannte, wer es war: General Rogers, der Leiter der neuen Europäischen Armee – derjenige, der Wagner den Algorithmus abkaufen wollte und ihn dazu angestachelt hatte, sämtliche Skrupel über Bord zu werfen.

Plötzlich kam in einen weiteren Bildschirm Bewegung: Ein Aufzug, der sich öffnete; Wagner, der daraus hervortrat. Im gleichen Moment hörte Jess Schritte. Wagner war hier unten! Er musste sich ebenfalls ausgeloggt haben. Vielleicht hatte er sogar schon gemerkt, dass auch Jess nicht mehr im Spiel war, und kam nun, um nach ihm zu suchen. Jess presste sich hinter der Tür an die Wand, hörte, wie die Schritte am Überwachungsraum vorbeieilten, die Verbindungstür geöffnet wurde und dann mit einem Klacken wieder ins Schloss fiel. Es würde nicht lange dauern, bis Wagner herausfand, dass Jess den Spielerbereich verlassen hatte. Wenn er hier rauswollte, dann war jetzt seine einzige Gelegenheit.

Jess lief auf den Gang hinaus, hastete in den Aufzug und

hämmerte auf die Taste zum Erdgeschoss. Es schien eine halbe Ewigkeit zu dauern, bis sich die Türen schlossen, sich der Aufzug in Bewegung setzte, sich die Türen auf der Büroebene wieder öffneten. Jess lief los. Er achtete nicht darauf, ob Rogers ihn bemerkte, wollte nur so schnell wie möglich nach draußen. Er rannte einen Gang entlang, kam an die Abzweigung zu Wagners Büro und bog in Richtung Lobby ab. Nur noch wenige Meter. Er sah den Ausgang bereits vor sich. Im gleichen Moment hörte er, wie sich Wagners Bürotür öffnete. Er rannte schneller, erreichte die Tür, drückte die Klinke nach unten – und knallte mit voller Wucht gegen das Türblatt. Die Tür ließ sich nicht öffnen. Er rüttelte, zog und schob, doch sie war verschlossen. Er hörte Schritte hinter sich, rüttelte noch heftiger an der Tür, obwohl er genau wusste, dass das nichts ändern würde. Es gab keinen anderen Ausgang als diesen. Er hatte alles auf eine Karte gesetzt – und verloren.

«Du da!», donnerte eine Stimme. Langsam drehte Jess sich um. Rogers stand hinter ihm, breitbeinig und mit zusammengezogenen Brauen. «Lucius hatte recht», sagte der General mit schneidender Stimme. «Du hast es irgendwie geschafft, dich auszuloggen. Stimmt es, dass du den Algorithmus gefunden hast?»

Jess presste sich mit dem Rücken an die Tür und überlegte fieberhaft, was er antworten sollte. Vielleicht war es das Einfachste aufzugeben. Er hatte es versucht, hatte wirklich gehofft, dass er etwas ausrichten konnte. Aber die Tür nach draußen war verschlossen, und gegen Wagner und Rogers hatte er ohnehin keine Chance.

«Antworte gefälligst, wenn du was gefragt wirst!» Rogers klang, als würde er mit einem seiner Soldaten reden. Sein Befehlston fuhr Jess durch Mark und Bein. Zögernd nickte er.

«Dann wirst du jetzt zurück nach unten gehen, dich wieder einloggen und Lucius den Algorithmus übergeben.»

«Nein.» Für eine Sekunde wunderte Jess sich selbst über seine Antwort. Doch es war die einzig richtige. Rogers durfte den Algorithmus nicht bekommen.

Der General musterte ihn abschätzend. «Was soll das? Du hast doch keine Ahnung, worum es hier überhaupt geht.»

Jess reckte das Kinn. «Oh doch, die hab ich. Sie wollen die Technologie, die cy.corp für den *Full Dive* benutzt, auch im wahren Leben anwenden. Sie wollen den perfekten Soldaten erschaffen, ohne Schmerzen, ohne Skrupel. Und das ist falsch!»

Rogers hob amüsiert eine Augenbraue. «So, findest du?»

«Sie würden Menschen fremdsteuern. Sie würden am anderen Ende der Steuereinheit sitzen und hätten mit ein paar Klicks alles in der Hand. Sie würden Gott spielen. Natürlich ist das falsch!»

Rogers Gesichtsausdruck wurde wieder ernst. «Du bist vor allem eins: naiv!», erwiderte er. «Wenn wir diese Technik nicht anwenden, dann tun es unsere Feinde. Wäre dir das lieber?»

Jess starrte Rogers an. Wie sollte man diese Frage je beantworten können? Er merkte, wie er zu zittern begann, und versuchte verzweifelt, es sich nicht anmerken zu lassen. Diese Sache war viel, viel größer, als sie alle gedacht hatten. Es ging schon lange nicht mehr darum, ob diese Technologie zum Einsatz kam. Sondern nur noch, wann. Und von wem.

«Niemand sollte so viel Macht über einen anderen Menschen haben», sagte er schließlich.

«So funktioniert die Welt leider nicht, Junge. Diese Technologie wird die gesamte Kriegsführung revolutionieren. Wir können uns nur vor ihr schützen, indem wir sie selbst einsetzen. Wenn du uns den Algorithmus nicht gibst, bist du für Tausende, vielleicht sogar Hunderttausende von Leben verantwortlich.»

Jess versuchte, das Zittern zu unterdrücken, das immer stärker wurde, und schüttelte entschieden den Kopf. «*Ich* bin nicht schuld an den Toten», sagte er. «Und die Technologie ist es auch nicht. Menschen wie Sie, die diese Technologie bewusst für die falschen Zwecke einsetzen, sind diejenigen, die Menschenleben auf dem Gewissen haben.»

«Ich *rette* Menschenleben», erwiderte Rogers mit kaum unterdrückter Wut. «Die Menschen, die auf *unserer* Seite stehen. Manchmal hilft es, das große Ganze zu sehen.»

In diesem Moment kam Wagner in die Lobby gelaufen. Als er Jess mit dem Rücken zur Tür stehen sah, lächelte er höhnisch. «Wolltest abhauen, was?», sagte er und stellte sich neben Rogers. «Netter Versuch. Aber du wirst dieses Gebäude nicht verlassen, bevor du mir nicht den Algorithmus gegeben hast.»

«Nein», entgegnete Jess, doch von seiner Entschlossenheit war so gut wie nichts mehr übrig.

«Wenn du hier raus willst, solltest du tun, was ich sage.»

«Sie lassen mich doch sowieso nicht gehen, selbst wenn Sie haben, was Sie wollen.»

Wagner legte den Kopf schief und verzog anerkennend den Mund. «Gar nicht dumm, Jesper Adams. Gar nicht dumm.» Er griff unter sein Jackett, zog etwas darunter hervor und richtete es auf ihn. «Ich würde sogar noch einen Schritt weitergehen – wenn ich nicht bekomme, was ich will, werde ich dich töten.»

Fassungslos starrte Jess in die Mündung der Waffe. Sein ganzer Körper erstarrte zu Eis. Dann kehrte das Zittern zurück, und dieses Mal war es so stark, dass er es nicht mehr unterdrücken konnte. Er war sich noch nie so hilflos vorgekommen, so wehrlos, so machtlos. In Cal'Anthor hatte er sich den schlimmsten Bestien in den Weg gestellt, hatte sie mit Waffen oder Magie besiegt, immer in dem Wissen, sich mit Tränken und Wirbeln wieder heilen zu können. Doch hier, in der echten Welt, reichte ein skrupelloser Mann mit einer Waffe, um ihn auszuschalten. Wagner musste nur den Finger krümmen, eine kleine, unscheinbare Bewegung, und es wäre aus. Und er konnte nichts einsetzen, um sich davor zu schützen – keine Magie, keine Wirbel, keine Portale.

Wagner stellte befriedigt fest, wie bleich Jess geworden war, und deutete mit der Waffe in Richtung Aufzug. «Los. Gehen wir.»

Doch Jess rührte sich nicht. Er wusste, dass er keine Chance hatte. Trotzdem schien sein Körper ihm nicht zu gehorchen. Alles an dem, was Wagner und Rogers vorhatten, war falsch. Die Möglichkeit, Menschen auf diese Weise manipulieren zu können, durfte niemals Realität werden – denn wenn diese Grenze einmal überschritten war, gab es kein Zurück mehr. Er musste das verhindern. Und plötzlich kümmerte es ihn nicht mehr, ob er dabei sein Leben riskierte oder nicht. In dieser Hinsicht hatte Rogers recht. Ab und zu half es, das große Ganze zu betrachten.

Jetzt wusste er, was er zu tun hatte. Es musste ihm nur noch gelingen, Wagner und Rogers abzuschütteln, wenigstens für ein paar Sekunden. Hilfe kam aus einer Richtung, aus der er am wenigsten damit gerechnet hätte. Eine Gestalt tauchte jenseits der riesigen Glasscheibe auf, die die Büros von der leer stehenden Fabrikhalle trennte. Sie klopfte an die Scheibe, und tatsächlich war ein dumpfes *tok tok tok* zu hören. Rogers und Wagner zuckten zusammen und fuhren herum. Die Nixe war zwischen dem sanft hin und her schwingenden Seegras aufgetaucht und winkte Jess zu. Als sie bemerkte, dass auch die beiden Männer auf sie aufmerksam geworden waren, erlosch ihr schüchternes Lächeln, und sie huschte rasch davon. Obwohl Rogers und Wagner wissen mussten, dass es sich um eine Projektion handelte, starrten sie der Nixe verwirrt hinterher. Hatte Lilian Margulies Jess nicht erzählt, wie scheu das Wasserwesen normalerweise war? Vielleicht hatten sie es heute tatsächlich zum ersten Mal zu Gesicht bekommen.

Doch die kurze Ablenkung war alles, was Jess brauchte. Er rannte los, schlug einen Haken um die Männer, und ehe die beiden begriffen hatten, was geschehen war, hatte er bereits den Flur erreicht, der auf Wagners Büro zuführte.

«Hey!», hörte er Wagner hinter sich brüllen. «Stehen bleiben!» Ein Schuss krachte durch die Halle. Irgendwo an der Decke splitterte Glas. Doch Jess lief weiter, erreichte Wagners Büro und warf die Tür hinter sich zu. Ein Panel neben der Tür bot verschiedene Funktionen an. Er tippte zuerst auf *Abschließen*, dann auf *Frosten*. Das Schloss der Tür klickte vernehmlich, und gleich darauf wurden die Glasscheiben des Büros milchig. In diesem Moment erreichte Wagner die Tür, versuchte, sie zu öffnen, hämmerte dagegen. Doch die Tür hielt stand.

Jess drehte sich um. Er hatte nicht viel Zeit. Früher oder später würde es Wagner gelingen, in sein Büro zu kommen. Die Liege stand neben dem Schreibtisch, genau, wie er es auf der Überwachungskamera gesehen hatte. Und genau wie an den Liegen im Gamingraum hing auch hier ein Datenhelm neben der Kopfstütze.

Jess jubelte innerlich auf. Wagner hatte sich erst vor Kurzem von hier aus eingeloggt, als er ihn in der Kapelle hatte abfangen wollen. Die Systeme waren noch an. Das bedeutete, dass er sich auch von hier aus in das Spiel einloggen konnte. Er legte sich auf die Liege und setzte sich mit zitternden Händen den Datenhelm auf. Ein leiser Ton kündigte an, dass sich der Chip in seinem Armband mit dem Spiel verbunden hatte.

Das Rütteln an der Tür hörte auf, doch nur Sekunden später krachte ein Schuss gegen das milchige Glas. Jess zuckte zusammen. Wagner schoss auf seine eigene Tür. Doch das Glas musste irgendeine Panzerung enthalten. In der Scheibe hatten sich hauchfeine Risse gebildet, die sich wie ein Spinnennetz um die Einschussstelle legten. Doch die Scheibe brach nicht. Ein weiterer Schuss krachte. Ein zweites Spinnennetz bildete sich, ein Stück höher als das erste. Jess atmete tief durch. Früher oder später würde die Tür nachgeben. Aber wenn sein Plan funktionierte, benötigte er nur wenige Minuten. Er streckte den zitternden Finger aus und drückte auf *connect*.

38

Er war wieder in seinem Menü. Jess wusste, dass er nicht viel Zeit hatte. Hastig nahm er die Schriftrolle von der Säule. Dann lief er zum Kartentisch, stellte seine Spielfigur auf das Portal bei Sarays Baumhaus, und verließ das Menü.

Es war Abend in Cal'Anthor. Von der Veranda konnte man bis zum Horizont sehen, der sich orange und golden verfärbte. Eine Gestalt saß mit dem Rücken zu ihm an einen der überhängenden Äste gelehnt und blickte in die Ebene hinaus. Sein Instinkt hatte ihn nicht getäuscht. Rumi war nicht beim Gasthaus geblieben, sondern hatte sich hierher teleportiert, zu dem vielleicht beeindruckendsten Ort, den Ilana Saray erschaffen hatte.

Schon von hier aus sah er, dass sie kaum noch Kraft hatte, aufrecht zu sitzen. Vorsichtig, um sie nicht zu erschrecken, trat er neben sie. «Hey», sagte er und stellte entsetzt fest, wie blass ihr Gesicht war. Sein Blick wanderte zu der Wunde an ihrem Bauch. Sie hatte sich geschlossen, trotzdem schien die Verletzung Rumi das letzte bisschen Energie gekostet zu haben. Immerhin hatte sie keine Schmerzen. Sie musste einen der Wirbel benutzt haben, die im Baumhaus lagerten, denn ihre Augen glommen orange.

«Hey», erwiderte sie und sah müde zu ihm auf. Ein Lächeln umspielte ihre farblosen Lippen. «Du lebst ja noch.»

Jess setzte sich neben sie. «Klar. So ein alberner Drache ist doch kein Problem. Nicht für den großen Prometheus.»

Ihr Lächeln wurde breiter, auch wenn sie das eine Menge Kraft zu kosten schien. «Ich wusste, dass du es geschafft hast.» Sie deutete auf den Horizont. «Die Dunkelheit ist fort.»

Jess nickte. «Wagner hat in der Kapelle auf mich gewartet und wollte, dass ich ihm den Algorithmus gebe. Aber das habe ich nicht getan.»

Rumi nickte. «Ich sage ja: Du hast ein gutes Herz, Jesper Adams. Und manchmal triffst du eben doch die richtigen Entscheidungen.»

Jess hob die Schriftrolle auf, die er neben sich gelegt hatte, und hielt sie Rumi hin. Auch hier in der TVR zitterten seine Hände. «Das ist er. Der Algorithmus. Als ich ihn in mein Menü abgelegt habe, hatte ich plötzlich viel mehr Funktionen als vorher. Ich glaube, ich habe dadurch so was wie Administratorenrechte bekommen. Und vor allem konnte ich mich wieder ausloggen.»

Rumi starrte ihn an. «Was?»

«Wenn es bei mir funktioniert, funktioniert es bei dir auch.»

«Spinnst du? Warum bist du nicht abgehauen?»

«Weil Wagner mich mit einer Waffe bedroht hat», erwiderte Jess. «Hör zu. Nimm die Rolle und logg dich aus. Toms Terminal ist nicht besetzt. Ich habe versucht, euch alle manuell auszuloggen, aber ich hab das Programm nicht kapiert. Du kennst dich besser mit so was aus.» Die Hand, in der er die Rolle hielt, zitterte inzwischen so heftig, dass er sie mit der anderen stützen musste. «Bitte, Rumi. Wir haben nicht mehr viel Zeit.»

Sie sah erst ihn an, dann die Schriftrolle, und plötzlich kehrte ein Stück der alten Rumi zurück, die sich von nichts unterkriegen ließ. «Okay», sagte sie nur, nahm die Rolle und steckte sie in ihre Tasche.

«Du musst dich beeilen. Ich habe mich von Wagners Büro aus eingeloggt, und er versucht gerade, die Tür kaputt zu schießen. Aber wenn das nicht funktioniert, wird er nach unten kommen, um mich eigenhändig aus dem Spiel zu werfen.»

Rumi sah ihn erstaunt an. Sie musste Hunderte von Fragen haben. Doch sie nickte nur. «Ich tue, was ich kann», sagte sie. Dann öffnete sie ihr Menü, und ihr Avatar erstarrte.

Um ganz sicherzugehen, dass seine Vermutung stimmte, öffnete Jess sein Menü. Doch genau, wie er befürchtet hatte, passierte nichts mehr, als er auf *Ausloggen* drückte. Durch das Entfernen der Rolle hatte er auch seine Sonderfunktionen abgegeben. Er kehrte zurück auf die Veranda und lehnte sich an einen der Äste neben Rumi und beobachtete, wie der Horizont sich von einem glühenden Orange in ein Karmesinrot verwandelte. Sein ganzer Körper zitterte nun, und er war sich sicher, noch nie in seinem Leben so erschöpft gewesen zu sein. Kurz überlegte er, ins Haus zu gehen und sich in eines der Betten zu legen. Doch es erschien ihm fast wie Verschwendung, diesen Sonnenuntergang zu verpassen. Er dachte an Yara und wie sehr sie es hier in Cal'Anthor lieben würde. Rumi erinnerte ihn an sie. Die beiden würden sich vermutlich hervorragend verstehen.

Ein Geräusch hinter ihm ließ ihn zusammenzucken. Jemand war über das Portal hierhergekommen. Hatte Wagner sie bereits gefunden? Jess fuhr herum, doch zu seiner Überraschung stand TJ auf dem Mosaik im Boden. Es war das erste Mal seit Beginn des Spiels, dass er TJ in Cal'Anthor begegnete, und genau wie die anderen berichtet hatten, war er eine beeindruckende Erscheinung. Er trug die schwarze Rüstung der Drachengilde; und einige Orden auf seiner Brust zeigten, dass er sämtliche Stufen der Akademie der Kämpfe absolviert hatte; und an seiner Hüfte steckte ein juwelenbesetztes, riesiges Schwert. Doch auch ihm war anzusehen, dass ihm die lange Zeit im Spiel nicht gut bekommen war. Er ging gekrümmt, und sein Blick huschte fahrig hin und her. Als er Jess am Rand der Veranda entdeckte, verzog sich sein Mund zu einem triumphierenden Grinsen.

«Wusste ich es doch», sagte er und blieb vor Jess stehen.

«Was wusstest du?», fragte Jess und stand auf, obwohl jeder einzelne Muskel in seinem Körper dagegen protestierte.

TJs Grinsen wurde breiter. «Dass ihr euch hier verkriecht.»

«Was willst du? Und woher wusstest du, dass wir hier sind?»

«Sasha und Akio haben mir alles erzählt, bevor ihnen leider … ein kleines Missgeschick widerfahren ist», erwiderte TJ. «So habe ich auch erfahren, was hinter diesem ganzen Siegel-Kram wirklich steckt. Ein Algorithmus, hm? Der ist vermutlich ein bisschen mehr wert als 100 000 Euro.» Er warf Rumi, die immer noch eingefroren am Rand der Veranda saß, einen kurzen Blick zu, dann fixierte er wieder Jess. «Gib ihn mir.»

«Ich habe ihn nicht.»

TJ schnaubte. «Ich habe dich gesehen, als du aus der Kapelle gekommen bist. Du hast Astaroth besiegt und das Siegel gebrochen.»

Jess sah TJ erstaunt an. «Du warst da?»

«Ich hab eine Weile gebraucht, aber irgendwann habe ich gerafft, wo der fünfte Drache sein muss. Nur bist du mir zuvorgekommen. Astaroths Dungeon baut sich leider nicht wieder auf, so wie alle anderen. Deswegen wirst du mir diesen Algorithmus jetzt geben.»

Jess starrte ihn fassungslos an. «Kapierst du nicht, was hier gerade passiert? Du liegst halb verdurstet in einem Kellerraum, TJ. Und alles, was dir einfällt, ist dieser Algorithmus? Wagner setzt unser Leben aufs Spiel.»

«Und mit dem Algorithmus habe ich genug in der Hand, um den Spieß umzudrehen», erwiderte TJ. «Soll er ihn doch haben. Aber erst, nachdem er mir einen ordentlichen Anteil am Verkauf zugesichert hat.»

«TJ, das –»

«Schnauze.» Seine Hand wanderte an den Griff seines Schwerts. Als er es aus der Scheide zog, schwankte er leicht, doch gleich darauf hatte er sich wieder unter Kontrolle. «Gib ihn mir.»

«Ich hab ihn nicht mehr», wiederholte Jess und sah zu Rumi, deren Avatar immer noch reglos neben ihm saß. Im gleichen Augenblick merkte er, welchen Fehler er begangen hatte. TJ war seinem Blick gefolgt, und Jess konnte förmlich zusehen, wie er eins und eins zusammenzählte.

«Wusstest du, was passiert, wenn ein Spieler *Game Over* geht?», fragte er gespielt unbeteiligt.

«TJ, hör zu», begann Jess. «Lass mich erklären, was –»

«Ich habe es erst gestern herausgefunden, als Sasha und Akio eine, sagen wir, unglückliche Begegnung in einer Höhle hatten, vor der ich sie vielleicht lieber hätte warnen sollen. Sie hatten ein paar interessante Dinge in ihrem Inventar.» Er sah zu Rumi hinab und hob langsam das Schwert. «Was glaubst du, was ich in *ihrem* Inventar finden werde?»

«Das kannst du nicht machen!», rief Jess. Er versuchte, TJ irgendwie abzuwehren, ihm einen letzten Funken Magie entgegenschleudern, doch er hatte keine mehr. Mit einer lässigen Bewegung stieß TJ ihn zur Seite, bevor er die Klinge seines Schwertes niedersausen ließ. Jess schrie auf und fiel stolpernd zu Boden. Sein Kopf knallte auf die Holzdielen, und kurz wurde ihm schwarz vor Augen. Als er wieder zu Rumi sah, war sie nicht mehr da. Ihr spärliches Inventar hatte sich über die Veranda ergossen, und TJ stand mitten darin und suchte fieberhaft nach dem Algorithmus. Er wusste nicht, dass es eine Schriftrolle war, aber es würde nicht lange dauern, bis er auch das herausgefunden hatte.

Wie gelähmt starrte Jess auf die Szene vor sich. TJ wusste nicht, dass Rumi sich ausgeloggt hatte. Trotzdem hatte er keine Skrupel besessen, sie umzubringen. Das machte ihn kein bisschen besser als Wagner. Sie gingen beide über Leichen, um zu bekommen, was sie wollten. TJ durfte die Schriftrolle nicht finden. Er würde irgendeinen Deal mit Wagner abschließen, ohne sich darum zu scheren, was er damit anrichtete.

Am Ende entdeckten sie die Rolle beide gleichzeitig, im Ärmel einer fellbesetzten Jacke, die Rumi in den Schneebergen warm gehalten hatte. Sie stürzten sich darauf, und dieses

Mal war Jess schneller. Seine Hände schlossen sich um das Pergament, und im gleichen Moment rollte er sich zur Seite, um TJs massigem Körper auszuweichen. Mit letzter Kraft sprang er auf, doch schon stand TJ vor ihm, das Schwert erhoben, die Spitze nur wenige Zentimeter von seiner Brust entfernt, sodass Jess die Rolle unmöglich einstecken konnte. Schritt für Schritt wich er zum Rand der Plattform zurück und blieb erst stehen, als sein Fuß ins Leere trat.

«Gib sie mir», sagte TJ.

Jess schüttelte stumm den Kopf.

«Gib sie mir!», wiederholte TJ drohend. «Sonst passiert dir das Gleiche wie deiner Freundin.»

«Wagner darf die Firma nicht verkaufen», sagte Jess. «Das würde eine Katastrophe auslösen.»

«Die Welt ist schlecht, Jax. Gewöhn dich dran. Es wird immer irgendwelche Aasgeier geben, die sich am Leid anderer bereichern, ganz egal, ob wir diesen Deal nun verhindern oder nicht. Da kann ich mir genauso gut eine Scheibe vom Kuchen abschneiden.»

«Das kann nicht dein Ernst sein.»

«Das ist mein voller Ernst. Hier geht es um Millionen! Ich wäre verrückt, wenn ich mir die entgehen lassen würde. Und jetzt gib mir die verdammte Rolle!» TJ streckte fordernd die Hand aus und drückte mit der anderen die Spitze des Schwertes gegen seine Brust.

Es war vorbei. Gegen TJ hatte er keine Chance.

Jess biss sich auf die Lippen und starrte über den Rand der Plattform hinaus, sah all das Wundervolle, das die Technologie von cy.corp erschaffen konnte: die Sonne, die als glühender Ball über den Sümpfen von Ti'Menor versank; die Vögel, die am dunkler werdenden Himmel ihre Kreise zogen; die goldenen Blätter des Baumes, die sich leise raschelnd im

Wind wiegten. Doch dann erschienen mit einem Mal die Bilder von Kämpfern vor seinem inneren Auge, einen Datenhelm auf dem Kopf, die Waffe im Anschlag, mit leerem Blick. TJ hatte recht – und Rogers auch. Es würde immer Menschen geben, die sich am Leid anderer bereicherten. Und der technische Fortschritt ließ sich nicht aufhalten. Früher oder später würde jemand den gleichen Algorithmus schreiben wie Ilana Saray.

Doch solange er den einzig existierenden in Händen hielt, würde er verhindern, dass ihn jemand für die falschen Zwecke missbrauchte. Er hatte zwar keine Chance, TJ zu entkommen. Aber das musste er auch gar nicht. Er musste nur dafür sorgen, dass TJ den Algorithmus nicht bekam.

Er streckte die Schriftrolle von sich, über den Rand der Plattform hinaus. «Niemand kriegt den Algorithmus. Weder Wagner noch Rogers noch du.» Dann ließ er los.

Das Pergament schien wie in Zeitlupe zu fallen. Es trudelte durch die Luft, wurde von einer Windböe ergriffen und wieder nach oben getragen. Dann entrollte es sich und flatterte davon.

«Bist du wahnsinnig?», schrie TJ und sprang nach vorn, um nach der Rolle zu greifen. Dabei prallte er gegen Jess, und sein Gewicht katapultierte sie beide über den Rand der Plattform.

Jess schrie. Sein Körper fiel wie ein Stein in die Tiefe, und die Ebene, die vom Baumhaus aus so unendlich weit weg erschienen war, raste auf ihn zu. Seine Eingeweide zerrten an ihm, alles schien sich von innen nach außen zu stülpen. Er schrie und schrie, doch er hörte nichts. Das Zerren wanderte in seinen Kopf, wurde immer stärker, als versuche jemand, seinen Verstand von seinem Körper zu trennen, und erst, als alles um ihn herum zu verblassen begann, begriff er, dass

Rumi es geschafft hatte. Sie hatte ihn ausgeloggt. Kurz bevor er auf dem Boden aufschlug, wurde die Welt schwarz.

Als er in Wagners Büro zu sich kam, hatte er immer noch das Gefühl zu fallen. Er krallte sich in die Liege, starrte an die Decke und wartete darauf, dass sich sein wild pochendes Herz beruhigte. Er war in Sicherheit. Er hatte wieder festen Boden unter den Füßen. Mit bleischweren Armen setzte er den Datenhelm ab und sah zur Tür. Sie war über und über von Rissen durchzogen, aber sie hatte Wagner standgehalten. Er versuchte, sich aufzurichten, doch sofort tanzten schwarze Punkte vor seinen Augen, und der Raum drehte sich um ihn. Kraftlos ließ er sich zurück auf die Liege sinken und schloss die Augen. Müde. Er war so unendlich müde.

Das Letzte, was er hörte, bevor er das Bewusstsein verlor, war das näher kommende Geräusch von Sirenen. Dann umfing ihn Dunkelheit, und so dankbar wie nie zuvor ließ er sich von ihr einhüllen und davontragen.

39

Als er das nächste Mal die Augen aufschlug, lag er in einem hellen, zweckmäßig eingerichteten Zimmer. Tageslicht sickerte durch das Fenster; an den Wänden lief eine Leiste mit Schaltern und Anschlüssen entlang, und in seinem Arm steckte ein Zugang, in den aus einem Beutel Flüssigkeit tropfte. *Ein Krankenhaus*, dachte Jess.

Im gleichen Moment öffnete sich die Tür, und ein Pfleger kam herein. «Ah, du bist wach», sagte er und lächelte. «Sehr schön. Wie geht es dir?»

Sein Körper fühlte sich immer noch an wie Blei, und auch der Schwamm, der sein Gehirn ersetzt hatte, war noch da. «Keine Ahnung», sagte er schulterzuckend. «Sagen Sie es mir.»

Der Pfleger lächelte. «Du warst dehydriert, unterzuckert und brauchtest dringend Schlaf. Ansonsten bist du fit wie ein Turnschuh.»

Jess richtete sich auf, und prompt kehrte das dumpfe Pochen in seinem Schädel zurück. Stöhnend ließ er sich in das Kissen zurückfallen. «Fühlt sich aber nicht so an.»

«Noch ein, zwei Tage Ruhe, dann bist du wieder der Alte.»

«Wo bin ich hier eigentlich?»

«Im Elisabethkrankenhaus. Man hat euch alle hierhergebracht.»

«Die anderen auch? Geht es ihnen gut? Was ist mit Rumi?»

«Das erzählt sie dir am besten selbst», erwiderte der Pfleger mit einem Lächeln.

Wie aufs Stichwort öffnete sich die Tür, und Rumi kam herein. Sie setzte sich im Schneidersitz auf das freie Bett neben ihm und grinste ihn an. Jess freute sich, sie zu sehen, doch bevor er sie mit Fragen löchern konnte, musste er noch die Untersuchung des Pflegers über sich ergehen lassen, der ihm den Blutdruck maß und mit einem Licht in die Augen leuchtete.

«Sieht alles gut aus», sagte der Mann zufrieden. «Ich lass euch allein.» Er winkte Rumi im Vorbeigehen zu, dann verließ er den Raum.

«Hey, Dornröschen», sagte Rumi grinsend. «Ich dachte schon, ich müsste dich küssen, damit du endlich aufwachst.»

Jess merkte, wie er rot wurde. «Wieso?», fragte er. «Wie lange habe ich denn geschlafen?»

«So circa zwanzig Stunden.»

«Wow», machte Jess. «Das ist ja fast ein ganzer Tag.»

«Hattest es offenbar nötig.»

«Wie geht es dir? Und den anderen? Und was ist mit Wagner und Rogers? Und wie hast du …»

«Nicht so schnell», rief Rumi und lachte. «Ich kann doch nicht alles auf einmal erzählen.» Sie legte sich das Kopfkissen auf den Bauch und stützte die Ellbogen darauf. «Also schön», sagte sie und räusperte sich. «Mir geht es gut. Ein bisschen müde, aber das passt schon. Den anderen geht es ähnlich. Unsere Zimmer sind alle hier im gleichen Flur, falls du sie besuchen willst.»

«Was ist mit Chris, Akio und Sasha? Die während der Ausloggsperre getötet wurden?»

«Die sind auch okay. Allerdings haben sie geschworen, sich nie wieder einen Datenhelm aufzusetzen. Sie sind nach dem *Game Over* in diesem weißen Nichts gelandet, in das wir uns zum ersten Mal eingeloggt haben – nur eben ohne Türen oder sonst was. Da sind sie dann drin herumgeirrt und waren kurz vorm Durchdrehen.»

«Was ist denn überhaupt passiert?», fragte Jess und versuchte wieder, sich aufzurichten. Dieses Mal war das Pochen erträglicher, und er machte es sich am Kopfende seines Bettes bequem. «Du hast dich ausgeloggt. Und dann?»

«Ich bin zu Toms Terminal gegangen, wie du gesagt hast. Es hat etwas gedauert, bis ich das System durchschaut hatte, aber irgendwann habe ich die richtigen Einstellungen gefunden. Et voilà, sind alle wieder zum Leben erwacht.»

«Danke», sagte Jess. «Eine Sekunde später, und ich wäre mit voller Wucht auf dem Boden aufgeschlagen. TJ hat mich von der Plattform geworfen», fügte er auf Rumis fragenden Blick hinzu.

«Idiot», erwiderte sie und verzog das Gesicht. «Und weißt du was? TJ war so schnell wieder fit, dass er heute Morgen schon wieder entlassen wurde. Er hat seine Aussage bei der Polizei gemacht und ist einfach gegangen, ohne jemandem was zu sagen.»

«Kein Wunder nach der Art, wie er sich zum Schluss benommen hat. Er wollte sich den Algorithmus ebenfalls unter den Nagel reißen. Davon hat er der Polizei garantiert nichts erzählt. Apropos: Hast du die Polizei gerufen?»

Rumi schüttelte den Kopf. «Nein. Das muss irgendjemand von cy.corp gewesen sein, der Skrupel gekriegt hat. Niemand wusste, was Wagner vorhatte, aber als alle Mitarbeiter nach Hause geschickt wurden, haben sie zumindest geahnt, dass irgendetwas faul ist.»

«Was ist mit Wagner?»

Rumi verzog grimmig das Gesicht. «Als er die Sirenen gehört hat, hat er versucht abzuhauen. Aber sie haben ihn noch erwischt. Er wird sich eine ziemlich gute Erklärung einfallen lassen müssen, warum er uns im Spiel gefangen gehalten hat. Aber so, wie ich ihn einschätze, besorgt er sich irgendwelche teuren Anwälte und kommt heil aus der Sache raus.»

«Nie im Leben!», rief Jess empört. «Doch nicht bei allem, was er gemacht hat – und was er noch vorhatte.»

«Was er noch vorhatte?», wiederholte Rumi. «Es ist seine Firma, Jess. Er kann sie verkaufen, an wen er will.»

«Was ist mit Erik?»

Rumi schüttelte den Kopf. «Es gibt keine Beweise, dass es mehr war als ein Unfall. Das heißt, dass niemand etwas gegen Wagner in der Hand hat.»

Jess spürte einen Kloß im Hals, als er die nächste Frage stellte. «Und Rogers?»

«Der ist spurlos verschwunden. Übrigens genauso wie Neo. Ich habe der Polizei erzählt, dass es in deinem Zimmer einen Datenstick gibt, auf dem Beweise für Wagners Verbindungen zum Militär sind. Aber interessanterweise haben sie den Stick nicht gefunden.»

Jess strich abwesend über die Narbe an seiner Hand. Er musste an Mias Worte denken, nachdem sie durch die Kanalisation geflohen waren: *Die Mächtigen gewinnen immer. Ganz egal, wie viel du gegen sie in der Hand hast. Am Ende kommen sie immer damit durch.*

Frustriert schüttelte er den Kopf. «Und was passiert jetzt mit cy.corp?»

«Solange der Algorithmus nicht auftaucht – gar nichts. Wo ist er überhaupt?»

«Ich habe ihn weggeworfen.»

«Wie bitte?»

«Über den Rand der Baumhausplattform. Der Wind hat die Schriftrolle weggeweht, und ich habe keine Ahnung, wohin.»

Rumi starrte ihn fassungslos an. Es dauerte einen Augenblick, bis sie verstand, was Jess' Worte zu bedeuten hatten. Doch dann begann sie plötzlich zu lachen, und Jess konnte nicht anders – er lachte mit. Sie lachten so sehr, dass sie sich irgendwann die Tränen abwischen mussten, und Jess fiel auf, dass er sich schon lange nicht mehr so befreit gefühlt hatte.

«Der ganze Aufwand, um an den Algorithmus zu kommen», gluckste Rumi. «Alles umsonst. Jetzt kann Wagner von vorne anfangen und ganz Cal'Anthor nach einer Schriftrolle durchkämmen.»

«Hoffen wir, dass es nicht regnet», warf Jess ein, was ihnen den nächsten Lachanfall bescherte.

«Oh, da fällt mir noch was ein», sagte Rumi, nachdem sie wieder Luft bekam. «Weil sie dich nicht wecken wollten, haben sie mich nach deinem Namen gefragt, um deine Angehörigen informieren zu können. Also nicht wundern, wenn deine Mutter demnächst in der Tür steht.»

Jess stöhnte auf. «Oh nein. Das überlebe ich nicht.»

Rumi grinste. «Du hast die furchteinflößendsten Drachen niedergerungen. Da wirst du es doch wohl mit deiner Mutter aufnehmen können.»

«Du hast ja keine Ahnung», erwiderte Jess. «Wenn Mama wütend wird, ist sie schlimmer als alle Drachen von Cal'Anthor zusammen. Und sie wird explodieren, wenn sie erfährt, was ich gemacht habe.»

«Meinst du nicht, dass sie auch stolz auf dich ist? Immerhin hast du ein kleines bisschen die Welt gerettet.»

Wieder stöhnte Jess auf. «Oh Gott. Das darf sie nie erfahren. Nie! Wenn sie rauskriegt, was cy.corp erschaffen hat, verbrennt sie sämtliche Computer dieser Welt.»

Rumi kicherte, doch Jess sah sie nur ausdruckslos an. Offenbar verstand sie den Ernst der Lage nicht. Seine Mutter würde tatsächlich kochen vor Wut, und gleichzeitig würde sie unendlich enttäuscht von ihm sein – weil er sie belogen hatte, und das alles für nichts und wieder nichts. Die Vorstellung, die er sich vor noch nicht allzu langer Zeit ausgemalt hatte – wie glücklich sie sein würde, wenn er ihr von dem Geld erzählte –, erschien ihm jetzt geradezu absurd. Er bezweifelte stark, dass cy.corp ihnen die 100 000 Euro ausbezahlen würde, was bedeutete, dass er Elaine nicht einmal das bieten konnte. Müde ließ er sich in die Kissen sinken, schloss die Augen und wünschte sich weit, weit weg von hier.

Er musste eingeschlafen sein, denn als er die Augen wieder aufmachte, war es bereits Nachmittag. Rumi hatte es sich in dem verlassenen Bett bequem gemacht und döste ebenfalls. Langsam richtete Jess sich auf. Tatsächlich waren die Kopfschmerzen so gut wie weg. Sein Blick fiel auf den Nachttisch, auf den irgendjemand sein Handy gelegt hatte. Er schaltete es ein und stellte fest, dass er in den vergangenen Wochen Dutzende von Nachrichten erhalten hatte. Die meisten stammten von seiner Mutter. Und von Yara. Jess freute sich schon, sie anzurufen und ihr von allem zu erzählen. Oh, sie würde so unendlich neidisch darauf sein, was er erlebt hatte – abgesehen von den letzten 72 Stunden vielleicht.

Gerade kuschelte er sich wieder in die Kissen, um die Nachrichten zu lesen, als es an der Tür klopfte. Rumi schreckte hoch und rappelte sich auf. In diesem Moment ging die Tür auf, und Elaine Adams steckte den Kopf ins Zimmer. Als sie Jess sah, keuchte sie auf und lief auf ihn zu. Jess' Herz krampfte sich zusammen, doch bevor er irgendetwas sagen konnte, hatte sie ihn in die Arme genommen und hielt ihn so fest, als wolle sie ihn nie wieder loslassen. «Oh Jess. Gott sei Dank. Als ich gehört habe, was passiert ist, war ich ganz krank vor Sorge! Geht es dir gut?» Sie ließ ihn kurz los, musterte ihn stirnrunzelnd, und als sie sah, wie erschöpft er immer noch wirkte, zog sie ihn erneut in die Arme. In Jess schien sich etwas zu lösen, und ein leiser Schluchzer entwich seiner Kehle. Er drückte sein Gesicht an ihre Schulter, atmete ihren vertrauten Duft ein, und so dauerte es eine ganze Weile, bis er bemerkte, dass noch jemand das Zimmer betreten hatte.

«Hi, Kleiner.»

Jess löste sich von seiner Mutter und starrte auf die Gestalt, die mit einem lässigen Grinsen hinter ihr stand.

«Jaxon!», rief er überrascht. «Was machst du denn hier?»

«Nach meinem völlig durchgeknallten kleinen Bruder sehen, was denn sonst?»

Jess hatte plötzlich tausend Fragen, aber seine Mutter ließ ihn gar nicht zu Wort kommen. Sie hielt ihn an beiden Schultern von sich und sah ihn halb besorgt, halb verärgert an. «Ach Jess. Was hast du dir bloß dabei gedacht? Als mich das Krankenhaus heute Morgen angerufen hat, bin ich aus allen Wolken gefallen. Jaxon hat mir auf der Fahrt hierher alles erzählt. Dass er eigentlich an diesem Spiel teilnehmen sollte und dass du dich für ihn ausgegeben hast. Das ist doch vollkommen verrückt! Warum hast du mir denn nichts davon erzählt?»

Jess senkte den Blick. «Weil du es mir niemals erlaubt hättest.»

«Stimmt. Und das zu Recht, wenn man sieht, was alles passiert ist.» Sie setzte sich neben ihn auf das Bett. «Im Ernst, Jess. Warum hast du das gemacht?»

«Ist das nicht logisch?» Jess sah seine Mutter an, doch anstatt der Wut, die er gefürchtet hatte, erkannte er nur Sorge und Erleichterung. «Ich wollte das Geld haben, das es für die Teilnahme gab. Um unsere Miete zu bezahlen. Ich dachte … wenn wir nur genug Geld haben, dann wird schon alles wieder gut. Mit Jaxon. Und Papa. Und dann müsstest du dir auch nicht so viele Sorgen machen.»

«Ach, Jess.» Seiner Mutter entfuhr ein Geräusch, das wie eine Mischung aus Seufzen und Schluchzen klang. Dann zog sie ihn erneut in die Arme. Zwischen ihren Haaren hindurch sah Jess, dass Rumi die Szene lächelnd beobachtete. Normalerweise war es ihm peinlich, wenn ihn seine Mutter vor anderen Leuten umarmte, aber dieses Mal genoss er es. Vor Rumi musste ihm überhaupt nichts peinlich sein.

Jaxon hatte die ganze Zeit mitten im Zimmer gestanden, doch nun setzte er sich ungeniert neben Rumi aufs Bett und begann, sie in ein leises Gespräch zu verwickeln. Sie sah nicht so aus, als hätte sie etwas dagegen. Na also, dachte Jess. Nun trifft sie ihn ja doch noch, den großen Prometheus.

«Ich weiß gar nicht, was ich sagen soll», meinte Jess' Mutter, nachdem sie ihn wieder losgelassen hatte. «Ich finde es großartig, dass du versuchst, unserer Familie zu helfen. Aber du bist nicht dafür verantwortlich. Nicht für das Geld. Nicht für die Beziehung von Papa und mir. Und auch nicht dafür, dass Jaxon falsche Entscheidungen getroffen hat.» Bei den letzten Worten warf sie ihrem ältesten Sohn einen strengen Blick zu, den er geflissentlich ignorierte.

Jess schüttelte den Kopf. «Ich weiß, dass ich nicht dafür verantwortlich bin. Aber ich hatte das Gefühl, dass ich nur untätig dabei zusehen kann, wie mein Leben auseinanderbricht. Ich wollte irgendetwas tun. Vor allem wollte ich mich nicht mehr so hilflos fühlen.» Er seufzte. «Stell dir mal vor, was wir mit dem Geld alles hätten machen können. Wie einfach plötzlich alles gewesen wäre.»

«Wir kommen auch so zurecht», sagte seine Mutter und klang dabei erstaunlich zuversichtlich.

Jess biss sich auf die Lippe. «Wie denn?»

«Als Erstes werde ich euren Vater auffordern, Unterhalt zu zahlen. Jaxon hat recht. Das hätte ich schon viel früher machen sollen.» Sie lächelte. «Außerdem habe ich wieder einen Job.»

«Ehrlich?» Jess sah sie mit großen Augen an. «Wo denn?»

«Ich wollte mir vor ein paar Tagen eine Zeitung am Kiosk kaufen. Herr Bernardi hat mir erzählt, dass du Luca geholfen hast, und so sind wir ins Gespräch gekommen. Als er hörte, dass ich einen Job suche, hat er mir angeboten, bei ihm im Kiosk anzufangen. Er hat so viel zu tun, dass er dringend Hilfe benötigt.»

Jess konnte es immer noch nicht fassen. «Das ist ja toll, Mama!»

Sie wuschelte ihm mit den Händen durch die Haare. «Wir werden keine Millionäre sein, aber es wird reichen. Und weißt du, was noch viel wichtiger ist als das Geld? Dass wir zusammenhalten. Ganz egal, wie schwierig es wird. Dass wir ehrlich zueinander sind. Und dass wir keine Dummheiten machen.» Sie deutete mit dem Finger auf sich. «Dazu gehört, dass man nicht zu stolz sein sollte, um die Dinge zu bitten, die einem zustehen.» Sie deutete auf Jaxon. «Dass man nichts Illegales tut.» Sie deutete auf ihn. «Und dass man sich nicht in Lebensgefahr begibt.»

Jess lächelte. «Das klingt machbar.»

Elaine erwiderte sein Lächeln. «Finde ich auch.» Sie wollte noch etwas sagen, doch in diesem Moment lief eine Ärztin an der offen stehenden Zimmertür vorbei. «Oh, Moment», rief sie und eilte zur Tür. «Ich bin gleich wieder da.»

Als sie gegangen war, sah Jess seinen Bruder fragend an. «Wow. Es ist eine Menge passiert, seit ich weg war.»

«Sieht ganz so aus, ja.» Jaxon druckste ein wenig herum, dann sah er ihn mit einem für seine Verhältnisse fast schon schuldbewussten Blick an. «Hey, Mann. Ich hab Mist gebaut. Diese ganze Hackersache ist 'ne Nummer zu groß geworden. Ich hätte mich da nicht so reinsteigern sollen. Tut mir leid.»

«Ehrlich gesagt, verstehe ich immer noch nicht ganz, warum du hier bist. Hat man dich entlassen?»

«So ähnlich.» Jaxon deutete unauffällig zu Rumi, die so tat, als hätte sie es nicht bemerkt.

«Sie weiß Bescheid», entgegnete Jess.

«Oh, okay.» Jaxon zuckte mit den Schultern. «Mia hat meine Kaution bezahlt.»

«Mia hat so viel Geld?»

«Nicht wirklich.»

«Aber wie hat sie dann …»

«Ach Jess», unterbrach Jaxon ihn. «Manche Dinge hinterfragt man einfach nicht.»

Jess verdrehte die Augen. Sein Bruder schien zwar einen Sinneswandel zu durchlaufen, aber in der Beziehung würde er sich vermutlich nie ändern. «Und was passiert jetzt? Mit deinem Prozess?»

«Abwarten. Die Chancen stehen gar nicht schlecht, dass die Anklage fallen gelassen wird.»

«Einfach so?»

Jaxon zuckte mit den Schultern. «Unser Anwalt hat was von Mangel an Beweisen gesagt. Sieht so aus, als hätten wir unsere Daten doch noch rechtzeitig zerstört.»

Jess betrachtete seinen Bruder, dieses zwei Jahre ältere Spiegelbild von ihm selbst, das sich gerade lässig grinsend durch die Haare fuhr. Er würde niemals so sein wie Jaxon. Und das war auch okay so. Jess spürte ein schwaches Flattern in der Magengrube, und ihm wurde bewusst, dass er glücklich war. Zum ersten Mal seit Langem hatte er das Gefühl, dass alles gut werden würde. Nicht perfekt. Aber gut.

«Danke übrigens», sagte Jaxon.

«Wofür?»

«Dass du Prometheus nicht völlig lächerlich gemacht hast.»

Jess sah zu Rumi, die sich nur mit Mühe ein Grinsen verkneifen konnte. Auch er grinste, als er sagte: «Zum Glück hatte er ein bisschen Hilfe.»

Und dann erzählten sie Jaxon alles – von den Drachen, den goldenen Bäumen, dem Duft nach gebratenem Speck, dem Gefühl von Kribbelwasser im Bauch und den unendlich vielen Möglichkeiten, die es in Cal'Anthor gab. Alles dank des Algorithmus von Ilana Saray. Und in diesem Moment wollte Jess sich nicht entscheiden, ob er nun Fluch gewesen war – oder ein großes Glück.